Thomas Petrasch / Joachim Zinke

# Einführung in die Videofilmproduktion

**Herausgeber:**
Professor Dr. Ulrich Schmidt

**Weitere Bücher der Reihe:**
Kai Bruns/Benjamin Neidhold, Audio-, Video-
   und Grafikprogrammierung
Christian Fries, Mediengestaltung
Hannes Raffaseder, Audiodesign
Ulrich Schmidt, Digitale Film- und Videotechnik

**Webseiten zum Buch und zur Reihe:**
http://www.videofilmproduktion-online.de
www.hanser.de/medientechnik

Thomas Petrasch
Joachim Zinke

# Einführung in die Videofilmproduktion

mit 170 Bildern und 26 Tabellen

**Fachbuchverlag Leipzig**
im Carl Hanser Verlag

**Herausgeber:**
**Prof. Dr. Ulrich Schmidt**

Hochschule für Angewandte Wissenschaften Hamburg
Fachbereich Medientechnik
Stiftstraße 69
20099 Hamburg

*Bibliografische Information Der Deutschen Bibliothek*

Die Deutsche Bibliothek verzeichnet diese Publikation in der Deutschen Nationalbibliografie; detaillierte bibliografische Daten sind im Internet über http://dnb.ddb.de abrufbar.

ISBN 3-446-22544-7

Fachbuchverlag Leipzig im Carl Hanser Verlag
© 2003 Carl Hanser Verlag München Wien
http://www.fachbuch-leipzig.hanser.de

Umschlaggestaltung und Innenkonzept: +malsy, Bremen
Druck und Bindung: Kösel, Kempten
Printed in Germany

# Vorwort

Preiswerte digitale Videokameras und digitale Videoschnittsysteme führen derzeit auf breiter Ebene zu einer Renaissance des ältesten neuen Mediums, des Videofilms. Der technische Wandel von analogen zu digitalen Videosystemen bedingt grundlegende Informationen über die Einsatzmöglichkeiten der zur Verfügung stehenden Techniken. Dieses Buch, das aus einem Vorlesungsskript im Studiengang Medieninformatik an der Fachhochschule Gießen-Friedberg entstand, will deshalb technische und gestalterische Aspekte bei Videoaufnahme und -bearbeitung vermitteln. Studierende und Berufseinsteiger im Mediensektor, Medien- und Sozialpädagogen, die mit Jugendlichen Videofilmprojekte realisieren möchten, sowie ambitionierte Videofilm-Amateure können Nutzen aus den zusammengestellten Informationen ziehen.

Dieses Buch möchte den vollständigen Videofilmproduktionsprozess widerspiegeln. Das weite inhaltliche Spektrum bedingt jedoch zwangsläufig die Setzung eines begrenzenden Rahmens. Die Fülle der zu vermittelnden inhaltlichen Aspekte zeigt sich darin, dass Hochschulen eigenständige film- und videospezifische Studiengänge anbieten.

Um die Lesbarkeit zu verbessern, wird in diesem Buch bei allen Tätigkeitsbezeichnungen entweder nur die männliche oder nur die weibliche Form verwendet. Diese gezielte Entscheidung der Buchautoren soll keine Diskriminierung des jeweiligen anderen Geschlechts darstellen oder Berufsbilder geschlechtsspezifisch festschreiben. Erfreulicherweise erobern Frauen auch im Mediensektor bisherige Männerdomänen, wie der inzwischen auf rund 20 Prozent angestiegene Frauenanteil unter den Kameraleuten im Bereich der elektronischen Berichterstattung beweist.

Unser Dank gilt Frau Hotho für die verlagsseitige Betreuung des Buchprojekts. Danken möchten wir denjenigen Mitarbeitern des Hessischen Rundfunks und des Zweiten Deutschen Fernsehens, die durch ihre Detailinformationen zum Entstehen dieses Buches beitrugen.

Unser Dank gilt ebenso allen Mitgliedern der Fachhochschule Gießen-Friedberg, die sich für Fotoaufnahmen zur Verfügung stellten, Herrn Michael Piller, der mit kreativen Zeichnungen und Fotos die Visualisierung der zu vermittelnden Informationen unterstützte, sowie Herrn Prof. Dr.-Ing. Holger Lutz, der das Lektorieren dieses Buches übernahm.

Friedberg, im Juni 2003
*Thomas Petrasch* und *Joachim Zinke*

# Inhaltsverzeichnis

# 1    Überblick Videofilmproduktion

Erzeugt die Fotografie (gr. *photos* = Licht und gr. *graphein* = schreiben) statische Einzelbilder, so verschmelzen bei der Kinematografie (gr. *kinematos* = Bewegung) viele unterschiedliche Einzelbilder durch deren schnelle Wiedergabe zu einer Bewegungsfolge. Das deutsche Wort „Kino" ist eine Kurzform des Wortes „Kinematografie". Auch die Engländer haben das Wort *cinema* ebenso wie die Franzosen das Wort *cinéma* in ihren Sprachschatz aufgenommen. Dass es sich beim Kinofilm um bewegte Bilder handelt, zeigt sich noch im englischen Ausdruck „*to go to the pictures*" (= ins Kino gehen) und am US-amerikanischen Wort *movie*, bei dem es sich um eine Abkürzung für *motion picture* (= bewegtes Bild) handelt.

„In der spezifischen Verzahnung von Raum und Zeit, in der »Dynamisierung des Raumes« und der »Verräumlichung der Zeit«" (Hickethier 1996, S. 42) liegt die Besonderheit der audiovisuellen (lat. *audire* = hören und lat. *videre* = sehen, schauen) Medien. Während bei Videofilmkameras die Aufzeichnung von Bild und Ton auf Magnetband erfolgt, zeichnet eine Filmkamera Bilder auf Celluloidfilm auf.

## 1.1    Videofilme als multimediale Gesamtkunstwerke

Ein Videofilm stellt ebenso wie eine Fernsehsendung oder ein Spielfilm ein multimediales Gesamtkunstwerk dar. Der Begriff „Gesamtkunstwerk" wurde hier bewusst gewählt, um den künstlerischen bzw. kunsthandwerklichen Charakter zu unterstreichen.

Ein Videofilm umfasst nicht nur das Medium „Bewegtbild", sondern auch die Medien „Ton", „Schrifttext" und „Bild" (siehe Abbildung 1-1). Beim Medium „Ton" kann zwischen dem gesprochenen Wort im „On" bzw. „Off", Geräuschen/Atmo und Musik unterschieden werden. Das Medium „Schrifttext" dient in Videofilmen als Titel im Vorspann, als erläuternder Untertitel oder als informierender Abspann. Das Medium

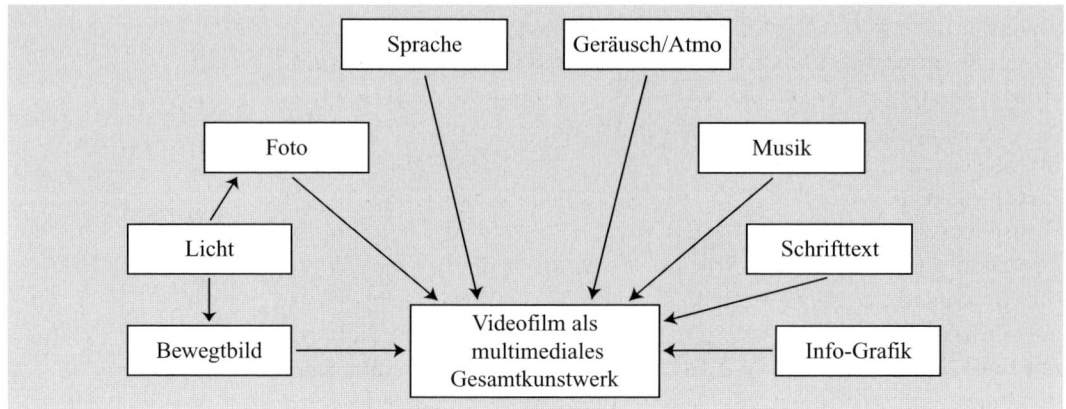

**Abbildung 1-1:**
Videofilm als multimediales Gesamtkunstwerk

„Bild" findet nicht nur in Form von Info-Grafiken zur Visualisierung bestimmter Informationen Einsatz, sondern auch bei der Einblendung von Fotos. So werden z. B. Stadtpläne und Landkarten aus dem Bereich der Geografie oder Balken- bzw. Tortendiagramme anstelle numerischer Informationen im Bild gezeigt.

Gerade die Möglichkeit zur kreativen Gestaltung verschiedenartiger Medien macht den Reiz für die Durchführung einer Videofilmproduktion aus. Weil dabei nicht nur technische, sondern auch künstlerische Aspekte eine große Rolle spielen, muss hier betont werden, dass ästhetische Urteile stets subjektiv und von ihrer Entstehungszeit abhängig sind. Es existiert prinzipiell keine Möglichkeit, für Kunstwerke feste Gestaltungsregeln oder gar eine Gestaltungslehre aufzustellen. Form und Inhalt unterliegen einem steten Wandel.

Aber nicht nur die allgemeinen Vorstellungen von filmischer Ästhetik, sondern auch von „handwerklicher Qualität" im Film- und Fernsehsektor ändern sich ständig. Zunehmend werden Videofilmproduktionen von Personen hergestellt, die durch die Musikvideoclips im Stile des Musikkanals MTV audiovisuell geprägt wurden. Besonders jüngere Redakteure, Kameraleute und Cutter empfinden eine Videoclip-Ästhetik (engl. to clip = abschneiden, beschneiden) als ansprechend und zeitgemäß. Die traditionelle Bildästhetik verliert aufgrund dieser Entwicklung an Bedeutung.

Die Ergebnisse dieses Generationswechsels unter den Videofilmproduzenten sind in vielfältiger Weise zu beobachten. Beispielsweise sind zahlreiche Naheinstellungen zu sehen, die Orientierung vermittelnden Totalen fehlen jedoch. Verkantete Camcorder kommen gezielt zum Einsatz, sodass bei diesem Aufnahmestil bewusst zeitweise auf horizontale Bildlinien verzichtet wird. Häufiges Schwenken oder Bewegen eines handgeführten Camcorders, sichtbares Zoomen und bewusstes Verwackeln sind ebenfalls Merkmale dieses Aufnahmestils.

Viele der heutigen Videofilmproduktionen besitzen eine wesentlich höhere Schnittfrequenz als die vor einigen Jahren entstandenen Beiträge. Hinzu kommen während des Videoschnitts erzeugte Effekte, wie z. B. die beschleunigte oder verlangsamte Wiedergabe von Bewegungen. Infolge des Bildangebotwandels, auch bei den öffentlich-rechtlichen Rundfunkanstalten, ändern sich unweigerlich die Sehgewohnheiten der Fernsehzuschauer.

Weil dieses Buch traditionelles Know-how im Fernsehprogrammproduktionsbereich aufzeigen möchte, entsteht ein Dilemma: Wird dabei ein „Prinzip der normativen Vorgaben" verfolgt, widerspricht dies nicht nur der künstlerischen Freiheit, sondern der festgeschriebene Zustand verhindert auch die Anpassung an das sich weiterentwickelnde künstlerische und technische Umfeld. Gilt aber ein „Prinzip der Beliebigkeit" („Alles ist möglich!" oder „*anything goes!*"), hilft dies nach Meinung der Autoren den Videofilmproduktionseinsteigern nicht weiter. Die Erfahrung aus zahlreichen studentischen Videofilmproduktionen zeigt, dass den meisten Anfängern Hilfestellung bei der Produktion der ersten eigenständig produzierten Videofilme gegeben werden muss.

Im Sinne des Medienkompetenzbegriffs werden deshalb in den einzelnen Kapiteln zunächst technische Kenntnisse vermittelt. Diese Medienkunde soll die anwendungsbezogene Nutzung der audiovisuellen Medien sicherstellen. Auf detaillierte Gerätebedienungsanleitungen musste dabei verzichtet werden. Damit eine korrekte Nutzung der verwendeten Geräte gewährleistet ist, sollte vor dem Geräteeinsatz stets die jeweilige Gerätebedienungsanleitung bzw. das Herstellerhandbuch zu Rate gezogen werden.

Um den Weg zu einer kreativen Mediengestaltung zu ebnen, finden sich im Buch zahlreiche Abschnitte, die gestalterische Aspekte behandeln. Trotz der oben geäußerten Bedenken werden traditionelle gestalterische Regeln angeführt, um sie offensichtlich zu machen und eine Reflexion darüber in Gang zu setzen. Ob diese gestalterischen Regeln im Videoclip-Zeitalter als zu konservativ und veraltet anzusehen sind, bleibt dem einzelnen Videofilmproduzenten überlassen.

## 1.2 Tätigkeitsfelder in Videofilmproduktionen

Um bei einer Videofilmproduktion das Niveau von üblichen Fernsehsendungen erreichen zu können, muss jeder Videofilmproduzent zahlreiche verschiedenartige Fertigkeiten und Kenntnisse in den Bereichen Technik und Gestaltung besitzen. Es gilt der von Alfred Hitchcock geäußerte Leitsatz: „Man muß sein Handwerk beherrschen, um sich künstlerisch ausdrücken zu können" (Bogdanovich 2000, S. 681). Es ist zwar möglich, aus guten Videofilmaufnahmen einen schlechten Videofilm zu produzieren, aber unmöglich, aus schlechten Videofilmaufnahmen einen guten Videofilm herzustellen. Aufgrund der Vielzahl und Vielfalt der durchzuführenden Arbeiten ist in der Regel Teamwork erforderlich. Allerdings können auch engagierte Einzelpersonen bei hohem zeitlichem Aufwand durch bestimmte Kompromisse während der Aufnahmephase zu beachtlichen Produktionsergebnissen kommen.

Um die praktizierte Arbeitsteilung einer nicht im Fernsehstudio produzierten Fernsehsendung einer öffentlich-rechtlichen Rundfunkanstalt (Sektor Fernsehen) zu verdeutlichen, dient die ARD-Sendereihe „Bilderbuch Deutschland" als Ausgangspunkt für die Detailbetrachtung. Im Abspann jeder dieser 45-minütigen, von verschiedenen ARD-Rundfunkanstalten produzierten Fernsehsendungen sind die beteiligten Arbeitsbereiche aufgeführt: Kamera, Ton, Licht, Schnitt, Bildtechnik, Sprecher, Tonmischung, Produktionsleitung und Redaktion.

Zeitlich betrachtet geht der eigentlichen Produktionsphase die Präproduktion voraus, die mit der Entwicklung einer Projektidee beginnt und bis zur Erstellung eines Drehplans reicht. In dieser Phase sind Redaktion einschließlich Autorin und Produktionsleitung aktiv. Für die Produktion im engeren Sinne ist ein Aufnahmeteam zuständig. Ein Aufnahmeteam für eine Fernsehsendung aus der ARD-Sendereihe „Bilderbuch Deutschland" setzt sich aus vier Personen zusammen, und zwar aus Autorin, Beleuchter, Kameramann und Tonassistent. Für die in einem weiteren Sinne verstandene Postproduktionsphase ergänzen eine Cutterin und ein Toningenieur das Produktionsteam.

Jeder dieser sechs Arbeitsbereiche ist jeweils ein Kapitel dieses Buches gewidmet. Diese einzelnen Tätigkeiten sind zusammenfassend in Abbildung 1-2 visualisiert und in Tabelle 1-1 nach Produktionsphasen unterteilt. Die Aufgaben eines Bildtechnikers finden im Gesamtkontext Erwähnung.

## 1.3    Qualität von Videofilmen

Zuschauer bewerten die Qualität von Videofilmen aufgrund mehrerer Kriterien. Diese können durch das Sinnbild einer Qualitätspyramide (siehe Abbildung 1-3) verdeutlicht werden. Das Fundament dieser Qualitätspyramide bildet die technische Bewegtbild- und Tonqualität.

**Tabelle 1-1:**
Produktionsphasen

| Präproduktion | Produktion | Postproduktion |
|---|---|---|
| Kapitel 2: Konzeption | Kapitel 3: Beleuchtung | Kapitel 6: Schnitt |
| | Kapitel 4: Bewegtbilderzeugung | Kapitel 7: Tonbearbeitung |
| | Kapitel 5: Tonaufnahme | |

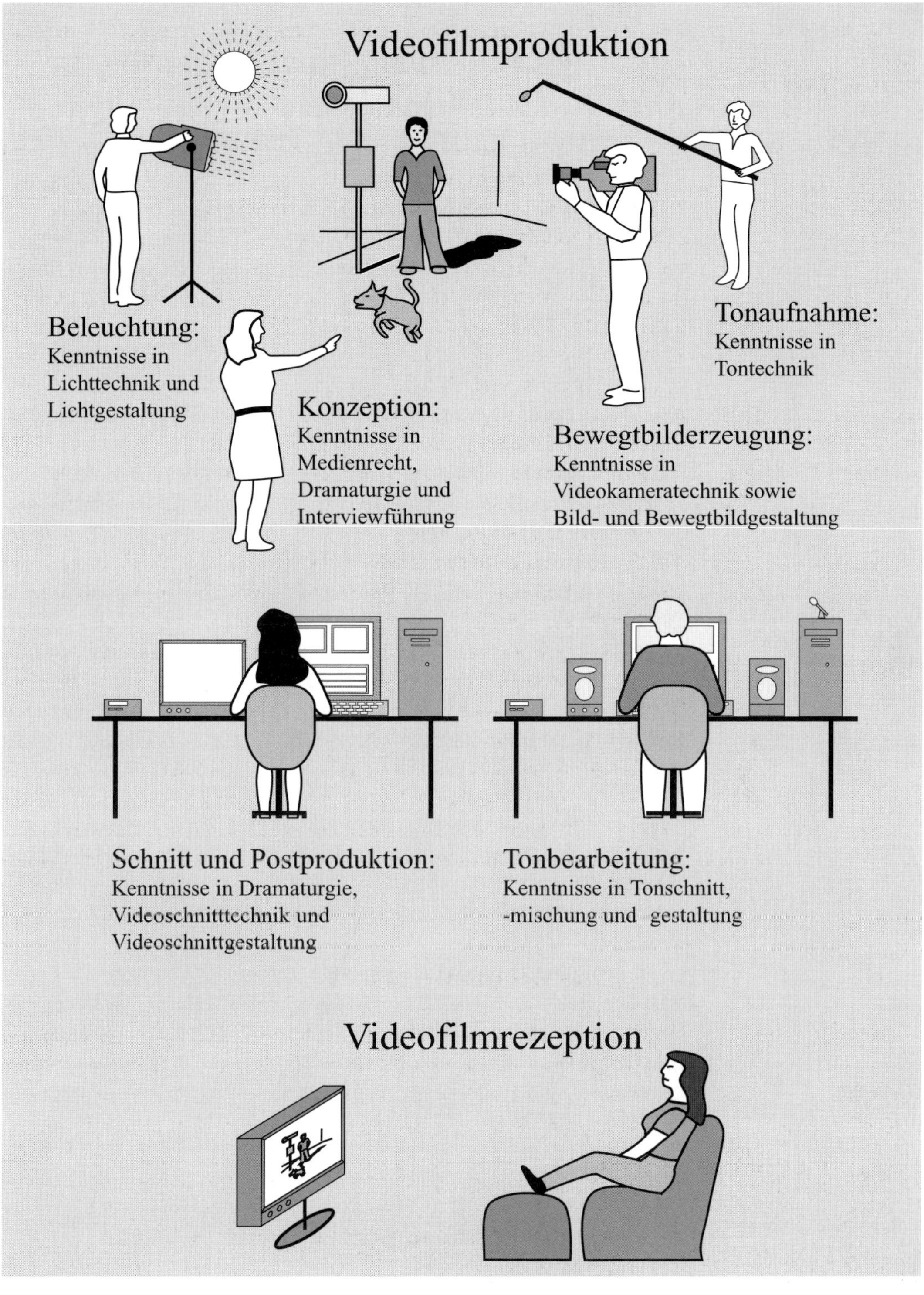

# Videofilmproduktion

**Beleuchtung:**
Kenntnisse in
Lichttechnik und
Lichtgestaltung

**Konzeption:**
Kenntnisse in
Medienrecht,
Dramaturgie und
Interviewführung

**Tonaufnahme:**
Kenntnisse in
Tontechnik

**Bewegtbilderzeugung:**
Kenntnisse in
Videokameratechnik sowie
Bild- und Bewegtbildgestaltung

**Schnitt und Postproduktion:**
Kenntnisse in Dramaturgie,
Videoschnitttechnik und
Videoschnittgestaltung

**Tonbearbeitung:**
Kenntnisse in Tonschnitt,
-mischung und gestaltung

# Videofilmrezeption

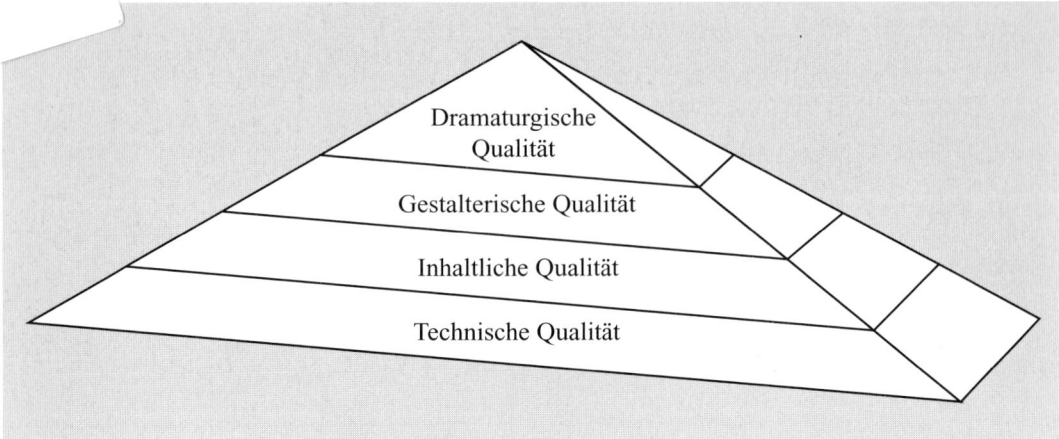

**Abbildung 1-3:**
Qualitätspyramide

Unscharfe, verwackelte, verrauschte oder farbstichige Videofilmbilder werden von den Zuschauern nur bei besonders erschwerten Aufnahmebedingungen (z. B. bei Kriegsberichterstattung) akzeptiert. Für den Ton gilt, dass störgeräuschbehaftete, schlecht verständliche oder asynchrone Tonpassagen nicht auf Akzeptanz stoßen.

Die nächsthöhere Qualitätsstufe umfasst die inhaltliche Qualität des Videofilms. Als Qualitätsmerkmal gilt hier, dass die Inhalte, die vermittelt werden sollen, Aufmerksamkeit und Interesse bei den Zuschauern wecken müssen. Die inhaltliche Beurteilung durch die Zuschauer fällt positiv aus, wenn durch die Rezeption des Videofilms entweder ein bestimmter Informationsgewinn gezogen werden kann, oder wenn der Videofilm für gute Unterhaltung bzw. einen amüsanten Zeitvertreib sorgt.

Die zweithöchste Qualitätsstufe stellt die gestalterische Qualität eines Videofilms dar. Sowohl auf der visuellen als auch der auditiven Ebene müssen ästhetische Aspekte Berücksichtigung finden. Es stellt sich dabei stets die Frage, ob Inhalt und Gestaltung (Form) miteinander harmonieren.

An der Spitze der Qualitätspyramide steht die dramaturgische Qualität. Für dieses Qualitätskriterium ist entscheidend, ob die Zuschauer vom Gezeigten in den Bann gezogen werden. Das Erzählen einer spannenden Geschichte (Narration) kommt dabei dem menschlichen Bedürfnis nach Informationsaustausch näher als das bloße Aneinanderreihen zusammenhangloser Fakten (Deskription). Wenn es dem Videofilm außerdem noch gelingt, positive Emotionen zu wecken, ist die Wahrscheinlichkeit einer guten Beurteilung recht hoch. Hinzu kommt, dass solche emotional anrührenden Videofilme wesentlich besser im Gedächtnis der Zuschauer haften bleiben als „trockene" Informationsfilme.

# 2   Konzeption

## 2.1   Berufsbilder Redakteur und Autorin

In öffentlich-rechtlichen Rundfunkanstalten (Sektor Fernsehen) wird zwischen Redaktions- und Produktionsbereich unterschieden. Während Fernsehredaktionen für die Entwicklung von Ideen zuständig sind, sorgen die Mitarbeiter aus dem Produktionsbereich für die technische Umsetzung dieser Ideen.

### 2.1.1   Redakteur

Eine Fernsehredaktion (frz. *rédaction* = Abfassung, Ausarbeitung) ist für den Inhalt und die Form einer Sendung verantwortlich. Sie dient bis zur Endfertigung und Abnahme der Sendefassung als inhaltlicher Gestalter und Kontrolleur einer Sendung. In jeder öffentlich-rechtlichen Rundfunkanstalt existieren verschiedene Redaktionsebenen mit über- und untergeordneten Redaktionen: Programmdirektion, Chefredaktion, Hauptredaktionen und Fachredaktionen. Alle diese Redaktionsebenen wirken bei der Stoffauswahl mit (vgl. Stader 1996, S. 15).

Redakteure in einer Rundfunkanstalt sind ebenso wie die bei den Printmedien beschäftigten Kollegen journalistisch tätig. Ein Fernsehredakteur verfasst zu einer geplanten Reportage oder Dokumentation auf zwei bis drei Seiten eine Ideenskizze bzw. ein Exposee. Das Exposee macht Angaben über Inhalt, Aussage und Gliederung sowie zu Möglichkeiten der filmischen Umsetzung. Es dient nicht nur der Redaktion, sondern später im Realisierungsfall auch der Produktion als Orientierungs- und Entscheidungshilfe. In öffentlich-rechtlichen Rundfunkanstalten ist nach Fertigstellung des Exposees eine so genannte „Stoffzulassung" zu beantragen. Dabei ist ein langer Instanzenweg über die einzelnen Redaktionsebenen zu beschreiten. Der erste Produktionsleiter muss während dieser Phase die Schätzkosten errechnen. Ist ein Zulassungsbescheid

**Internetadressen:**

www.3sat.de
www.ard.de
www.ard-digital.de
www.arte-tv.com
www.br-online.de
www.dw-world.de
www.hr-online.de
www.kika.de
www.kef-online.de
www.mdr.de
www.ndr.de
www.orf.at
www.phoenix.de
www.radiobremen.de
www.rbb-online.de
www.sfdrs.ch
www.sr-online.de
www.swr.de
www.wdr.de
www.zdf.de

**Abbildung 2-1:**
Expertisenerstellung am Computer

**Internetadressen:**
www.djv.de
www.presserat.de
www.srt.de
www.vgwort.de
www.zfp.de

erfolgt, muss für die Reportage oder die Dokumentation ein ausführliches Treatment ausgearbeitet werden. Ein Drehbuch wird nur bei aufwändigen Produktionen (Fernsehspiele, Unterhaltungsshows etc.) benötigt.

Führt eine Redaktion ein Projekt durch, ernennt der Redaktionsleiter ein Redaktionsmitglied zum Stoffführenden Redakteur. Je nach Bedarf werden Redakteure von Redaktionsassistenten unterstützt. Für eine Dokumentation fertigen diese Assistenten Expertisen an und erstellen Mappen mit publizistischen Beiträgen zum Thema (so genannte *Clippings*). Sie recherchieren, besuchen Archive, lassen Ausschnitte aus früheren Produktionen „abklammern" und bereiten dadurch Einspielsequenzen für die neue Dokumentation vor. Außerdem schreiben sie Vorlagen für Moderationen und führen Interviews durch.

In einer Redaktion sind fest angestellte Redakteure und zahlreiche freie redaktionelle Mitarbeiter tätig. Fernsehredaktionen engagieren für Auftragsarbeiten häufig freie Autoren, um die Zahl der fest angestellten Redakteure gering zu halten und mit Hilfe dieser Freiberufler zur Flexibilisierung und Kostensenkung der Fernsehprogrammproduktion beizutragen. Die so genannten „festen Freien" sind diejenigen Freiberufler, die aufgrund kontinuierlicher Auftragsarbeiten in langjährigen Engagements einen relativ gesicherten Status in den Redaktionen erlangt haben und Auftragsarbeiten in einem bestimmten Mindestumfang zugesichert bekommen.

Auch für Fernsehjournalisten gilt wie für die Kollegen der Presse der Pressekodex des Deutschen Presserates als Grundsatz für ihre journalistische Arbeit.

### 2.1.2    Autorin

Eine Autorin (lat. *auctor* = Urheber; frz. *auteur* = Verfasser) übernimmt für eine entstehende Reportage oder Dokumentation sowohl redaktionelle Arbeiten als auch Aufgaben, die bei Fernsehfilm- und Spielfilmproduktionen der Produktionsleitung zufallen. Aus diesem Grund muss eine Autorin geeignete Drehorte recherchieren und Personen ausfindig machen, die bei einer Befragung interessante Informationen geben können. Interviews gehören zu den wichtigsten Elementen von Reportagen und Dokumentationen. Diese werden so geführt, dass die Autorin rechts oder links neben dem Camcorder steht und von dieser Position aus die Fragen an die interviewte Person stellt. Folglich schaut die interviewte Person bei der Beantwortung der gestellten Fragen seitlich am Camcorder vorbei.

Bei Interviews ist darauf zu achten, dass die Fragen der Autorin mit einem der sechs journalistischen W-Frageworte (Wer?, Was?, Wo?,

Wann?, Wie?, Warum?) beginnen. Weil durch diese Fragemethode die zuvor gestellten Fragen nicht gesendet werden müssen, ist der Frage- und Antwortcharakter des geführten Interviews leicht zu kaschieren und die Antworten des bzw. der Interviewten sind als eine eigenständige zusammenhängende Erzählung oder als Erinnerungen interpretierbar.

**Abbildung 2-2:**
Interviewführung

Bei der Formulierung von Interviewfragen denkt die Autorin schon an die Antworten, die für die zu vermittelnde Story erforderlich wären. Dies soll jedoch nicht heißen, dass den Interviewten Antworten in den Mund gelegt werden. Durch geschickte Fragenformulierung kann auf bestimmte inhaltliche Aspekte abgezielt werden. „Offene Fragen lassen für die Antwort einen großen Spielraum. Geschlossene Fragen sollen die Antwortmöglichkeiten eingrenzen und den Interviewverlauf stärker lenken" (La Roche 2000, S. 163). Beim Befragen von Personen gilt es zu beachten, dass Mehrfachfragen bzw. zu lange und zu komplizierte Fragen zu vermeiden sind. Die Interviewten sollen beim Beantworten der Fragen nicht unterbrochen werden.

Eine Autorin einer Dokumentation oder eines News-Beitrags ist nicht nur für die Dreharbeiten, sondern auch für den Videoschnitt verantwortlich. Sie benötigt deshalb mindestens Grundkenntnisse über den kompletten Videofilmproduktionsprozess. Eine Autorin ist auf die gute Zusammenarbeit mit Kameramännern und Cutterinnen angewiesen. Je genauer sie deren Aufgaben kennt und je besser sie deren Fachsprache spricht, desto präziser und schneller werden ihre eigenen dramaturgischen und gestalterischen Ideen umgesetzt.

Beim Drehen übernimmt die Autorin die Aufnahmeleitung und die Regie, d. h. die Führung und Anleitung des Teams. „Viele Autoren sind auf diese Führungsaufgabe nicht vorbereitet, verhalten sich falsch, was zu Ärger im Team führt und sich unmittelbar negativ auf das Ergebnis auswirkt" (Blaes 1997, S. 362). Arbeitsrechtlich ist allerdings der Kameramann für das Team und dessen Sicherheit verantwortlich.

Für die ARD-Sendereihe „Bilderbuch Deutschland" steht z. B. beim Hessischen Rundfunk dem zuständigen Redakteur ein ganzes Autorenteam zur Realisierung zur Verfügung. Die Autorin wird namentlich im Titel nach den Worten „Ein Film von …" und/oder im Abspann nach den Worten „Buch und Regie" genannt. Auch der zuständige Redakteur wird im Abspann erwähnt.

## 2.2 Dokumentarische Projekte und Filmhistorie

In einer ersten Näherung können sämtliche Videofilm- oder Filmproduktionen entweder in die Sparte „Fiktion" (filmische Umsetzung von frei erfundenen bzw. erdichteten Geschichten [lat. *fictio* = Bildung,

**Internetadressen:**
www.deutsches-filmmuseum.de
www.filmmuseum-berlin.de
www.filmmuseum-potsdam.de
www.murnau-stiftung.de

Formung, Gestaltung]) oder in die Sparte „Non-Fiktion" (filmisches Festhalten von real stattfindenden Ereignissen) eingeteilt werden. Bei einer genaueren Betrachtung verliert diese Unterscheidung jedoch schnell ihre Bedeutung, weil zum einen erdichtete Vorgänge häufig verschiedene reale Ereignisse als Grundlage haben. Zum anderen sind scheinbar reale Dokumentationen durch Beachtung dramaturgischer Aspekte oder infolge einer bildgerechten Arrangierung von gefilmten Personen sowie beweglichen Objekten filmisch durchkonstruiert. Schon allein aufgrund des begrenzten und bewusst gewählten Bildausschnitts kann eigentlich niemals von „Non-Fiktion" gesprochen werden. Es muss stets davon ausgegangen werden, dass jede scheinbar neutrale und interessenfreie Fernsehberichterstattung die Realität verzerrt wiedergibt.

**Auguste Lumière:**
französischer Filmpionier
\* 19.10.1862 in Besançon
† 10.4.1954 in Lyon

**Louis Lumière:**
französischer Filmpionier
\* 5.10.1864 in Besançon
† 6.6.1948 in Bandol

Nachdem 1895 an mehreren Orten gleichzeitig von verschiedenen Erfindern brauchbare Kinematographen (Filmaufnahme- und Filmabspielgeräte) entwickelt worden waren, ging die Entwicklung von einfachen Bewegungsabbildungen (engl. *living pictures*) über zu abwechslungsreichen Geschichten und Ereignissen.

Louis Lumière stellte als Kameramann und Regisseur in den Jahren 1895 und 1896 etwa 40 Filme her. Die meisten seiner Filme bildeten die Umwelt zu keinem anderen Zweck ab, als sie zu dokumentieren. Als Beispiele dafür sind die unsterblichen ersten Filmstreifen Lumières zu nennen: *„La sortie des Usines Lumière à Lyon-Montplaisir"* oder *„L'Arrivée d'un train à La Ciotat"*. Diese dokumentarischen Kurzfilme zeigten das Leben in der Öffentlichkeit, Schauplätze, auf denen es von Menschen wimmelte. Der größten Beliebtheit beim Publikum erfreute sich jedoch der Lumière-Film *„L'arroseur arrosé"*, weil er „dem Ablauf des Alltagslebens eine regelrechte Story zu entnehmen wußte, die obendrein noch eine komische Pointe hatte. [...] Dieser Film, Keimzelle und Urbild aller späteren Filmlustspiele, stellt einen phantasievollen Versuch dar, Fotografie zu einem Mittel des Geschichtenerzählens zu entwickeln" (Kracauer 1985, S. 57). Schon durch diese ersten Filme manifestierten sich der dokumentarische und der fiktionale Film.

„Lumières Wirkung auf das große Publikum ging bald vorüber. Schon 1897, kaum zwei Jahre, nachdem er seine ersten Filme gedreht hatte, begann seine Beliebtheit nachzulassen. Die Sensation hatte sich abgenutzt; die Blütezeit schien zu Ende zu sein. Mangelndes Publikumsinteresse veranlaßte Lumière, seine Produktion einzuschränken.

**Georges Méliès:**
französischer Filmpionier
\* 8.12.1861 in Paris
† 21.1.1938 in Paris

Georges Méliès füllte die Lücke aus, die so entstand; er erneuerte und verstärkte die Anziehungskraft des Mediums, die sich abgeschwächt hatte" (Kracauer 1985, S. 59). Sein Hauptbeitrag zur Etablierung des Mediums Film bestand darin, dass er realistische Darstellungen durch Theaterillusionen und Alltagsvorfälle durch Spielhandlungen ersetzte.

„Méliès war der erste, der Filmtricks systematisch auswertete. Immer dazu bereit, sich von der Fotografie oder dem Theater anregen zu lassen, führte er zahlreiche neue Verfahren ein, die künftig eine große Rolle spielen sollten – darunter die Verwendung von Masken, Mehrfachbelichtung, Überblendungen, Überkopieren als eines Mittels, Geister erscheinen zu lassen, usw. Der Einfallsreichtum, mit dem er diese Techniken benutzte, flößte seinen spielerischen Geschichten und Zauberkunststücken eine Art filmischen Lebens ein" (Kracauer 1985, S. 60). Méliès gilt deshalb als der erste eigentliche Filmschöpfer überhaupt. Als Erfinder des Trickfilms schuf er filmische Phantasmagorien, wie z. B. „Die Reise in den Mond" (1902). Méliès gründete 1896 die erste Filmproduktionsfirma der Welt, die bis 1913 etwa 500 Filme herstellte und dazu berufsmäßige Schauspieler beschäftigte.

Im Jahr 1905 entstand in Pittsburgh (USA) das erste feste Filmtheater, das so genannte „Nickelodeon". Als Namensgeber diente das als „Nickel" bezeichnete Fünf-Cent-Stück, das damals als Kino-Eintrittsgeld verlangt wurde. Der wirtschaftliche Erfolg des Nickelodeons setzte in den USA einen Gründungsboom für Kinos in Gang, sodass bis zum Jahr 1910 zehntausend Filmtheater entstanden. Damit war der Übergang vom System der Vorführungen auf dem Jahrmarkt zu Vorführungen im stationären Kino vollzogen. Die wachsende Zahl der Kinos machte eine Erweiterung des Filmangebots erforderlich, die das Entstehen einer US-amerikanischen Filmindustrie begünstigte. Der Übergang von Ein- und Zweiaktern zu abendfüllenden Spielfilmen veränderte sowohl das Filmvertriebssystem als auch den Filmproduktionsstil.

Der US-Amerikaner David Wark Griffith gab 1908 sein Regiedebüt. Er revolutionierte in den darauf folgenden Jahren das Filmdrama. Indem er Großaufnahmen, Naheinstellungen, Landschaftstotalen, Rückblenden, neue Montageverbindungen und neue Beleuchtungssysteme einsetzte sowie den Darstellern Zurückhaltung im schauspielerischen Ausdruck auferlegte, schuf er die Fundamente einer modernen filmischen Erzähltechnik. Griffith bediente sich konsequent der Filmkamera als Erzählerin. „Von der filmischen Sehweise wurde alles bestimmt; der Aufbau der Szene, die Länge der einzelnen Bilder, das Anwenden der entsprechenden Kamera- und Montagetechnik. Der Rhythmus folgte der Entwicklung der Handlung; bald steigerte er sich, bald wurde er langsamer, je nach Entwicklung und Spannung der Gefühlsbewegung" (Toeplitz 1975, S. 118).

**David Wark Griffith:** US-amerikanischer Filmregisseur und -produzent \* 22.1.1875 in La Grange † 21.7.1948 in Hollywood

### 2.2.1    Dokumentarfilm

Die Wertschätzung, die der Dokumentarfilm als Genre genießt, beruht hauptsächlich auf Filmen wie die des US-Amerikaners Robert Flaherty.

Die Regisseure solcher Dokumentarfilme gelangten über das Stadium der reinen Beobachtung hinaus und vermittelten etwas von den emotionalen Untertönen und der tieferen Bedeutung der geschilderten Ereignisse. Den Begriff „Dokumentarfilm" (engl. *documentary*) hat wohl erstmals John Grierson (1898–1972), der Begründer der englischen Dokumentarfilmbewegung in seiner Besprechung von Flahertys Dokumentarfilm „Moana" (1926) geprägt. Flahertys erster Film „*Nanook of the North*" (deutscher Titel: „Nanuk, der Eskimo") aus dem Jahr 1922 gilt allgemein als das Gründerwerk des Dokumentarfilmgenres. Flaherty erachtete auch für einen Dokumentarfilm eine Story als wünschenswert. Es gibt so gut wie keinen Flaherty-Film, der nicht wohlgegliederte Passagen enthält. Seine Filme zeigen eine „zunehmende Tendenz zu deutlich umrissenen Story-Entwicklungen. Während sich Nanook noch auf eine zusammenhängende und verständnisvolle Darstellung des Eskimolebens beschränkt, erzählt Louisiana Story die Begegnung zwischen einem Jungen aus einem weitentlegenen südlichen Distrikt und einem Ölbohrturm auf eine Weise, die schon fast über Flahertys Programm hinausgeht; noch ein Schritt weiter in dieser Richtung, und der Dokumentarfilm würde zu einem ausgesprochenen Storyfilm werden" (Kracauer 1985, S. 226).

**Robert J. Flaherty:**
US-amerikanischer Filmregisseur
* 16.2.1884 in Iron Mountain
† 23.7.1951 in New York

Infolge des technischen Fortschritts wurden Anfang der sechziger Jahre des 20. Jahrhunderts Filmkameras und Tonaufnahmegeräte mobil und flexibel. Die Bilder, die mit 16-Millimeter-Filmkameras von der Schulter oder aus der Hand aufgenommen wurden, waren zwar bildtechnisch wegen Unschärfen, Fehlbelichtungen oder abrupter Kamerabewegungen nicht immer perfekt. Sie vermittelten aber gerade deshalb einen Eindruck hoher Authentizität. In den USA und Frankreich entwickelten sich zwei Dokumentarfilm-Schulen, die sich inhaltlich, filmgestalterisch und filmtechnisch vom Mainstream-Kinofilm distanzierten.

In den USA traten Robert Drew, Richard Leacock, Donn Alan Pennebaker, die Brüder Albert und David Maysles, Fred Wiseman und andere für das „*Direct Cinema*" ein. „Diesem rein beobachtenden Ansatz zufolge dringt die Kamera so wenig wie möglich kontrollierend in das von ihr gezeigte Leben ein, um die Spontaneität und den Ablauf der Ereignisse möglichst nicht zu stören oder zu unterbrechen. Es wurde ohne viel technischen Aufwand gefilmt, ohne spezielle Beleuchtung oder Vorbereitungen; man wartete, daß sich die Ereignisse entwickelten. Die Vertreter des Direct Cinema berufen sich zwar auf die Unverfälschtheit ihrer Methode, doch falls die Kamera nicht tatsächlich versteckt angebracht wird, was an sich eine ethisch bedenkliche Praxis wäre, sind sich die Mitwirkenden normalerweise der anwesenden Kamera bewußt und verhalten sich automatisch entsprechend" (Rabiger 2000, S. 50).

Im Dokumentarfilm „*Primary*" (Leacock, Pennebaker, Drew) aus dem Jahr 1960 blickte die Kamera hinter die Kulissen der Präsidentschaftsvorwahlen der Demokratischen Partei in Wisconsin, deren Kandidaten Hubert Humphrey und John F. Kennedy waren. Aus Themenwahl und Drehzeitpunkt ergaben sich in diesem Film zwangsläufig dramaturgische Spannungsbögen.

In Frankreich entwickelte Jean Rouch einen anderen, zweiten Ansatz, der als „*Cinéma Vérité*" bezeichnet wurde. „Das Cinéma Vérité ließ die Interaktion zwischen den Akteuren und dem Regisseur nicht nur zu, sondern förderte sie sogar. [...] Entscheidend aber war, daß der Regisseur selbst charakteristische Ereignisse auslösen und nach vielversprechenden Momenten Ausschau halten sollte, anstatt passiv darauf zu warten. [...] Der Dokumentarfilmer des Direct Cinema ging mit seiner Kamera zu einer spannenden Situation und wartete hoffnungsvoll auf eine Krise; die Rouch-Variante des Cinéma Vérité versuchte, diese Krise selbst herbeizuführen. Der Direct-Cinema-Künstler strebte nach Unsichtbarkeit; der Cinéma-Vérité-Künstler bekannte sich oft zu seiner Rolle als Beteiligter. Der Direct-Cinema-Künstler spielte die Rolle des unbeteiligten Zuschauers, der Cinéma-Vérité-Künstler die des Provokateurs" (Rabiger 2000, S. 51 f.).

Die dokumentarische Kamera „kann zwar auch um die Handlungen, die sie aufnimmt, wissen, doch das Arrangement und die Inszenierung können immer wieder durchbrochen und irritiert werden. Sie verfügt nicht in dem Maße wie die fiktionale Kamera über das Geschehen" (Hickethier 1996, S. 179). Das aufgenommene Geschehen bleibt dem dokumentarischen Projekt gegenüber zu großen Teilen autonom. Einem Dokumentarfilm liegt also die in ihm abgebildete Wirklichkeit zugrunde, die auch schon vorfilmisch und außerfilmisch bestand. Im Gegensatz dazu konstruiert ein Spielfilm eine eigene Wirklichkeit, die allein in diesem audiovisuellen Medium existiert.

Auch in Dokumentarfilmen gibt es Situationen, in denen es nicht genügt, einfach „draufzuhalten", sondern in denen eine Szene bereits bei der Aufnahme in unterschiedliche Einstellungen „aufgelöst" werden muss, um die gewünschte filmische Aussage so präzise und einfach wie möglich zu verdeutlichen. Dies bedingt, dass Kamerastandpunkt, Einstellungsgröße, Kamerabewegungen und Bildanschlüsse vor der Aufnahme festgelegt werden müssen. Soll ein Geschehen allerdings so aufgelöst werden wie eine Spielfilmszene und darf dabei nichts vom Geschehen verloren gehen, ist der zeitgleiche Einsatz mehrerer Kameras erforderlich.

Während es im Spielfilm geradezu die Norm ist, dass die akustische Ebene synthetisiert wird, bildet im Dokumentarfilm der Originalton (O-Ton) die unabdingbare Grundlage der auditiven Schicht.

**Internetadresse:**
www.agdok.de

### 2.2.2 Dokudrama

Eisensteins historische Inszenierungen, wie z. B. „Panzerkreuzer Potemkin" (1925) oder „Oktober" (1927), besitzen dokumentarische Qualitäten und sind daher als frühe Dokudramen anzusehen. Als ein hervorragend gelungenes Dokudrama neuerer Zeit lässt sich die ARD-Trilogie „Die Manns – Ein Jahrhundertroman" (Regie: Heinrich Breloer, 2000) anführen. Dokumentarische Aufnahmen der Mitglieder der Mann-Familie, besonders der jüngsten Tochter Thomas Manns, Elisabeth Mann Borgese, sind mit inszenierten Spielhandlungen eng verknüpft. Die Schauspieler, allen voran Armin Müller-Stahl als Thomas Mann, verkörpern und interpretieren die dargestellten Persönlichkeiten in so überzeugender Weise, dass ein fließender Übergang zwischen dokumentarischem Filmmaterial und der fiktiven Welt der Spielhandlung entsteht. Belohnt wurde die hohe Qualität dieser ARD-Trilogie mit insgesamt neunmal Gold bei der Verleihung des 38. Adolf-Grimme-Preises. Dieses Dokudrama gewann außerdem im Jahr 2002 einen internationalen Emmy in der Kategorie „TV Movie".

**Internetadressen:**
www.grimme-institut.de
www.iemmys.tv

### 2.2.3 Dokumentation

Eine Dokumentation sollte stets möglichst objektiv und sachlich informieren. Ein journalistischer dokumentarischer Film ist ein gebautes Arrangement, das sich an der Wirklichkeit durch die Recherche anderer überprüfen lassen muss. Darin unterscheidet er sich vom Spielfilm oder einer Spielserie. Aber auch er erfordert eine Art Inszenierung, um die Zuschauer an politische, wirtschaftliche, soziale oder kulturelle Vorgänge heranzuführen, die ihnen aus eigener Erfahrung nicht unmittelbar zugänglich sind.

Eine Dokumentation „ist eine journalistische Filmform, die bei größtmöglicher Rücknahme subjektiver Stellungnahme und filmgestalterischer Qualitäten Bild- und Tonmaterialien für sich selbst sprechen läßt" (Schneider 1989, S. 79). Sie ist synthetisch-induktiv angelegt, da aus besonderen Einzelaspekten heraus eine allgemein gültige thematische Aussage entwickelt und in einen größeren Zusammenhang gestellt wird.

Fernsehdokumentationen beschäftigen sich häufig mit „historischen" Themen. Beispiele dafür sind die ZDF-Reihen „Hitlers Helfer", „Hitlers Krieger", „Hitlers Kinder" und „Hitlers Frauen". Aber auch Naturdokumentationen sind bei den Zuschauern sehr beliebt. Bernhard Grzimeks Dokumentation „Serengeti darf nicht sterben" (1959) ist legendär und gewann sogar einen Oscar in der Kategorie „Documentary Feature". Im deutschen öffentlich-rechtlichen Fernsehen stießen Sendereihen wie

Bernhard Grzimeks „Ein Platz für Tiere" und Heinz Sielmanns „Expeditionen ins Tierreich" über Jahrzehnte hinweg auf großes Publikumsinteresse.

### 2.2.4 Feature

Ein Feature (auf deutsch: Merkmal, Charakteristikum) ist ein umfangreicher journalistischer Beitrag, bei dem das gewählte Thema während der Recherchen analytisch-deduktiv in seine Einzelaspekte zerlegt wird und besondere thematische Aspekte aus der allgemeinen Problematik hergeleitet werden. Aus einer bewusst gewählten subjektiven Position heraus findet sowohl ein „Zuspitzen" als auch ein „Lockermachen" von eigentlich trockenen Informationen statt. Das Feature stellt deshalb bei der inhaltlichen Gestaltung der jeweiligen Thematik den unterhaltenden Charakter stärker in den Vordergrund. Auch die ARD-Sendereihe „Bilderbuch Deutschland" ist in die Kategorie „Feature" einzuordnen.

### 2.2.5 Elektronische Berichterstattung

Aktuelle Berichterstattung heißt in Deutschland „elektronische Berichterstattung" (abgekürzt: EB). In den USA findet dafür der Begriff „*Electronic News Gathering*" (abgekürzt: ENG) Verwendung. Der Begriff „elektronische Berichterstattung" wurde geprägt, um den Unterschied zur Aufzeichnung auf Celluloidfilm zu betonen, der bis in die siebziger Jahre des 20. Jahrhunderts auch für aktuelle Berichterstattung Verwendung fand. Anfang der achtziger Jahre des 20. Jahrhunderts hatten sich jedoch leichte, integrierte 3-CCD-Camcorder durchgesetzt und Filmkameras aus dem Bereich der aktuellen Berichterstattung verdrängt.

Der Einsatz dieser neuen Technik wirkte sich stark auf die „handwerkliche Qualität" der EB-Beiträge aus: „Ein aktueller Beitrag mag handwerklich noch so perfekt gedreht und geschnitten sein – er wird vom Publikum als zweitklassig empfunden, wenn er einen Tag zu spät läuft. [...] Waren früher die perfekte Ausleuchtung von Szenen und eine spielfilmartige Kameraführung vom Stativ Qualitätskriterien an sich, so wird heute oft mehr Wert auf Authentizität gelegt" (Schult 2000, S. 334 f.).

Diese andere Arbeitsweise bringt nur selten anspruchsvoll gestaltete Bilder hervor. „Im Spannungsfeld zwischen Aktualität und Bildästhetik trägt erstere allemal den Sieg davon" (Möllering 1993, S. 149).

Bei EB-Projekten beträgt das Drehverhältnis, also das Verhältnis zwischen der Magnetband-Bespieldauer und der späteren tatsächlichen Sendedauer einer Produktion, ungefähr 10:1. Das Drehverhältnis ist zum einen so ungünstig, weil ein Teil dieser EB-Beiträge

**Abbildung 2-3:**
EB-Camcorder mit
Kameraleuchte und
Kontrollkopfhörer

On-Kommentare oder Interviews sind. Aufgrund von Versprechern von On-Kommentatoren oder der Schwierigkeit der Interview-Partner, mit ihrer Aussage auf den eigentlich interessierenden Punkt zu kommen, sind Aufnahmewiederholungen notwendig. Zum anderen werden auch bei EB-Projekten bestimmte Szenen mehrfach mit unterschiedlichen Kameraeinstellungen aufgenommen, um später beim Videoschnitt beispielsweise Halbnaheinstellungen in die Totalen montieren zu können.

Tagesaktuellen Beiträgen liegt meist nur eine Recherche zugrunde, selten ein Exposee und fast nie ein Drehbuch. Trotzdem gelingt es erfahrenen Autoren, gestraffte Handlungsabläufe schon in den Aufnahmephasen zu entwickeln. Zum einen verbessert sich dadurch das Drehverhältnis, zum anderen verkürzt sich auch Zeit für den Videoschnitt, weil das Sichten „toter" Filmzeit entfällt.

Soll ein EB-Beitrag beispielsweise allmorgendliche Handlungsabläufe von Berufstätigen zeigen, werden nur zentrale Handlungen bestimmter ausgewählter Personen aufgezeichnet. Einzelszenen wie z. B. „Aufstehen", „Verlassen des Wohnhauses" und „Betreten des Büros" reichen für das Verständnis völlig aus. Unbedeutende Handlungsabschnitte können entfallen („Ellipsen"). Wichtig für eine effiziente Ablaufverkürzung ist u. a., dass sich eine in Bewegung befindende Person während der Aufnahme möglichst schnell aus dem Bild entfernt. Gestraffte Handlungsabläufe können aber nur dann von Zuschauern gedanklich ergänzt werden, wenn auf der Basis vorhandener Zuschauererfahrungen hinreichende Minimalinformationen gegeben sind. Die Zuschauer sollten deshalb in allen gezeigten Sequenzen Informationen über den aktuellen Handlungsort und über die dort handelnden Personen besitzen. Diese wichtigen Informationen können z. B. in Form von Interviewaussagen durch die handelnden Personen selbst, durch markante Bilder von Orts- bzw. Firmenschildern oder in Form von Off-Kommentaren und Unter- titeln („Bauchbinden") vermittelt werden.

### 2.2.6 Reportage

„Im Unterschied zum Bearbeiter eines Nachrichtenfilms, der lediglich vorhandene Bilder und Informationen zusammenführt, verläßt sich der Reporter nicht auf Agenturmeldungen. Er recherchiert, telefoniert, führt persönliche Gespräche und macht sich am Ort eines Ereignisses ein eigenes Bild. Der Film wird nach seinen Vorstellungen gedreht und geschnitten, er schreibt den Text und spricht ihn in der abschließenden Tonmischung" (Schult 2000, S. 144). Eine Reportage spiegelt demnach die subjektive Meinung des Reporters wider.

Bei Reportagen ist es aufgrund des kaum vorhersehbaren Geschehens in der Regel nicht möglich, ein detailliertes Exposee auszuarbeiten. Dennoch sollte ein Reporter in der Vorbereitungsphase verschiedene Szenarien durchspielen, um das Aufnahmeteam auf unterschiedliche Entwicklungen der Ereignisse vorbereiten zu können.

### 2.2.7 Nachricht

„Die Nachricht im Film (NIF) ist ein kurzer, ungefähr 30-sekündiger Bei- trag, in dem zu Aufnahmen von einem Ereignis ein OFF-Kommentar hin- zugefügt wird. Der Filmbericht ist eine kurze dokumentarische Form mit einer etwas größeren Länge, je nach Sendung haben sich verschiedenen Zeitstandards herausgebildet wie ‚Eins-Dreißig', ‚Zweiminüter' usw. [...] Der Reporterbericht arbeitet mit der Einbeziehung der Person des Jour- nalisten oder Korrespondenten vor Ort, der in die Kamera spricht" (SRT 2000a, S. 421).

In Europa wird der Nachrichtenaustausch der öffentlich-rechtlichen Rundfunkanstalten (Sektor Fernsehen) von der EBU (European Broad- casting Union) organisiert. Innerhalb der Fernsehredaktionen wird diese Bildquelle kurz als „Euro" bezeichnet.

## 2.3 Rechtliche Aspekte

Jede Person, die Videofilmaufnahmen vornimmt, muss stets fremde Rechte im Sinne des Persönlichkeitsrechts berücksichtigen, kann aber auch eigene Rechte im Sinne des Rechts auf freie Meinungsäußerung und des Urheberrechts für sich beanspruchen. Gerade die Verfügbarkeit

**Abbildung 2-4:**
Justitia

von Teleobjektiven verleitet Videofilmer hin und wieder dazu, filmisch interessante Naheinstellungen von Einzelpersonen aufzunehmen, ohne von den Gefilmten dabei bemerkt zu werden. Bei Videofilmaufnahmen ist aber generell das Persönlichkeitsrecht, also das Grundrecht des/der Einzelnen auf Achtung seiner/ihrer Menschenwürde und das Recht auf freie Entfaltung der Persönlichkeit zu beachten. Das Grundgesetz der Bundesrepublik Deutschland führt dazu aus:

> Artikel 1 Abs. 1 GG:
> „Die Würde des Menschen ist unantastbar. Sie zu achten und zu schützen ist Verpflichtung aller staatlichen Gewalt".

> Artikel 2 Abs. 1 GG:
> „Jeder hat das Recht auf die freie Entfaltung seiner Persönlichkeit, soweit er nicht die Rechte anderer verletzt und nicht gegen die verfassungsmäßige Ordnung oder das Sittengesetz verstößt".

Das Recht auf eine individuelle geheime Privatsphäre, das Recht am eigenen Bild und das Urheberrechtsgesetz stellen spezielle Ausprägungen des Persönlichkeitsrechts dar. „Alle Sendungen, die sich auf Menschen, ihr Denken, Reden, Handeln und Unterlassen beziehen, müssen das allgemeine Persönlichkeitsrecht dieser Betroffenen beachten, wie es von den Gerichten aus dem obersten Verfassungsgrundsatz abgeleitet wurde, dem Schutz der Würde der menschlichen Persönlichkeit. Jeder Mensch hat einen persönlichen und privaten Bereich, der für jedermann unantastbar ist" (Schult 2000, S. 410).

Einen guten Einblick in die Vielfalt der Persönlichkeitsrechte geben die Ziffern 1, 2 und 8 bis 12 des „Pressekodex des Deutschen Presserates" und die dazugehörigen Richtlinien. Obwohl diesem Pressekodex kein Gesetzesrang zukommt, sollten die dort genannten individuellen Rechte auch bei EB-Projekten beachtet werden. Berücksichtigt werden müssen außerdem Datenschutzaspekte, wie sie im § 41 Bundesdatenschutzgesetz und in verschiedenen Paragrafen der Datenschutzgesetze der einzelnen Bundesländer festgeschrieben sind.

**Internetadressen:**
www.bfd.bund.de
www.presserat.de

### 2.3.1    Recht am eigenen Bild

Das „Gesetz betreffend das Urheberrecht an Werken der bildenden Künste und der Photographie", kurz Kunsturheberrechtsgesetz (KUG) genannt, regelt das Recht am eigenen Bild. Das KUG darf nicht mit dem Urheberrechtsgesetz (UrhG) verwechselt werden. Videofilmer haben stets die §§ 22 und 23 KUG zu beachten. Aufgrund der Wichtigkeit dieser beiden Paragrafen sind sie im Wortlaut aufgeführt:

„§ 22

[Recht am eigenen Bilde]

Bildnisse dürfen nur mit Einwilligung des Abgebildeten verbreitet oder öffentlich zur Schau gestellt werden. Die Einwilligung gilt im Zweifel als erteilt, wenn der Abgebildete dafür, daß er sich abbilden ließ, eine Entlohnung erhielt. Nach dem Tode des Abgebildeten bedarf es bis zum Ablaufe von 10 Jahren der Einwilligung der Angehörigen des Abgebildeten. Angehörige im Sinne dieses Gesetzes sind der überlebende Ehegatte oder Lebenspartner und die Kinder des Abgebildeten und, wenn weder ein Ehegatte oder Lebenspartner noch Kinder vorhanden sind, die Eltern des Abgebildeten.

§ 23

[Ausnahmen zu § 22]

(1) Ohne die nach § 22 erforderliche Einwilligung dürfen verbreitet und zur Schau gestellt werden:

  1. Bildnisse aus dem Bereiche der Zeitgeschichte;

  2. Bilder, auf denen die Personen nur als Beiwerk neben einer Landschaft oder sonstigen Örtlichkeit erscheinen;

  3. Bilder von Versammlungen, Aufzügen und ähnlichen Vorgängen, an denen die dargestellten Personen teilgenommen haben;

  4. Bildnisse, die nicht auf Bestellung angefertigt sind, sofern die Verbreitung oder Schaustellung einem höheren Interesse der Kunst dient.

(2) Die Befugnis erstreckt sich jedoch nicht auf eine Verbreitung und Schaustellung, durch die ein berechtigtes Interesse des Abgebildeten oder, falls dieser verstorben ist, seiner Angehörigen verletzt wird" (Transpatent 2001).

Der Schutzbereich erstreckt sich nach § 22 Satz 1 KUG „nicht auf das Herstellen von Bildnissen, sondern nur auf deren Verbreitung und öffentliche Zurschaustellung. Heute ist aber anerkannt, dass auch eine Vorverlagerung des Rechtsschutzes auf den Zeitpunkt des Herstellens von Aufnahmen nach dem allgemeinen Persönlichkeitsrecht geschützt sein kann. Das ist zumindest dann der Fall, wenn dies in der Absicht einer Veröffentlichung geschieht. Der Begriff des ‚Verbreitens' ist weiter als der entsprechende Begriff im Urheberrecht. Er betrifft zum Beispiel auch die Weitergabe eines Fotos im privaten Bereich.

Geschützt ist nicht das Foto als solches (Fotomaterial), sondern die äußere Erscheinung des Abgebildeten als Ausdruck seines Wesens und seiner Persönlichkeit. Andere sollen seine Bildnisse nicht beliebig verwenden und insbesondere nicht kommerziell ausnutzen dürfen. Somit hat das Recht am eigenen Bild neben dem persönlichkeitsrechtlichen auch einen vermögensrechtlichen Charakter" (Sakowski 2001).

Gemäß § 22 KUG muss sich der oder die Abgebildete mit der Verwertung seines oder ihres Bildnisses einverstanden erklären. „Die Erklärung ist formlos wirksam, sollte aber nach Möglichkeit aus prozessualen Gründen in geeigneter Form (z. B. Schriftform oder Einverständnis unter Zeugen) eingeholt werden" (Sakowski 2001). Nach § 22 Satz 2 KUG wird eine Einwilligung des oder der Abgebildeten gesetzlich vermutet, wenn ein Honorar bezahlt wurde. Dies gilt z. B. für kommerzielle Produktionen, die für filmische Spielhandlungen oder Werbeaufnahmen Schauspieler bzw. Models einsetzen, deren Rechte am eigenen Bild durch Honorare abgegolten wurden. Der oder die Zahlende erwirbt durch die Honorar-zahlung ein Recht zur Verbreitung des Bildnisses im Rahmen der allgemeinen Grenzen des Persönlichkeitsrechts.

Gemäß § 23 (1) 2. KUG ist die zustimmungsfreie Ablichtung von Personen als Beiwerk neben einer Landschaft oder Örtlichkeit zulässig. Auf Veranstaltungen (Versammlungen, öffentliche Feste, Demonstrationen usw.) dürfen demnach zustimmungsfrei Aufnahmen in die Menge hinein gemacht werden. Alle Personen, die sich im öffentlichen Raum bewegen, müssen akzeptieren, dass kleine oder auch große Teile der Öffentlichkeit davon Kenntnis nehmen können.

Eine einzelne Person darf jedoch nicht Mittelpunkt und Hauptgegenstand einer Aufnahme sein. „Allgemein gilt, dass in jedem Einzelfall zwischen dem Recht der Öffentlichkeit auf Berichterstattung und dem privaten Recht auf Bildnisschutz abgewogen werden muss" (Sakowski 2001). Auch dann, wenn Videofilmaufnahmen in der Öffentlichkeit unter Berufung auf § 23 (1) 3. KUG durchgeführt werden, so ist eine Person, die in Nahaufnahme gefilmt werden soll, dafür um Erlaubnis zu bitten. Obwohl eine Ablehnung des Aufnahmewunschs relativ selten erfolgt, muss jederzeit damit gerechnet werden. Sollte dies der Fall sein, erzwingt dies eine Aufnahmeunterlassung oder eine Aufnahme in der Totale, auch wenn unter künstlerischen oder dramaturgischen Aspekten eine Nahaufnahme sinnvoll wäre.

### 2.3.2   Recht auf freie Meinungsäußerung

Das Grundrecht des/der Einzelnen auf freie Meinungsäußerung ist im Artikel 5 Abs. 1 Grundgesetz festgeschrieben: „Jeder hat das Recht, seine Meinung in Wort, Schrift und Bild frei zu äußern und zu verbreiten und sich aus allgemein zugänglichen Quellen ungehindert zu unterrichten. Die Pressefreiheit und die Freiheit der Berichterstattung durch Rundfunk

und Film werden gewährleistet. Eine Zensur findet nicht statt". Artikel 5 Abs. 2 Grundgesetz schränkt dieses Grundrecht jedoch ein: „Die Rechte finden ihre Schranken in den Vorschriften der allgemeinen Gesetze, den gesetzlichen Bestimmungen zum Schutze der Jugend und in dem Recht der persönlichen Ehre".

**Abbildung 2-5 links:**
Aufnahme in der Totale im öffentlichen Raum

**Abbildung 2-6 rechts:**
Nahaufnahme als Eingriff in die Privatsphäre

### 2.3.3 Urheberrechtsgesetz

Vom Kunsturheberrechtsgesetz (KUG) muss das „Gesetz über Urheberrecht und verwandte Schutzrechte", kurz Urheberrechtsgesetz (UrhG) genannt, unterschieden werden. Das UrhG erklärt unter anderem Musik-, Lichtbild- und Filmwerke als geschützt. Sinn des UrhG ist es, dem Urheber den vollen wirtschaftlichen Wert seines Werkes zu sichern und ihm Rechte zu geben, „die es ihm ermöglichen, von jedem, der sein Werk genießen will, unmittelbar oder mittelbar ein Entgelt zu erlangen. [...] Neben den wirtschaftlichen verbinden den Urheber auch persönliche, insbesondere ideelle und geistige Interessen mit seinem Werk, das ja die Züge seines individuellen Geistes trägt. Vor allem will er darüber bestimmen, wo und wann sein Werk veröffentlicht wird. Er ist auch darauf bedacht, dass seine Urheberehre, seine geistige Vaterschaft anerkannt und durch Angabe seines Namens dokumentiert wird. Ferner möchte er, dass sein Werk nur in reiner Form präsentiert wird, d. h. er möchte Entstellungen und Veränderungen von ihm abwehren" (Rehbinder 1996, S. 53).

„Das Grundgesetz schützt den geistig Schaffenden durch mehrere Bestimmungen seines Grundrechtteils, nämlich durch Art. 1, 2, 5 u. 14. [...] Art. 1 und 2 GG schützen die Persönlichkeit des Urhebers in ihrer Menschenwürde und in ihrer Entfaltung" (Rehbinder 1996, S. 80). „Durch Art. 5 I GG wird das Recht des Urhebers geschützt, seine Meinung in Wort, Schrift und Bild frei zu äußern und zu verbreiten. Eine Zensur findet nicht statt. Als Schranken dieses Rechts werden aber in

Abs. 2 erwähnt die allgemeinen Gesetze, der Jugendschutz und die Ehre des Mitmenschen" (Rehbinder 1996, S. 83). „Das Urheberrecht fällt mit seinem vermögensrechtlichen Bestandteil unter die Eigentumsgarantie des Art. 14 GG" (Rehbinder 1996, S. 82). Gemäß den §§ 64 und 65 UrhG erlischt das Urheberrecht siebzig Jahre nach dem Tode des Urhebers bzw. des am längsten lebenden Miturhebers.

In den §§ 15 bis 24 UrhG sind die verschiedenen Verwertungsrechte geregelt:
- Vervielfältigungsrecht (§ 16),
- Verbreitungsrecht (§ 17),
- Ausstellungsrecht (§ 18),
- Vortrags-, Aufführungs- und Vorführungsrecht (§ 19),
- Senderecht (§ 20),
- Recht der Wiedergabe durch Bild- oder Tonträger (§ 21),
- Recht der Wiedergabe von Funksendungen (§ 22),
- Bearbeitungen und Umgestaltungen (§ 23),
- Freie Benutzung (§ 24).

Um das öffentliche Leben nicht unnötig zu erschweren, hat der Gesetzgeber Schranken des Urheberrechts zugunsten der Allgemeinheit und der Medien erlassen. Diese Schranken des Urheberrechts finden sich in den §§ 45 bis 63a wieder. Wichtig für eine Berichterstattung in den Medien sind die folgenden Paragrafen:
- Schulfunksendungen (§ 47),
- Öffentliche Reden (§ 48),
- Zeitungsartikel und Rundfunkkommentare (§ 49),
- Bild- und Tonberichterstattung (§ 50),
- Zitate (§ 51),
- Öffentliche Wiedergabe (§ 52),
- Vervielfältigung durch Sendeunternehmen (§ 55),
- Unwesentliches Beiwerk (§ 57),
- Werke an öffentlichen Plätzen (§ 59),
- Änderungsverbot (§ 62),
- Quellenangabe (§ 63).

### 2.3.3.1 Werke der Musik

Zu den geschützten Werken der Literatur, Wissenschaft und Kunst gehören auch gemäß § 2 Abs. 1 Ziff. 2 UrhG Werke der Musik. „Ein Musikwerk ist geistiges Eigentum seines Urhebers. Niemand darf sich – auch nicht auszugsweise oder leicht verändert – dieses Eigentums ohne Einwilligung des Urhebers bzw. dessen Vertreters bemächtigen und es öffentlich verbreiten, vervielfältigen und aufführen. [...] Der Schutz des Musikwerks erlischt erst 70 Jahre nach dem Tod des Urhebers" (Schneider 1990, S. 283).

Hat ein Komponist mit einem Musikverleger einen Verlagsvertrag abgeschlossen, überlässt er ihm das Notenwerk zur Vervielfältigung und Verbreitung. „Im Musikverlag ist es üblich geworden, daß der Vertrag nicht nur die Einräumung der sog. Papierrechte (Vervielfältigungs- und Verbreitungsrecht), sondern auch des Rechts zur Herstellung von Tonträgern sowie des Verfilmungsrechts (letzteres allerdings nur zur Wahrnehmung) enthält; außerdem begründet er eine Verpflichtung des Komponisten, das Aufführungs-, Sende- und mechanische Vervielfältigungsrecht der GEMA einzuräumen, von deren Ausschüttungen für das Aufführungs- und das Senderecht der Verleger ein Drittel, der Urheber zwei Drittel erhält, für das mechanische Vervielfältigungsrecht der Verleger grundsätzlich 40 % und der Urheber 60 %" (Rehbinder 1996, S. 264). Diese Gesetzeslage bedeutet demnach, dass auch das eigenhändige Einspielen eines urheberrechtlich geschützten Notenwerks mit Hilfe eines Keyboards die GEMA-Pflichtigkeit nicht aushebeln kann.

## 2.3.3.2 Lichtbildwerke und Filmwerke

Das Urheberrechtsgesetz unterscheidet zwischen Lichtbildwerken (§ 2 Abs. 1 Ziff. 5 UrhG) und Lichtbildern (§ 72 UrhG). „Als Lichtbildwerke sind nur solche Photografien anzusehen, in denen die künstlerische Auffassung und Gestaltungskraft des Photografen, sei es durch die Wahl des Motivs, durch Ausarbeitung von Licht und Schatten, durch Retuschierungen, durch Photomontagen oder durch die Verwendung anderer künstlerischer Gestaltungsmittel, Ausdruck gefunden hat. Nur dann erfüllen sie die Voraussetzungen einer persönlichen geistigen Schöpfung im Sinne von § 2 II UrhG.

Den Lichtbildwerken gleichgestellt sind andere Werke, die ähnlich wie Lichtbildwerke geschaffen werden, z. B. die einzelnen Fernsehbilder, immer jedoch nur unter der Voraussetzung, daß sie eine schöpferische Leistung enthalten. [...] Das UrhG stellt in § 2 I Ziff. 6 die Filmwerke als besondere Werkart heraus und betrachtet Bildteil und Tonteil als Werkeinheit. Neben den Filmwerken unterscheidet es noch Laufbilder (§ 95 UrhG) und faßt beide unter dem Oberbegriff Film zusammen. In den §§ 88 ff. stellt es für sie besondere Bestimmungen auf" (Rehbinder 1996, S. 106).

Das Film- oder Fernsehwerk unterscheidet sich von bloßen Laufbildern durch die zum Ausdruck kommende persönliche geistige Schöpfung. Die bloße schematische Aneinanderreihung von Fotografien oder die Wiedergabe eines natürlichen Geschehensablaufes (Aufnahmen von Sportereignissen und Naturbegebenheiten, Filmen einer Theater- oder Opernaufführung etc.) sind kein Ergebnis individuellen geistigen Schaffens. Findet jedoch nach Beendigung der Aufnahmen beim Video- schnitt eine Gestaltung der Bild- und Tonfolge statt, so liegt eine Form- gebung vor, die eine individuelle geistige Schöpfung darstellt. Damit werden bloße Laufbilder zu einem Film- oder Fernsehwerk, das urheber- rechtlich geschützt ist.

Filmurheber sind diejenigen Personen, die schöpferisch bei der Her- stellung des Filmwerkes mitwirken: Regisseur, Kameramann, Cutterin und Toningenieur. Diese Filmurheber sind Miturheber und erwerben das Urheberrecht am Filmwerk gemeinschaftlich.

Nicht zu den Urhebern des Filmwerkes gehören alle Mitwirkenden, die nichtschöpferische Leistungen erbringen. Filmschauspieler und Film- musiker gehören demnach nur zu den leistungsschutzberechtigten Filmschaffenden. Zum Schutz des Filmherstellers wurde vom Gesetz- geber § 94 UrhG erlassen.

### 2.3.3.3  Verwandte Schutzrechte

Zu den verwandten Schutzrechten zählt auch der „Schutz des ausübenden Künstlers". Ausübender Künstler im Sinne § 73 UrhG ist, wer ein Werk vorträgt oder aufführt oder bei dem Vortrag oder der Aufführung eines Werkes künstlerisch mitwirkt. Leistungsgeschützt sind demnach u. a. Musiker, Sänger, Dirigenten, Schauspieler, Tänzer und Kleinkünstler wie Zauberer oder Clowns.

Gemäß § 74 UrhG darf die Darbietung des ausübenden Künstlers „nur mit seiner Einwilligung außerhalb des Raumes, in dem sie stattfindet, durch Bildschirm, Lautsprecher oder ähnliche technische Einrichtungen öffentlich wahrnehmbar gemacht werden" (BMJ 2002). Die Aufnahme, Vervielfältigung und Verbreitung einer Darbietung eines ausübenden Künstlers regelt § 75 UrhG. Die Darbietung eines ausübenden Künstlers darf nur mit seiner Einwilligung auf Bild- oder Tonträger aufgenommen (§ 75 Abs. 1 UrhG) bzw. durch Funk gesendet (§ 76 Abs. 1 UrhG) werden. Bei mitwirkenden Künstlergruppen in Chor-, Orchester- und Bühnen- aufführungen greift § 80 UrhG.

Zum Schutz des Veranstalters wurde § 81 UrhG folgendermaßen formu- liert: „Wird die Darbietung des ausübenden Künstlers von einem Unter- nehmen veranstaltet, so bedarf es in den Fällen der §§ 74, 75 Abs. 1 und 2 und § 76 Abs. 1 neben der Einwilligung des ausübenden Künstlers auch der Einwilligung des Inhabers des Unternehmens" (BMJ 2002).

### 2.3.3.4 Rechtsverletzungen

Im Falle der Verletzung des Urheberrechts oder der verwandten Schutzrechte kommen zivilrechtlich die §§ 97 bis 105 UrhG zum Tragen. So besteht gemäß § 97 UrhG Anspruch auf Unterlassung und Schadenersatz im Falle der Verletzung des Urheberrechtsgesetzes. Strafrechtlich sind die §§ 106 bis 111 UrhG relevant. So kann gemäß § 106 UrhG derjenige, der in anderen als den gesetzlich zugelassenen Fällen ohne Einwilligung des Berechtigten ein Werk oder eine Bearbeitung oder Umgestaltung eines Werkes vervielfältigt, verbreitet oder öffentlich wiedergibt, mit Freiheitsstrafe bis zu drei Jahren oder mit Geldstrafe bestraft werden.

**Internetadresse:**
bundesrecht.juris.de

## 2.4 Verwertungsgesellschaften

Die GEMA (Gesellschaft für musikalische Aufführungs- und mechanische Vervielfältigungsrechte) verwaltet in Deutschland als staatlich anerkannte Treuhänderin die durch das Urheberrechtsgesetz gesicherten Rechte der Komponisten, Musiktexter oder Musikstückverleger. „Mitglied in der GEMA kann jeder Komponist, Musikbearbeiter, Textdichter und Musikverleger werden, der öffentliche Aufführungen bzw. Rundfunk- oder Fernsehsendungen sowie Schallplattenproduktionen und Produktionen auf Bildtonträgern vorweisen kann" (Schneider 1990, S. 284). Die GEMA erteilt Nutzungsrechte zu festgelegten Bedingungen an Dritte. Für die einzelnen Nutzungsarten existieren elf verwertungsrechtliche Hauptbereiche mit insgesamt 64 nutzungstypischen Einzeltarifen, wobei z. B. zwischen Live-Konzerten, Musikwiedergabe und Herstellung von Tonträgern, Rundfunksendungen und Filmvorführungen unterschieden wird. Eine Tarifübersicht ist bei der jeweils zuständigen GEMA-Bezirksdirektion erhältlich.

Die Höhe der von den öffentlich-rechtlichen Fernsehanstalten zu zahlenden GEMA-Gebühren ist in einem Generalvertrag geregelt.

Zwischen den offenen Kanälen (OK) und der GEMA existiert ein Rahmenvertrag, sodass OK-Produzenten zu günstigen Konditionen GEMA-pflichtige Werke einsetzen können.

Da mit ausländischen Schwesterorganisationen (z. B. die AKM in Österreich oder die SUISA in der Schweiz) Gegenseitigkeitsverträge bestehen, können deutsche Komponisten/Musikverleger im Ausland ihre persönlichkeits- und vermögensrechtlichen Ansprüche geltend machen. Umgekehrt gilt dies auch für ausländische Komponisten/Musikverleger in Deutschland.

Die Verwertungsgesellschaft BILD-KUNST vertritt in Deutschland die persönlichkeits- und vermögensrechtlichen Ansprüche von bildenden Künstlern, Fotografen, Bildjournalisten, Designern, Karikaturisten, Pressezeichnern, Bildagenturen, Regisseuren, Kameraleuten, Cuttern, Szenen- und Kostümbildnern, Choreographen und Filmproduzenten.

Die GVL (Gesellschaft zur Verwertung von Leistungsschutzrechten) übernimmt in Deutschland die urheberrechtliche Vertretung der ausübenden Künstler im Sinne § 73 UrhG (Musiker, Sänger, Tänzer, Schauspieler und alle sonstigen Werkinterpreten) und der Tonträgerhersteller (Schallplatten- bzw. CD-Firmen). Dem technischen Personal von Musikproduktionen bleibt eine GVL-Mitgliedschaft verwehrt.

**Internetadressen:**
www.biem.org
www.bildkunst.de
www.cisac.org
www.gema.de
www.gvl.de

Die GEMA und die Verwertungsgesellschaft BILD-KUNST sind Mitglieder in der CISAC *(Confédération Internationale des Sociétés d' Auteurs et Compositeurs)*, einer der internationalen Dachorganisationen der Urheberrechtsgesellschaften. Die GEMA ist außerdem Mitglied in der internationalen Dachorganisation BIEM *(Bureau International des Sociétés Gérant les Droits d' Enregistrement et de Reproduction Mécanique)*.

## 2.5    Dramaturgie

Immer wieder wird die Auffassung geäußert, dass bei Videofilmproduktionen aufgrund der meist zu knappen zur Verfügung stehenden Zeit nicht dramaturgisch gestaltet werden könne. Die Autoren dieses Buches vertreten eine andere Meinung. Dramaturgische Überlegungen sind nicht nur für filmische Spielhandlungen anzustellen, sondern auch für jede Dokumentation. Deren in der Regel spannungsärmeren Inhalte bedürfen sogar einer besonders sorgfältigen formalen Aufbereitung, wenn der jeweilige Aussagewunsch die Zuschauer erreichen soll.

Ein Videofilmproduzent muss dazu schon vor der ersten Videofilmaufnahme eine konkrete filmische Idee entwickelt haben! Es muss vor Aufnahmebeginn klar sein, welcher Aussagewunsch vermittelt werden soll. Sind während der Aufnahme nicht wenigstens vage Vorstellungen von einer interessanten Handlungsabfolge vorhanden, werden mit Sicherheit aufgrund der fehlenden Konzeption bei der Motivauswahl und der Bildausschnittsbestimmung aussagekräftige Einstellungen für eine im Nachhinein konstruierte Geschichte fehlen.

Folge davon ist, dass eine Cutterin trotz größter Anstrengungen während des Videoschnitts keine überzeugenden Arbeitsergebnisse liefern kann. Bildgestaltung muss sich also stets von dramaturgischen Überlegungen leiten lassen!

Auch für Werbespots können Anleihen aus dramaturgischen Konzepten entnommen werden. Wenn es z. B. gelingt, Zuschauer am gezeigten Geschehen emotional zu beteiligen oder den Werbespot mit einem überraschenden Höhepunkt enden zu lassen, so ist von einer bleibenden Erinnerung des Publikums an das beworbene Produkt auszugehen. Die Problematik der nur begrenzt zur Verfügung stehenden Sendezeit von lediglich 20 bis 30 Sekunden besteht besonders im Bereich der Werbespotproduktion. Es ist davon auszugehen, dass Werbespots nur dann ihre Werbeaufgabe erfüllen, wenn sie eine informative oder originelle „Geschichte" erzählen, die im Gedächtnis der Zuschauer haften bleibt.

Die altbekannte AIDA-Formel (im Jahr 1898 vom US-Amerikaner Lewis entwickelt) aus dem Werbesektor kann in abgewandelter Form auch zur filmischen Umsetzung herangezogen werden:

- „A" steht für *attention*: Der Beitrag erregt durch besondere bildliche Aspekte oder bestimmte textliche Aussagen die Aufmerksamkeit der Zuschauer.
- „I" steht für *interest*: Der Beitrag weckt und erhält sich mit gelungener Dramaturgie und guten Bildern/Tönen das Interesse der Zuschauer.
- „D" steht für *desire*: Der Beitrag ruft bei den Zuschauern den Wunsch nach weiteren Informationen bzw. nach Beantwortung der offenen Fragen hervor.
- „A" steht für *action*: Die Zuschauer handeln wie gewünscht, denn sie wechseln nicht den Fernsehkanal bzw. schalten nicht ab, sondern bleiben bis zum Schluss des Beitrags als dessen Zuschauer erhalten.

Grundsätzlich ist bei den Zuschauern für die filmisch im Mittelpunkt stehende Person/Sache Interesse zu wecken und aufrecht zu erhalten. Wie dies gelingen kann und welche grundsätzlichen Möglichkeiten für einen dramaturgischen Ansatz existieren, soll im weiteren Verlauf dieses Kapitels gezeigt werden. Da die Dramaturgieprinzipien schon vor zweieinhalbtausend Jahren im griechischen Theater entwickelt wurden, basieren viele der dramaturgischen Fachbegriffe auf griechischen Worten. Einige dieser Fachbegriffe sind im Glossar erläutert.

## 2.5.1 Dramaturgiemodelle

Auch wenn sich die in diesem Abschnitt vorgestellten traditionellen Dramaturgiemodelle in ihren Aussagen auf mehraktige Theaterdramen bzw. Spielfilme beziehen, liefern diese Dramaturgiemodelle bei genauerer Betrachtung auch für das Erzählen kurzer Geschichten in Videofilmen oder News-Beiträgen wertvolle dramaturgische Hinweise.

**Abbildung 2-7:**
Altgriechische Theater-
maske (lachend)

Das traditionelle Dramaturgiemodell basiert auf der antiken Dramen-
theorie. Aristoteles (384–322 v. Chr.) war der Erste, der die Dichtung
in einer eigenen Schrift, der „Poetik", behandelte. Ein in hellenistischer
Zeit angefertigtes Verzeichnis der aristotelischen Schriften sagt aus, dass
die „Poetik" aus zwei Büchern bestand. Nur die erste Hälfte, die die Tragödie behandelt, hat die Zeiten überdauert, während die zweite Hälfte
der „Poetik", die sich mit der Komödie und wohl auch der Jambendich-
tung beschäftigte, verloren ging. Obwohl Castelvetro im Jahr 1570 durch
seine Übersetzung der „Poetik" die dramaturgische Theorie der Renaissance begründete und damit auch auf die französische Klassik einwirkte,
ist Castelvetros Lehre von den drei Einheiten (von der Einheit der Handlung, der Zeit und des Ortes) bei Aristoteles nicht zu finden.

Gustav Freytag (1816–1895) veröffentlichte im Jahr 1863 sein Werk
„Technik des Dramas". Dieses Buch ist eine Deskription und Struktur-
analyse griechischer, englischer und deutscher Dramen. Gerade an
Freytags Werk kann der Unterschied zwischen US-amerikanischen und
europäischen Auffassungen festgemacht werden. Während die Ende
des 19. Jahrhunderts erfolgte Übersetzung ins Englische die Grundlage
für die hohe Anerkennung dieses Werkes in den USA schuf, äußerten
deutsche Kritiker schon beim Erscheinen der „Technik des Dramas",
dass bei Freytag „die Inspirationsästhetik durch die These von der Lehrbarkeit des dramatischen Handwerks verraten" (Freytag 1983, S. 329)
und die schöpferische Kraft durch Detailvorschriften gelähmt werde.
Freytags Werk erschien zeitgenössischen deutschen Kritikern als ein
bloßes „Kochbuch für Dramatiker". In Deutschland blieb kaum mehr
als die „Freytag'sche Pyramide" (siehe Abbildung 2-9) bekannt. Im
Gegensatz zu Deutschland wurden in den USA gerade solche Werke für
„*workshops in creative writing*" gesucht. Diese fundamentalen Auffassungs-
unterschiede führten dazu, dass die „Theorie der Lehrbarkeit des pro-
duktiven Schreibens und Gestaltens" vorwiegend von amerikanischen
Schreibschulen vertreten wurde und erst in den letzten Jahren auch in
Deutschland langsam Fuß fassen konnte.

**Abbildung 2-8:**
Altgriechische Theater-
maske (weinend)

Das traditionelle Dramaturgiemodell ist als eine Dramaturgie der
geschlossenen Form zu verstehen. In einer solchermaßen geschlossenen
Dramenform werden alle vom jeweiligen Theaterdrama, Kino- oder
Videofilm aufgeworfenen Fragen und Konflikte gelöst.

Die Normdramaturgie setzt auf die „sinnstiftenden Elemente der
Geschehensstrukturierung: auf Anfang und Ende, auf eine Durchführung dazwischen, die Höhepunkte kennt und Wendepunkte in der Entwicklung: Steigerungen einerseits, Schürzungen des Knotens, aber
auch Peripetien, die das schon erkennbare Ende aufhalten, scheinbar

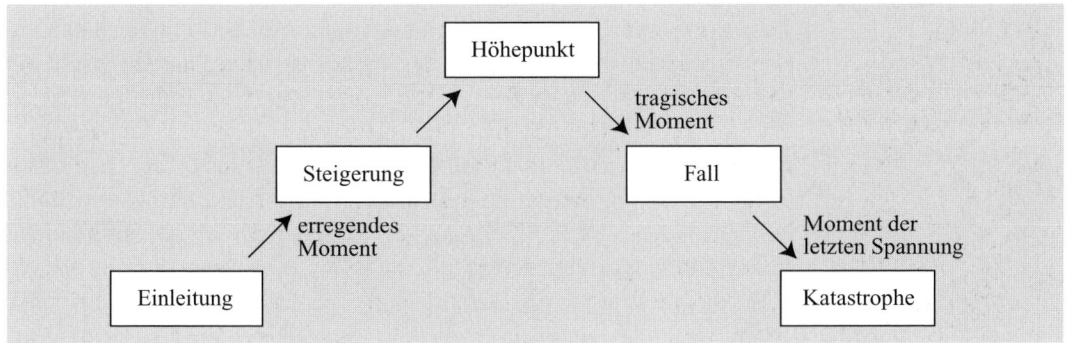

**Abbildung 2-9:**
Freytag'sche Pyramide

alles wieder umkehren, um desto dramatischer dann das Ende herein-
brechen zu lassen. [...] Der Anfang ist als Exposition der Figuren und der
Situation, notwendig, um uns als Zuschauer an die Geschichte heranzuführen, uns vertraut zu machen mit den Figuren, mit einer Situation,
mit einem Konflikt. Der Anfang enthält auch die Vorgeschichte, hier
wird das Wissen vermittelt, das notwendig ist, um die Figuren in ihrer
Situation zu verstehen" (Hickethier 1996, S. 119).

Wird in der Exposition der raumzeitliche Horizont klar vermittelt, so
ist dies eine sichere Einführung in einen Bericht oder in eine Geschichte.
Regisseur Alfred Hitchcock war ein Meister in der Gestaltung der Einführungssequenz. Der Beginn seines Spielfilms „Das Fenster zum Hof"
(1954) zeigt nicht nur in prägnanter Weise, wo und wann die Geschichte
spielt, sondern stellt auch den Protagonisten Jeffries sowie die beobach-
teten Personen vor. Alles „leicht und schnell und ohne ein gesprochenes
Wort! Ganze Kapitel Prosa sind hier auf Sekunden Filmzeit verdichtet"
(Monaco 2000, S. 213). In Hitchcocks Spielfilm „Psycho" (1960) wird
während des Einführungsschwenks der Name des Handlungsortes und
der Handlungszeitpunkt als Text eingeblendet.

„Nach der Exposition wird dann der Konflikt vorbereitet, es gibt
erste Wendepunkte, die uns auf diesen Konflikt zusteuern lassen, die
den Knoten der Handlungslinien schürzen, also diese mitcinander
verbinden. [...] Auf der Ebene der Dramaturgie wird der Konflikt zu
einem Höhepunkt in der Auseinandersetzung getrieben, auf dem sich
die Kontrahenten begegnen, damit einer Lösung zugeführt, so daß die
Geschichte zu einem Schluß kommt" (Hickethier 1996, S. 120).

Dieser traditionellen, geschlossenen Dramenform steht die offene
Dramenform gegenüber. Diese zeichnet sich z. B. durch eine episoden-
hafte Erzählweise aus und verlangt den Zuschauern nach dem Ende des
jeweiligen Theaterdramas, Kino- oder Videofilms eine weitere Beschäf-
tigung mit den unbeantworteten Fragen und den ungelöst gebliebenen
Konflikten bzw. Problemen ab.

Eine Normdramaturgie scheint die Handlungsabläufe zwar in ein allseits bekanntes Korsett zu zwingen, jedoch nehmen die Zuschauer den Bauplan, der dem Plot zugrunde liegt, selten bewusst wahr. Drehbuchautoren, die sich die elementaren Grundstrukturen der Normdramaturgie zu Nutze machen, fällt die Strukturierung eines Plots wesentlich leichter. Eine frühzeitige gute Strukturierung verhindert bei der Drehbuchentwicklung das Verrennen in Details und das Verfolgen von verwirrenden Handlungssträngen.

Auch den Dramaturgie-Lehrbüchern von Field und Hant liegt diese geschlossene Dramenform zugrunde. Diese beiden US-amerikanischen Autoren stellen Regelwerke für Normdramaturgien auf, die als Anleitungen für das Drehbuchschreiben zu verstehen sind. Für den intellektuellen europäischen Autor ist es immer wieder erstaunlich, dass viele der US-amerikanischen Dramaturgen und Drehbuchdidaktiker dramaturgische Prinzipien aus der Lektüre der „Poetik" oder auch der „Technik des Dramas" ableiten und zum Korsett anwendungsbezogener Filmdramaturgien machen.

Fields Publikationen, z. B. „Das Handbuch zum Drehbuch", haben sich als Standardwerke zum Thema „Drehbuchschreiben" auf dem Buchmarkt etabliert. Field macht äußerst konkrete Aussagen (siehe Abbildung 2-10) zum zeitlichen Ablauf eines filmischen Dramas von 120 Minuten Länge. Dabei entspricht eine Filmminute genau einer Seite im Drehbuch.

Hants Publikation „Das Drehbuch" enthält viele Tipps und dramaturgisch wertvolle Regeln:

- Spannung entsteht dadurch, dass der Zuschauer nicht weiß, was als Nächstes passiert. „Indem wir den Zuschauer in Spannung halten, erreichen wir, daß seine Gedanken nicht abschweifen und er mit seiner ganzen Konzentration dem Geschehen folgt" (Hant 2000, S. 35).
- „Wenn unsere Gefühle angesprochen werden, berührt uns die Aussage des Films sehr viel stärker, als wenn wir sie nur verstehen" (Hant 2000, S. 26).
- „Die Magie des Spielfilms besteht darin, daß er als Kunstprodukt wirkliche Gefühle beim Zuschauer auslösen kann. Beim dramatischen Film geht es in erster Linie nicht um Information, sondern um das gefühlsmäßige Beteiligtsein des Zuschauers" (Hant 2000, S. 36).
- „Der Verlauf der Handlung muß eine Aussage vermitteln" (Hant 2000, S. 38).
- Damit ein Film funktioniert, muss er spannend sein, Gefühle auslösen und Erkenntnis vermitteln.
- Der Protagonist ist derjenige, von dessen Seite aus die Geschichte erzählt wird. Er ist derjenige, dessen Entscheidungen und Handlungen den Verlauf der Geschichte bestimmen. Er ist aktiv und

| Anfang<br>1. Akt | | Mitte<br>2. Akt | | Ende<br>3. Akt |
|---|---|---|---|---|
| Setup / Exposition<br>(Seite 1-30) | | Konfrontation<br>(Seite 31-90) | | Auflösung<br>(Seite 91-120) |
| | Klammer I | | Klammer II | |
| Plot Point I<br>(Seite 25-27) | | Zentraler<br>Punkt<br>(Seite 60) | Plot Point II<br>(Seite 85-90) | |

muss handeln. Der Protagonist muss seine Angst überwinden, wenn er sein äußeres Ziel erreichen möchte und im zentralen Konflikt siegreich bleiben will. Er wächst innerlich, indem er kämpft und äußere Schwierigkeiten überwindet. Der Protagonist geht aus den Konflikten als ein Gewandelter hervor und muss zur Identifikation einladen. Die Zuschauer müssen sowohl die rationale als auch die emotionale Motivation kennen, die den Protagonisten zu seinem Ziel treibt. Erst nach erfolgter Identifikation mit dem Protagonisten erleben die Zuschauer dessen Konflikt mit.

**Abbildung 2-10:** Ablauf eines filmischen Dramas gemäß Field

- „Während der Protagonist immer eine Figur sein muß, [...] kann die antagonistische Kraft auch etwas Unpersönliches sein (eine negative innere Qualität des Protagonisten, eine Naturgewalt, gesellschaftliche Verhältnisse etc.). Wirkungsvoller läßt sich der zentrale Konflikt allerdings meistens darstellen, wenn die antagonistische Kraft personifiziert ist" (Hant 2000, S. 55). Der Hauptantagonist sollte über die gesamte Geschichte hinweg präsent sein.
- Ein Konflikt ist das magische Hilfsmittel, mit dem der Dramatiker seine Zuschauer fesselt. Es ist die Aufgabe des Dramatikers, Konfliktsituationen so weit wie möglich zu steigern. „Alle Konflikte, die während einer Geschichte entstehen, sollten in der Geschichte auch gelöst werden" (Hant 2000, S. 62).
- „Ganz am Anfang des Films steht der Hook" (Hant 2000, S. 73). Der Hook (auf deutsch: Angelhaken) ist meist ein ungewöhnliches Ereignis und soll das Interesse der Zuschauer wecken.
- Folgende grundsätzliche Fragen sind am Anfang des Films immer zu klären:
  1. Wo und wann spielt die Geschichte?
  2. Wer ist der Protagonist?
  3. Was ist das Ziel des Protagonisten?
  4. Welches ist die antagonistische Kraft, die dem Ziel des Protagonisten im Weg steht?
  5. Was ist das Ziel der antagonistischen Kraft?
  6. Wie sieht der zentrale Konflikt der Geschichte aus?

- Wendepunkte, die die Geschichte für die Zuschauer unerwartet in eine neue Richtung lenken, erhalten die Spannung und geben der Geschichte neue Energie. „Unter den verschiedenen Wendepunkten gibt es zwei, die eine besondere Bedeutung haben: die Plot Points" (Hant 2000, S. 82).

### 2.5.2    Ergänzende dramaturgische Hinweise

- Eine narrative Lenkung der Zuschauer ist möglich, weil sich diese mit bestimmten Personen identifizieren. Üblicherweise erfolgt die Identifikation mit dem Protagonisten. Ein Protagonist wird für die Zuschauer dadurch erkennbar, dass sie meist durch ihn in den Film eingeführt werden und sie mehrmals wiederholte Großaufnahmen von ihm sehen, die den Eindruck entstehen lassen, dass die Geschichte aus seiner Perspektive erzählt wird. Außerdem besitzt der Protagonist die längsten sichtbaren Anteile am Filmgeschehen.
- Damit eine Person zum Protagonisten wird, muss an ihrem Schicksal emotional Anteil genommen werden können, denn im Dramatischen dreht sich alles um Emotion. Die Person muss also durch Sympathie, Empathie oder Antipathie eine emotionale Beteiligung des Publikums hervorrufen.
- Die Hauptfigur eines Films steht im Zentrum des Geschehens. Alle anderen Schauspieler sind somit Neben- oder gar nur Randfiguren. Nur im Ensemblefilm gibt es mehrere Hauptfiguren.
- Der Plot ist die Haupthandlung, die den Konflikt zwischen Protagonist und antagonistischer Kraft entwickelt.
- „Subplots sind Untergeschichten und ermöglichen einen Wechsel der Perspektive. Auch Subplots haben einen Anfang, eine Mitte und ein Ende. Die Subplots sind mit dem Hauptplot verbunden. Sie variieren, konterkarieren oder spiegeln das Hauptthema auf einer anderen Ebene" (Neukirchen 2000, S. 40).
- „Klischees haben einen Wahrheitsgehalt, sonst würden sie nicht funktionieren" (Neukirchen 2000, S. 73).
- „Der Filmautor versucht zwar, sein Publikum glauben zu machen, es sehe die Realität, in Wahrheit aber sehen die Zuschauer eine sorgfältig geplante und inszenierte Illusion" (Armer 2000, S. 115). Das für die Zuschauer überraschende Zerbrechen dieser Illusion ist in der ersten Sequenz des Spielfilms „Die amerikanische Nacht" (Regie: François Truffaut, 1973) zu finden. Mit Hilfe des Prinzips „Film im Film" wird in diesem Spielfilm die Realität einer Filmproduktion, das „Making of", gezeigt.
- Das Filmgeschehen ist immer verdichtete Wirklichkeit, niemals eine Abbildung. Die Handlung stellt eine Kette von Szenen dar, die

**François Truffaut:**
französischer Filmregisseur
* 6.2.1932 in Paris
† 21.10.1984 in Neuilly-sur-Seine

wesentliche Momente des Geschehens zeigen. „Diese Kette kom-
primiert damit das Ereignis und bietet den Zuschauern eine Essenz,
eine verdichtete Form des Geschehens. Weil dieses Prinzip der Kom-
primierung in der Filmpraxis zur Regel und damit zur Konvention
geworden ist, bedeutet dies umgekehrt, daß vom Zuschauer alles, was
gezeigt wird, in der Regel auch für den Konflikt und dessen Lösung
für wichtig gehalten wird" (Hickethier 1996, S. 117).

- „Es ist nicht dasselbe, ob wir einen Vorgang in Wirklichkeit oder
  im Kino miterleben. Die Filmhandlung muß dem Zuschauer alles
  Wesentliche des Vorgangs zeigen und muß alles Überflüssige weg-
  lassen. In der Wirklichkeit stehen Vorgang und Zuschauer in einer
  zufälligen, ungesetzlichen Beziehung: es kann geschehen, daß
  der Zuschauer nur eine nebensächliche, uncharakteristische, ja
  fälschende Phase des Vorgangs erlebt. Das darf im Film nicht sein,
  denn zur Form des Kunstwerkes gehört, daß es alles Wesentliche
  und nichts Überflüssiges enthalte. Diese Strenge des Aufbaus beginnt
  schon beim einzelnen Filmbild" (Arnheim 1979, S. 183).

- Die wesentliche Struktur des Dramatischen kann auf die einfache
  Formel gebracht werden: „Eine Person hat ein Problem".

- Es gibt zwei verschiedene Muster, Probleme in ein Drehbuch ein-
  zuführen. Beim ersten Muster taucht für den Protagonisten ganz
  unerwartet aus heiterem Himmel ein Problem auf. Plötzlich gerät
  seine Welt aus den Fugen. „In fast jedem Hitchcock-Film verliert
  der Protagonist bereits zu Beginn des ersten Aktes die Kontrolle.
  Er muß sie nicht nur zurückgewinnen, er muß sich darüber hinaus
  auch auf die neu entstandene Situation einlassen. [...] Die zweite,
  weitaus alltäglichere Art von Problemen entsteht dann, wenn ein
  Gegenspieler (der Antagonist) mit anderen Meinungen oder Plänen
  dem Helden Steine in den Weg legt" (Armer 2000, S. 113). „In beiden Mustern hat der Protagonist ein Ziel. In beiden Mustern muß der
  Protagonist ihm feindlich gesonnene Mächte überwinden, um an sein
  Ziel zu gelangen" (Armer 2000, S. 114).

- Durch Ablenkung der Zuschauer vom eigentlichen Geschehen kann
  Spannung aufgebaut werden. Ein Beispiel dazu ist Hitchcocks Spielfilm „Das Fenster zum Hof" (1954): Der Protagonist Jeffries und
  die Zuschauer werden im Verlauf der Handlung von der einsamen
  Frau abgelenkt, die kurz vor dem Selbstmord zu stehen scheint,
  während sich der Mörder unbemerkt Lisa Fremont, der Helferin
  des Protagonisten, nähert. Das plötzliche Auftauchen des Mörders
  erzeugt dann eine emotionale Schockwirkung beim Publikum.

- Viele der in Drehbüchern niedergelegten filmischen Geschichten können auf wenige dramaturgische Grundformen, die „Masterplots" wie
  z. B. „*boy meets girl*", zurückgeführt werden. Diese Grundformen

**Alfred Hitchcock:**
britischer Filmregisseur
\* 13.8.1899 in London
† 29.4.1980 in Los Angeles

fanden schon in der klassischen Literatur und damit auch in Theaterstücken mit mehr oder weniger überzeugenden Variationen immer wieder Verwendung. So ist zwar beispielsweise das Hollywood-Happyend berühmt-berüchtigt, aber ein solches Erzählmuster kommt individuellen menschlichen Wünschen entgegen und verbessert die Aussichten auf den finanziellen Erfolg einer Filmproduktion.

- Basis für die Drehbuchentwicklung können auch klassische Mythen sein. Der griechische Mythos „Odysseus" diente nicht nur Homer im 8. Jahrhundert vor Christus, sondern auch zahllosen späteren Autoren als Vorbild für die vom Protagonisten auf einer Reise zu bestehenden Abenteuer. Wie die „Odyssee", erzählen viele Filme „von einer mythischen Reise, der Geschichte eines jungen Mannes (des Helden), der eine Verfehlung begangen hat (Schuld), danach auszieht (Vertreibung), um Prüfungen und Bewährungen (Opfer) zu bestehen. Nach seinem Sieg kommt er zur Gemeinschaft zurück (Erlösung)" (Röll 1998, S. 154). Gerade der unterschwellige Einsatz von Mythen, die in allen Kulturen existieren und verstanden werden, ist eine Ursache für die großen kommerziellen Erfolge Hollywoods. Nicht nur George Lucas (z. B. „Krieg der Sterne", 1977), sondern auch Steven Spielberg war Schüler des Mythenforschers Joseph Campbell, der ein mythologisches bzw. zyklisches Modell entwickelt hatte, in dem sich die Strukturen von Mythen, Märchen und Archetypen mit Elementen der Analytischen Psychologie eines Carl Gustav Jung (1875–1961) verbanden. Ausgehend von Campbells Forschungen verfassten Keith Cunningham und Thomas Schlesinger eine Drehbuchlehre, die von erfolgreichen Hollywood-Drehbuchautoren eingesetzt wird.

Als ein Beispiel für die Anwendung dieses zyklischen Modells kann Spielbergs Spielfilm „Der weiße Hai" (1975) angeführt werden. In diesem Spielfilm wird der wasserscheue Polizeichef Martin Brody aufgrund der Haiattacken aus seiner bisherigen Lebenswelt herausgerissen. Durch die Hinausfahrt mit dem Kutter dringt er in die feindliche, fremde Welt des Meeres vor und lernt mit Hilfe seiner beiden Begleiter sich dort zurechtzufinden. Der Protagonist Martin Brody wird auf hoher See durch den Kampf gegen den Hai mit den Abgründen seines Todes konfrontiert. Durch die Überwindung der Bedrohung verliert er seine Angst vor dem Meer, sodass er „geistig wiedergeboren" zu seiner Familie zurückkehren kann.

- Eine beliebte Schlusseinstellung im Spielfilm ist die Rückkehr des Protagonisten an einen zu Beginn des Films gezeigten Handlungsort, sodass sich der Handlungskreis schließt. Beispielsweise kehrt der Protagonist im Spielfilm „Forrest Gump" (Regie: Robert Zemeckis, 1994) mit seinem Sohn an diejenige Bushaltestelle zurück, an der er selbst viele Jahre zuvor erstmals den Schulbus bestieg.

**Steven Spielberg:**
US-amerikanischer
Filmregisseur
* 18.12.1946 in Cincinnati

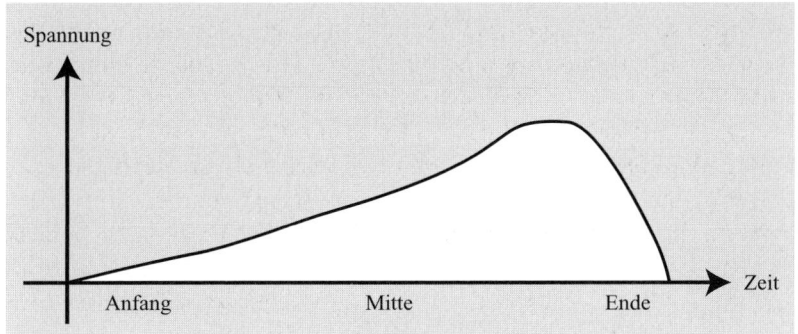

**Abbildung 2-11:**
Zeitlicher Verlauf
der Spannung im
dramaturgischen
Spannungsbogen

### 2.5.3 Dramaturgiekonzept für die elektronische Berichterstattung

Kerstan empfiehlt in Analogie zur Freytag'schen Pyramide ein fünftei-
liges Dramaturgiekonzept, das die Einheiten „Einleitung", „Aufbau",
„Konflikt", „Abbau" und „Ausklang" umfasst. Dieses einfache Dramaturgiekonzept lässt sich sowohl auf eine einzelne Sequenz als auch auf
einen ganzen Videofilm anwenden. Mehrere solcher Sequenzen bilden
laut Kerstan einen Komplex, der selbst nur einen Teil des Gesamtbei-
trags darstellt und einen übergeordneten Spannungsbogen besitzt.

Nicht die einzelne Einstellung, sondern die Sequenz ist die kleinste
filmische Einheit. „Eine Sequenz ist eine Folge von Einstellungen, die
zusammengehören. Eine Sequenz ist mehr als nur die Summe der Wirkungen ihrer einzelnen Einstellungen. Dieses Mehr ergibt sich aus den Beziehungen der Einstellungen untereinander" (Kerstan 2000, S. 100 f.). Eine
Sequenz bildet den kleinsten Spannungsbogen (siehe Abbildung 2-11)
innerhalb eines gesamten Films. Ihre Aufgabe ist es somit, den kleinsten
in sich geschlossenen Bestandteil der Filmaussage zu transportieren.
Soll eine Sequenz als kleinste Einheit sinnvoll gestaltet werden, müssen
die Aufnahmen durch einen präzisen Aussagewunsch angeleitet werden.
Aus diesem Aussagewunsch heraus ist ein Aussagekern zu entwickeln,
der den Höhepunkt einer einzelnen Sequenz darstellen soll. Ein Aussagekern ist durch Naheinstellungen zu bebildern. Dem Aussagekern müssen
eine allgemeine, räumliche Orientierung gebende Totaleinstellung und
eine halbtotale bzw. halbnahe Verbindungseinstellung vorausgehen.
Eine halbnahe bzw. halbtotale Folgeeinstellung festigt oder differen-
ziert die Aussage des Aussagekerns noch einmal. Zum Abschluss einer
Sequenz erfolgt eine Rückorientierung mit Hilfe einer Totaleinstellung,
um den Aussagekern noch einmal räumlich einzuordnen zu können
(siehe Abbildung 2-12).

Eine Entspannung nach dem Sequenzhöhepunkt ist notwendig, um
die Aufnahmefähigkeit der Zuschauer nicht zu überfordern. Selbst ein
konstanter Reiz hoher Intensität würde letztendlich bei den Zuschauern

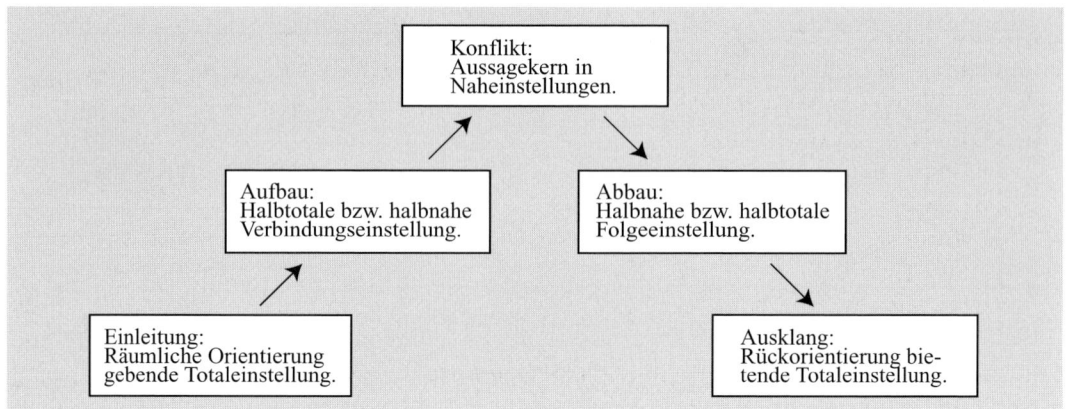

**Abbildung 2-12:**
Dramaturgiekonzept
im EB-Bereich

zu Unaufmerksamkeit und Desinteresse führen. Deshalb muss durch den wiederholten Aufbau von Spannung und eine daran anschließende Entspannung die Aufmerksamkeit der Zuschauer immer wieder neu erregt werden. Dieser Vorgang kann durch die richtige Wahl der Einstellungsgrößen optisch unterstützt werden: „Annäherung erzeugt Spannung, zunehmende Entfernung dagegen läßt uns entspannen. Die Sequenz mit ihrem in nahen Einstellungen dargestellten Aussagekern und ihren entfernteren Orientierungseinstellungen entspricht deshalb genau unserem natürlichen Wahrnehmungsverhalten" (Kerstan 2000, S. 107).

## 2.6    Schriftliche Ausarbeitungen

Schriftliche Ausarbeitungen für geplante filmische Projekte erfolgen mit unterschiedlich hohem Ausarbeitungsgrad und Umfang. Für tagesaktuelle Beiträge der elektronischen Berichterstattung steht nicht genügend Zeit zur Verfügung, um detaillierte schriftliche Ausarbeitungen vornehmen zu können. Ein Exposee muss in knapper Form die wichtigsten Informationen vermitteln. Somit wird im EB-Bereich die mündliche Kommunikation im Team sehr wichtig. Ähnlich wie bei dokumentarischen Filmprojekten besteht dort zudem die Schwierigkeit, dass die Geschehnisse nicht im Voraus planbar sind.

Allein bei Fernseh- oder Spielfilmen kann aufgrund der praktizierten vollständigen Inszenierung eine schriftliche Vorabplanung im Detail in Form eines Drehbuchs erfolgen.

### 2.6.1    Exposee

Eine Norm, wie ein Exposee (frz. *exposé* = Darstellung, Übersicht) auszusehen hat, gibt es nicht. Ein Exposee enthält die Idee der Geschichte, die das Interesse der Zuschauer wecken soll. Im Exposee findet die erste Fixierung der Grundelemente, aus denen die Geschichte geformt werden soll, statt. Diese Grundelemente sind:

- Ort und Zeit der Handlung,
- die Hauptfigur,
- die Erzählperspektive (engl. *point of view*),
- der Konflikt, um den es in der Geschichte geht,
- die Entwicklungslinie des Plots,
- der Höhepunkt und Schluss der Geschichte.

Prinzipiell können drei unterschiedliche Erzählperspektiven Verwendung finden:

- Ich-Perspektive
  Das Erzählen einer Geschichte durch die Augen einer einzelnen Person – dem „Ich" der Geschichte – bedingt den Einsatz einer subjektiven Kamera. Der Begriff „subjektive Kamera" bedeutet, dass sich die Kamera scheinbar in eine agierende Person hineinversetzt.
- Personale Erzählperspektive
  „Die auf eine dritte Person beschränkte Sichtweise, die das Geschehen so darstellt, als betrachte es ein unbeteiligter idealer Beobachter, ist der in Hollywood gebräuchlichste Erzählstil, wird aber selten ausschließlich verwendet. Meistens wird diese Erzählform mit Passagen aus der Ich- oder der auktorialen Perspektive kombiniert" (Katz 2000, S. 354).
- Auktoriale Perspektive
  Die auktoriale Perspektive erfordert einen Kommentar aus dem Off oder Untertitel, um in der allwissenden Sichtweise zu vermitteln, was die gezeigten Personen denken. Weil die Zuschauer ein reines Erzählen als unfilmisch empfinden, wird es von Filmregisseuren kaum eingesetzt.

Im Exposee muss deutlich werden, welche Herausforderungen, Hindernisse, Gegner, Schwierigkeiten, Probleme auf die Hauptfigur treffen und wie sie aus diesen Schwierigkeiten herauskommen wird. Im EB-Bereich ist die Hauptfigur eines geplanten „journalistischen Films – im Gegensatz zum Spielfilm – nicht notwendigerweise ein Mensch, es kann auch eine Sache oder etwas Abstraktes sein" (Blaes 1997, S. 358). Mit wenigen Zeilen Text werden ein Orientierungsrahmen entworfen, Anliegen und Aussage formuliert, der Inhalt umrissen und die voraussichtliche Länge des Beitrags genannt.

Das Exposee ist eine Entscheidungshilfe für die Redaktion. Diese „soll daraus erkennen können, ob der geplante Beitrag in das Konzept der Sendung paßt, aktuell und von allgemeinem Interesse ist, wie der

Autor sein Thema darstellen möchte, ob und mit welchem Aufwand seine Programmidee realisierbar ist. Bereits in dieser Phase müssen auch wirtschaftliche Gesichtspunkte der Produktion bedacht werden" (Schult 2000, S. 249).

### 2.6.2    Treatment

Ein Treatment (engl. *treatment* = Behandlung) entwickelt die im Exposee fixierte Ideenskizze weiter, indem es die dort gemachten Aussagen präzisiert. Ein Treatment für filmische Spielhandlungen ist „beschreibend, kommt noch ohne Dialoge aus, enthält bereits die Handlungsstränge, Schlüsselszenen und Schauplätze. Stärker als im späteren Drehbuch kann der Autor in der Filmerzählung seine Hauptfiguren psychologisch ausdeuten, Facetten seiner Charaktere ausprobieren, ohne sie durch einen konkreten Dialog oder eine konkrete Handlung zu belegen. Deutlich wird, wie Handlungslinien sich miteinander verbinden" (Bernert 2001).

Ein Treatment für einen dokumentarischen Film konkretisiert die filmische Kernaussage, legt die Drehorte fest und nennt die Interviewpartner beim Namen.

### 2.6.3    Drehbuch

Falls erforderlich, erfolgt die Erstellung eines Drehbuchs nach der eines Treatments. Ein Drehbuch für filmische Spielhandlungen enthält in der Regel alle Dialoge und beschreibt die Schauplätze und die räumlich-zeitlichen Abläufe im Detail. Es enthält ferner Angaben über aussagekräftige Requisiten, Kostüme, Geräusche und Lichtstimmungen. Drehbuchautoren schaffen für alle nicht sichtbaren Gefühle, Gedanken und Stimmungen der beteiligten Personen sichtbare oder hörbare Äquivalente.

„In Europa gibt es kein einheitliches Format für Drehbücher. Immer mehr europäische Filmproduktionen orientieren sich aber inzwischen an dem Format der amerikanischen Filmindustrie und lassen ihre Drehbücher von Computerprogrammen nach US-Standards formatieren" (Hant 2000, S. 154). Eine mögliche Formatierungsweise einer Drehbuchseite kann aus dem Drehbuch des Dörrie-Spielfilms „Bin ich schön?" abgeleitet werden (Zweitausendeins 2002). Eine Seite dieses

**Tabelle 2-1:**
Formen schriftlicher
Ausarbeitungen

|  | Exposee | Treatment | Drehbuch |
|---|:---:|:---:|:---:|
| Tagesaktuelle EB | X |  |  |
| Dokumentarischer Film | X | X |  |
| Fernseh- oder Spielfilm | X | X | X |

Drehbuchs wurde von den Autoren durch Fußnotentext kommentiert (siehe Abbildung 2-13). Weil dabei allein der Formatierungsaspekt von Interesse ist, spielt es keine Rolle, dass Abweichungen zwischen dem vorliegenden Text und dem letztlich in der Film-Endfassung zu hörenden Text existieren.

„Ein professionell gemachtes Drehbuch ist in Bilder (sehr selten noch in Einstellungen) aufgeteilt. Ein Bild ist eine zeitlich und räumlich ununterbrochene Szene oder Szenenfolge. Jeder neue Schauplatz, jede neue Lichtstimmung, jede neue Tageszeit sind im Drehbuch als jeweils ein Bild ausgewiesen. Mit jedem neuen Bild beginnt auch eine neue Seite im Drehbuch. In der Kopfzeile eines jeden neuen Bildes finden sich grundsätzlich folgende Angaben" (Gumprecht 1999, S. 145 f.):

- Bildnummer,
- Schauplatz,
- Raumcharakteristik (Innen oder Außen),
- Lichtstimmung (Tag, Nacht oder Dämmerung).

Jedes Drehbuch einer filmischen Spielhandlung „erzählt eine Geschichte (in diesem Sinne ist es ein abgeschlossenes Werk) und ist zugleich eine Handlungsanweisung (in diesem Sinne ist es integraler Bestandteil des zu schaffenden Films). Eine technische Besonderheit des Drehbuchschreibens ist darum die parallele Schreibweise: Es trennt deutlich zwischen visueller und akustischer Ebene, zwischen bildbeschreibender und figurenzentrierter Dialog-Ebene" (Bernert 2001).

## 2.7 Storyboard

Trotz der vielfältigen Möglichkeiten der Informationsvermittlung durch Ton sollte ein Film primär seine Aussage in Bildern machen und nicht in Worten formulieren. All das, was in Bildern gezeigt werden kann, muss nicht mehr in Dialogen oder Off-Kommentaren vermittelt werden. Zuschauer akzeptieren eine bildliche Aussage intuitiv, ohne sie kritisch zu prüfen, und genau darin liegt die Macht des Films. Filmregisseur Howard Hawks zeigte in seinen Werken den Unterschied zwischen Film und Theater deutlich auf. Er wusste, dass ein Film seine Geschichte in Bildern erzählen muss und der Charakter einer Filmszene eher über Handlung als über Dialog zu vermitteln ist. Auch Alfred Hitchcock äußerte Bedenken gegenüber einer Dialoglastigkeit im Film: „Objektive Kamera ist Theater – eine Erweiterung des Theaters. Ich habe nichts gegen Filme, die reden, die Leute beim Reden filmen – auch das sind Filme. Aber es sind keine motion pictures – Bilder in Bewegung" (Bogdanovich 2000, S. 668 f.).

**Howard Hawks:**
US-amerikanischer Filmregisseur
\* 30.5.1896 in Goshen
† 26.12.1977 in Palm Springs

## $1^1$ . SPAN. LANDSCHAFT $1^2$       $A^3$ /$T^4$       $1^1$ .

Die Sonne wirft ein scharfes Nachmittagslicht auf die karge Landschaft. Leere Straße.[5]

### ERZÄHLERSTIMME (RADIO)[6]
(off)[7]
Das war das, sagte Pu, der Bär, was tun wir als nächstes?[8]
Wir gehen alle auf eine Expedition.
Exspedition, sagte Pu, der Bär, ich war noch nie auf einer Exspe-
dition.
Expedition, dummer, alter Bär.
Oh, ich weiß, sagte Pu, der Bär, aber er wußte es nicht.[8]

Ein Auto mit deutschem Kennzeichen kommt näher, braust vorbei.[5]
**Lucy** am Steuer. Das Fenster ist offen, ihre Haare wehen im Wind. Sie ist müde und
verschwitzt. Vor ihr liegt die weite spanische Landschaft.[5]

### ERZÄHLERSTIMME (RADIO)[6]
Wir werden aufregende Abenteuer erleben und den Nordpol ent-
decken, sagte Christopher Robin.
Was ist der Nordpol?, sagte Pu, der Bär.[8]

Auf dem Rücksitz die drei Kinder: **Angelina, Carla** und **Philip**, die aus einem Kinder-
kassettenrekorder „Pu der Bär" hören.[5]
Carla hält Pu, den Bären im Arm. Den Kindern ist unerträglich heiß. Sie haben bunte,
flatternde Tücher an den Scheiben aufgehängt, um ein wenig Schatten zu haben.[5]

### CARLA[6]
(kläglich)[9]
Wann sind wir da? Wann sind wir endlich da?[8]

Lucy antwortet nicht.[5]

---

[1] Bildnummer

[2] Schauplatz

[3] Raumcharakteristik: A = Außen / I = Innen

[4] Lichtstimmung: T = Tag / N = Nacht / DÄ = Dämmerung

[5] Beschreibung der Situation

[6] Name des/der Sprechenden

[7] Sprecher/-in, der/die nicht im Bild zu sehen ist

[8] Zu sprechender Text

[9] Anweisung über anzuwendende Sprechweise

Wenn nun dem Erzählen von Bildgeschichten eine solche Bedeutung zukommt, müssen diese ganz gezielt entwickelt werden. Nach Einführung des Kontinuitätsskripts im Jahr 1911 hatten die Filmschaffenden erst einmal lernen müssen, „die Aufmerksamkeit und raumzeitliche Orientierung des Zuschauers über die verschiedenen Räumlichkeiten und Zeitabschnitte der Handlung hinweg zielgerichtet zu lenken" (Beller 1999, S. 18). Das Problem der Sicherstellung der Kontinuität einer Bewegungsrichtung über mehrere Einstellungen hinweg wurde durch die Regel gelöst, dass ein Subjekt/Objekt, das sich in der vorangehenden Einstellung z. B. von links nach rechts bewegt, seine Bewegungsrichtung in der nächsten Einstellung beibehalten muss. Bewegt sich das Subjekt/Objekt z. B. von links nach rechts und schließlich rechts aus einer Einstellung hinaus, muss es nach dem Schnitt in der nächsten Einstellung von links wieder hereinkommen, sofern es nicht ein Motiv für einen Richtungswechsel gibt (siehe Abbildung 2-14). Verlangt der Handlungsverlauf eine Kehrtwende, muss der Moment des Richtungswechsels gezeigt oder auf andere Weise verständlich gemacht werden.

Als effiziente Vorgehensweise bei der Entwicklung einer kontinuierlich fortlaufenden Bildgeschichte bietet sich die Erstellung eines Storyboards an. Ein Storyboard (siehe Abbildung 2-15) löst im Stile eines Comic-Strips eine Drehbuchhandlung in einzelne Bilder auf. Weil ein Drehbuch jedoch keine detaillierten Angaben über Kamerapositionen, -einstellungsgrößen und -perspektiven macht, stehen unterschiedliche Möglichkeiten zur visuellen Umsetzung offen. Bild- und bewegtbildgestalterische Aspekte (siehe Abschnitte 4.7 und 4.8) sind dabei allerdings zu beachten. Für die Erstellung eines Storyboards reichen einfache Zeichnungen (engl. *scribble* = Gekritzel) aus. Schon mit Hilfe von Strichmännchen kann die Position von Personen in den einzelnen Einstellungen klar gemacht werden. Eventuell gewünschte Bewegungen der Personen und der Kamera werden durch Richtungspfeile verdeutlicht. Eine überzeugende bildliche bzw. filmische Auflösung der zu erzählenden Geschichte wird allerdings nur dann erreicht, wenn die Person, die diese Skizzen entwirft, ein gewisses Maß an visueller Vorstellungskraft besitzt.

In der Präproduktionsphase eines Spielfilms entwirft ein professioneller Storyboardzeichner eigenständig auf der Grundlage solcher Skizzen pro Drehbuchseite vier bis acht Zeichnungen, die nach Rücksprache mit dem Regisseur auf zwei Zeichnungen pro Drehbuchseite reduziert werden. Solche professionellen Zeichnungen geben sogar die Set-Gestaltung bzw. den Originalschauplatz wieder.

Falls kein professioneller Storyboardzeichner zur Verfügung steht, kann das Storyboard alternativ mit Hilfe eines Computers entworfen werden. Dadurch sind auch Personen, die kein Zeichentalent besitzen, in der Lage, konkrete Vorstellungen für die filmische Auflösung eines

**Abbildung 2-13 auf Seite 50:** Drehbuchauszug

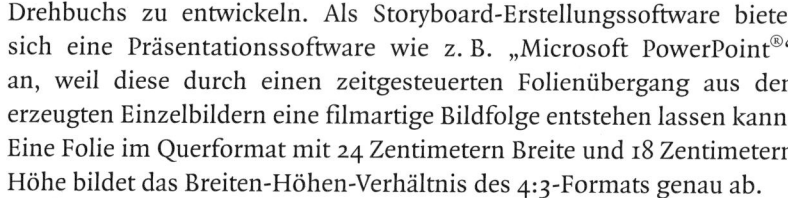

**Abbildung 2-14:**
Beibehaltung der
Bewegungsrichtung

Drehbuchs zu entwickeln. Als Storyboard-Erstellungssoftware bietet sich eine Präsentationssoftware wie z. B. „Microsoft PowerPoint®" an, weil diese durch einen zeitgesteuerten Folienübergang aus den erzeugten Einzelbildern eine filmartige Bildfolge entstehen lassen kann. Eine Folie im Querformat mit 24 Zentimetern Breite und 18 Zentimetern Höhe bildet das Breiten-Höhen-Verhältnis des 4:3-Formats genau ab.

Voraussetzung für effizientes Arbeiten ist die Verfügbarkeit einer größeren Vektorgrafik-Sammlung, um schnell die erforderlichen Bildobjekte auswählen zu können. Aufgrund der Skalierbarkeit von Vektorgrafiken können einzelne Cliparts (siehe Abbildung 2-16) größenrichtig in die Folien eingebunden werden. Als Hintergrundbilder bieten sich Pixelgrafiken an, die bei vorangehenden Drehortbesichtigungen mit einem digitalen Fotoapparat mühelos selbst erzeugt werden können.

Beim Einbinden von mehreren Pixelgrafiken in eine Präsentation ist allerdings zu beachten, dass die jeweiligen Pixelgrafik-Dateigrößen möglichst klein bleiben sollten, weil sich z. B. eine „Microsoft PowerPoint®"-Datei nach der Importierung von ca. 25 Megabyte Bilddaten nicht mehr bearbeiten lässt. Empfehlenswert ist demzufolge bei digitalen Fotoapparaten ein Bildaufnahmemodus mit niedriger Bildauflösung. Nach Fertigstellung des Storyboards sollten aussagekräftige Zeichnungen bzw. Folien zur Verfügung stehen, sodass mit Hilfe dieser kontinuierlich fortlaufenden Bilderreihe überprüft werden kann, ob korrekte Bildanschlüsse im Sinne des Kontinuitätsprinzips vorliegen.

Schon D. W. Griffith hatte diese bildliche bzw. filmische Auflösearbeit für seinen Spielfilm „*The Birth of a Nation*" (1915) praktiziert, um die Handlung in mehr oder weniger kurze Einstellungen aufzuteilen. Mehr als jeder andere Regisseur wird jedoch „Hitchcock mit der Storyboardarbeitsweise in Verbindung gebracht. Er entwickelte mit ausgearbeiteten Bildfolgen seine Vorstellungen und kontrollierte damit den Entstehungsprozeß seiner Filme. So konnte er seine ursprünglichen Intentionen auch tatsächlich in die Sprache des Films übersetzen. Im übrigen sicherte sich Hitchcock, der seine Filmlaufbahn als Szenenbildner begann, durch die Arbeit mit dem Storyboard die Anerkennung als Designer seiner Filme. Bekannt geworden ist seine Aussage, seine Filme seien bereits vor Beginn der Produktion fertig gewesen, noch bevor der Kameramann oder der

**Abbildung 2-15:**
Storyboardauszug

Cutter ein Stückchen Film in die Finger bekommen habe" (Katz 2000, S. 50). Ohne die Erstellung von Storyboards hätten auch Spielbergs „differenzierte Inszenierungen und spektakuläre Effekte nicht diesen kraftvoll-knappen Schliff bekommen, der zum Markenzeichen seiner Filme geworden ist" (Katz 2000, S. 50). Ein detailliert ausgearbeitetes Storyboard erschwert nicht nur Filmänderungen durch Produzenten oder Cutterinnen, sondern ermöglicht auch ein außergewöhnlich niedriges Drehverhältnis und reduziert damit Drehzeit und -kosten.

Ist eine Dokumentation oder ein Feature zu produzieren, stellt sich die Frage, ob ein Storyboard vor Drehbeginn überhaupt erzeugt werden sollte. Hat allerdings die verantwortliche Autorin bei einer ersten Drehortbesichtigung schon Fotos gemacht und filmische Aussage- und Aufnahmevorstellungen entwickelt, so können diese mit Hilfe eines Storyboards konkretisiert und fixiert werden. Sind diese Vorstellungen während der Dreharbeiten einem Kameramann oder anderen Teammitgliedern zu vermitteln, kann das Vorhandensein eines Storyboards sehr nützlich sein.

## 2.8 Drehgenehmigungen

„Um vor Überraschungen gefeit zu sein, ist schon während der Motivsuche und der Ortsbesichtigungen die Frage der Drehgenehmigungen zu klären. [...] Mit jedem Gebäude-Eigentümer muß gesondert verhandelt werden. Dabei zählt nur das schriftliche Einverständnis" (Stader 1996, S. 41 f.). Die Mieten bzw. Aufwandsentschädigungen sind schon zu diesem frühen Zeitpunkt abzuklären, denn diese beeinflussen die Kalkulationskosten.

**Abbildung 2-16:**
Vektorgrafiken für den
Entwurf von Storyboards

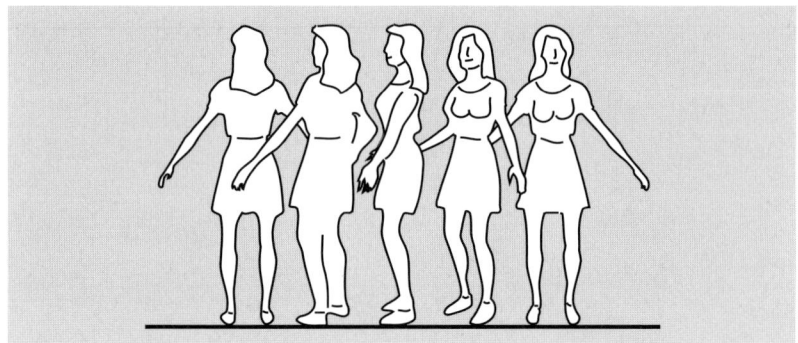

Auch das Datum für Aufnahmen an einem bestimmten Drehort muss schriftlich fixiert werden. Werden Aufnahmen ohne vorliegende Drehgenehmigung durchgeführt, kann dies Forderungen auf Unterlassung nach sich ziehen oder unter Umständen sogar ein juristisches Nachspiel haben. Bei Veranstaltungen mit ausübenden Profi- oder Laienkünstlern, die allein oder in Gruppen (Chor, Orchester, Musikband) auftreten, darf ohne deren Einwilligung weder aufgezeichnet noch später gesendet werden. Bei Gruppenauftritten wird der jeweilige Gruppenleiter (z. B. Dirigent, Chorleiter) um die Einwilligung gebeten. Aber nicht nur von den ausübenden Künstlern, sondern auch vom Veranstalter ist eine Erlaubnis für die Aufnahme und spätere Ausstrahlung einzuholen. Die Aufnahme- und Sendeeinwilligung muss auch vom Ausrichter einer Sportveranstaltung eingeholt werden.

Unumgänglich ist die Beantragung und Bewilligung einer Drehgenehmigung, wenn bei Videofilmaufnahmen sicherheitsrelevante Aspekte, z. B. auf Flughäfen, zu beachten sind. Bei geplanten längeren Dreharbeiten auf öffentlichem Grund muss die Produktionsleitung vorab feststellen, wer das Areal verwaltet und welche Behörde Drehgenehmigungen erteilt. Es kann sich dabei um eine Polizeidienststelle oder eine Verwaltungseinrichtung handeln. Werden für Spielfilm- oder Fernsehprogrammproduktionen (z. B. „Tatort") bestimmte Drehorte auf öffentlichem Grund durch das Drehbuch gefordert, steht der Produktionsleitung eine längere Zeitspanne für die Beantragung einer Drehgenehmigung zur Verfügung. Dagegen erfolgt die aktuelle Berichterstattung eines EB-Aufnahmeteams (beispielsweise über einen Hochhausbrand) unter Zeitdruck. Weil für unplanbare EB-Aufnahmen auf öffentlichem Grund die zeitaufwändige Vorabeinholung einer Drehgenehmigung nicht erfolgen kann, bestehen Rahmenverträge zwischen den Kommunen und den Rundfunkanstalten.

Verkehrsregelnde Maßnahmen sind nicht prinzipiell an eine Drehgenehmigung gekoppelt, sodass diese gesondert organisiert und abgesprochen sein müssen. Unter bestimmten Umständen stellt die Polizei gegen Gebühr Beamte ab, die den Straßenverkehr während der Aufnahmephase regeln.

## 2.9 Drehplan

Unter einem Drehplan wird die Terminplanung der Dreharbeiten einer Film- oder Videofilmproduktion in Form einer Tabelle oder eines Balkendiagramms verstanden. Sämtliche geplanten Aufnahmen werden in einzelne Tagespensen unterteilt und in Abhängigkeit von fest vorgegebenen zeitlichen Rahmenbedingungen über den projektierten Aufnahmezeitraum verteilt. Beispielsweise muss eine Autorin für eine 45-minütige Sendung aus der ARD-Sendereihe „Bilderbuch Deutschland" 15 Drehtage koordinieren. Weil bei geplanten Außenaufnahmen schlechtes Wetter die Dreharbeiten behindern bzw. unmöglich machen kann, werden diese an einen möglichst frühzeitigen Drehtermin platziert. Falls dann tatsächlich zum geplanten Drehzeitpunkt schlechtes Wetter herrschen sollte, kann durch Terminverschiebung flexibel reagiert werden. Insbesondere dann, wenn eine große Anzahl verschiedener Drehorte geplant ist, kann bei der Erstellung und Überwachung eines Drehplans der Einsatz einer Software wie beispielsweise „Microsoft Project®" sinnvoll sein.

Ein gut gemachter Drehplan spart besonders bei Spielfilm- oder Fernsehfilmproduktionen Zeit und Geld. Der Drehplan setzt die Angaben des Drehbuchs so um, dass das Produktionsteam ökonomisch arbeiten kann. Er gibt jedoch nicht die lineare Abfolge der Drehbuchszenen wieder, sondern fasst unter logistischen Gesichtspunkten verschiedene Drehbuchszenen so zusammen, dass die jeweiligen Drehorte nur einmal aufgesucht werden müssen. Am jeweiligen Drehort müssen dann die Szenen aufeinander folgen, die identische Dekorationen besitzen. Die dritte Sortierkategorie ist schließlich die jeweilige Lichtstimmung.

Die zeitlich aufwändigsten Atelierdekorationen stehen am Anfang des Drehplans. Außenaufnahmen werden vor die Innenaufnahmen gelegt, insbesondere dann, wenn zwischen ihnen Bildanschlüsse hergestellt werden müssen. Die Tagespensen werden mit Hilfe von Szenenauszügen untergliedert. Diese Szenenauszüge geben darüber Auskunft, welche Schauspieler und Komparsen an welchem Drehtag im Einsatz sind, an welchem Drehort welches Motiv aufgenommen wird, welche Lichtstimmung herrschen soll, welche Kostüme, Masken sowie Requisiten benötigt werden und ob Spezialeffekte (Regen, Pyrotechnik etc.) erforderlich sind.

# 3   Beleuchtung

Beleuchtungsmaßnahmen erfolgen bei Videofilm- und Filmaufnahmen zum einen aus physikalisch-technischen und zum anderen aus künstlerischen Gründen:

a) Physikalisch-technische Gründe
   Häufig ist der Kontrast zwischen hellen und dunklen Flächen im Bild um ein Vielfaches höher als die CCD-Sensoren eines Camcorders oder die Filmmaterialien verarbeiten können. In einem solchen Fall sind Beleuchtungsmaßnahmen notwendig, um die hellen Flächen durch Abschattung abzudunkeln und/oder die dunklen Flächen durch Ausleuchtung aufzuhellen.

   Sind in sehr hellen und sehr dunklen Bildpartien wenig oder gar keine Bildstrukturen erkennbar, wird unter Beleuchtern und Kameraleuten nicht von fehlenden Details, sondern von fehlender „Zeichnung" gesprochen. Ein Zeichnungsverlust in dunklen Flächen wird im Fachjargon „Absaufen" oder „Zulaufen" genannt. Ist ein Zeichnungsverlust in hellen Flächen gemeint, wird dies als „Ausfressen" oder „Ausfransen" bezeichnet. Eine helle Fläche (z. B. ein aus dem Gebäudeinnern aufgenommenes Fenster) kann aufgrund eines hohen Kontrastunterschieds in unerwünschter Weise als starke Lichtquelle erscheinen, sodass ein so genanntes „Überstrahlen" vorliegt. Zeichnungsverluste können in der Nachbearbeitung aufgrund der an diesen Stellen fehlenden Bildinformationen prinzipiell nicht korrigiert werden.

b) Künstlerische Gründe
   Die dominierende Beleuchtungsrichtung in der klassischen Malerei war die von links oben. Erst mit dem Aufkommen des Impressionismus und der damit verbundenen Ablösung der traditionellen Hell-Dunkel-Malerei verlor die Erscheinung des „Lichts von links

oben" an Bedeutung. Nicht nur im frühen Hollywoodfilm, sondern auch im deutschen Stummfilm finden sich deutliche Lichtinszenierungen, die sich vom Hell-Dunkel (ital. *chiaroscuro*; frz. *clairobscur*) der klassischen Malerei leiten ließen. „Nicht zufällig wird vom Rembrandt-Licht und von der Chiaroscuro-Beleuchtung gesprochen, die sich an der Lichtsetzung in den Bildern Rembrandts und Caravaggios orientierten und damit eine religiöse und mystische Atmosphäre erzeugten" (Hickethier 1996, S. 77).

Auch wenn dieser spezielle Beleuchtungsstil heute nicht mehr praktiziert wird, so gilt trotzdem der Satz: „Beim Lichtsetzen wird mit Licht gemalt". Kameramann und Oscargewinner Billy Williams empfiehlt von der Malerei zu lernen. „Man muss die Meister studieren: wie sie ihre Komposition aufbauen, wie Licht und Schatten eingesetzt werden, um Tiefe und Perspektive zu schaffen. Ich rate meinen Studenten in Schwarzweiß zu denken (auch wenn sie später zumeist in Farbe drehen werden), um ein Gefühl für Nuancen zu entwickeln: Hell auf Dunkel oder Dunkel auf Hell zu setzen. So schafft man Tiefe, die Illusion einer dritten Dimension. Schaut man sich die Reproduktion eines alten Meisters in Schwarzweiß an, ist das Bild auch dann niemals flach" (Ettedgui 2000, S. 99). Eine gelungene Hell-Dunkel-Verteilung verstärkt also die Tiefenwirkung eines dreidimensionalen Raumes. Ziel jeglicher Ausleuchtung muss die Erzeugung eines quasi dreidimensionalen Bildes auf einer zweidimensionalen Wiedergabefläche sein. Deshalb ist keine totale Vollausleuchtung anzustreben, sondern die Strukturierung der Bildinhalte mit Hilfe von Schatten. Mit Hilfe von Licht und Schatten können Form, Größe, Oberflächenstruktur, Proportion und Umgebung von Objekten verdeutlicht werden.

Professionell gesetztes Licht erhöht unbestreitbar die künstlerische Qualität von Videofilm- und Spielfilmaufnahmen. „Lichtgestaltung ist die Kunst, für Scheinwerfer die richtige Position zu finden und die Lichtintensität unter Kontrolle zu halten" (SRT 2000c, S. 315). Dank technischer Hilfsmittel werden dabei bestimmte Lichtstimmungen erzeugt. Die Lichtstimmung muss deutlich machen, zu welcher Tageszeit (Morgen, Tag, Abend, Nacht) die Handlung spielt. Das Milieu eines Films wird nicht nur durch Kostüme, Masken und Requisiten, sondern auch durch das Licht charakterisiert.

## 3.1  Berufsbild Beleuchter

Das erste Aufnahmeatelier der Firma Edison war ein schwarzer, nach oben offener Kasten (Spitzname „*Black Maria*"), der mechanisch nach der Sonne ausgerichtet werden konnte. „In der Frühzeit gab es zunächst

Freilichtateliers, d. h., es wurde in Dekorationen gedreht, die man im Freien oder auf Dächern errichtet hatte. Als die im ersten Jahrzehnt des 20. Jahrhunderts üblichen Dachateliers mit Glasdächern zu klein wurden, entstanden in den 10er Jahren eigenständige Glashäuser" (Monaco 2000, S. 683). Bis 1912/13 wurde grundsätzlich Tageslicht genutzt, um die Szenerie hohen Lichtstärken auszusetzen. Dies war notwendig, weil noch kein besonders lichtempfindliches Filmmaterial zur Verfügung stand. Griffith führte einen Wandel im Beleuchtungssektor herbei, denn zum einen ließ er Seitenlicht zur partiellen Ausleuchtung einsetzen. Zum anderen veranlasste er, dass die verschiedenen Szenerien durch die Verwendung gezielt gesetzter Lichtquellen in unterschiedlichen Lichtstimmungen ausgeleuchtet wurden.

Durch den Einsatz licht- und leistungsstarker elektrischer Scheinwerfer entstand Bedarf an elektrotechnisch geschultem Fachpersonal. So sind heute vorwiegend ausgebildete Elektroinstallateure oder Energieanlagenelektroniker als Beleuchter tätig.

Bei Aufnahmen außerhalb eines Studios sind Beleuchter für die Montage der Scheinwerfer auf den Scheinwerferstativen, für die Ausrichtung der Scheinwerfer gemäß Lichtplan und für den elektrischen Anschluss verantwortlich. Hinzu kommt die Betreuung des Stromerzeugungsaggregats, falls ein solches benötigt wird.

Bei Aufnahmen innerhalb eines Studios sind Beleuchter für die für die manuelle Ausrichtung (fokussieren, neigen, schwenken, Tore öffnen oder schließen) und die Ansteuerung der Scheinwerfer durch Lichtsteuerungsanlagen zuständig.

## 3.2    Physikalische Aspekte des Lichts

### 3.2.1    Frequenzbereich des Lichts

Menschliches Leben ist, biologisch betrachtet, ohne Licht nicht möglich. Aus physikalischer Sicht handelt es sich beim Phänomen „Licht" um elektromagnetische Wellen, die das menschliche Auge im schmalen Wellenlängenbereich zwischen $\lambda = 780$ Nanometer (rotes Licht) und $\lambda = 380$ Nanometer (blaues Licht) wahrnehmen kann. Ein Nanometer entspricht einem Millionstel Millimeter.

### 3.2.2    Fotometrische Größen

Unter dem Lichtstrom $\Phi$ wird die gesamte, in alle Richtungen ausgestrahlte Lichtstrahlung einer Lichtquelle verstanden. Die physikalische Einheit für den Lichtstrom $\Phi$ ist das Lumen (kurz: lm).

| Lichtquelle | Leuchtdichte $L$ / cd/m$^2$ |
|---|---|
| Fernsehbildschirmweiß | ca. 70 |
| bedeckter Himmel | 300 … 1.000 |
| Mond | 2.500 |
| klarer Himmel | 3.000 … 5.000 |
| Kerzenflamme | 7.000 |
| Leuchtstoffröhre | 3.000 … 8.000 |
| mattierte Glühlampe | 40.000 … 500.000 |
| Quecksilberhochdrucklampe | 200.000.000 … 500.000.000 |
| Mittagssonne | 1.000.000.000 … 1.500.000.000 |

**Tabelle 3-1:**
Leuchtdichten

Die Lichtstärke $I$ ist der in eine bestimmte Richtung abgestrahlte Lichtstrom bezogen auf den Raumwinkel $\Omega$. Die physikalische Einheit für die Lichtstärke $I$ ist die Candela (kurz: cd).

Unter der Leuchtdichte $L$ wird die Lichtstärke einer leuchtenden Fläche, bezogen auf die vom Auge gesehene Flächengröße, verstanden (siehe Tabelle 3-1). Sie ist ein Maß für den Helligkeitseindruck. Die physikalische Einheit für die Leuchtdichte $L$ ist cd/m$^2$.

Die Beleuchtungsstärke $E$ definiert den Lichtstrom, der in einem bestimmten Winkel auf eine bestimmte Fläche im Raum auftrifft (siehe Tabelle 3-2). Die physikalische Einheit für die Beleuchtungsstärke $E$ ist das Lux (kurz: lx).

### 3.2.3 Farbtemperatur

Lichtquellen können, physikalisch betrachtet, durch die jeweilige Farbtemperatur $T_F$ unterschieden werden. Die Farbtemperatur einer Lichtquelle wird in den physikalischen Einheiten „Kelvin" oder „Mired" angegeben. Mired ist die Abkürzung für *„Microreciprocal degree"*. Der Mired-Wert ist der Kehrwert der Farbtemperatur $T_F$ in Kelvin, multipliziert mit einer Million. Die Farbtemperatur-Umrechnungsformel von Kelvin in Mired lautet demnach:

$$T_F \text{ / Mired} = 1.000.000 \text{ / } (T_F \text{ / K})$$

**Formel 3-1:**
Farbtemperatur-
Umrechnungsformel

Der Vorteil der Mired-Skala besteht darin, dass sie der Physiologie des Auges angepasst ist. Gleiche Abstände in der Mired-Skala entsprechen gleichen Abweichungen in der Farbempfindung des Auges. Das Auge erkennt bei jeder Farbtemperatur eine Abweichung von $\pm$ 10 Mired.

Generell wird zwischen Tageslicht (engl. *daylight*), Kunstlicht (engl. *tungsten light*) und Mischlicht unterschieden. Kunstlicht wirkt rötlicher und Tageslicht bläulicher. Mischlicht entsteht beim gleichzeitigen Vorhandensein von Lichtquellen, die unterschiedliche Farbtemperaturen

**Tabelle 3-2:**
Beleuchtungsstärken

| Lichtquelle | Beleuchtungsstärke $E$ / lx |
|---|---|
| Vollmond (wolkenlos) | 0,1 ... 0,25 |
| Dämmerung | 5 |
| Straßenbeleuchtung | 10 ... 30 |
| Sonnenaufgang/Sonnenuntergang | 500 |
| Sonnenlicht etwa eine Stunde vor Sonnenuntergang | 1.000 |
| Schatten im Sommer (12 Uhr) | 2.000 ... 5.000 |
| Volles Sonnenlicht im Winter | 10.000 |
| Volles Sonnenlicht im Sommer | 40.000 ... 100.000 |

besitzen. Eine solche Mischlicht-Beleuchtungssituation tritt beispielsweise in einem Büro- oder Seminarraum auf, wenn dieser sowohl durch Tageslicht, das über Fensterflächen eintritt, als auch durch Kunstlicht, das an der Raumdecke befestigte Leuchtstoffröhren erzeugen, beleuchtet ist. Mischlicht kann eine Sache verschiedenfarbig aussehen lassen, obwohl sie einfarbig ist. Auch Objektschatten können unterschiedliche Farben haben, wenn sie von Mischlicht hervorgerufen werden. Erscheinen bei gleichzeitigem Vorhandensein von Kunstlicht und Tageslicht Objekte unangenehm blau oder gelb-orange, dann lässt sich dieser Farbstich korrigieren. Dies erfolgt entweder mit orangen Konversionsfolien vor den Fenstern, um die Farbtemperatur reinen Kunstlichts zu erreichen, oder mit blauen Konversionsfolien vor den Scheinwerfern, um die Farbtemperatur reinen Tageslichts zu erlangen.

Während Kunstlichtlampen Farbtemperaturen von 2.500 bis 3.200 Kelvin besitzen, sind Farbtemperaturen von 5.600 bis 6.500 Kelvin für Tageslichtlampen charakteristisch (siehe Tabelle 3-3).

Die Erzeugung künstlichen Tageslichts erfolgt mit Hochdruck-Halogenmetalldampflampen, die auch HMI-Lampen (HMI: *halogen metal iodide*) genannt werden. Hochdruck-Halogenmetalldampflampen zeichnen sich neben dem guten Wirkungsgrad und der tageslichtähnlichen Lichtfarbe auch durch gute Farbwiedergabeeigenschaften (Farbwiedergabeindex $R_a > 90$) aus. Die Lichtausbeute bei Tageslichtleuchten ist wesentlich höher als bei Kunstlichtleuchten gleicher elektrischer Anschlussleistung. Allerdings wird dieser Vorteil durch wesentlich höhere Anschaffungskosten erkauft. „Bei Leuchten für den Bereich des Fernsehens wird die Lichtart $D_{65}$ als Bezugslichtart verwendet (entspricht der Farbwiedergabe eines idealen Farbempfängers); d. h., die ermittelten Werte bei Messungen von Leuchten mit Glühlampen und Tageslichtlampen werden umgerechnet und mit $D_{65}$ verglichen" (SRT 2000a, S. 377). „D" steht dabei für „*daylight*" (Tageslicht mit UV-Anteil) und „65" für eine Farbtemperatur von 6504 Kelvin.

| Lichtquelle | Farbtemperatur in | |
| --- | --- | --- |
| | Kelvin | Mired |
| Kerzenlicht | 1.500 ... 1.850 | 667 ... 541 |
| Sonnenlicht bei Sonnenaufgang oder -untergang | 2.200 | 455 |
| Licht einer 25-Watt-Glühlampe | 2.500 | 400 |
| Licht einer 40-Watt-Glühlampe | 2.650 | 377 |
| Licht einer 60-Watt-Glühlampe | 2.800 | 357 |
| Normlicht A | 2.856 | 350 |
| Licht einer 100-Watt-Glühlampe (Krypton) | 2.950 | 339 |
| Halogen-Kunstlicht | 3.200 | 312 |
| Sonnenlicht eine Stunde nach Sonnenaufgang | 3.500 | 286 |
| Mondlicht | 4.100 | 244 |
| Sonnenlicht (früher Morgen/später Nachmittag) | 4.300 | 233 |
| Licht der Morgen- und Abendsonne | 5.000 ... 5.500 | 200 ... 182 |
| HMI-Tageslicht | 5.600 | 179 |
| Mittagssonnenlicht | 5.600 ... 5.900 | 179 ... 169 |
| direktes Sonnenlicht im Hochsommer | 5.800 | 172 |
| Licht eines Xenon-Hochdruckbrenners | 6.000 ... 6.500 | 167 ... 154 |
| Normlicht D$_{65}$, Fernsehbildweiß (Europa) | 6.504 | 154 |
| Tageslicht bei völlig bedecktem Himmel | 6.700 ... 7.000 | 149 ... 143 |
| Tageslicht bei Nebel oder starkem Dunst | 7.500 ... 8.500 | 133 ... 118 |
| Licht vom blauen Himmel | 10.000 ... 12.000 | 100 ... 83 |
| Klares blaues, nördliches Himmelslicht | 15.000 ... 27.000 | 66 ... 37 |

**Tabelle 3-3:**
Farbtemperaturen verschiedener Lichtquellen in Kelvin und Mired

### 3.2.4 Lichtmessgeräte

Moderne Multifunktions-Belichtungsmesser (siehe Abbildung 3-1) sind dank des Mikroprozessoreinsatzes nicht nur als Belichtungsmessgerät, sondern auch als Messgerät für Fotometrie nutzbar. Die kürzeste Messentfernung beträgt ca. 1 Meter.

Im Funktionsbereich „Belichtungsmessung" muss zwischen Licht und Objektmessung unterschieden werden. Bei der Lichtmessung wird das auf das Subjekt/Objekt fallende Licht gemessen, indem der Messkopf bei herausgeschobener diffuser Halbkugel-Messkalotte in Richtung Kamera direkt am zu messenden Subjekt/Objekt platziert wird. Bei der Objektmessung wird das vom Subjekt/Objekt reflektierte Licht gemessen, indem der Kameramann neben der Kamera stehend durch den Belichtungsmesser-Sucher schaut und das Subjekt/Objekt anvisiert. Je nach Schalterstellung kann eine 1°- oder eine 5°-Objektmessung vorgenommen werden.

Im Funktionsbereich „Fotometrie" können Beleuchtungsstärke und Leuchtdichte gemessen werden. Bei der Beleuchtungsstärkemessung wird der Messkopf in Richtung der Lichtquelle ausgerichtet, wobei die

**Abbildung 3-1:**
Lichtmessgerät

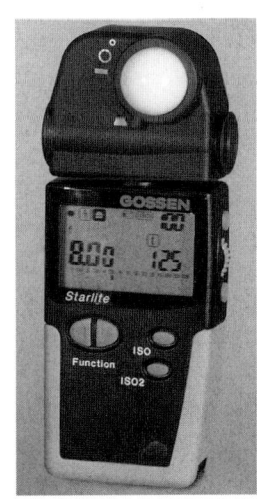

**Internetadressen:**
www.gossen-photo.de
www.minoltaeurope.com
www.sekonic.com

diffuse Halbkugel-Messkalotte während der Messvorgänge versenkt sein muss. Bei der Leuchtdichtemessung wird die Lichtquelle durch den Belichtungsmesser-Sucher anvisiert.

Multifunktions-Belichtungsmesser können in der Regel keine Farbtemperaturen messen. Dazu sind spezielle Farbtemperaturmessgeräte notwendig.

## 3.3    Lichttechnik

Im allgemeinen Sprachgebrauch wird selten zwischen den Begriffen „Lampe" und „Leuchte" unterschieden. Während eine Lampe das eigentliche Leuchtgerät darstellt, dient eine Leuchte der Verteilung des Lampen-Lichtstroms und dem Schutz der Benutzer vor Blendung. „Ferner enthält die Leuchte die zur Befestigung, zum Schutz und der Energieversorgung der Lampe notwendigen Bestandteile. Damit ergeben sich zwei wesentliche technische Anforderungen an Leuchten: die erste an die bestmögliche lichttechnisch-optische Funktion, die zweite an die Betriebssicherheit" (Hentschel 1982, S. 179).

### 3.3.1    Lampen

Mit Hilfe des elektrischen Stroms kann auf drei Arten Licht erzeugt werden:
- In Glühlampen wird ein Wolframdraht zum Glühen gebracht. Glühlampen besitzen allerdings nur eine geringe Lichtausbeute, weil die aufgewandte elektrische Energie lediglich zu ca. 5 Prozent in Licht, aber zu ca. 95 Prozent in Wärme umgewandelt wird. Die bekannten birnenförmigen Allgebrauchsglühlampen zeichnen sich durch eine Wolframdraht-Doppelwendel und Edelgasfüllung aus (siehe Abbildung 3-3A).

**Abbildung 3-2:**
Zweiseitig gesockelte Halogenglühlampe

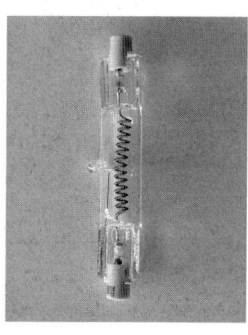

Bei Halogenglühlampen werden dem Füllgas Halogenverbindungen zugesetzt, um konstante Lichtströme, höhere Lichtausbeuten und längere Lebensdauern zu erzielen. Aus thermischen Gründen findet bei Halogenglühlampen Quarzglas als Kolbenmaterial Verwendung (siehe Abbildungen 3-2 und 3-4). Halogenglühlampen mit einer Leistungsaufnahme von bis zu 10.000 Watt stehen für den Spannungsbereich 230/240 Volt zur Verfügung. Die Farbtemperatur von Halogenglühlampen für Fernsehstudios beträgt 3.200 Kelvin.

Halogenglühlampen im Leistungsbereich von 10 bis 400 Watt sind für den Spannungsbereich 6 bis 36 Volt zu finden. Diese Niedrigvolt-Halogenglühlampen erfüllen im Wohn- und Dekorationsbereich und in Kraftfahrzeugen ihre Aufgaben.

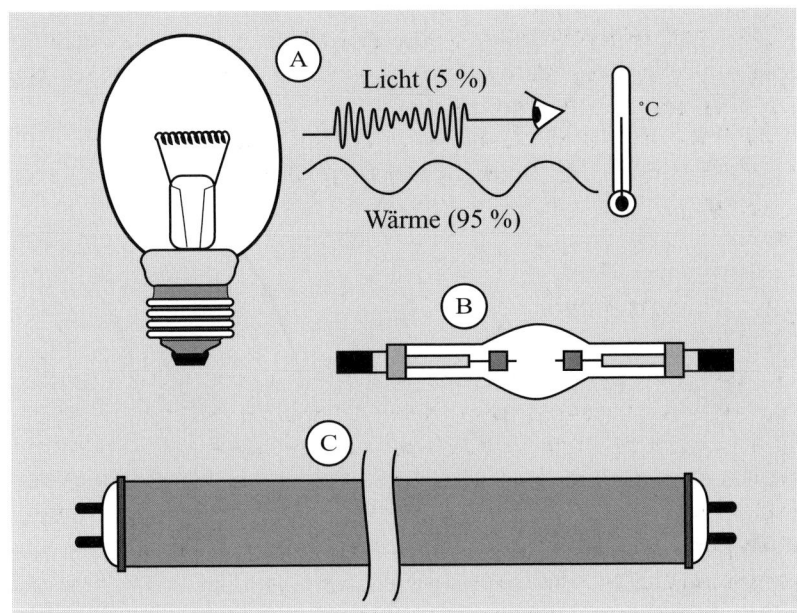

**Abbildung 3-3:**
Lampentypen

- In Entladungslampen erfolgt die Lichterzeugung nicht durch einen erhitzten Wolframdraht, sondern durch einen Lichtbogen (siehe Abbildung 3-3B). Früher wurde deshalb dieser Lampentyp „Bogenlampe" genannt. Nach erfolgter Ionisierung der Gasstrecke wird diese infolge des elektrischen Stromflusses durch Thermoionisation leitend gehalten. Entladungslampen setzen ca. 20 bis 40 Prozent der aufgewandten elektrischen Energie in Licht um. Je nach Zusammensetzung des verwendeten Gases entstehen bei diesem Vorgang unterschiedliche Lichtfarben.

  Zur Gruppe der Entladungslampen gehören auch Hochdruck-Halogenmetalldampflampen. Dieser Lampentyp benötigt neben dem Vorschaltgerät meist noch ein Zündgerät, wobei die volle Lichtleistung erst nach ca. drei Minuten Anlaufzeit zur Verfügung steht. Es ist zwischen heißzündfähigen und heißzündunfähigen Halogenmetalldampflampen zu unterscheiden. Die Farbtemperatur von Fernsehstudio-Halogenmetalldampflampen beträgt 5.600 oder 6.000 Kelvin.

  In den ebenfalls zur Familie der Entladungslampen zählenden Xenon-Lampen brennt der Lichtbogen unter hohem Druck in einer Atmosphäre aus reinem Xenongas. Xenon-Lampen werden vor allem in der professionellen Filmprojektion eingesetzt.

- Der Glaskörper von Leuchtstofflampen (siehe Abbildung 3-3C) ist innenseitig mit Leuchtstoff beschichtet. Die bei der Gasentladung erzeugte Ultraviolettstrahlung wird von diesem Leuchtstoff in sichtbares Licht umgewandelt. In Abhängigkeit von der chemischen

**Abbildung 3-4:**
Einseitig gesockelte
Halogenglühlampe

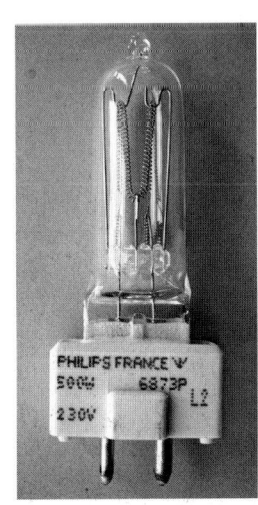

**Internetadressen:**
www.gelighting.com
www.lighthouse.philips.
com
www.osram.de
www.radium.de

Zusammensetzung des Leuchtstoffs entstehen verschiedene Lichtfarben. Leuchtstofflampen besitzen im Vergleich zu Glühlampen eine höhere Lichtausbeute und eine höhere Lebensdauer.

Eine Standard-Leuchtstofflampe benötigt ein konventionelles Vorschaltgerät und einen so genannten „Starter". Beim Einsatz eines elektronischen Vorschaltgeräts kann der Starter entfallen und es wird flimmerfreies Licht erzeugt. In einer Kompakt-Leuchtstofflampe sind Vorschaltgerät und Starter integriert.

### 3.3.2 Scheinwerfertypen

Es existiert eine große Zahl verschiedenartiger Scheinwerfertypen. Offene Typen (engl. *open face*) mit halbkugel- oder wannenförmigen Gehäusen besitzen in Ausstrahlungsrichtung keine Linse. Geschlossene Typen schließen dagegen den Scheinwerfer in Ausstrahlungsrichtung mit einer Linse ab (siehe Abbildung 3-6).

Das wichtigste Unterscheidungsmerkmal zwischen den verschiedenen Scheinwerfertypen ist ihre Strahlungsqualität. Sie reicht von weich-diffus bis hart-gerichtet. Flächenleuchten erzeugen weiches Licht, während Linsenscheinwerfer oder Verfolgerscheinwerfer hartes Licht hervorrufen. Weiches Licht „schmiert zu", sodass bei Personenaufnahmen Hautunreinheiten und -fältchen verschwinden. Hartes Licht lässt dagegen die Eigenheiten der Oberfläche beim beleuchteten Subjekt/ Objekt deutlicher hervortreten. Durch das Herausmodellieren der Oberflächenstrukturen werden Hautunreinheiten und -fältchen bei Personenaufnahmen sichtbar.

### 3.3.2.1 Flächenleuchten

Flächenleuchten kommen zum Einsatz, wenn größere Flächen ausgeleuchtet werden sollen. Flächenleuchten sind als Tageslicht- oder Kunstlicht-Scheinwerfer erhältlich.

**Abbildung 3-5:**
Scheinwerfer-Drehknopf

Das Lichtfeld einer fokussierbaren Flächenleuchte ist nicht so exakt steuerbar wie das eines Linsenscheinwerfers, auch laufen deren Lichtränder weicher aus. Der Abstand zwischen Lampe und Reflektor lässt sich über einen Drehknopf (siehe Abbildung 3-5) vergrößern oder verkleinern, sodass sich die beleuchtete Fläche vergrößert bzw. verkleinert. Die Endpositionen der Verstellung heißen „weich" (engl. *flood*) für das größtmögliche Lichtfeld und „hart" (engl. *spot*) für das kleinstmögliche Lichtfeld (siehe Abbildungen 3-7 und 3-8).

Flutlichtstrahler oder kurz „Fluter" besitzen einen parabolförmigen Wannenreflektor und können nicht fokussiert werden. Sie ermöglichen

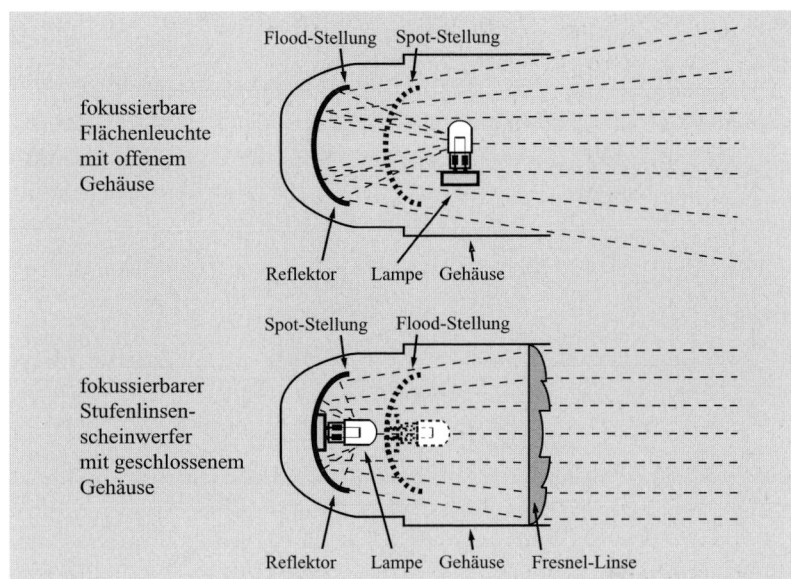

**Abbildung 3-6:**
Scheinwerfergehäuse

als Horizont- und Bodenfluter großflächige Ausleuchtungen in Fernseh-studios und auf Bühnen.

Leuchtstofflampen-Lichtwannen (siehe Abbildung 3-10) zeichnen sich durch eine großflächige und weiche Ausleuchtung der aufzu-nehmenden Personen/Sachen aus. Sie besitzen eine niedrige Einbau-tiefe. Je nach gewählter Leuchtstofflampen-Lichtfarbe wird Kunstlicht (3.200 Kelvin) oder Tageslicht (5.400 Kelvin) erzeugt. Es entsteht bei diesen Lichtwannen aufgrund des Einsatzes von elektronischen Hoch-frequenz-Vorschaltgeräten flimmerfreies Licht. Die Lichtstärke der Lichtwanne kann über Dimmer oder Stufenschalter beeinflusst werden. Hochglanzreflektoren in der Leuchte sorgen für eine hohe Lichtausbeute. Der relativ geringe Stromverbrauch der Leuchtstofflampen verhindert das Heißwerden der Lichtwanne.

Auch eine so genannte „Softbox" (engl. *hazy light* oder *light bank*) strahlt großflächig diffuses gerichtetes Licht ab. Die offene ringförmige Rück-seite der Softbox wird so an einem Scheinwerfer befestigt, dass dessen Licht in das pyramidenartige Gebilde abgestrahlt wird. Während die lichtundurchlässigen Kunststoff-Seitenwände das Licht reflektieren, wandelt die opake großflächige Kunststoff-Vorderseite als Diffusor das harte Licht des Scheinwerfers in diffuses Licht um (siehe Abbil-dung 3-11). Wird zur Ausleuchtung eines Raumes diffuses ungerichtetes Licht benötigt, so kann ein Scheinwerferaufsatz Verwendung finden, der in seiner Form und Lichtcharakteristik einer traditionellen chine-sischen Laterne (engl. *chinese lantern*) nachgebildet ist. Bei einem solchen

**Internetadressen:**
www.chimeralighting.com
www.kaiser-fototechnik.de
www.kinoflo.com

**Abbildung 3-7 links:**
Ausleuchtung bei Flood-
Stellung

**Abbildung 3-8 rechts:**
Ausleuchtung bei Spot-
Stellung

kugel- bzw. halbkugelförmigen Gebilde fehlen die lichtundurchlässigen Kunststoff-Seitenwände, sodass das Scheinwerferlicht diffus über einen großen Raumwinkel abgestrahlt wird.

3.3.2.2  Linsenscheinwerfer

Linsenscheinwerfer kommen zum Einsatz, wenn verstärkt punktförmig ausgeleuchtet werden soll. Linsenscheinwerfer sind als Tageslicht- oder Kunstlichtvarianten erhältlich.

Beim Stufenlinsenscheinwerfer befindet sich in der Lichtaustrittsöffnung eine Fresnellinse (siehe Abbildung 3-9). Fresnellinsen sind wesentlich dünner und leichter als normale optische Linsen. Sie sorgen für gleichmäßiges Licht mit weichen Übergängen an den äußeren Begrenzungen, verursachen geringere Lichtverluste als normale optische Linsen und halten auch großen Hitzebelastungen stand.

Beim Plankonvex-Linsenscheinwerfer ist die Linse plankonvex geformt. Aufgrund der starken Randzeichnung des erzeugten Lichtkegels kommen derartige Scheinwerfer nur auf Bühnen zum Einsatz und nicht in Fernsehstudios.

Der Abstand zwischen Lampe und Reflektor (siehe Abbildung 3-6) ist bei Linsenscheinwerfern nicht veränderlich. Der Lichtaustrittswinkel und somit der Durchmesser der beleuchteten Fläche lässt sich verkleinern bzw. vergrößern, indem mit Hilfe eines Drehknopfes der Abstand zwischen der Lampe-Reflektor-Einheit und der Linse vergrößert bzw. verkleinert wird.

**Abbildung 3-9:**
Fresnellinse

Scheinwerfertore (siehe Abbildung 3-13) „sind ohne Zweifel das am häufigsten eingesetzte Mittel zur Lichtbegrenzung speziell bei harten Lichtquellen. Sie bestehen aus einem Befestigungsrahmen mit zwei oder vier beweglichen schwarzen Metallflügeln. Diese sind einzeln justierbar und

begrenzen den Lichtstrahl" (Millerson 1999, S. 271). Häufig kann der Torrahmen auch gedreht werden. Für einige Scheinwerfertypen sind Metalltuben erhältlich, die den Lichtstrahl einengen, wenn sie vor dem Scheinwerfer montiert werden.

**Abbildung 3-10 links:**
Lichtwanne

**Abbildung 3-11 rechts:**
Softbox

### 3.3.2.3　Weitere Scheinwerfertypen

Scheinwerfer, bei denen die Reflexion durch die rückseitige Innenverspiegelung des parabolförmigen Lampenglaskolbens erfolgt, werden als PAR-Scheinwerfer (PAR: *parabolic aluminized reflector*) bezeichnet. Meist handelt es bei diesem Typ um Tageslicht-Scheinwerfer.

Profil- oder Verfolgerscheinwerfer erzeugen einen scharfen, intensiven Lichtstrahl und wenig Streulicht. Die Größe des Lichtstrahls wird durch das Verschieben der Linse variiert. Profil- oder Verfolgerscheinwerfer sind in Kunst- und Tageslichtvarianten erhältlich.

### 3.3.3　Leuchten-Montageformen

#### 3.3.3.1　Kameraleuchten

**Abbildung 3-12:**
Scheinwerfer-Reflektor

Auf der Kamera befestigte Leuchten können als Augen-, Kopf- und Aufhelllicht eingesetzt werden. Eine Kameraleuchte schwenkt oder fährt automatisch mit der Kamera mit und hellt jeweils nur den aufgenommenen Bildausschnitt auf. Diese Methode ist nur anwendbar, wenn in kleinräumigen Szenerien aufgenommen wird und die aufgenommenen Personen ihren Abstand zur Kamera nicht allzu stark verändern. Nachteilig bei dieser frontalen Ausleuchtung ist die geringe räumliche Tiefenwirkung eines aufgenommenen Gesichts. Bei dieser Ausleuchtungsart besteht grundsätzlich die Gefahr von Überbelichtung im Vordergrund bei gleichzeitig unnatürlichem „Absaufen" der Schatten im Hintergrund.

Erfolgen Videofilmaufnahmen von Brillen tragenden Personen, so kann es besonders beim Einsatz von Kameraleuchten zu problematischen Lichtreflexionen auf den Brillengläsern kommen. Ein Reflexionspunkt im normalsichtigen bzw. Kontaktlinsen tragenden Auge stellt dagegen kein Problem dar, sondern wirkt sich sogar vorteilhaft aus, denn dadurch wird Lebendigkeit dokumentiert.

Bei Consumer-Camcordern wie z. B. dem Canon-Camcorder XM1 kann zur Ausleuchtung von Interviews eine leistungsschwache Kameraleuchte (7,2 Volt; 10 Watt) eingesetzt werden, die über einen Gleichstrom-Akkumulator (z. B. 7,2 Volt; 1,5 Amperestunden) zu versorgen ist (siehe Abbildung 3-14).

Bei leistungsstärkeren Kameraleuchten (z. B. 12 Volt; 20 bis 75 Watt) für professionelle EB-Camcorder (siehe Abbildung 3-15) wird ein Zusatzakku (z. B. 12 Volt; 2,3 Amperestunden) im zweiten Batteriefach des EB-Camcorders untergebracht. Findet ein spezieller Batteriegürtel (z. B. Sachtler Belt-Pack©) Verwendung, der von der filmenden Person getragen wird, ist eine wesentlich längere Betriebsdauer der Kameraleuchte möglich.

Kameraleuchten finden im Videofilm-Amateurbereich kaum Einsatz, weil Consumer-Camcorder relativ geringe Beleuchtungsstärken während der Aufnahmephasen benötigen. Die Mindestbeleuchtungsstärke eines

| Entfernung | / m | 0,75 | 1,00 | 1,25 | 1,50 | 1,75 | 2,00 |
|---|---|---|---|---|---|---|---|
| Spot-Stellung (18°) | / lx | 11200 | 6300 | 4030 | 2800 | 2060 | 1580 |
| Spot-Lichtkegel-Durchmesser | / m | 0,24 | 0,32 | 0,4 | 0,48 | 0,55 | 0,63 |
| Flood-Stellung (61°) | / lx | 1780 | 1000 | 640 | 440 | 330 | 250 |
| Flood-Lichtkegel-Durchmesser | / m | 0,88 | 1,18 | 1,47 | 1,77 | 2,06 | 2,36 |

**Abbildung 3-15:**
Professionelle Kamera-
leuchte mit Toren und
Konversionsfilter

Camcorders gibt die Beleuchtungsstärke an, die bei größtmöglicher Blendenöffnung benötigt wird, um ein Videofilmbild ohne Bildfehler aufzuzeichnen. Sie beträgt je nach Consumer-Camcorder-Modell nur noch 3 bis 6 Lux. Der Canon-Camcorder XM1 benötigt bei Aufnahmen im Automatik-Modus eine Mindestbeleuchtungsstärke von 6 Lux. Empfohlen wird jedoch für Aufnahmen eine Beleuchtungsstärke von mindestens 100 Lux. Bei Aufnahmen, die bei zu geringer Beleuchtungs-stärke aufgenommen werden, entstehen aufgrund der elektronischen Verstärkung „verrauschte" bzw. „verschneite" Videofilmbilder (siehe Abbildung 4-17).

Es werden sogar Consumer-Camcorder angeboten, die in einem spe-ziellen Nachtaufnahme-Modus (die Firma Sony kreierte dafür den Han-delsnamen NightShot) überhaupt kein sichtbares Licht (0 Lux) mehr benötigen. In diesem Nachtaufnahme-Modus werden Infrarot-Leucht-dioden eingesetzt, die für die menschlichen Augen unsichtbares Infra-rot-Licht aussenden. Diese Infrarot-Leuchtdioden, die sich auf der Vorderseite des Consumer-Camcorders befinden, dienen demnach als Miniatur-Kameraleuchten mit einer Leuchtweite von ca. drei Metern. Das von der aufgenommenen Person/Sache reflektierte Infrarot-Licht wird vom Consumer-Camcorder zu monochromen grünstichigen Bil-dern verarbeitet. Diese Art der Videofilmaufnahme kommt dem mensch-lichen Nachtsehen bei einer Beleuchtungsstärke kleiner 1 Lux nahe, weil für das Nachtsehen vor allem das Verschwinden von Farben und eine geringe Sehschärfe infolge der Eigenschaften des Stäbchensystems charakteristisch ist. Da Farbaufnahmen bei dieser Aufnahmemethode nicht möglich sind, hat die manuelle Aktivierung des Schwarz-Weiß-Aufnahmemodus Sinn, falls der Consumer-Camcorder nicht schon herstellerseitig entsprechend programmiert wurde.

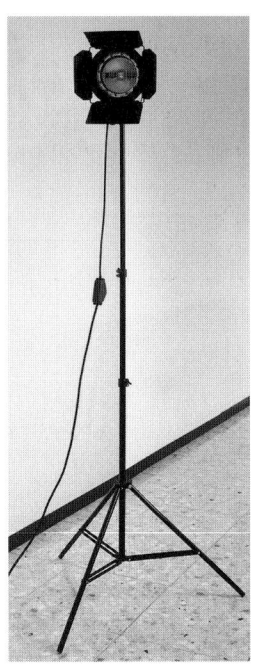

**Abbildung 3-16:**
Scheinwerferstativ

### 3.3.3.2 Handleuchten

Der Einsatz einer Handleuchte erfordert während der Aufnahme zusätzlich zum Kameramann eine Person, die diese Handleuchte hält und ausrichtet. Eine Handleuchte wird im Vergleich zur Kameraleuchte meist höher positioniert und leuchtet die Person/Sache in einem besseren Winkel aus, sodass sich störende Reflexe weitgehend vermeiden lassen. Handleuchten sind in der Regel lichtstärker als Kameraleuchten. Sie nehmen während des Betriebs 250 bis 1.000 Watt Leistung auf und werden deshalb an das 230-Volt-Wechselspannungsnetz angeschlossen. Dies macht das Vorhandensein eines Stromanschlusses erforderlich. Vorsorge ist dafür zu treffen, dass Verlängerungsleitungen zur Verfügung stehen.

### 3.3.3.3 Stativleuchten

Werden Scheinwerfer nicht als flexible und mobile Kamera- bzw. Handleuchten genutzt, so sind sie außerhalb von Studios auf verstellbaren Stativen (siehe Abbildung 3-16) oder an Polecats befestigt. Bei Stativleuchten handelt es sich fast immer um leistungsstarke Scheinwerfer. Obwohl bei Innenaufnahmen fast immer Wandsteckdosen für den Scheinwerferanschluss vorhanden sind, ist Vorsorge dafür zu treffen, dass zum einen Verlängerungsleitungen zur Verfügung stehen und zum anderen beim Betrieb der Scheinwerfer am 230-Volt-Wechselspannungsnetz die Nennstromstärke des jeweiligen Leitungsschutzautomaten nicht überschritten wird. Kommen mehrere leistungsstarke Scheinwerfer zum Einsatz, sollten für den elektrischen Anschluss möglichst mehrere Wandsteckdosen in verschiedenen Räumen Verwendung finden, damit sich die Stromlast auf mehrere Leitungsschutzautomaten verteilt.

Dedolight-Scheinwerfer arbeiten mit 12 bzw. 24 Volt Gleich- und Wechselspannung. Aufgrund der niedrigen Versorgungsspannung erhöht sich die Lebensdauer der Lampen beträchtlich. Zur Erzeugung der niedrigen Versorgungsspannung findet ein elektronisch geregeltes Netzteil Anwendung, das an das 230-Volt-Wechselspannungsnetz angeschlossen wird. Die Niederspannungslampen erzeugen im Vergleich zu 230-Volt-Lampen höhere Lichtstärken.

### 3.3.3.4 Deckenleuchten

Die Bedienung (fokussieren, neigen, schwenken, Tore öffnen oder schließen) der unterhalb der Studiodecke mit speziellen Aufhängungen montierten Scheinwerfer erfolgt entweder manuell oder elektrisch gesteuert.

Deckenleuchten werden bei manueller Bedienung von unten entweder mit einer langen Stange oder mit Hilfe eines rollbaren hohen Gerüstes bedient. Bei begehbaren Studiodecken erfolgt die Justage von oben. In komfortabel eingerichteten professionellen Studios wird die Bedienung mit elektrischen Stellmotoren vorgenommen.

Für die Aufhängung der Deckenleuchten gibt es spezielle Schraubhaken, die eine Tragfähigkeit bis zu 50 Kilogramm besitzen. Alle Deckenleuchten müssen aus sicherheitstechnischen Gründen durch ein Drahtseil gegen Absturz gesichert sein.

**Internetadressen:**
www.arri.com
www.bron.ch
www.dedolight.com
www.ianiro.com
www.hedler.de
www.martin.dk
www.strandlighting.com

### 3.3.4    Beleuchtungshilfsmittel

#### 3.3.4.1  Scheinwerferstative, Polecats und Klemmen

Wenn Reflektoren oder die relativ lichtschwachen Kameraleuchten den Beleuchtungsanforderungen außerhalb eines Studios nicht gerecht werden, müssen lichtstarke Scheinwerfer Einsatz finden. Für deren Montage außerhalb von Studios sind Scheinwerferstative unabdingbar. Die wichtigste Scheinwerferstativeigenschaft ist das maximal zulässige Beladungsgewicht. Es muss sichergestellt sein, dass es nach der Beladung aufgrund des meist hohen Scheinwerfergewichts nicht zum Umkippen des Scheinwerferstativs kommt.

**Internetadresse:**
www.manfrotto.com

Bei schweren Scheinwerfern bietet sich der Einsatz von Kurbelstativen an. Sie können nicht nur dank ihres robusten Aufbaus große Lasten tragen, sondern sind auch ergonomisch vorteilhaft, denn ein schwerer Scheinwerfer kann schon in Brusthöhe auf ein Kurbelstativ gesetzt werden. Mit Hilfe eines Kurbelmechanismus wird der Scheinwerfer rückenschonend nach oben befördert.

Der Befestigungszapfen (siehe Abbildung 3-17) für die Scheinwerferarretierung am Ende der ausfahrbaren Stativstange bzw. -stangen besitzt einen Durchmesser von 5/8 Zoll (15,9 Millimeter) oder 9/8 Zoll (28,6 Millimeter).

Ein Polecat ist eine Art Teleskopstange, die sich selbstspannend zwischen zwei feststehenden Objekten klemmen lässt. An diesen Polecats wiederum können Klemmen befestigt werden, die zur Montage von Scheinwerfern dienen.

**Abbildung 3-17:**
Befestigungszapfen

#### 3.3.4.2  Aufhellmittel

Soll das Licht ganz weich sein und die Ausleuchtung fast schattenfrei, so wird das Licht mit Hilfe von Scheinwerfer-Reflektorschirmen indirekt gesetzt (siehe Abbildung 3-18). Alternativ dazu kann in relativ niedrigen Innenräumen eine weiße Zimmerdecke oder -wand angestrahlt werden.

**Abbildung 3-18 links:**
Scheinwerfer-Reflektor-schirm

**Abbildung 3-19 rechts:**
Faltbarer Lichtreflektor

Stehen solche weißen Zimmerflächen, z. B. in Hallen oder Räumen mit dunklen Tapeten bzw. Holzvertäfelung, nicht zur Verfügung, werden ersatzweise mitgebrachte weiße Styroporplatten oder Polystyrol-Hartschaumplatten (Handelsname: Depron oder Selitron) als Reflexionsflächen genutzt. Zur Befestigung einer Styroporplatte kann in diese ein Gabelhalter (mit drei oder vier Zinken) hineingestochen werden. Der Gabelhalter wird mit Hilfe einer Universalbefestigungsklemme an einer zur Verfügung stehenden Kante oder einem Rohr bzw. Polecat arretiert.

Die Umlenkung des Sonnenlichts mit Hilfe von Reflektoren ist bei Außenaufnahmen am Tage und bei Fehlen einer Stromversorgung (vom Einsatz akkugestützter Kameraleuchten einmal abgesehen) die einzige Möglichkeit, um unerwünschte Schattenbereiche besonders in Gesichtern aufzuhellen. Die im Handel erhältlichen faltbaren Reflektoren mit biegbaren Rundrahmen (siehe Abbildung 3-19) sind leicht zu transportieren und bieten weiße, schwarze, silberne oder goldene Reflexionsflächen zur Auswahl an. Haben diese Reflexionsfolien glatte Oberflächen, entsteht im Reflexionsfall hartes Reflexionslicht; ist deren Oberfläche reliefartig strukturiert, entsteht weiches Reflexionslicht. Goldene Reflexionsfolien verursachen eine Farbtemperaturverschiebung von +45 Mired. Feingelochte silbern beschichtete Folien erzeugen sehr weiches reflektiertes Licht.

**Internetadressen:**
www.hama.de
www.leefilters.com
www.sunbounce.de

### 3.3.4.3 Diffusoren

Diffusoren verwandeln harte, gerichtete Lichtquellen in diffuse, weiche Lichtquellen (siehe Abbildung 3-21). Es gibt unterschiedliche Diffusionsmaterialien, wie z. B. Gaze, ein schleierartiges, lichtdurchlässiges Gewebe, oder Frostfolie, ein milchig-trüb durchscheinender Kunststoff. Das jeweilige Material wird entweder lichtquellennah an den Scheinwerfertoren befestigt oder lichtquellenfern großflächig auf Rahmen gespannt und auf Stativen in den Lichtweg eingebracht.

Diese zweite Variante kommt bei einem so genannten „Flieger" (engl. butterfly) zum Einsatz, wenn bei Außenaufnahmen und hoch stehender Sonne zu harte Gesichtsschatten verhindert werden sollen. Der Flieger ist ein großer Rahmen, der mit wasserfestem Diffusionsstoff bespannt ist. Er wird zwischen Sonne und den aufzunehmenden Personen positioniert und reduziert je nach Transmissionsgrad des gewählten Diffusionsstoffs die Lichtstärke um 1 3/4 bzw. 2 Blenden.

**Abbildung 3-20 links:** Ausleuchtung bei Flood-Stellung ohne Diffusionsfolie

**Abbildung 3-21 rechts:** Ausleuchtung bei Flood-Stellung mit Diffusionsfolie

Der Einsatz eines Fliegers kann auch verhindern, dass Einstellungen, die zu verschiedenen Zeitpunkten aufgenommen wurden, bezüglich Lichtstimmung und Schattenwinkel nicht mehr zusammenpassen. Dieses Problem tritt besonders bei filmischen Spielhandlungen auf, bei denen selbst kurze Einstellungen durch einen langwierigen Aufbau und eventuelle Probenzeit relativ viel Aufnahmezeit beanspruchen.

### 3.3.4.4 Abschattungsmaterialien

Falls Fensterflächen bei Innenraumaufnahmen in störender Weise überstrahlen sollten, können feingelochte Folien (siehe Abbildung 3-22) auf ihnen befestigt werden. Die Lichtstärke des durch die manipulierte Fensterfläche fallenden Lichts wird um 1 1/2 Blenden reduziert, ohne dass die feingelochten Folien später im Bild zu erkennen sind.

**Abbildung 3-22:** Feingelochte Folie

Wenn bei Aufnahmen mit Scheinwerfereinsatz bestimmte Stellen der Dekoration abzuschatten sind, kommen schwarze Abdeckfahnen zum Einsatz, die auf einem Stativ befestigt in den Lichtweg gestellt werden. Abdeckfahnen können aus schwarzem Molton (weiches, beidseitig gerautes Baumwollgewebe) selbst hergestellt werden. Bei der Erzeugung von Licht-Schatten-Effekten oder zur Verhinderung störender Lichtfelder können auch so genannte „Kaschs" aus einfachen Kartonstücken wirksame Dienste leisten. Wichtig ist, dass die im Lichtkegel des Scheinwerfers platzierten Abdeckfahnen oder Kaschs wegen ihrer Brennbarkeit einen genügend großen Abstand vom heißen Scheinwerfer haben.

Dagegen kann *Black-Wrap* beispielsweise zu einem Tubus geformt und direkt am Scheinwerfer befestigt werden, falls nur ein kleiner Lichtfleck benötigt wird. *Black-Wrap* ist eine dickere, mattschwarze Aluminiumfolie, die sich durch Hitzebeständigkeit auszeichnet.

Diese Spezial-Aluminiumfolie wird auch von Kameramännern eingesetzt. Wenn die Schattenwirkung des Kompendiums/der Gegenlichtblende bei Außenaufnahmen und störendem Tageslicht nicht ausreicht, wird *Black-Wrap* mit Textilklebeband auf dem Kompendium festgeklebt.

Bei Innenraumaufnahmen erzeugen zufällige Licht- und Schattenmuster auf dem Hintergrund interessante abstrakte Effekte. Hervorrufen lassen sich diese Effekte mit durchbrochenen oder gestanzten, vor den Scheinwerfern befestigten Schablonen, die „Gobos" bzw. „Cookies" genannt werden.

### 3.3.4.5 Metalldrahtgitter und ND-Folien

Als Scheinwerferzubehör sind Voll- und Halbkreis-Metalldrahtgitter mit unterschiedlicher Maschenweite erhältlich. Diese Metalldrahtgitter dienen als mechanische Hilfsmittel zur Lichtstärkenreduktion, wenn sie in die dafür vorgesehene Halterung vor dem Scheinwerfer geschoben werden.

**Internetadressen:**
www.leefilters.com
www.rosco.com

Neutralgraue ND-Folien (ND: Neutraldichte; engl. *neutral density*) beeinflussen das Licht farblich nicht, reduzieren jedoch die Lichtstärke von Lichtquellen, wenn sie in deren Strahlengang eingebracht werden. ND-Folien können in metallische Filterrahmen geklemmt und in die dafür vorgesehene Halterung vor dem Scheinwerfer geschoben oder mit Hilfe von Klammern an den jeweiligen Scheinwerfertorflügeln befestigt werden (siehe Abbildung 3-23). Werden dafür Wäscheklammern verwendet, so müssen diese aus Holz gefertigt sein, weil Kunststoffwäscheklammern aufgrund der beim Betrieb des Scheinwerfers verursachten Hitze schmelzen. ND-Folien können bei Innenraumaufnahmen auf Fensterscheiben geklebt werden, wenn die unmanipulierten Fenster aufgrund der äußeren hohen Leuchtdichte so überstrahlen, dass die im Freien befindlichen Objekte im Videofilmbild nicht erkennbar sind.

**Tabelle 3-5:**
Reduktion der Lichtstärke von Scheinwerfern mit Lee-ND-Folien

| Abstufung | Transmission | Lichtstärkereduktion |
|-----------|--------------|----------------------|
| Lee 0.15ND | 69,3 % | 1/2 Blende |
| Lee 0.3ND | 51,2 % | 1 Blende |
| Lee 0.6ND | 23,5 % | 2 Blenden |
| Lee 0.9ND | 13,7 % | 3 Blenden |
| Lee 1.2ND | 6,6 % | 4 Blenden |

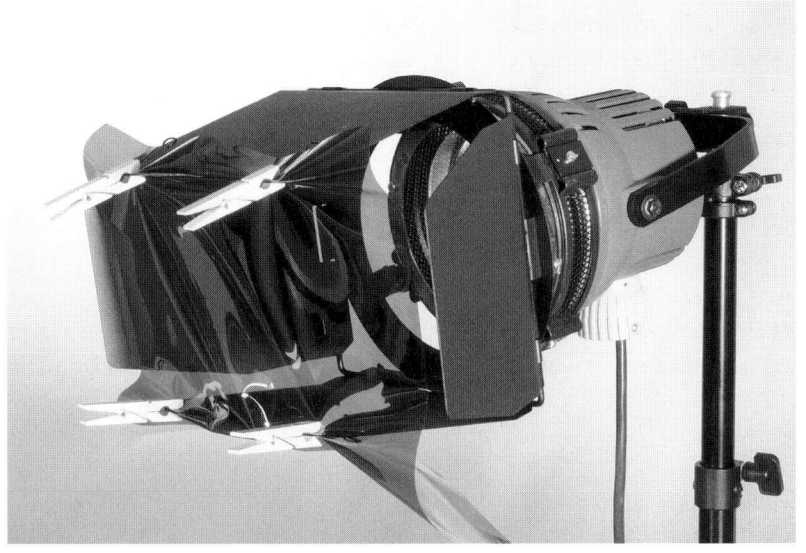

**Abbildung 3-23:**
Mit Holzwäscheklammern
befestigte Konversions-
folie vor einen Kunstlicht-
Scheinwerfer

### 3.3.4.6 Farbfolien

Alle Farbfolien verursachen eine Lichtstärkereduktion, die mehrere
Blenden betragen kann. Bei Farbfolien muss zwischen Farbeffekt- und
Konversionsfolien unterschieden werden. Während Farbeffektfolien
primär eine ästhetische Aufgabe erfüllen, dienen Konversionsfolien zur
Farbtemperaturverschiebung. Konversionsfolien gibt es in verschiedenen
Abstufungen.

Konversionsfolien vom Typ C.T.B. (*conversion to blue*) gleichen Kunstlicht (Farbtemperatur 3.200 K) an die gewünschte Farbtemperatur an

| Typ | Konversion | Farbtemperatur-verschiebung | Transmission | Lichtstärke-reduktion ca. |
|---|---|---|---|---|
| Lee Full C.T.B. | 3.200 K ⟶ 5.700 K | 137 Mired | 34,0 % | 1¹/₂ Blenden |
| Lee ³/₄ C.T.B. | 3.200 K ⟶ 5.000 K | -112 Mired | 45,5 % | 1 Blende |
| Lee ¹/₂ C.T.B. | 3.200 K ⟶ 4.300 K | -78 Mired | 54,9 % | 1 Blende |
| Lee ¹/₄ C.T.B. | 3.200 K ⟶ 3.600 K | -35 Mired | 69,2 % | ¹/₂ Blende |
| Lee ¹/₈ C.T.B. | 3.200 K ⟶ 3.400 K | -18 Mired | 81,3 % | ¹/₄ Blende |

**Tabelle 3-6:**
Lee-Konversionsfolien
C.T.B. (conversion to blue)

| Typ | Konversion | Farbtemperatur-verschiebung | Transmission | Lichtstärken-reduktion ca. |
|---|---|---|---|---|
| Lee Full C.T.O. | 6.500 K ⟶ 3.200 K | +159 Mired | 55,4 % | 1 Blende |
| Lee ³/₄ C.T.O. | 6.500 K ⟶ 3.600 K | +124 Mired | 61,3 % | ³/₄ Blenden |
| Lee ¹/₂ C.T.O. | 6.500 K ⟶ 3.800 K | +109 Mired | 70,9 % | ¹/₂ Blende |
| Lee ¹/₄ C.T.O. | 6.500 K ⟶ 4.600 K | +64 Mired | 79,1 % | ¹/₃ Blende |
| Lee ¹/₈ C.T.O. | 6.500 K ⟶ 5.550 K | +26 Mired | 85,2 % | ¹/₄ Blende |

**Tabelle 3-7:**
Lee-Konversionsfolien
C.T.O. (conversion to
orange)

(siehe Tabelle 3-6). Einsatz finden C.T.B.-Folien, wenn nur Kunstlicht-
scheinwerfer zur Verfügung stehen, aber tageslichtähnlich ausgeleuchtet werden soll. Konversionsfolien vom Typ C.T.O. (*conversion to orange*)
gleichen Tageslicht (Farbtemperatur 6.500 K) an die gewünschte Farbtemperatur an (siehe Tabelle 3-7).

### 3.3.4.7 Mattspray

Auf glänzenden Metalloberflächen, z. B. von Edelstahlmöbeln, kann
es zu unerwünschten Reflexionen des Scheinwerferlichts kommen, die
auch durch den Einsatz von Schablonen nicht zu verhindern sind. Häufig
kann durch das Aufsprühen von wieder abwaschbarem wasserlöslichem
Mattspray (z. B. Zack-Zack 03) das Reflexionsproblem gelöst werden.

### 3.3.4.8 Elektrische Verlängerungsleitungen

Mehrere elektrische Verlängerungsleitungen sollten bei Aufnahmearbeiten mit Scheinwerfereinsatz stets zur Verfügung stehen, weil bei
Innenraumaufnahmen die zu nutzenden Wandsteckdosen häufig weit
entfernt vom Aufnahmeort zu finden sind.

Kommen Leitungstrommeln zum Einsatz, so bieten Typen mit Thermo-
schutz Sicherheit vor Überhitzung der elektrischen Leitung. Wenn Verlängerungsleitungen in feuchten und nassen Räumen sowie im Freien
genutzt werden sollen, sind die Leitungstypen H05 VV-F (mittlere
PVC-Schlauchleitung) oder H07 RN-F (schwere Gummischlauchleitung)
zu verwenden.

### 3.3.4.9 Dimmer

**Internetadressen:**
www.arri.com
www.zilz.de

Glühlampen können mit Hilfe von so genannten „Dimmern" fast bis zur
völligen Verdunkelung gedimmt werden. In Fernsehstudios sind diese
elektronischen Geräte in Lichtsteuerpulte integriert. Beim Dimmen von
Scheinwerfern ist zu beachten, dass die Farbtemperatur von gedimmten
Scheinwerfern mit zunehmendem Dimmgrad kleinere Kelvinwerte
annimmt. Der dann in den Videofilmaufnahmen sichtbare Rotstich
kann jedoch durch einen erneut durchgeführten Weißabgleich (siehe
Abschnitt 4.4.9) eliminiert werden.

### 3.3.4.10 Stromerzeugungsaggregat

Bei Außenübertragungen findet die Stromversorgung der elektrischen
Geräte einschließlich der Scheinwerfer möglichst über vorhandene

Stromanschlüsse eines an das Stromnetz angeschlossenen Energie-versorgungsunternehmen-Kunden statt. Obwohl bei Videofilmproduktionen kein Übertragungswagen notwendig ist, muss ein Stromerzeugungsaggregat bereitgestellt werden, falls am Drehort keine derartigen Stromanschlüsse zur Verfügung stehen, aber auf leistungsstarke Scheinwerfer nicht verzichtet werden kann.

Ist der Einsatz eines Stromerzeugungsaggregates geplant, gilt es neben den Kosten auch die bei der Stromerzeugung entstehenden Geräusche zu beachten. Handelt es sich nicht um ein schallgekapseltes Stromerzeugungsaggregat, muss ein vom Drehort weit entfernter Aufstellungsplatz gefunden werden.

## 3.4 Lichtsetzpraxis

Folgende Vorgaben und Hinweise sind beim Lichtsetzen zu beachten:

- Scheinwerferlampen sind im heißen Zustand besonders empfindlich gegenüber Erschütterungen. Daher sollten Scheinwerfer nur im erkalteten Zustand bewegt oder transportiert werden.
- Falls Leuchten bei Außenaufnahmen Regen ausgesetzt sein könnten, müssen diese Leuchten mindestens der Schutzart IP 33 entsprechen. Die Abkürzung IP steht für „*International Protection*", wobei die erste Kennziffer den Schutz gegen das Eindringen von festen Fremdkörpern und die zweite Kennziffer den Schutz gegen das Eindringen von Wasser anzeigt. Beispielsweise bietet eine Leuchte mit der Schutzart IP 20 zwar Schutz vor dem Eindringen von Fremdkörpern, die einen Durchmesser größer 12 Millimeter besitzen, aber keinen Schutz vor dem Eindringen von Wasser.
- „Im Studio soll die Farbtemperatur aller benutzten Leuchten zwischen 3100 und 3200 K liegen" (IRT 1996a, S. 5).
- Es gilt bei der Lampen-Ersatzbeschaffung für Scheinwerfer nicht nur auf den richtigen Lampentyp (Kunst- oder Tageslicht) zu achten, sondern auch die jeweils erforderliche Lampenleistung und -anschlussspannung sowie den korrekten Lampensockel (z. B. Edison-, Bajonett-, Soffittensockel) auszuwählen.
- Insbesondere Quarzkolbenlampen dürfen beim Einsetzen in den Lampensockel nicht mit bloßen Fingern angefasst werden. Durch diese Maßnahme soll verhindert werden, dass menschliches Hautfett, das sich nach einer direkten Berührung zwangsläufig auf dem Glaskörper befindet, bei der nachfolgenden Nutzung einbrennt.
- Stativleuchten sind gegen Umstürzen zu sichern.
- Scheinwerfertore und Deckenleuchten sind gegen Herunterfallen zu sichern.

- Elektrische Leitungen sind so zu verlegen, dass sie nicht zur Stolperfalle für umherlaufende Personen werden. Ein Umreißen von Stativscheinwerfern wird vermieden, wenn die elektrischen Leitungen mit Textilklebeband auf dem Fußboden festgeklebt werden.
- Unabhängig davon, wo und wie Scheinwerfer montiert werden, muss stets ein Sicherheitsabstand von mindestens einem Meter zu brennbaren Materialien eingehalten werden.
- Ein Reflektor besitzt bei Erstinbetriebnahme einen Reflexionsfaktor von 80 Prozent. Er kann jedoch durch Staub, Schmutz, Beschädigungen und Alterungsprozesse bis zu 50 Prozent seiner Reflexionskraft einbüßen. Dies hat zur Folge, dass sich die Strahlungsqualität des Scheinwerfers verändert.
- Wenn eine Kunstlichtlampe aufgrund längeren Betriebs altert, wird ihr Licht wärmer, d. h. deren Farbtemperatur nimmt kleinere Kelvinwerte an.
- Kontrastgläser mit Transmissionsgraden von kleiner/gleich 1 Prozent leisten Beleuchtern und Kameraassistenten gute Dienste. Vor dem Camcorder stehend lässt sich mit einem Blick durch ein Kontrastglas in Richtung Scheinwerfer beurteilen, ob Scheinwerferlicht direkt in das Camcorder-Objektiv fällt. Falls dies der Fall sein sollte, kann durch Neuausrichtung des jeweiligen Scheinwerfers oder durch Veränderung der Scheinwerfertorstellung dieses störende Gegenlicht vermieden werden.

  Auch bei Außenaufnahmen mit leicht bewölktem Himmel kann ein Kontrastglas Einsatz finden. Weil bei Wolkenzug die schnell wechselnden Lichtverhältnisse Aufnahmeprobleme verursachen, kann der Kameraassistent mit Hilfe eines Kontrastglases in Richtung Sonne schauen und dem Kameramann einen kurz bevorstehenden Helligkeitswechsel ankündigen.

## 3.5     Lichtgestaltung

Eine einheitlich durchgängige Lichtstimmung vermittelt die Illusion einer kontinuierlichen Handlung innerhalb einer Szene. Bestimmte Personen, Requisiten etc. werden durch punktuelles Ausleuchten besonders akzentuiert. Hell ausgeleuchtete Personen oder Sachen ziehen die Aufmerksamkeit der Zuschauer auf sich. Hell ausgeleuchtete Personen oder Sachen erscheinen den Zuschauern „positiv", dunklere dagegen „negativ". Lichtgestaltung bedeutet demnach auch Schattengestaltung.

Von Unterlicht hervorgerufene Schatten verleihen einer Situation einen unheimlichen Charakter. Lange und in ihren Ausmaßen anwachsende

Schatten sind hervorragend geeignet, Spannung zu schaffen. Den Vorgang der Verfolgung dramatisierend sind huschende Schatten. Als Beispiel für diese Aussagen kann der Spielfilm „Nosferatu, eine Symphonie des Grauens" (Regie: Friedrich Wilhelm Murnau, 1922) angeführt werden.

Bezüglich filmischer Lichtsetzung lässt sich auch die Redewendung „Jemandem geht ein Licht auf" thematisieren. Diese Redewendung basiert auf biblischen Texten (Hiob 25,3; Psalm 97,11; Matthäus 4,16) und wird in der Umgangssprache in der erweiterten Bedeutung „Jemand beginnt etwas zu begreifen" verwendet. Ein Beispiel für eine subtile filmische Umsetzung dieser Redensart findet sich in Hitchcocks Spielfilm „Der unsichtbare Dritte" (1959). Nachdem der Protagonist Roger Thornhill auf dem nächtlichen Flughafenrollfeld über seine wahre Rolle aufgeklärt worden ist, wird am Schluss der Sequenz die „Erleuchtung" des Protagonisten durch ein kurzes Anstrahlen seines Gesicht versinnbildlicht.

### 3.5.1 Lichtstile

Aus dem Bereich der Schwarzweißfotografie haben die drei Stilbezeichnungen „Normalstil", „High-Key-Stil" und „Low-Key-Stil" in die Filmlichtgestaltung Eingang gefunden. Bei Videofilmaufnahmen sind allerdings High-Key-Stil und Low-Key-Stil nur schwer umzusetzen.

#### 3.5.1.1 Normalstil

Das Leuchtdichteverhältnis beim fotografischen Normalstil beträgt etwa 1:32. Beim Normalstil wird die Szene so ausgeleuchtet, dass der Eindruck einer gleichmäßigen Ausleuchtung entsteht. Der Normalstil wird im Film am häufigsten eingesetzt, denn er entspricht den üblichen menschlichen Sehgewohnheiten. Die Verteilung von Hell und Dunkel ist beim Normalstil ausgewogen und alle Details, die sich im Bildfeld befinden, sind deutlich zu erkennen.

Die ursprüngliche Lichtsituation eines Raumes bleibt entsprechend der tatsächlichen oder nachzubildenden jeweiligen Tages- bzw. Nachtzeit trotz künstlicher Beleuchtung erhalten. Damit die Zuschauer die Szenerie als natürlich und lichtdramaturgisch unbeeinflusst empfinden, müssen die Scheinwerfer so ausgerichtet werden, dass sie die zu verstärkende natürliche Lichtquelle (Fenster, Tischlampe etc.) in ihrer Beleuchtungsart und Lichtrichtung korrekt nachbilden. „Mehrere von einem Gegenstand oder von einer Person ausgehende Schatten widersprechen der Logik, falls die Szene nur eine natürliche Lichtquelle hat" (Mehnert 1986, S. 359).

### 3.5.1.2 High-Key-Stil

Beim High-Key-Stil prägt Helligkeit den Bildeindruck. Der größte Teil des Bildes zeigt sehr geringe Leuchtdichtegegensätze und somit nur geringe Helligkeitskontraste. Im Vergleich zum fotografischen Normalstil liegt ein höheres mittleres Leuchtdichteniveau vor. Hell ausgeleuchtete Räumlichkeiten im High-Key-Stil ermöglichen den Zuschauern das überdeutliche Erkennen aller Details. Die Hollywood-Komödien der dreißiger Jahre des 20. Jahrhunderts waren überwiegend auf diese Weise ausgeleuchtet, wie z. B. „Die Frauen" (Regie: George Cukor, 1939).

### 3.5.1.3 Low-Key-Stil

Durch das flächenanteilig betrachtete Überwiegen von Bildeinzelheiten mit geringer Leuchtdichte ist beim Low-Key-Stil die integrale Leuchtdichte niedriger als beim fotografischen Normalstil. Bilddetails höherer Leuchtdichte (Lichter) fehlen jedoch nicht, sodass der Helligkeitskontrastumfang hoch sein kann. „Für den Low-Key-Stil sind ausgedehnte, wenig oder überhaupt nicht durchgezeichnete Schattenflächen charakteristisch" (Hickethier 1996, S. 78). Er eignet sich besonders für die Darstellung geheimnisvoller Vorgänge oder Verbrechen und findet sich in Filmen aller Phasen der Filmgeschichte. Als Beispiel für den Einsatz des Low-Key-Stils kann die Fernsehminiserie „Berlin Alexanderplatz" (Regie: Rainer Werner Fassbinder, 1980) genannt werden.

### 3.5.2   Scheinwerferpositionen

Beim Ausleuchten von Szenerien muss auch die Bewegung der beleuchteten Subjekte/Objekte durch den Raum berücksichtigt werden. Bewegt sich ein Subjekt/Objekt auf die Hauptlichtquelle zu, erscheint es zunehmend heller. Entfernt sich ein Subjekt/Objekt von der Hauptlichtquelle, nimmt seine Leuchtdichte ab.

„Scheinwerfer, die senkrecht von oben die Szene anleuchten, geben zwar eine sehr gleichmäßige Lichtverteilung, sind aber für die Ausformung der beleuchteten Objekte in der Szene äußerst ungünstig. Personen bekommen dabei z. B. tiefschwarze Augenhöhlen. Die am häufigsten angewendete Zwischenstellung zwischen diesen beiden Extremen liegt in der Nähe eines 45°-Neigungswinkels der Scheinwerfer" (Appeldorn 1997, S. 213). Wird ein Subjekt/Objekt schräg von oben beleuchtet, so fällt dessen Schatten nicht auf eine möglicherweise vorhandene Wand, sondern auf den Boden, wo er in den seltensten Fällen stört.

Um die räumliche Position der Scheinwerfer beschreiben zu können, wird mit einem horizontal und einem vertikal angeordneten

Uhrzifferblatt gearbeitet. Der Kopf einer Person oder das Objekt befindet sich im Zentrum der beiden Uhrzifferblätter. Die Kameraposition ist stets 6:00 Uhr horizontal und 3:00 Uhr vertikal (siehe Abbildung 3-24).

Bei Vorderlicht (auch Augenlicht genannt) befindet sich der Scheinwerfer zwischen 5:00 Uhr und 7:00 Uhr horizontal. Wird frontal von vorne ausgeleuchtet, entsteht kein oder nur geringer Schattenwurf, sodass die räumliche Tiefenwirkung fast vollständig fehlt. Das Bild verflacht somit. Zwar kann kein direktes Licht in das Kameraobjektiv strahlen, aber aufgenommene Personen stehen in der Gefahr, geblendet zu werden, wenn sie in eine Lichtquelle, die eine zu hohe Leuchtdichte besitzt, blicken müssen.

Für Seitenlicht (bei Personenaufnahmen) bzw. Kantenlicht (bei Objektaufnahmen) wird der Scheinwerfer zwischen 2:00 Uhr und 5:00 Uhr horizontal oder zwischen 7:00 Uhr und 10:00 Uhr horizontal angeordnet.

Bei Gegenlicht (auch Hinterlicht genannt) befindet sich der Scheinwerfer zwischen 10:00 Uhr und 2:00 Uhr horizontal. Als Vorteil von Gegenlicht ist der gelöstere und natürlichere Gesichtsausdruck von Personen zu nennen, weil diese nicht in die Lichtquelle blicken müssen. Außerdem kann dabei durch Nutzung von Lichtreflexionen und Halos eine erhöhte emotionale Wirkung hervorgerufen werden. Gegenlicht ist bildgestalterisch zwar interessanter als Auflicht, aber es besteht bei Aufnahmen mit Gegenlicht immer die große Gefahr des Einfalls direkten Lichts ins Objektiv (siehe Abbildung 3-25).

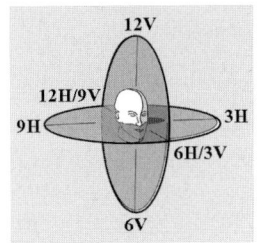

**Abbildung 3-24:**
Mit Uhrzifferblättern gekennzeichnete Scheinwerferpositionen (H: horizontal, V: vertikal)

### 3.5.3    Drei-Punkt-Ausleuchtung

Die Begriffe Ein-, Zwei-, Drei-, Vier- und Fünf-Punkt-Ausleuchtung leiten sich von der Anzahl der jeweils benutzten Scheinwerferpositionen ab. Bei zwei und mehr genutzten Scheinwerferpositionen übernehmen die einzelnen Lichtquellen bestimmte Funktionen innerhalb der Ausleuchtung. Die Drei-Punkt-Ausleuchtung besteht aus Führungs-, Aufhell- und Hintergrundlicht. Die Drei-Punkt-Ausleuchtung findet als Studio-Porträtlicht Verwendung.

### 3.5.3.1 Führungslicht

Die lichtstärkste Lichtquelle wird als Führungslicht (auch Hauptlicht oder *keylight* genannt) eingesetzt. Das Führungslicht muss in Strahlungsrichtung, -stärke und -qualität der in der Szene zu erkennenden Lichtquelle (Sonne, Mond, Straßenlaternen, Kerzenschein etc.) entsprechen. Der Lichtcharakter des Führungslichts prägt die Szene. Das Führungslicht wird immer zuerst eingerichtet und eingemessen, da es als Bezugspunkt

**Abbildung 3-25:**
Vertikale Scheinwerfer-
positionen

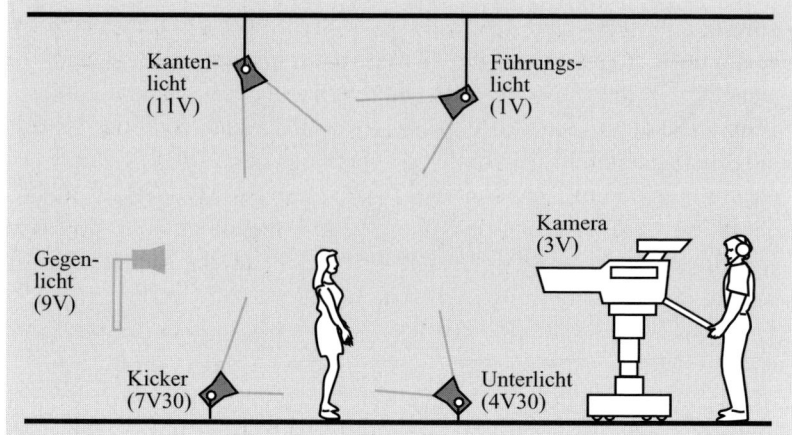

und -größe für alle weiteren einzusetzenden Scheinwerfer benötigt wird. Der Einfallswinkel des Führungslichts besitzt große Bedeutung, denn die meist harte Lichtquelle im Bereich 4:00 bis 5:00 Uhr horizontal bzw. 7:00 bis 8:00 Uhr horizontal und 1:00 bis 2:00 Uhr vertikal gibt den Schattenwurf vor und arbeitet Formen sowie räumliche Strukturen heraus.

### 3.5.3.2 Aufhelllicht

Die vom Führungslicht verursachten Schatten werden vom Aufhelllicht (auch Fülllicht genannt) aufgehellt, sodass sich dadurch der Kontrastumfang der Aufnahme verringert. Grundsätzlich ist das Aufhelllicht dem Hauptlicht untergeordnet. Nach einer Faustregel sollte die Beleuchtungsstärke des Aufhelllichts ($E_A$) etwa ein Drittel bis zur Hälfte der Beleuchtungsstärke des Führungslichts ($E_F$) haben. Es wäre ein Fehler, die Lichtstärke des Aufhelllichts so stark zu erhöhen, dass die Schatten des Hauptlichts verschwinden. Zudem ist es fast unmöglich, einen Schatten mit einem anderen Scheinwerfer wegzuleuchten, ohne einen zusätzlichen Schatten zu erzeugen.

Bei der Dosierung des Aufhelllichts ist von Bedeutung, ob die aufgenommene Person dunkles oder helles Haar hat. Bei sehr niedrig dosiertem Aufhelllicht wird dunkles Haar in der Regel keine Differenzierung aufweisen. In der Praxis ist in solchen Fällen abzuwägen, ob das Vorhandensein kräftiger Kontraste oder die Durchzeichnung des Haars auf der Schattenseite des Gesichts wichtiger ist. Um die Gleichung:

**Formel 3-2:**
Beleuchtungsstärke
Aufhelllicht

$$E_A = 0{,}5 \cdot E_F$$

zu erfüllen, bestehen prinzipiell zwei Möglichkeiten: Entweder muss bei gleichem Abstand die Lichtstärke des Führungslichts doppelt so groß wie des Aufhelllichts sein. Oder der Abstand des Führungslichts zur ausgeleuchteten Person muss um den Faktor 0,707 kleiner sein als die Entfernung zwischen Aufhelllicht und Person, wenn beide Scheinwerfer die gleiche Lichtstärke besitzen. Zu beachten gilt, dass die Beleuchtungsstärke mit dem Quadrat der Entfernung abnimmt. Wird der Abstand zwischen Scheinwerfer und ausgeleuchteter Person verdoppelt, sinkt die Beleuchtungsstärke auf ein Viertel des Ausgangswertes.

### 3.5.3.3 Hintergrundlicht

Das Hintergrundlicht wird auch Raum- oder Grundlicht genannt. Es dient der Ausleuchtung des Hintergrunds und anderer Teile der Dekoration, um die in der Szene vorhandenen Kontraste einander anzugleichen. Ein Szenenkontrast, der den Wert von 40:1 überschreitet, kann in unserem Fernsehsystem nur bedingt tonwertrichtig übertragen werden. Der Hintergrund sollte allerdings eher zu dunkel als zu hell sein, denn zu „geringe Helligkeitsunterschiede zwischen Vorder- und Hintergrund (kleiner als 1,5:1) verschlechtern den Tiefeneindruck" (IRT 1996a, S. 5).

### 3.5.4 Vier-Punkt-Ausleuchtung

Wird eine Drei-Punkt-Ausleuchtung um ein Spitzlicht erweitert, liegt eine Vier-Punkt-Ausleuchtung vor. „Das Spitzlicht verfolgt den Zweck, die Person oder das Objekt vom Hintergrund optisch besser zu trennen, um dem Bild mehr Tiefe zu geben. Bei einem Porträt scheint das Spitzlicht von hinten auf den Kopf, es entsteht ein leichter Lichtsaum auf den Haaren, die sogenannte Spitze. Bei Objekten spricht man auch von einer Lichtkante, verkürzt Kante" (Dunker 1993, S. 39). Bei sehr hellem Hintergrund kommt ein Spitzlicht nicht zur Wirkung. Das Spitzlicht kann auch zu Glamour-Effekten genutzt werden, wobei dies eine fest vorgegebene Position einer Person während der Aufnahme voraussetzt (siehe Abbildungen 3-26 und 3-27).

### 3.5.5 Nachtstimmung

Eine Nachtstimmung, die auf die Zuschauer überzeugend wirkt, ist bei Videofilmaufnahmen nur sehr schwer zu erzielen. Das bloße Schließen der Objektivblende hat in den meisten Fällen unterbelichtete Bilder zur Folge, erzeugt aber in der Regel keinen Nachteffekt. Bei der *Day-for-Night*-Aufnahmemethode (alternativ „Amerikanische Nacht" genannt) wird an sonnigen Tagen mit Objektivfiltern (Blau-, Grau-, Grauverlaufsfilter) gearbeitet, deren Wirkung durch das Schließen der

**Abbildung 3-26:**
Vier-Punkt-Ausleuchtung

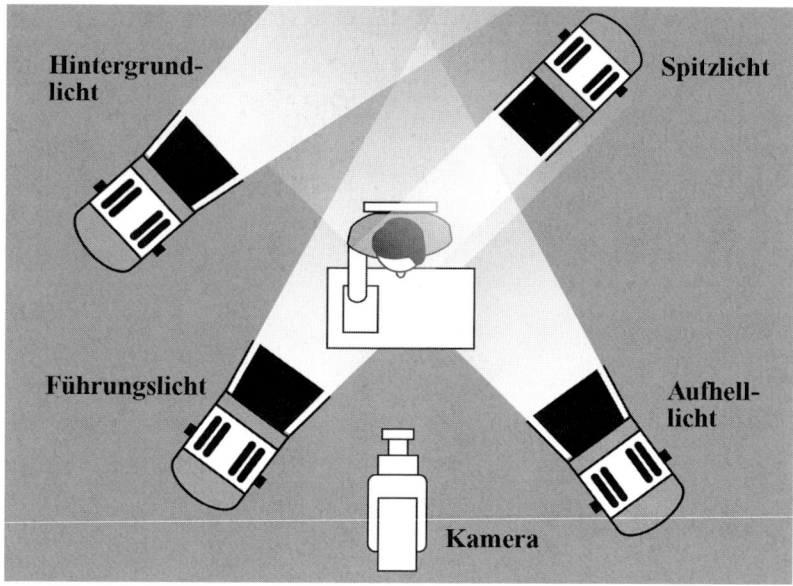

Objektivblende noch verstärkt werden kann. Aufgrund von Gegenlicht-aufnahmen entsteht eine Vollmond-Lichtstimmung. Der Himmel sollte durch geschickte Bildausschnittswahl nicht ins Bild gebracht werden, weil er die *Day-for-Night*-Aufnahmemethode verraten kann. Allerdings vermittelt auch diese Aufnahmemethode keine völlig überzeugende Nachtstimmung, da zu viele Details und alle Schatten im Bild erkennbar sind. Sie wurde trotzdem in Hollywood-Western, wie z. B. im Spielfilm „Red River" (Regie: Howard Hawks, 1948) verwendet, weil in großräumigen Szenerien für Aufnahmen in der Supertotale keine großräumige Ausleuchtung möglich ist, die eine perfekte Nachtstimmung mit Voll-mond-Lichteffekt erzeugen könnte.

Die besten Videofilmaufnahmeergebnisse für Außenaufnahmen mit Nachtstimmung lassen sich mit Hilfe der *Dusk-for-Night*-Aufnahme-methode erzielen. Dabei erfolgen die Videofilmaufnahmen, die Nacht-stimmung vermitteln sollen, in der Abenddämmerung. In Abhängig-keit vom geografischen Breitengrad differiert die Länge des Übergangs zwischen Tag und Nacht. Im Vergleich zur Dämmerungsphase in der Nähe des Äquators dauert sie in Deutschland länger. Allerdings ist der für diese Dämmerungsphase verwendete Begriff „Blaue Stunde" irreführend, weil der für Außenaufnahmen mit Nachtstimmung optimal geeignete tiefblaue Himmel nur ca. 15 Minuten lang Schatten in zweck-dienlicher Weise aufhellt.

Auch bei der *Dusk-for-Night*-Aufnahmemethode können Objektiv-filter zum Einsatz kommen. Um die elektronische Verstärkung des Videosignals und das automatische Öffnen der Blende bei diesen

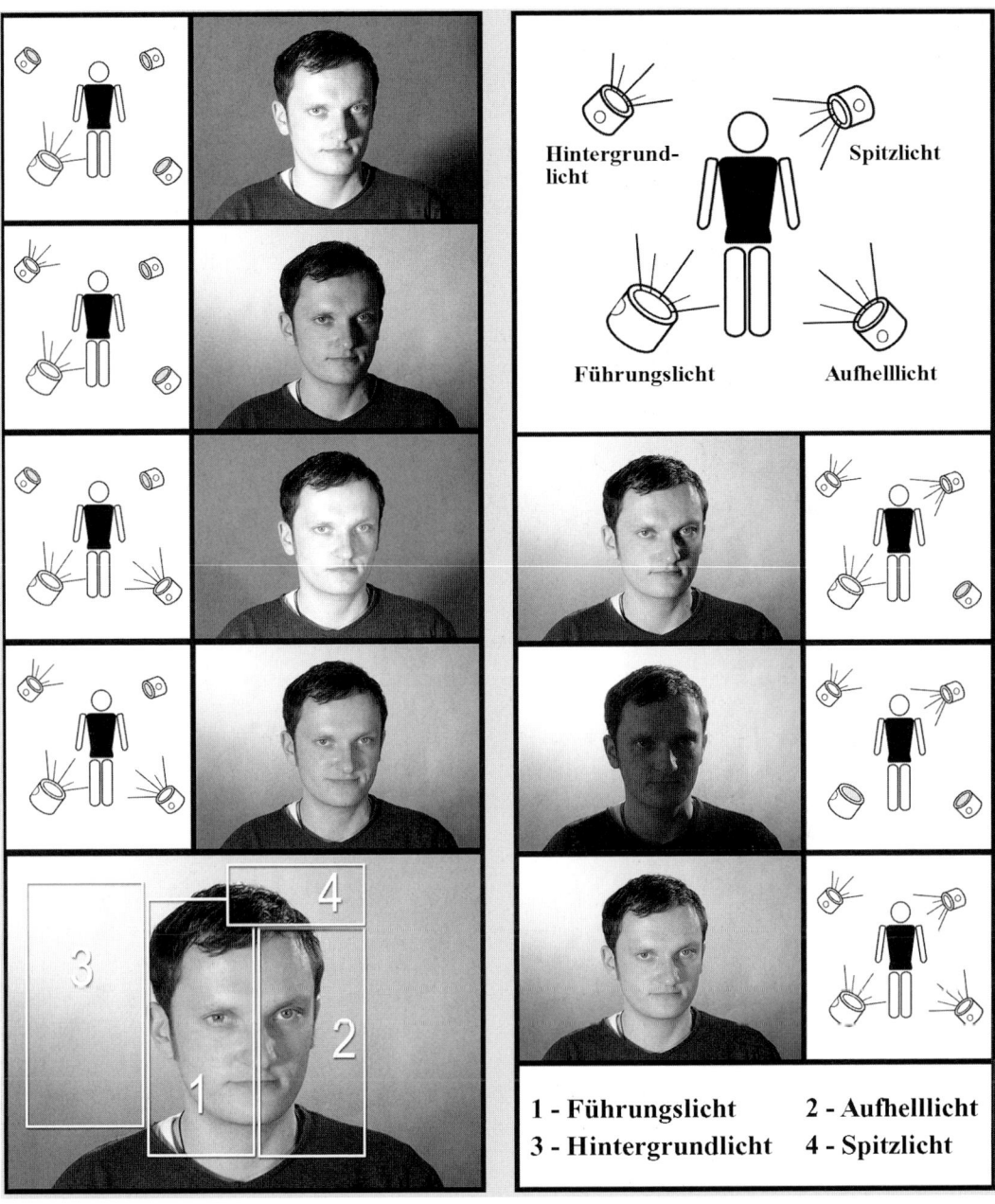

**Abbildung 3-27:**
Porträt-Ausleuchtung

lichtschwachen Aufnahmen auszuschließen, muss im Manuell-Modus gearbeitet werden. Es ist eine optimale Vorbereitung der Aufnahmen notwendig, um den besten Aufnahmezeitpunkt nutzen zu können. Außenaufnahmen in der Morgendämmerung zur Erzeugung von Nacht-stimmungseinstellungen sind weniger üblich.

**Abbildung 3-28:**
Beleuchtungsschere

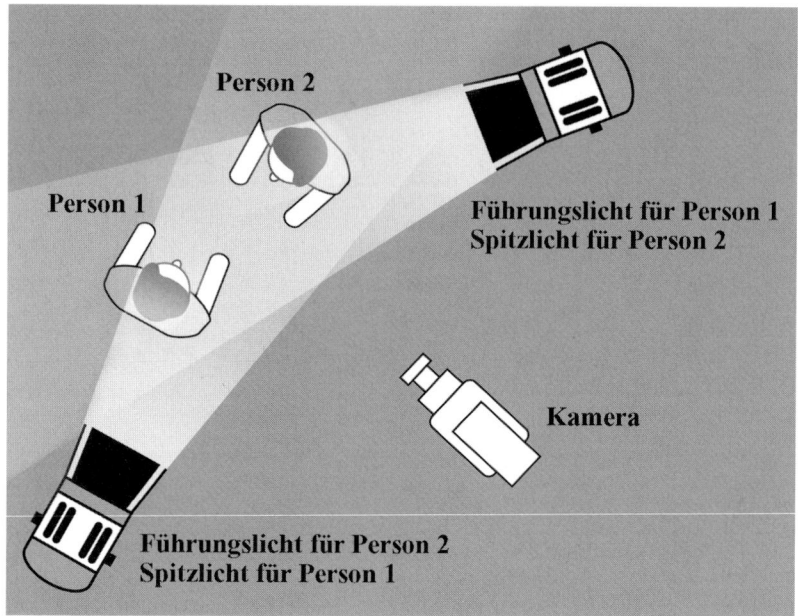

Bei der *Night-for-Night*-Aufnahmemethode werden die im Bild sichtbaren Lichtquellen (Straßenlaternen, Lagerfeuer, Mondlicht etc.) durch unauffällig gesetztes, separates Scheinwerferlicht unterstützt. Für Mondlicht-Szenen werden Subjekte/Objekte vorzugsweise von hinten mit starkem blauen und/oder schwachem grünen Licht angestrahlt, um ihre Begrenzungen und Kanten zu betonen.

### 3.5.6   Beleuchtungsschere

Die Beleuchtungsschere ist ein Beleuchtungsschema, mit dem sich ein kurzes Interview ausleuchten lässt. Vom Interviewer ist beim Schuss nur ein Anschnitt (Teil des Hinterkopfes und der Schulter) zu sehen. Scheinwerfer 1 ist Führungslicht für den Interviewten und gleichzeitig Spitzlicht für den Interviewer. Beim Gegenschuss ist der Interviewte nur von hinten im Anschnitt zu sehen (siehe Abbildung 3-28). Scheinwerfer 2 ist Führungslicht für den Interviewer und gleichzeitig Spitzlicht für den Interviewten.

# 4 Bewegtbilderzeugung

## 4.1 Berufsbild Kameramann

Bei der Bedienung eines Camcorders muss ein Kameramann sowohl technischen Anforderungen gerecht werden als auch gestalterische Aspekte berücksichtigen. Trotz schnell wechselnder Aufnahmesituationen müssen die richtigen Kameravoreinstellungen gewählt, die Bildausschnitte bestimmt und die Schärfe nachgezogen werden. Diese Aufgaben machen verständlich, warum beispielsweise der Hessische Rundfunk bei der Einstellung von Kameramännern großen Wert auf eine vorherige Berufsausbildung zum Fotografen legt.

Bei Dreharbeiten für Dokumentationen arbeitet ein EB-Kameramann inhaltlich zwar auf Weisung des mit der Durchführung der Produktion beauftragten Redakteurs bzw. der Autorin. Er besitzt aber stets einen gestalterischen Spielraum, der bestmöglich auszufüllen ist.

Zu den Aufgaben eines Kameraassistenten gehören Pflege der kompletten Ausrüstung und Vorbereitung des Equipments vor dem Dreh (Bereithalten der benötigten Videofilmkassetten, Laden der Akkus etc.). Er hält diverse Werkzeuge und Utensilien (z. B. Leatherman, Maßband, Taschenlampe) bereit, um kleinere Reparaturarbeiten vornehmen zu können. Zu seinen Aufgaben gehört die selbstständige Aufnahme von statischen Bildeinstellungen. Der Kameraassistent arbeitet normalerweise auch als Tonassistent und fährt meist das Produktionsfahrzeug.

**Internetadresse:**
www.leatherman.de

Bei Videofilmaufnahmen kann aufgrund der synchronen Tonaufzeichnung das Klappenschlagen (siehe Abbildung 4-1) entfallen. Dies heißt aber nicht, dass bei Videofilmaufnahmen keine Benennung der jeweiligen Aufnahme erfolgen sollte. Auch im schnellen Tagesgeschäft der elektronischen Berichterstattung ist es später beim Videoschnitt von großem Vorteil, wenn EB-Cutterinnen die einzelnen Aufnahmen schnell

**Abbildung 4-1:**
Synchronklappe

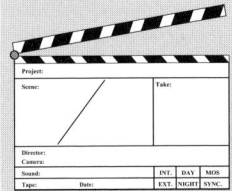

und eindeutig identifizieren können. Falls der Timecode der jeweiligen Aufnahme nicht notiert wird, kann alternativ zum Einblenden eines Klappentextes durch die Aufnahme eines beschrifteten Papierblatts oder eines Handzeichens bei gleichzeitiger mündlicher Ansage die bevorstehende Aufnahme eindeutig benannt werden. Wichtig bei all diesen Varianten ist, dass die Kameraassistenz Notizen über die jeweiligen Aufnahmeinhalte und deren Qualität macht, damit die Cutterin beim Videoschnitt die jeweils beste Aufnahme schnell finden kann.

## 4.2     Videosignale

### 4.2.1     Analoge Videosignale

#### 4.2.1.1   Schwarz-Weiß-Fernsehen

Es gibt verschiedene Fernsehstandards für das Schwarz-Weiß-Fernsehen. Der CCIR-B/G-Standard, der 1951 vom CCIR akzeptiert wurde, bildete die Basis für die Einführung des Schwarz-Weiß-Fernsehens in Deutschland. Bei allen Schwarz-Weiß-Fernsehsystemen wurde das Zeilensprungverfahren (Interlace-Verfahren) verwendet, um ein weitgehend flimmerfreies Fernsehbild zu erzielen.

Beim 625-Zeilen-System wird dabei das aus 625 Zeilen bestehende Vollbild in zwei Halbbilder zu je 312,5 Zeilen aufgespalten (siehe Abbildung 4-2). Der Elektronenstrahl der Fernsehbildröhre schreibt beim ersten Halbbild zunächst alle ungeraden Zeilen und beim zweiten Halbbild alle geraden Zeilen. Bei einer Vertikalfrequenz (Bildwiederholfrequenz) von 50 Hertz ergibt sich bei 625 Zeilen eine Horizontalfrequenz von 15625 Hertz (vgl. Schmidt 2000, S. 16 ff.).

Pro horizontale Bildzeile wird gemäß des CCIR-B/G-Standards eine Zeit von 64 Mikrosekunden benötigt. Während des 52 Mikrosekunden langen sichtbaren Elektronenstrahlhorizontalhinlaufs wird die eigentliche Bildzeileninformation übermittelt. Verabredungsgemäß wird Bildschwarz mit 0 Volt und Bildweiß mit +0,7 Volt Bildsignalspannung übertragen.

Die Horizontalaustastlücke ist 12 Mikrosekunden lang. Damit der Horizontalrücklauf nicht störend sichtbar ist, wird der Elektronenstrahl während des Horizontalrücklaufs durch Austastung unterdrückt. Das Austastsignal besitzt eine Spannung von 0 Volt. In der Rückführungsphase des horizontalen Elektronenstrahls liegt der Zeilensynchronimpuls, bei dem das Videosignal kurzzeitig den Wert -0,3 Volt annimmt. Auch beim Vertikalrücklauf erfolgt eine Austastung des Elektronenstrahls. Für die Vertikalaustastlücke pro Halbbildrücklauf

**Abbildung 4-2:**
Ein Vollbild (links)
und zwei zugehörige
Halbbilder

sind 1,6 Millisekunden reserviert. Weil pro Halbbild insgesamt 20 Millisekunden zur Verfügung stehen, entsprechen diese 1,6 Millisekunden einem Anteil von 8 Prozent, sodass beim 625-Zeilen-System nur 575 Zeilen sichtbar sind. „In den 50 inaktiven Zeilen liegen die Vertikalsynchronimpulse, die das Ende eines Halbbildes und den Beginn des nächsten anzeigen. Die Vertikalsynchronimpulse unterscheiden sich von ungradem zu geradem Halbbild, um eine eindeutige Erkennung zu ermöglichen" (Möllering 1993, S. 36).

Das analoge Schwarz-Weiß-Videosignal setzt sich gemäß den obigen Ausführungen aus dem eigentlichen Bildsignal , dem Austastsignal und dem aus den horizontalen und vertikalen Synchronimpulsen bestehenden Synchronsignal zusammen. Es wird deshalb BAS-Signal (BAS: Bild-Austast-Synchron) genannt.

Die zur Bildübertragung erforderliche theoretische Videobandbreite eines 625-Zeilen-Systems lässt sich errechnen, wenn der Extremfall angenommen wird, dass sich schwarze und weiße Bildpunkte schachbrettartig abwechseln. Diese theoretische Frequenzgrenze (die so genannte „Schachbrettfrequenz") dient jedoch nicht zur praktischen Auslegung von 625-Zeilen-Fernsehsystemen.

Es hatte sich bei den Untersuchungen von Kell und anderen gezeigt, dass sich schon bei einer Videobandbreite von 5 Megahertz ein qualitativ gutes Bild erzielen lässt. Aufgrund dieser Testergebnisse kann die Schachbrettfrequenz mit einem Reduktionsfaktor, dem so genannten „Kell-Faktor", von 0,68 multipliziert werden. Die bei dieser Rechnung entstehende Frequenz von 5 Megahertz wurde in der CCIR-Norm für 625-Zeilen-Fernsehsysteme festgelegt. Diese maximale Frequenz von 5 Megahertz bezieht sich auf die Helligkeitsauflösung.

Trotz Anwendung des Zeilensprungverfahrens ist bei einer Vertikalfrequenz von 50 Hertz bei bestimmten Bilddarstellungen immer noch ein Flimmern festzustellen. Bei rein analogen Fernsehgeräten und Monitoren entsteht insbesondere in Bildpartien mit großer Helligkeit ein 50-Hertz-Flächenflimmern und an horizontalen Kanten mit hohem Kontrast ein 25-Hertz-Kantenflimmern.

Eine Beseitigung dieser Flimmereffekte kann durch digitale Technik zum einen durch eine Verdopplung der Vertikalfrequenz auf 100 Hertz und zum anderen durch das *Progressive-Scan*-Verfahren erfolgen. Beim *Progressive-Scan*-Verfahren werden zunächst alle empfangenen Zeilen der beiden Halbbilder zwischengespeichert und anschließend in richtiger Folge (progressiv) ausgelesen.

#### 4.2.1.2 Farbfernsehen

Eine Farbfernsehkamera erzeugt Farbwertsignale für Rot ($R$), Grün ($G$) und Blau ($B$) und bewertet sie entsprechend der menschlichen Augen-empfindlichkeitskurve. Obwohl die Übertragung dieses RGB-Signals höchste Qualität bieten würde, wird sie wegen des hohen Bandbreiten- und Leitungsbedarfs nur auf kurzen Übertragungsstrecken einge-setzt, wie z. B. zwischen Farbfernsehkameras und Einrichtungen der Bildtechnik oder zwischen Computern und Monitoren.

Weil das Farbvideosignal bei der Übertragung über lange Strecken eine möglichst geringe Bandbreite beanspruchen soll, wird es auf Basis des RGB-Signals in vielfältiger Weise verändert. Bei der Umwandlung des RGB-Signals ist zu beachten, dass eine Kompatibi-lität mit dem Schwarz-Weiß-Fernsehen sichergestellt sein muss, weil sowohl Farbvideosignale durch Schwarz-Weiß-Fernsehgeräte als auch Schwarz-Weiß-Videosignale durch Farbfernsehgeräte auswertbar sein müssen. Daher muss eine Farbfernsehkamera ein Helligkeitssignal liefern, das dem einer Schwarz-Weiß-Fernsehkamera in der gleichen Aufnahmesituation entspricht. Dieses schwarz-weiß-kompatible Hellig-keitssignal $Y$ (auch Leuchtdichte- oder Luminanzsignal genannt) wird gemäß folgender Formel berechnet:

**Formel 4-1:**
Helligkeitssignal $Y$

$$Y = 0{,}30 \cdot R + 0{,}59 \cdot G + 0{,}11 \cdot B$$

Für einen 100/0/100/0-Farbbalken mit maximal gesättigten und maximal hellen Farben ergeben sich die in Tabelle 4-1 aufgeführten Helligkeits-signalwerte $Y$. Für einen weißen Balken ergibt sich ein Helligkeits-signal $Y$ mit einer Bildamplitude von 100 Prozent. Nach der Bildung des Helligkeitssignals $Y$ werden die Farbdifferenzsignale $(B - Y)$ und $(R - Y)$ berechnet. In diesen beiden Farbdifferenzsignalen steckt die gesamte Farbinformation. Die drei Komponentensignale $Y$, $(B - Y)$ und $(R - Y)$ enthalten zusammen ebenso wie die drei Farbwertsignale $R$, $G$ und $B$ die vollständige Bildinformation. Im Gegensatz zum Helligkeits-signal können die Farbdifferenzsignale mit geringerer Frequenzband-breite übertragen werden, weil das menschliche Auge Farbstrukturen schlechter auflöst als Helligkeitsstrukturen. Werden die beiden Farb-differenzsignale zusammengefasst, entsteht das Chrominanzsignal. Für die später beabsichtigte Bildung des FBAS-Signals müssen die

| Farbe | colour | Kürzel | R-Signal | G-Signal | B-Signal | Y-Signal |
|-------|--------|--------|----------|----------|----------|----------|
| weiß | white | WH | 100 % | 100 % | 100 % | 100 % |
| gelb | yellow | YL | 100 % | 100 % | 0 % | 89 % |
| zyan | cyan | CY | 0 % | 100 % | 100 % | 70 % |
| grün | green | G | 0 % | 100 % | 0 % | 59 % |
| purpur | magenta | MG | 100 % | 0 % | 100 % | 41 % |
| rot | red | R | 100 % | 0 % | 0 % | 30 % |
| blau | blue | B | 0 % | 0 % | 100 % | 11 % |
| schwarz | black | BK | 0 % | 0 % | 0 % | 0 % |

**Tabelle 4-1:**
100/0/100/0-Farbbalken

Pegel der beiden Farbdifferenzsignale bewertet werden. Für eine PAL-Quadraturamplitudenmodulation gelten die Gleichungen:

$$U = 0{,}493 \cdot (B - Y) \text{ und } V = 0{,}877 \cdot (R - Y)$$

**Formel 4-2 und 4-3:**
Farbdifferenzsignale $U$ und $V$

Die Chrominanz enthält die Buntinformation über die Farbe. Die Chrominanz ist im Gegensatz zur Helligkeit (Luminanz) eine zweidimensionale Größe, die entweder durch die beiden Farbdifferenzen oder durch die Länge $C$ und den Phasenwinkel $\Phi$ des Chrominanzvektors angegeben wird. Die Länge des Chrominanzvektors ist für Schwarz, Weiß und alle Grautöne null. Die jeweiligen Formeln lauten:

$$C = \sqrt{U^2 + V^2} \text{ und } \Phi = \arctan \frac{V}{U}$$

**Formel 4-4 und 4-5:**
Länge $C$ und Phasenwinkel $\Phi$ des Chrominanzvektors

Das gesamte Farbvideosignal besteht nach der vollzogenen Umwandlung aus den beiden Anteilen Luminanz $Y$ und Chrominanz $C$. Findet eine Übertragung dieser beiden Signale auf getrennten Leitungen statt, wird vom Y/C-Signal gesprochen. Eine solche separate Übertragung erfolgt z. B. bei S-VHS- und Hi8-Systemen. Das Y/C-Signal wird meist über vierpolige Hosidenstecker geführt (siehe Abbildung 4-5).

Das Y/C-Signal ist zwar qualitativ schlechter als das Komponentensignal, jedoch qualitativ besser als das FBAS-Signal (FBAS: Farb-Bild-Austast-Synchron). Um eine Schwarz-Weiß-Kompatibilität herzustellen, sind beim FBAS-Signal das Luminanz- und das Chrominanzsignal zusammengefasst. Bei dieser Signalform ist das BAS-Signal so um einen F-Signalanteil erweitert, dass in den Fernsehgeräten eine relativ fehlerfreie Abtrennung der Farbinformation möglich ist.

Das FBAS-Signal wird auch Composite-Signal genannt. Es ist aber nicht nur schwarz-weiß-kompatibel, sondern beansprucht auch im Vergleich zum BAS-Signal keine Erhöhung der Übertragungsbandbreite, weil das Chrominanzsignal so auf einen Farbhilfsträger aufmoduliert wird, dass die Frequenzspektren von $Y$ und $C$ gerade ineinander verkämmt sind.

| Name | Einzelsignale |
|------|---------------|
| RGB- oder Farbwert-Signal | Farbwert-Signale R, G und B |
| Komponenten-Signal | Helligkeitssignal Y, Farbdifferenzsignale U und V |
| Y/C-Signal | Helligkeitssignal Y und Chrominanzsignal C |
| FBAS- oder Composite-Signal | Farb-, Bild-, Austast- und Synchronsignal |

**Tabelle 4-2:**
Videosignale

Im PAL-System besitzt dieser Farbhilfsträger eine Frequenz von 4,43 Megahertz. Als zusätzliches Synchronsignal kommt beim FBAS-Signal das Farbsynchronsignal, auch Burst genannt, hinzu. Es dient als Bezug für den Phasenwinkel $\Phi$ und besteht aus zehn Schwingungen des Farbhilfsträgers. Das Farbsynchronsignal sitzt auf der vorderen Austastung zwischen dem Zeilensynchronimpuls und dem Beginn der aktiven Zeile (siehe Abbildung 6-9).

### 4.2.1.3 Farbfernsehnormen

Bei Einführung des Farbfernsehens mussten sich die einzelnen Staaten für eine der drei verschiedenen Farbfernsehnormen entscheiden:

a) NTSC-Verfahren

NTSC ist die Abkürzung für „*National Television System Committee*". Das NTSC-Verfahren wurde 1953 als weltweit erstes Farbfernsehsystem standardisiert und in den USA eingeführt. Eingesetzt wird es u. a. in den USA, Kanada und Japan. Beim NTSC-Verfahren werden 29,97 Frames bzw. 59,94 Halbbilder pro Sekunde und 525 Zeilen pro Frame übertragen. Unter dem Begriff „Frame" (engl. *frame* = Rahmen, Einzelbild) wird ein einzelnes Vollbild verstanden.

b) SECAM-Verfahren

SECAM ist die Abkürzung für „*Séquentielle Couleur à Mémoire*". Das SECAM-Verfahren wurde 1957 in Frankreich eingeführt. Eingesetzt wird es u. a. in Frankreich, Griechenland, Ungarn, Polen und Russland. Beim SECAM-Verfahren werden 25 Frames bzw. 50 Halbbilder pro Sekunde und 625 Zeilen pro Frame übertragen.

c) PAL-Verfahren

PAL ist die Abkürzung für „*Phase Alternation Line*". Das PAL-Verfahren basiert auf dem NTSC-Verfahren, weist aber eine wesentlich geringere Störanfälligkeit gegenüber Phasenfehlern auf. Das PAL-Verfahren wurde 1963 bei Telefunken unter Walter Bruch entwickelt und 1967 in Deutschland eingeführt. Eingesetzt wird es u. a. in Deutschland, Österreich, Schweiz, Nordeuropa, Südafrika, Australien, Indien, China. Beim PAL-Verfahren werden 25 Frames bzw. 50 Halbbilder pro Sekunde und 625 Zeilen pro Frame übertragen.

**Abbildung 4-3:**
Euro-AV- und
Cinch-Stecker

Empfehlungen für technische Umsetzungen im Bereich der Fernseh-
und Videotechnik werden von der „*Section Radiocommunication*" (ITU-R)
der „*International Telecommunication Union*" (ITU) ausgesprochen. Die
ITU-R ist seit 1992 die Nachfolgeorganisation der 1927 gegründeten
CCIR (*Comité Consultatif International des Radio Communications*). Die ITU
hat ihren Sitz in Genf.

Die Vereinigung der öffentlich-rechtlichen Rundfunkanstalten in
Europa heißt EBU (*European Broadcasting Union*). Die EBU übernimmt
Normierungsaufgaben und dient als Verteiler von Eurovisionssendungen
sowie der so genannten „Euro-News". Die EBU hat ihren Sitz in Genf.

Die US-amerikanische SMPTE (*Society of Motion Pictures and Television
Engineers*) erarbeitete z. B. die NTSC-Norm und das Timecode-Verfahren.

**Internetadressen:**
www.ebu.ch
www.irt.de
www.itu.int
www.smpte.org

### 4.2.2 Digitale Videosignalformate

Digitale Videosignalformate wurden von den entsprechenden analogen Videosignalformen abgeleitet. Das Digital-RGB-Signalformat wie
auch das Digital-Composite-Signalformat haben kaum Bedeutung.
„Dagegen ist das Digital-Component-Signal die zentrale Form sowohl
im Produktionsbereich als auch als Ausgangsformat für die Datenreduktion" (Schmidt 2000, S. 99). Bei der digitalen Komponenten-Signalauf-
zeichnung werden Signalformate ohne Datenreduktion (D1-, D5- und
D6-Format), Signalformate mit geringer Datenreduktion (DCT- und
Digital Betacam-Format) und Signalformate mit DV-Datenreduktion
(DV-, DVCam- und DVCPro-Format) unterschieden.

Die weltweit gültige Regelung digitaler Videosignalverarbeitung in
der ITU-R BT.601-5 (früher *CCIR-Recommendation 601*) schafft einen einheitlichen Standard, der den Austausch von Videosignalen innerhalb der
digitalen Ebene zwischen Geräten unterschiedlicher Hersteller ermöglicht. Gemäß ITU-R BT.601-5 wird beim digitalen 625-Zeilen-System

**Abbildung 4-4:**
HF-Stecker

jede horizontale Bildzeile in 864 Abtastwerte beim Helligkeitssignal und in 432 Abtastwerte bei den Farbdifferenzsignalen unterteilt. Die eigentliche Bildzeileninformation wird pro horizontale Bildzeile durch 720 aktive Abtastwerte beim Helligkeitssignal und 360 Abtastwerte bei den Farbdifferenzsignalen übermittelt.

Gemäß ITU-R BT.601-5 entspricht bei einer 8-Bit-Quantisierung beim Luminanzsignal der höchste der 220 Quantisierungswerte dem Wert 235 und der kleinste dem Wert 16. Die Untersteuerungsreserve (engl. *footroom*) reicht vom Wert 1 bis zum Wert 15, die Übersteuerungsreserve (engl. *headroom*) vom Wert 236 bis zum Wert 254. Durch diese Festlegung sind Farbpegelkorrekturen in der Postproduktionsphase möglich. Die Werte 0 und 255 sind für Synchronisationszwecke reserviert. Die Farbdifferenzsignale werden durch 225 Quantisierungswerte beschrieben. Diese liegen zwischen den Werten 16 und 240.

Bei einem digitalen 625-Zeilen-System ist die Horizontalaustastung mit einer Dauer von 10,67 Mikrosekunden um 1,33 Mikrosekunden kürzer als bei einem analogen 625-Zeilen-System. Gemäß ITU-R BT.601-5 erfolgt die Abtastung des Luminanzsignals mit einer Frequenz von 13,5 Megahertz und die der beiden Farbdifferenzsignale mit einer Frequenz von 6,75 Megahertz. Das Abtastratenverhältnis von Y-, U- und V-Signal beträgt demnach 4:2:2.

### 4.2.2.1 DV-Format

Das DV-Format wurde als Consumer-Magnetaufzeichnungsstandard für digitale Komponentensignale sowie digitale Audiodaten eingeführt. Die Abkürzung „DV" steht für „*Digital Video*" und war ursprünglich unter dem Kürzel DVC (*Digital Video Cassette*) bekannt. Um das DV-Format auch professionell nutzen zu können, wurde es von Firmen wie Sony und Panasonic firmenspezifisch weiterentwickelt. Bei Sony heißt das professionelle DV-Format DVCam, bei Panasonic DVCPro.

**Abbildung 4-5:**
Hosidenstecker

Die Magnetbandbreite von DV-Kassetten beträgt 1/4 Zoll. Mini-DV-Kassetten (mechanische Abmessungen: 66 mm x 48 mm x 12 mm) besitzen eine Spieldauer von 60 Minuten, Standard-DV-Kassetten (mechanische Abmessungen: 125 mm x 78 mm x 15 mm) eine Spieldauer bis zu 270 Minuten.

Das Komponentensignal wird beim DV-Format mit einer Pegelauflösung von 8 Bit aufgezeichnet. Das DV-Abtastratenverhältnis von $Y$-, $U$- und $V$-Signal weicht von ITU-R BT.601-5 ab, da im PAL-System die Chrominanzanteile $C_R$ und $C_B$ nur jede zweite Zeile zur Verfügung stehen (4:2:0) bzw. im NTSC-System die horizontale Auflösung reduziert wird (4:1:1). Die Videoausgangsdatenrate von 125 Megabit pro Sekunde wird

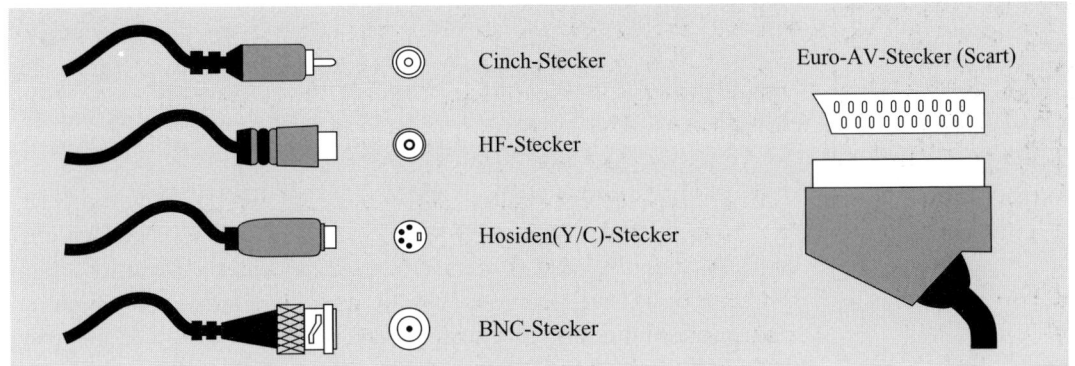

**Abbildung 4-6:**
Videostecker

mit Hilfe einer DCT-Datenkompression (DCT: *Discrete Cosinus Transfor-mation*) auf eine Videodatenrate von 25 Megabit pro Sekunde reduziert. Die aufgezeichnete Zeilenzahl pro Bild ist 576. Bei einer Audioabtast-frequenz von 44,1/48 Kilohertz und einer Auflösung von 16 Bit stehen zwei Audiokanäle, bei einer Audioabtastfrequenz von 32 Kilohertz und einer Auflösung von 12 Bit vier Audiokanäle zur Verfügung. Audio-, Fehlerschutz- und Zusatzdaten ergeben eine aufgezeichnete Datenrate von 42 Megabit pro Sekunde.

### 4.2.2.2 Digital8-Format

Das Digital8-Format (abgekürzt: D8-Format) ist ebenfalls ein digitales Videoformat. Digital8-Consumer-Camcorder zeichnen die digitalen Daten jedoch nicht auf Mini-DV-Kassetten, sondern auf Hi8-Kasset-ten auf. Digital8-Consumer-Camcorder können analoge Videofilmauf-nahmen im Hi8- oder Video8-Format wiedergeben, sodass durch diese Abwärtskompatibilität das Archivmaterial vieler Videofilm-Amateure nutzbar bleibt. Dank eines eingebauten Analog/Digital-Wandlers kön-nen im analogen Hi8- oder Video8-Format aufgezeichnete Videofilm aufnahmen durch Digital8-Consumer-Camcorder digitalisiert und über deren FireWire®-Schnittstelle ausgespielt werden.

## 4.3    Referenzsignale

### 4.3.1    Vorbespielen von Magnetbändern

Vor dem eigentlichen Einsatz eines neuen Magnetbands als digitales Videofilmspeichermedium sind aus mechanischen und magnetischen Gründen Schwarzbilder mit Burst aufzunehmen („*Preblacking the Tape*"). Wenn sichergestellt ist, dass sich der lichtundurchlässige

**Abbildung 4-7:**
BNC-Stecker

**Tabelle 4-3:**
Farbwerte eines
100/0/75/0-EBU-
Farbbalkens

| RGB-Farbmodell \ Farbe | weiß | gelb | zyan | grün | purpur | rot | blau | schwarz |
|---|---|---|---|---|---|---|---|---|
| **Rot** | 235 | 176 | 16 | 16 | 176 | 176 | 16 | 16 |
| **Grün** | 235 | 176 | 176 | 176 | 16 | 16 | 16 | 16 |
| **Blau** | 235 | 16 | 176 | 16 | 176 | 16 | 176 | 16 |

Objektivschutzdeckel auf dem Camcorder-Objektiv befindet, müssen dazu ein neues Magnetband in den Camcorder eingelegt und die Aufnahme gestartet werden. Der beim *Preblacking* vorliegende Audioaufnahmemodus muss dem der späteren Aufnahme entsprechen, wobei generell eine 16-Bit-Audioauflösung ausgewählt sein sollte. Durch das vollständige Bespielen mit Schwarzbildern ist das Magnetband mit einem durchgängigen Timecode versehen. Nach dem vollständigen Rückspulen des Videobandes sollte kurz vorgespult werden, sodass am Videobandanfang ein mindestens 10 Sekunden langer Sicherheitsvorspann vorliegt, weil dieser vorderste Bandbereich einem erhöhten mechanischen Verschleiß unterliegt.

### 4.3.2    100/0/75/0-EBU-Farbbalken

Der genormte 100/0/75/0-EBU-Farbbalken dient als Test- und Justagesignal an Farbfernsehübertragungs- und Videoschnittsystemen. Er besteht, von links nach rechts betrachtet, aus acht Balken in den Farben weiß, gelb, zyan, grün, purpur, rot, blau und schwarz. 100/0/75/0 bedeutet von links nach rechts gelesen: Weißpegel des Weißwertes (100 %), Schwarzabhebung Schwarzwert (0 %), maximale Farbsättigung der Primärfarben bei Übertragung einer Grundfarbe (75 %) und minimale Farbsättigung der Primärfarben bei Übertragung einer Grundfarbe (0 %).

Weil die farbigen Balken nur 75 % ihrer jeweiligen Maximalwerte besitzen, ergibt sich beispielsweise für den gelben Balken ein Luminanzpegel von nur 67 % Bildamplitude (entspricht 75 % von 89 % BA). Durch diese Reduzierung wird eine 33-prozentige Übermodulation durch das Farbsignal vermieden.

Der 100/0/75/0-EBU-Farbbalken wird als Referenzsignal verwendet, weil er eine leichtere Kontrolle der Luminanz- und Chrominanzpegel ermöglicht. Da der weiße Balken aus 100 % Luminanzanteil ($Y$) ohne jeglichen Chrominanzanteil ($C$) besteht, lässt sich der Luminanzpegel z. B. eines Videoschnittsystems ohne Schwierigkeiten entsprechend justieren. Weil beim 100/0/75/0-EBU-Farbbalken die Summe aus Luminanz- und Chrominanzpegel sowohl beim gelben ($Y = 67$ %, $C = 33$ %) als auch beim zyanen ($Y = 53$ %, $C = 47$ %) Farbbalken 100 % betragen, lässt sich damit der Chrominanzpegel mühelos einstellen.

| Bezeichnung | | Digitaler Pegel | Analoger Pegel |
| --- | --- | --- | --- |
| Clipgrenze | +9 dB | 0 dBFS | +15 dBu |
| Vollaussteuerungspegel | 0 dB | −9 dBFS | +6 dBu = 1,55 Veff |
| Bezugspegel | −9 dB | −18 dBFS | −3 dBu = 0,55 Veff |

**Tabelle 4-4:**
Tonsignalpegel

Obwohl verschiedenartige Testbilder bei Videoschnittprogrammen mitgeliefert werden, entsprechen diese häufig nicht der EBU-Norm. Steht kein professioneller EB-Camcorder mit eingebautem Farbbalken-generator zur Verfügung, muss eine 100/0/75/0-EBU-Farbbalken-Datei mit einer Grafiksoftware selbst erzeugt werden. Jeder der acht Balken sollte bei einer 72-dpi-Auflösung 96 Pixel breit und 576 Pixel hoch sein. Den acht Balken sind die in Tabelle 4-3 aufgeführten RGB-Farbwerte zuzuordnen. Gemäß ITU-R BT.601-5 entspricht bei einer 8-Bit-Quantisierung beim Luminanzsignal der höchste der 220 Quantisierungswerte dem Wert 235 und der kleinste dem Wert 16.

Eine selbst erstellte Grafik im Format 768 x 576 Pixel (Breite x Höhe) ist auf 720 x 576 Pixel ohne Beibehaltung der Proportionen mit einer Grafiksoftware (wie z. B. Adobe Photoshop®) umzurechnen, falls dies nicht automatisch durch die Videoschnittsoftware (wie z. B. Adobe Premiere®) geschieht.

### 4.3.3   1-Kilohertz-Referenzsinuston

Falls der Camcorder oder das Videoschnittsystem (siehe Abbildung 4-8) keine Möglichkeit zur Erzeugung eines 1-Kilohertz-Referenzsinustons anbietet, kann dieser Referenzton mit einer Audiobearbeitungssoftware erzeugt werden. Während bei analogen Tonsignalen ein Pegel von −3 dBu als Bezugspegel gilt, ist es bei digitalen Tonsignalen ein Pegel von −18 dBFS (entspricht 12,589 % des Vollausschlags). Die Buchstaben FS sind die Abkürzung für die englischen Worte *Full Scale* (= Vollausschlag). Bei den öffentlich-rechtlichen Rundfunkanstalten werden generell nur digitale Tonsignale verwendet, die mit einer Audioabtastfrequenz von 48 Kilohertz erzeugt wurden.

**Internetadressen:**
www.avid.de
www.digidesign.com
www.syntrillium.com

Der Vollaussteuerungspegel bei analogen Tonsignalen entspricht dem Studiopegel des Hörrundfunks, also 1,55 Volt$_{eff}$. Der Vollaussteuerungspegel bei digitalen Tonsignalen beträgt −9 dBFS. Bei analogen Tonsignalen entspricht die Clipgrenze einem Pegel von +15 dBu, bei digitalen Tonsignalen dem maximal möglichen Codierwert. Dieser maximal mögliche Codierwert wird einem Pegel von 0 dBFS gleichgesetzt. Der 9-dB-Abstand zwischen Vollaussteuerungspegel und Clipgrenze dient als Übersteuerungsreserve (siehe Tabelle 4-4).

**Abbildung 4-8:**
Referenztonerzeugungsfenster eines Videoschnittsystems

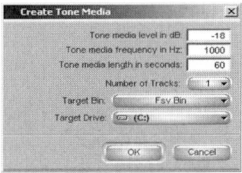

## 4.4    Camcorder-Technik

### 4.4.1    Camcorder-Typen

#### 4.4.1.1    Professionelle EB-Camcorder

Zunächst wurden auch für die aktuelle Berichterstattung Filmkameras verwendet. Das dabei verwendete Speichermedium Celluloid erforderte jedoch vor der Wiedergabe einen relativ zeitaufwändigen chemischen Entwicklungsprozess. Aus diesem Grund fand im Bereich der aktuellen Berichterstattung in den siebziger Jahren des 20. Jahrhunderts eine Verdrängung der Filmkameras durch die so genannten EB-Kameras (EB = Elektronische Berichterstattung) statt. Filmkameras haben seitdem nur noch für szenische Produktionen Bedeutung.

Die zunächst noch vorhandene Trennung zwischen Videofilmkamera und Videorecorder konnte durch technologische Fortschritte schnell überwunden werden, sodass der Einführung von so genannten Camcordern nichts mehr im Wege stand. Camcorder ist ein englisches Kunstwort, das aus Teilen der Worte *camera* und *recorder* gebildet wurde.

Professionelle EB-Camcorder sind Schulterkameras, bei denen der Kameramann als Stativersatz dient, falls der Aufbau eines Kamerastativs aus Zeitgründen bzw. aufgrund ständiger Aufnahmestandortveränderungen nicht erfolgen kann. Infolge des Zeitdrucks kann bei professionellen EB-Aufnahmen im Vergleich zu Studioaufnahmen auf die Bildgestaltung nur wenig Rücksicht genommen werden. Wichtige Merkmale der EB-Camcorder sind Handlichkeit, geringes Gewicht, hohe Lichtempfindlichkeit und geringe Leistungsaufnahme. Ein EB-Camcorder kann mit Hilfe eines Stativs und einer Rollspinne zur semiprofessionellen Studiokamera umfunktioniert werden (siehe Abbildung 4-9).

**Internetadressen:**
bssc.sel.sony.com
www.jvc-pro.de
www.panasonic-broadcast.de

#### 4.4.1.2    Consumer-Camcorder

Consumer-Camcorder wurden als Folge der technischen Weiterentwicklung immer kleiner und leichter. Weil ein Consumer-Camcorder deshalb mit nur einer Hand zu führen und eine Schulterauflage nicht mehr möglich ist, kann er bei dieser Art der Führung kaum ruhig gehalten werden. Besonders im Telebereich haben ohne Gegenmaßnahmen selbst die kleinsten ungewollten Handbewegungen ein Verwackeln des Videofilmbilds zur Folge. „Zur Erzeugung von nicht verwackelten Bildern ist ein Stativ unerlässlich, womit allerdings die Flexibilität der Kamera wieder eingeschränkt ist. Um die Verwackelung zu reduzieren, wurden

**Abbildung 4-9:**
EB-Camcorder im
Studioeinsatz

für Amateurkameras Bildstabilisierungssysteme entwickelt, die auch im professionellen Bereich Einzug gehalten haben. Man unterscheidet Stabilisatoren bezüglich des Funktionsprinzips in elektronisch und optisch arbeitende Typen" (Schmidt 2000, S. 253).

Die elektronische oder optische Bildstabilisation soll das Verwackeln der Videofilmaufnahmen, die von Videofilm-Amateuren meist ohne Stativ vorgenommen werden, minimieren. Verwackelungsfreiere Ergebnisse liefern optische Bildstabilisatoren, die allerdings in den Optiken der miniaturisierten Camcorder keinen Platz finden. Digitale Consumer-Camcorder der gehobenen Preisklasse (siehe Abbildung 4-10), besitzen einen solchen optischen Bildstabilisator innerhalb ihres Camcorder-Objektivs.

Werden Aufnahmen ohne Stativ durchgeführt, sollte dank der Bildstabilisierung ein Verwackeln des Camcorders ausgeglichen werden, wenn der Camcorder mit der rechten Hand gehalten und dabei der rechte Ellbogen gegen den Bauch gedrückt wird. Sinnvoll wäre außerdem das zusätzliche Abstützen des rechten Ellbogens mit der linken Hand. Beim Freihandfilmen mit einem Consumer-Camcorder sollte vom Kameramann stets nach Möglichkeiten zur Verwackelungsminimierung gesucht werden. Hilfreich sind z. B. das Abstützen auf einer Mauer oder das Anlehnen an einer Hauswand.

Generell gilt, dass die Verwackelungsgefahr durch die Wahl einer kurzen Objektivbrennweite am geringsten ist. Erfolgt die stets empfehlenswerte Nutzung eines Stativs, wird die Bildstabilisierung nicht benötigt. Sie sollte bei Aufnahmen vom Stativ ausgeschaltet sein.

 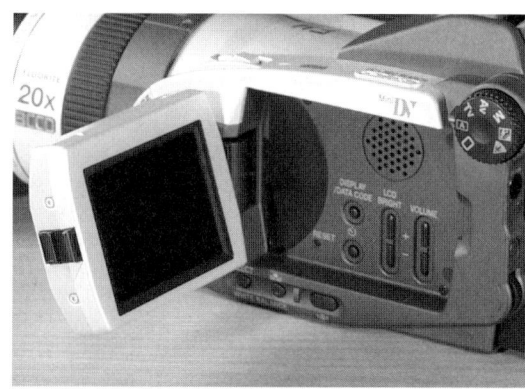

**Abbildung 4-10 links:**
Consumer-Camcorder aus der gehobenen Preisklasse

**Abbildung 4-11 rechts:**
LCD-Bildschirm

„Automatikfunktionen werden vor allem in Amateurkameras eingesetzt, um ungeübten Personen die Bedienung zu erleichtern. In diesen Bereich gehören vor allem der fortwährend durchgeführte Weißabgleich (Auto Tracing Whitebalance, ATW), die automatische Blendensteuerung (Auto Iris) und die automatische Scharfstellung (Autofocus). Automatikfunktionen haben im professionellen Bereich eine geringere Bedeutung. Die Automatikparameter beziehen sich zwangsläufig auf Standardaufnahmesituationen und bergen immer die Gefahr der Fehleinstellung. Auch bei Amateurkameras sollte die Automatik daher abschaltbar sein" (Schmidt 2000, S. 252). Zum Beispiel können bei aktivierter Automatikblende plötzliche Lichtreflexe, insbesondere bei Schwenks oder lebhaften Szenen, das gesamte Bild abdunkeln.

Sinnvoller dürfte die Ermittlung des benötigten Blendenwerts mit der Automatikfunktion des Consumer-Camcorders und die Beibehaltung dieses manuell fixierten Blendenwerts während der Aufnahme sein. Das ausgewählte Kader kann bei Consumer-Camcordern sowohl mit Hilfe des Suchers als auch über den LCD-Bildschirm (LCD: *Liquid Crystal Display* = Flüssigkristallanzeige) kontrolliert werden (siehe Abbildung 4-11). Als Kader wird das im Bildformat eingeschlossene Bildfeld bezeichnet.

Vor Aufnahmebeginn ist die Helligkeit des LCD-Bildschirms entsprechend der Umgebungshelligkeit einzustellen. Der Sucher lässt sich bei Consumer-Camcordern nur scharf stellen, nicht aber in der Helligkeit ändern. Bei Consumer-Camcordern ist sowohl die Auflösung des Suchers (z. B. Canon XMI: 180.000 Pixel) als auch des LCD-Monitors (z. B. Canon XMI: 122.000 Pixel) geringer als die Bildsensor-Auflösung (z. B. Canon XMI: 320.000 Pixel) bzw. die Auflösung eines Fernsehgerätes oder Videomonitors. Aufnahmefehler wie Unschärfen oder Fehlbelichtungen sind deshalb mit Hilfe eines LCD-Monitors mitunter nur schwer oder gar nicht zu erkennen.

**Internetadressen:**
www.canon.de
www.jvc-europe.com
www.panasonic.de
www.sony.de

Ein digitaler Consumer-Camcorder besitzt neben anderen Schnittstellen eine FireWire®-Schnittstelle. Hinter der Bezeichnung FireWire®

| Aufnahmeformat | Seiten-verhältnis | Breite / mm | Höhe / mm | Diagonalenlänge / mm | Normalbrennweite / mm |
|---|---|---|---|---|---|
| 36x24 mm | 3:2 | 36,0 | 24,0 | 43,3 | 50,0 |
| 35-mm-Film | | 22,0 | 17,0 | 27,8 | |
| 1"-CCD | | 12,8 | 9,6 | 16,0 | |
| 16-mm-Film | | 9,6 | 7,0 | 12,6 | |
| 2/3"-CCD | 4:3 | 8,8 | 6,6 | 11,0 | 13,0 |
| 1/2"-CCD | 4:3 | 6,4 | 4,8 | 8,0 | 9,5 |
| Super8-Film | | 5,4 | 4,0 | 6,7 | |
| 1/3"-CCD | 4:3 | 3,6 | 4,8 | 6,0 | 6,5 |
| 1/4"-CCD | 4:3 | 3,2 | 2,4 | 4,0 | 4,8 |

**Tabelle 4-5:** Aufnahmeformate

(von der Firma Apple gewählter firmenspezifischer Eigenname) versteckt sich ebenso wie bei einer i-Link®-Schnittstelle (firmenspezifischer Sony-Eigenname) eine Geräteschnittstelle, die IEEE 1394 entspricht.

IEEE 1394 ist eine internationale Hardware- und Software-Norm zur Übertragung von Daten mit 100, 200 oder 400 Megabit pro Sekunde. Mit einer solchen genormten Schnittstelle wird meist die Übertragung von komprimierten Videodaten ermöglicht.

Mit Hilfe des IEEE 1394-Standards können Geräte einer digitalen Videofilmausrüstung (Camcorder, Computer mit FireWire®-Schnittstelle, eventuell ein zusätzlicher DV-Recorder) miteinander verbunden werden. Nonlineare Videoschnittsysteme wie z. B. „Avid Xpress DV®" verlangen OHCI-kompatible (OHCI: *Open Host Controller Interface*) DV-Karten nach dem IEEE 1394-Standard.

Weil die Datenkompression schon im digitalen Consumer-Camcorder vorgenommen wurde, können die digitalen Video- und Audiodaten direkt über eine FireWire®-Schnittstellenkarte in ein nonlineares Videoschnittsystem eingespielt und nach Wandlung in ein Videodateiformat auf der Festplatte gespeichert werden.

Die FireWire®-Schnittstelle ist anwenderfreundlich im Plug-and-Play-Verfahren verwendbar, wobei es zu beachten gilt, dass sowohl vierpolige als auch sechspolige FireWire®-Stecker (siehe Abbildung 4-12) existieren. Die FireWire®-Schnittstelle wurde als preiswerte Variante vor allem für den Heimanwender-Bereich konzipiert. Sie wird im professionellen Bereich kaum verwendet. Aufgrund der geringen Störsicherheit und wegen der integrierten Stromversorgung sollten die FireWire®-Leitungslängen vier Meter nicht überschreiten.

**Abbildung 4-12:** FireWire®-Stecker

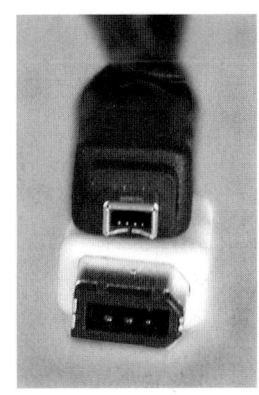

### 4.4.2 Camcorder-Objektive

Camcorder-Objektive sind jeweils für eine spezielle Bildsensorgröße gebaut. Für professionelle EB-Camcorder sind Bildsensorgrößen von

**Abbildung 4-13:**
Professionelles EB-Cam-
corder-Objektiv

1/2 oder 2/3 Zoll üblich. Bei Consumer-Camcordern finden Bildsensorgrößen von 1/4 oder 1/3 Zoll Verwendung.

Vor Beginn der Aufnahmearbeiten sind Objektive stets auf Schmutz-
und Staubfreiheit zu kontrollieren. Falls notwendig, ist ein verunreinigtes
Objektiv mit einem Mikrofaser-Reinigungstuch bzw. einem Objektiv-
pinsel zu säubern.

### 4.4.2.1 Professionelle Camcorder-Objektive

Bei professionellen EB-Camcordern besteht die Möglichkeit des Objektiv-
wechsels. Für den EB-Einsatz müssen Objektive möglichst klein und
leicht sein. Bei solchen professionellen Objektiven (siehe Abbildung
4-13) wird die Schärfe (Fokus) durch Drehen am Schärfering und die
Brennweite (Zoom) durch Drehen am Brennweitenring verändert.

„Weil Normalobjektive (mit ihren mittleren Brennweiten) relativ ver-
zeichnungsfrei arbeiten, werden sie von der Mehrzahl der Regisseure in
den meisten Szenen benutzt. Der Bildwinkel dieser Objektive entspricht
in etwa dem des menschlichen Auges" (Armer 2000, S. 260).

Weitwinkelobjektive (Objektive mit kurzer Brennweite) sind ideal für
Ran- und Rückfahrten, weil sie die Sichtbarkeit der Camcorder-Vibration
verringern. Sie besitzen einen weiten Schärfenbereich. „Eine der Eigen-
tümlichkeiten des Weitwinkelobjektivs ist es, Objekte im unmittelbaren
Vordergrund zu vergrößern und die Objekte im Hintergrund zu verkleinern. Das Weitwinkelobjektiv stellt den Raum verzeichnet dar und
schafft die Illusion einer größeren als der tatsächlich vorhandenen
Distanz" (Armer 2000, S. 260).

Für Teleobjektive (Objektive mit langer Brennweite) gilt das Gegenteil. Sie werden für Aufnahmen aus größerer Entfernung verwendet. Teleobjektive „scheinen den Raum zu komprimieren, die Distanzen zu verkleinern. Personen, die sich auf die Kamera zu bewegen, scheinen kaum
voranzukommen" (Armer 2000, S. 261). Aufgrund des Fehlens der normalen Tiefenwirkung bei Teleobjektiven können Personen oder Objekte,
die in der Realität weit voneinander entfernt sind, in direkte Beziehung
zueinander gesetzt werden.

Bei einer festen Brennweite sind Bildausschnitt und Einstellungs-
größe nur von der Aufnahmeentfernung abhängig. „Da unterschiedliche
Brennweiten unterschiedliche Bildwinkel ergeben, kann mit einem
Zoomobjektiv durch Verändern der Brennweite auch kontinuierlich der
Bildwinkel verändert werden. Durch unterschiedliche Bildwinkel erhält

**Internetadressen:**
www.canon.com
www.fujinon.de
www.zeiss.de

man bei einem Motiv unterschiedliche Bildausschnitte, bzw. Einstellungsgrößen" (Möllering 1993, S. 275).

Aufgrund der veränderbaren Brennweite wird das Zoomobjektiv auch
Vario-Objektiv oder „Gummilinse" genannt. „Der Bewegungseindruck

entsteht bei einer Zoomaufnahme durch den gleitenden Wechsel von langen Brennweiten mit einer Tele-Wirkung zu kurzen Brennweiten mit einer Weitwinkel-Wirkung. Durch den bruchlosen Übergang verändert sich die Nähe-Distanz-Relation zum Abgebildeten, ohne daß die Kamera real im Raum bewegt wird. Die Entfernung zwischen Kamerastandpunkt und gefilmtem Objekt bleibt unverändert, nur die Proportionen des abgebildeten Raumes verändern sich: seine Tiefe verringert sich (Tele) oder vergrößert sich (Weitwinkel)" (Hickethier 1996, S. 68 f.). Ein Zoomobjektiv liefert lediglich einen Pseudo-Fahreffekt. Das Perspektivzentrum wandert nicht und die Szenerieeinzelheiten führen keine Relativbewegungen aus.

Zu beachten gilt, dass Zoomobjektive im Weitwinkelbereich tonnenförmig und im Telebereich kissenförmig verzeichnen.

**Abbildung 4-14:**
Consumer-Camcorder-Objektiv mit Gegenlichtblende

### 4.4.2.2 Consumer-Camcorder-Objektive

Consumer-Camcorder haben fest eingebaute Zoomobjektive, also keine Wechselobjektive (siehe Abbildung 4-14). Es besteht lediglich die Möglichkeit zum Aufschrauben von optischen Konvertern. Meist sind Weitwinkelkonverter als Consumer-Camcorder-Zubehör erhältlich. Beispielsweise kann für einen Canon-Camcorder XM1 ein Weitwinkelkonverter des Typs Canon WD-58 erworben werden (siehe Abbildung 4-15). Dieser besitzt einen Weitwinkelfaktor von 0,7. Die kleinste Brennweite des Canon-Camcorder XM1 von 4,2 Millimeter (im Kleinbildformat entspricht dieser Wert einer Brennweite von 45 Millimeter) wird somit auf $0,7 \cdot 4,2$ Millimeter = 2,94 Millimeter (32 Millimeter) verringert und der Bildwinkel um den Faktor 1,43 vergrößert.

**Internetadresse:**
www.centuryoptics.com

Da gute, auch in den Bildrandbereichen scharf abbildende Weitwinkelkonverter relativ teuer sind, sollte ihre Anschaffung gezielt erfolgen. Vorteilhaft sind Weitwinkelkonverter beispielsweise für Aufnahmen bewegter Subjekte/Objekte aus kurzer Distanz, wenn häufiges Schwenken vermieden werden soll. Problematisch ist allerdings die bei Weitwinkelkonvertern auftretende Vignettierung, also der Lichtabfall (Verdunkelung) an den Bildrändern, wenn mit großer Blendenöffnung gearbeitet wird.

**Abbildung 4-15:**
Weitwinkelkonverter

Telekonverter sind zwar auch für einige Consumer-Camcorder-Typen erhältlich, aufgrund des großen Zoombereichs von Consumer-Camcordern jedoch kaum im Einsatz. So beträgt beispielsweise die größte Brennweite des Canon-Camcorder XM1 84 mm (im Kleinbildformat entspricht dieser Wert einer Brennweite von 909 mm!). Bei Consumer-Camcordern kann bis zu 40facher optischer Zoom mit bis zu 700fachem digitalem Zoom kombiniert sein. Die Nutzung eines hohen Zoom-Faktors ist allerdings nur bedingt empfehlenswert, da in dieser Betriebsweise

geringstes Camcorder-Wackeln zu unscharfen Bildern führt. Beim digitalen Zoom werden Bildausschnitte lediglich durch elektronische Berechnung vergrößert. Aufgrund der Verschlechterung der Bildqualität sollte deshalb generell auf digitalen Zoom verzichtet werden.

### 4.4.3  Brennweite

Die Fokussierung eines Camcorders ist prinzipiell schwierig zu automatisieren, weil auch die intelligenteste Elektronik nicht entscheiden kann, ob der Bildvordergrund oder der Bildhintergrund scharf abzubilden ist. Während professionelle EB-Camcorder in der Regel keine Autofokusfunktion besitzen und die Bildschärfe von Hand nachgezogen werden muss, sind Consumer-Camcorder ohne Autofokusfunktion inzwischen undenkbar. Das Autofokussystem eines Consumer-Camcorders stellt die Bildschärfe aufgrund des größtmöglichen Kontrasts bestimmter Bildbereiche ein.

Bildschärfeprobleme bei Verwendung des Autofokussystems entstehen, wenn sich bei einer Totale unerwartet ein Subjekt/Objekt durch den Kadervordergrund bewegt oder beim Schwenken ein neues Vordergrundobjekt im Kader auftaucht. Das Autofokussystem verlagert dadurch die Bildschärfeebene auf dieses Vordergrundsubjekt bzw. -objekt. Solche Aufnahmeprobleme können nur durch die Wahl eines Aufnahmemodus „manueller Fokus" vermieden werden. „Zur leichteren manuellen Schärfeneinstellung hat sich dabei folgendes Vorgehen bewährt: Vor Drehbeginn der jeweiligen Einstellung wird das Motiv mit dem Zoom nah herangeholt und präzise scharf gestellt. Danach kann mit dem Zoom in den gewünschten Brennweitenbereich zurückgefahren werden, da die Schärfe bei allen Brennweiten erhalten bleibt" (Anfang 1994, S. 60).

Unabdingbar wird der Modus „manueller Fokus", wenn Aufnahmen durch eine regennasse Fensterscheibe oder durch einen Maschendrahtzaun erfolgen sollen. Auch bei Aufnahmesituationen mit mehreren potenziellen Motiven in unterschiedlichen Entfernungen ist es für eine Camcorder-Elektronik unentscheidbar, auf welches der Motive scharf gestellt werden soll. Schwierigkeiten mit dem Autofokus existieren ebenso bei Motiven mit waagrechten Linien oder schrägen Flächen sowie bei

**Tabelle 4-6:**
Brennweiten verschiedener Objektivtypen

| Bildwinkel | Brennweite 1/4"-CCD | Brennweite 1/3"-CCD | Brennweite 1/2"-CCD | Brennweite 2/3"-CCD | Brennweite 36x24 mm | Objektivtyp |
|---|---|---|---|---|---|---|
| 5° | 45 mm | 60 mm | 90 mm | 120 mm | 500 mm | Supertele |
| 16° | 14 mm | 20 mm | 28 mm | 39 mm | 150 mm | Tele |
| 45° | 4,8 mm | 6,5 mm | 9,5 mm | 13 mm | 50 mm | Normal |
| 66° | 3 mm | 4,3 mm | 6 mm | 8,5 mm | 33 mm | Weitwinkel |
| 90° | 2 mm | 2,3 mm | 4 mm | 5,5 mm | 21 mm | Superweitwinkel |

kontrastarmen oder dunklen Motiven. Auch bei sich schnell bewegenden Motiven sowie bei reflektierenden Flächen ist mit Bildschärfeproblemen im Autofokusmodus zu rechnen.

### 4.4.4   Blende

#### 4.4.4.1   Blendenwert

Jeder Camcorder hat eine Belichtungsautomatik. Bei allen vom Normal-motiv abweichenden Leuchtdichteverhältnissen wie beim Low-Key-Stil (geringere integrale Leuchtdichte) oder High-Key-Stil (höheres mittleres Leuchtdichteniveau, geringe Leuchtdichtegegensätze) versagt jedoch diese Belichtungsautomatik. Deshalb muss bei einem Camcorder eine manuelle Blendeneinstellung möglich sein. Ein manuelles Schließen bzw. Öffnen der Blende sorgt dafür, dass weniger bzw. mehr Licht auf den CCD-Sensor fallen kann.

Bei professionellen EB-Camcordern kann an den Wechselobjektiven die Blendeneinstellung durch manuelles Drehen des Blendeneinstell-rings vorgenommen werden. Der Blendeneinstellring trägt eine Zahlen-reihe, die beispielsweise folgende ganze Blendenwerte $f$ aufweist:

1,4 - 2 - 2,8 - 4 - 5,6 - 8 - 11 - 16.

Wenn nicht schon der höchste ganze Blendenwert eingestellt ist, kann der Blendenring um eine Stufe zum nächstgrößeren ganzen Blenden-wert gedreht werden. Dadurch schließt sich die Blendenöffnung und die durchgelassene Lichtmenge halbiert sich. Wenn nicht schon der niedrigste ganze Blendenwert eingestellt ist, kann der Blendenring um eine Stufe zum nächstkleineren ganzen Blendenwert gedreht wer-den. Dadurch öffnet sich die Blendenöffnung und die durchgelassene Lichtmenge verdoppelt sich. Ein großer Blendenwert entspricht einer kleinen Blendenöffnung, ein kleiner Blendenwert einer großen Blendenöffnung.

Bei Consumer-Camcordern wird eine Blendeneinstellung nicht durch manuelles Drehen des Blendeneinstellrings, sondern im Manuell-Modus über das Blenden-Auswahlmenü vorgenommen. So kön-nen beispielsweise beim Canon-Camcorder XM1 im Manuell-Modus in

**Tabelle 4-7:**
Blendenabstufungen

| Stufung in | Stufungsfaktor | Blendenwerte $f$ | | | | | | | | | | | |
|---|---|---|---|---|---|---|---|---|---|---|---|---|---|
| Vollblenden | 1,41 | 1 | 1,4 | 2 | 2,8 | 4 | 5,6 | 8 | 11 | 16 | 22 | 32 | 45 | 64 |
| Halbblenden | 1,19 | 1 | 1,2 | 1,4 | 1,6 | 2 | 2,4 | 2,8 | 3,4 | 4 | 4,8 | 5,6 | 6,7 | 8 |
| Drittelblenden | 1,12 | 1 | 1,1 | 1,2 | 1,4 | 1,6 | 1,8 | 2 | 2,2 | 2,4 | 2,8 | 3,2 | 3,4 | 4 |
| Viertelblenden | 1,09 | 1 | 1,1 | 1,2 | 1,3 | 1,4 | 1,5 | 1,6 | 1,8 | 2 | 2,2 | 2,4 | 2,6 | 2,8 |

Viertelblendenabstufungen insgesamt 23 Blendenwerte von $f/1,6$ bis $f/11$ ausgewählt werden. Die Vielfalt der unterschiedlichen Blendenwerte zeigt Tabelle 4-7.

„Da Belichtungsunterschiede oder Helligkeitsunterschiede in der Aufnahmepraxis meist in Blendenunterschieden angegeben werden, Beleuchtungsstärken bei Lampen aber in absoluten Werten" (Möllering 1993, S. 161), muss bei Bedarf eine Umrechnung erfolgen (siehe Tabelle 4-8).

Wenn bei einem Consumer-Camcorder-Aufnahmeprogramm der Blendenwert alleinige Priorität besitzt, stellt der Camcorder die Verschlusszeit und den Videosignalverstärkungswert automatisch ein.

Existiert ein so heller Bildhintergrund, dass das Vordergrundsubjekt/-objekt aufgrund des hohen Kontrastunterschieds unterbelichtet wirkt, kann bei Consumer-Camcordern ein spezieller Aufnahmemodus (Canon XM1: „Sand- und Schneemodus"; Sony DCR-TRV20E: „Strand- und Skimodus") Abhilfe schaffen. Bei einem solchen Aufnahmemodus wird die Blende um ca. einen ganzen Vollblendenwert geöffnet. Consumer-Camcorder wie z. B. die Sony DCR-TRV20E stellen außerdem eine Gegenlichtfunktion („BACK LIGHT") zur Verfügung, die aktiviert werden sollte, wenn sich bei einer Videofilmaufnahme die Lichtquelle hinter dem Motiv befindet.

Liegt ein so dunkler Bildhintergrund vor, dass das hell ausgeleuchtete Vordergrundsubjekt/-objekt aufgrund des hohen Kontrastunterschieds überbelichtet wirkt, kann bei Consumer-Camcordern die Wahl eines speziellen Aufnahmemodus (Canon XM1: „Schlaglicht-Modus"; Sony DCR-TRV20E: „Spotlight-Modus") hilfreich sein. Bei einem solchen Aufnahmemodus wird die Blende um ca. einen ganzen Vollblendenwert geschlossen.

Beim Canon-Camcorder XM1 kann in bestimmten Aufnahmemodi der von der Belichtungsautomatik (AE = *Auto Exposure*) ermittelte vermeintlich beste Belichtungswert über das Menü „AE Shift" manuell korrigiert werden. Das aufgenommene Bild wird bei Werten bis zu −2 durch Schließen der Blende zunehmend abgedunkelt und bei Werten bis zu +2 durch Öffnen der Blende zunehmend aufgehellt.

Probleme bei der automatischen Blendensteuerung existieren z. B. bei Videofilmaufnahmen im Wald. An solchen Aufnahmeorten ist die Blende gegenüber dem von der Blendenautomatik vorgegebenen Blendenwert durch eine Belichtungskorrektur um einen halben oder ganzen Vollblendenwert zu schließen. Ein entgegengesetzter Effekt stellt sich bei Aufnahmen mit einem Grauverlaufsfilter ein. Bei solchen Aufnahmen ist die Blende gegenüber dem von der Blendenautomatik vorgegebenen Blendenwert durch eine Belichtungskorrektur um einen halben oder ganzen Vollblendenwert zu öffnen.

| Blendenunterschied | Umrechnungsfaktor | Faktor Helligkeitsunterschied |
|---|---|---|
| $1/4$ | $2^{0,25}$ | 1,19 |
| $1/3$ | $2^{0,33}$ | 1,25 |
| $1/2$ | $2^{0,5}$ | 1,4 |
| $2/3$ | $2^{0,66}$ | 1,6 |
| 1 | $2^1$ | 2,0 |
| $1\,1/3$ | $2^{1,33}$ | 2,5 |
| 2 | $2^2$ | 4 |
| $2\,1/3$ | $2^{2,33}$ | 5 |
| 3 | $2^3$ | 8 |
| $3\,1/3$ | $2^{3,33}$ | 10 |
| 4 | $2^4$ | 16 |

**Tabelle 4-8:**
Korrespondenztabelle zwischen Blendenunterschied und Faktor Helligkeitsunterschied

### 4.4.4.2 Normalmotiv

„Der Begriff Normalmotiv bezeichnet einen Objektkontrast im Motiv von 1:32 bis 1:40. In Blendenstufen entspricht dies einem Kontrast von 5 bzw. 5 $1/3$ Blenden. [...] Dieser Normalkontrast gilt eben auch nur für den Studiobetrieb. Außenaufnahmen und Sets in echten Innenräumen haben oft auch für bildwichtige Bereiche wesentlich höhere Kontraste" (Möllering 1993, S. 261). Die technisch bedingte Beschränkung des geringen Kontrastumfangs von 1:50 stellt immer noch das Hauptproblem bei Videofilmaufnahmen dar. Bei Filmaufnahmen steht im Vergleich ein Kontrastumfang von 1:200 zur Verfügung. Hohe Motivkontraste sind vom Kameramann durch geeignete Maßnahmen, z. B. Verlaufsfiltereinsatz, an den übertragbaren Kontrastumfang anzugleichen. Während ein professioneller EB-Camcorder einen Motivkontrast von ca. 7 Blenden (1:128) bewältigen kann, sind beispielsweise beim Canon-Camcorder XM1 lediglich maximal 5 $3/4$ Blenden im Manuell-Modus nutzbar.

Bei professionellen EB-Camcordern sind bei normaler Belichtung ca. 2 Blenden für die hellen Bildbereiche reserviert, ca. 5 Blenden dagegen für die dunkleren Bildanteile. Fehlbelichtungen machen sich bei diesen Geräten daher viel stärker in den Lichtern als in den Schatten bemerkbar. Bei professionellen EB-Camcordern bezieht sich die Bezugsblende „nicht wie beim Film und der Fotografie auf die mittlere Motivhelligkeit. In diesem Fall müßte ja der Bildanteil für helle und dunkle Bildpartien in etwa gleich groß sein, also 3 $1/3$ Blenden oberhalb, bzw. unterhalb der Bezugsblende wie beim Negativfilm" (Möllering 1993, S. 256).

Gegenlichtmotive sind stets sehr kontrastreich und liefern nicht selten bildgestalterisch interessante Aufnahmen. Leider sind Gegenlichtaufnahmen häufig bildtechnisch nicht einwandfrei und können wegen einer vorhandenen Überbelichtung nicht verwendet werden. Überbelichtungen aufgrund der Aufnahme zu heller Flächen zeigen

sich bei der Wiedergabe als so genannte „ausgefressene" oder „wegge-
brannte" Flächen. Da bei Innenaufnahmen besonders im Bild sichtbare
Fensterflächen oft überbelichtet sind, sollten diese durch die geschickte Wahl des Aufnahmestandorts möglichst nicht im Kader erscheinen.
Überbelichtungen bei Außenaufnahmen können je nach Sonnenstand
z. B. auch im Schulterbereich von Personen entstehen, wenn von dort
während der Aufnahme das Sonnenlicht ungünstig reflektiert wird.

### 4.4.4.3 Zebra-Funktion

Beim Reportageeinsatz mit EB-Camcordern steht kein Waveformmonitor
(siehe Abschnitt 6.3.3) und häufig auch kein Kontrollmonitor zur Verfügung. „Das Bild muss anhand des Kamerasuchers beurteilt werden,
wobei Signalübersteuerungen schwer erkennbar sind" (Schmidt 2000,
S. 249). Um diese Übersteuerungen deutlich werden zu lassen, kann
bei professionellen EB-Camcordern und bei Consumer-Camcordern der
gehobenen Preisklasse das so genannte „Zebra" genutzt werden. Nach
Aktivierung der Zebra-Funktion werden im Sucher des Camcorders
diejenigen Bildbereiche durch ein oszillierendes Muster angezeigt, die
einen bestimmten Luminanzpegel überschreiten. Dieses Muster kann je
nach Camcorder-Hersteller aus diagonalen weißen Streifen oder schachbrettartig angeordneten Punkten bestehen (siehe Abbildung 4-16).

Während z. B. der Canon-Camcorder XM1 nur die 100 %-Zebra-
Funktion zur Aktivierung anbietet, kann bei professionellen EB-Camcordern der gewünschte Signalbereich (z. B. 70 bis 80 %, 85 bis 90 %,
größer 95 %, größer 100 %) festgelegt werden.

„In vielen Situationen kommt es vor allem darauf an, die Belichtung
so zu wählen, dass der menschliche Hautton möglichst gut abgebildet wird. Das 70 %-Zebra liegt in einem Signalpegelbereich, der bei der
Abbildung des Hauttons hellhäutiger Menschen auftritt. Wenn die Blende so gewählt wird, dass das Zebra auf den Hautpartien erscheint, so
werden diese gut abgebildet" (Schmidt 2000, S. 249).

### 4.4.4.4 Tiefenschärfe

Unter den Begriffen „Tiefenschärfe" und „Schärfentiefe" wird die noch
scharf abgebildete Tiefe des Raumes vor und hinter der Gegenstandsebene
verstanden. Sämtliche in der räumlichen Tiefe des Bildes hintereinander
gestaffelten Subjekte bzw. Objekte sowohl des Vordergrunds als auch des
Hintergrunds sind bei hoher Tiefenschärfe deutlich zu erkennen.

Die Tiefenschärfe ist abhängig von den variablen optischen Parame-
tern „Brennweite" und „Blendenöffnung" sowie dem festen optischen
Parameter „Abbildungsfläche". Je kleiner diese Parameter sind, desto

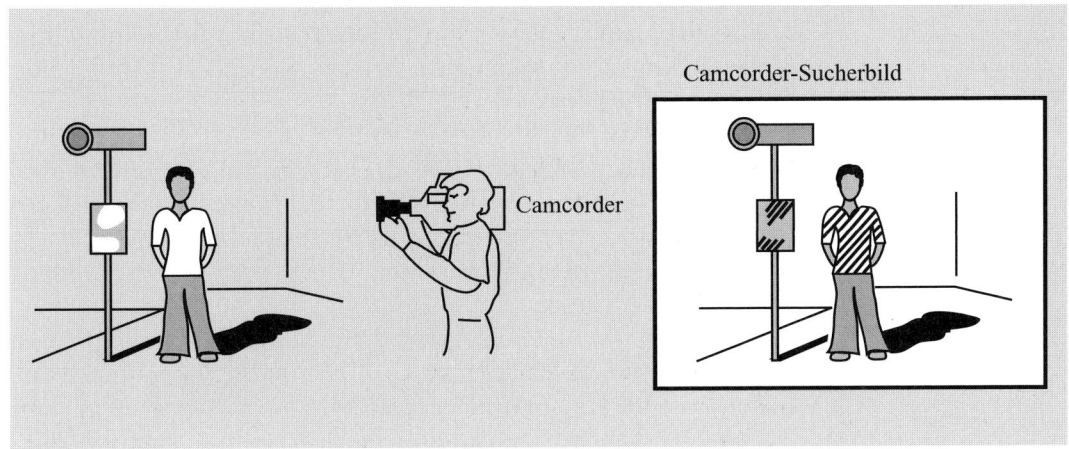

Camcorder-Sucherbild

Camcorder

größer ist die Tiefenschärfe. Bei gleichem Blendenwert besitzt ein Weitwinkelobjektiv eine größere Tiefenschärfe als ein Teleobjektiv. Aufgrund
der vergleichsweise kurzen Brennweiten von Camcorder-Objektiven
und als Folge der kleinen Camcorder-CCD-Sensorflächen ist die Tiefenschärfe von Camcordern generell höher als die von Filmkameras. Bei
Camcordern ist deshalb gestalterisches Arbeiten mit gezielter Unschärfe
des Vorder- oder Hintergrunds meist nur im Telebereich möglich. Bei
Filmkameras erstreckt sich dagegen die Schärfenzeichnung lediglich auf
einen begrenzten Raum vor und hinter der Ebene scharfer Einstellung.

„In der Praxis wird die Tiefenschärfe vor allem über die Blende
reguliert. Mit der Blende wird aber auch gleichzeitig die Belichtung eingestellt. In der Regel wird die Blendenöffnung sogar durch die Belichtung vorgegeben" (Möllering 1993, S. 295). „Möchte man mit selektiver
Schärfe, d. h. mit geringer Tiefenschärfe arbeiten, so muß man die
Blende schon sehr weit öffnen. Alle Objektive jedoch, vor allem Zoomobjektive, zeigen bei offener Blende einen deutlichen Lichtabfall von der
Bildmitte zum Bildrand hin" (Möllering 1993, S. 87).

**Abbildung 4-16:**
Zebra-Funktion

### 4.4.4.5 Film-Look

Bei Camcorder-Aufnahmen ist ein „Film-Look" oder „Kino-Look", also
die hohe Schärfentrennung von Vorder- zum Hintergrund, kaum möglich. „Wer der generell hohen Tiefenschärfe bei Video entgegenwirken
will, z. B. um eine ähnliche Bildanmutung wie beim 35-Millimeter-Film
zu erzeugen, hat nur wenige Möglichkeiten:
a) Blende ganz öffnen.
   Problem: Die Belichtungsabstimmung und Lichtsetzung wird
   erschwert" (Möllering 1993, S. 300). Die offene Blende erzwingt in
   der Regel den Einsatz von Graufiltern oder die Verkürzung der Ver-

schlusszeit. Je nach Motiv kann der bei offener Blende unvermeidliche Randlichtabfall zu sehen sein.

b) Schärfe vorverlagern.

„Statt auf das Hauptmotiv legt man die Schärfeebene weiter nach vorne, so daß zwar das Hauptmotiv noch innerhalb der Tiefenschärfe liegt, der Hintergrund aber unschärfer wird. Durch dieses Verfahren erreicht man zumindest eine gewisse Trennung zwischen Vordergrund und Hintergrund" (Möllering 1993, S. 300).

Der Film-Look wird außerdem durch den größeren Kontrastumfang von 1:200 beim Film im Vergleich zu 1:50 beim Videofilm hervorgerufen. Kontraste und Graustufen werden beim Film und Videofilm aufgrund der unterschiedlichen Gradationskurven verschiedenartig wiedergegeben. Beim Videofilm verläuft die Gradationskurve vollkommen linear, während sie beim Film S-förmig gebogen ist, was einen „weicheren" Bildeindruck hervorruft. Bei professionellen und semi-professionellen Camcordern kann allerdings ein elektronisch erzeugtes „cine-like gamma" als Aufnahmeoption gewählt werden.

### 4.4.5   Verschlusszeit

Da bei Camcordern im Gegensatz zu Filmkameras kein foto-chemisches Material belichtet wird, wurde der Begriff „Belichtungszeit" durch den der „Verschlusszeit" (engl. „shutter speed") ersetzt. Der High-Speed-Shutter wurde entwickelt, um bei der Aufnahme von schnellen Bewegungsvorgängen Unschärfen zu vermeiden. Ein Verschlusszeit-Aufnahmeprogramm ist z. B. bei Aufnahmen im Sportbereich (Tennis etc.) oder Autorennen sinnvoll. Aber auch fließendes Wasser erhält durch eine kürzere Belichtungszeit eine größere Plastizität.

Je nach Camcorder-Modell sind Verschlusszeiten überhaupt nicht, in festen Stufen oder stufenlos änderbar. Beispielsweise besitzt der Canon-Camcorder XM1 neben der Standard-Verschlusszeit von 1/50 Sekunde 26 weitere feste Verschlusszeit-Stufen, die von 1/60 Sekunde bis 1/16000 Sekunde reichen. Stufenlose Shutter besitzen den Vorteil, dass die Verschlusszeiten an beliebige Frequenzen anpassen werden können.

Notwendig wird der Shutter, wenn ein in Betrieb befindlicher Röhrenmonitor aufzunehmen ist. Ein z. B. mit 75 Hertz Bildwechselfrequenz arbeitender Röhrenmonitor wird nur dann ohne einen sich vertikal bewegenden Monitor-Horizontalstreifen aufgenommen, wenn zuvor eine Verschlusszeit von 1/75 Sekunde am Camcorder eingestellt wurde.

Wenn bei einem Consumer-Camcorder-Aufnahmeprogramm die Verschlusszeit alleinige Priorität besitzt, stellt der Camcorder den

Blendenwert und den Videosignalverstärkungswert automatisch ein. Beim Einsatz von Verschlusszeiten, die kürzer als eine 1/50 Sekunde sind, bedeutet dies, dass eine verkürzte Verschlusszeit durch eine Öffnung der Blende bzw. eine Erhöhung der Beleuchtungsstärke auszugleichen ist, um Unterbelichtung zu verhindern. Kann im Standardmodus (Verschlusszeit 1/50 Sekunde) z. B. mit Blende 8 gearbeitet werden, so muss im 1/200-Sekunden-Shutterbetrieb Blende 4 eingestellt werden, um den gleichen Videosignalpegel zu erreichen.

Die Verwendung von kürzeren Verschlusszeiten ist auch wegen der gleichbleibenden Bildwechselfrequenz bei Video nicht unproblematisch. „Die Verstärkung von Bewegungsaliaseffekten wie rückwärtsdrehende Wagenräder oder die Erzeugung von Shuttereffekten wie ruckende Schwenks, wirken oft störend" (Möllering 1993, S. 119).

Wird der High-Speed-Shutter bei Vorhandensein von Kunstlicht verwendet, ist zu beachten, dass bei der Wiedergabe solcher Szenen unter Umständen ein Bildflackern sichtbar werden kann. Ursache für diesen Effekt ist das zufällige Zusammentreffen der jeweils eingestellten kurzen Verschlusszeit mit dem Nulldurchgang der 50-Hertz-Lampenspannung.

**Abbildung 4-17:** Bildrauschen infolge zu hoher Videosignalverstärkung

### 4.4.6 Videosignalverstärkung

Durch eine Gain-Anhebung kann eine elektronische Verstärkung des Videosignals erfolgen. Beispielsweise ist beim Canon-Camcorder XM1 von der Normalstellung 0 dB ausgehend eine Videosignalverstärkung über die Stufen +3 dB, +6 dB und +9 dB bis zu +12 dB möglich. Dadurch wird der Camcorder zwar zunehmend lichtempfindlicher, aber es entsteht bei zunehmender Videosignalverstärkung ein störendes Bildrauschen (siehe Abbildung 4-17).

### 4.4.7 Objektivfilter

Bei professionellen EB Camcordern dient ein Kompendium als Halterung für zusätzliche Objektivfilter. Ein Kompendium unterbindet außerdem den Einfall unerwünschten Seiten- oder Streulichts, das zu Reflexionen auf der Objektivglasfläche führt. Bei Consumer-Camcordern werden Gegenlichtblenden (siehe Abbildung 4-14) als Zubehör mitgeliefert. Objektivfilter können bei Consumer-Camcordern in einen separat zu erwerbenden Filterhalter, der anstelle einer Gegenlichtblende zu montieren ist, eingesetzt werden (siehe Abbildung 4-18).

Während vor einem Scheinwerfer jede noch so verkratzte und verknitterte Farbfolie verwendet werden kann, muss ein Objektivfilter absolut plan und sauber sein, um Bildstörungen zu vermeiden.

**Abbildung 4-18:**
Diverse Objektivfilter

### 4.4.7.1 UV-Filter

Ein ultraviolettes Sperrfilter (kurz „UV-Filter" genannt) ist ein farb-neutrales Glasfilter, das als Sperre für ultraviolettes Licht mit einer Wellenlänge bis 390 Nanometer dient. Ein UV-Filter sollte eine Mehr-schichtenvergütung besitzen. Zum einen reduziert es Dunst bei Landschaftsaufnahmen, zum anderen wird es gerne als Objektiv-schutz verwendet, um die Frontlinse vor Kratzern, Schmutz und Fingerabdrücken zu bewahren.

### 4.4.7.2 Graufilter

Bei hochwertigen Graufiltern kann davon ausgegangen werden, dass sie keinen Farbstich in den Videofilmaufnahmen erzeugen. Weil ideale Graufilter in allen Wellenlängen gleich stark transmittieren, genügt als einzige Angabe die so genannte „Neutraldichte" (Abkürzung: ND). „Die für den normalen Videoeinsatz sinnvollen Neutraldichten betragen etwa ND = 0.3 bis 1.5" (Möllering 1993, S. 304).

In Abhängigkeit zur jeweils gewählten Graufilter-Neutraldichte muss die Camcorder-Blende um eine bestimmte Anzahl Blenden geöffnet werden, wenn die Lichtstärkereduktion ausgeglichen werden soll (vgl. Tabelle 3-5). Während in professionellen EB-Camcordern kombinierbare Grau- und Konversionsfilter eingebaut sind, ist dies bei Consumer-Cam-cordern nur bedingt der Fall. Beispielsweise kann beim Canon-Camcor-der XM1 nur ein Neutralgraufilter zugeschaltet werden. Dieses Neutral-graufilter reduziert das einfallende Licht um ca. zwei Vollblendenstufen.

### 4.4.7.3 Verlaufsfilter

Der Einsatz von Grauverlaufsfiltern ist besonders bei Außenaufnah-men sinnvoll, wenn der im Kader sichtbare Himmel nicht „ausfressen" soll. „Mit Grauverlaufsfiltern läßt sich der Motivkontrast entlang einer geraden Trennlinie vermindern oder steigern. Typisches Beispiel ist die Verwendung bei einer Landschaftstotale: Die Verlaufszone liegt auf dem Horizont, und der Himmel wird durch den Graubereich in der Belichtung soweit herabgesetzt, daß er wieder Zeichnung erhält" (Möllering 1993, S. 305).

Ein Verlaufsfilter sollte nur bei unbewegtem Camcorder benutzt werden, denn bei Schwenks besteht die Gefahr, dass die Grauzone plötzlich kontrastarme Bildbereiche überdeckt.

### 4.4.7.4 Polarisationsfilter

Polarisiertes Licht lässt sich durch den Einsatz eines Polarisationsfilters reduzieren bzw. ganz ausschalten (siehe Abbildungen 4-19 und 4-20). Polarisationsfilter, kurz „Polfilter" genannt, finden nicht nur bei Fotoapparaten und Camcordern, sondern auch bei Sonnenbrillen und Fahrzeugscheinwerfern Einsatz.

Sonnenlicht wird durch die Reflexion an einer nichtmetallischen Oberfläche (Wasser, Glas, Lacke, Kunststoffe) je nach Reflexionswinkel teilweise oder sogar vollständig polarisiert. „Auch das Blau des Himmels ist teilweise polarisiert und zwar im Bereich 90° rechts und links der Sonne. Der Einsatz eines Polfilters bewirkt hier eine geringere Belichtung und eine höhere Farbsättigung im Himmel" (Möllering 1993, S. 305). „Der Polarisationsgrad ist bei tiefstehender Sonne am höchsten. [...] Bei verdecktem Himmel ist das Licht völlig depolarisiert. Dunst, Staub und Nebel vermindern den Effekt. Wolken vor der Sonne haben keinen Einfluß auf den Polarisationsgrad" (Mehnert 1986, S. 403).

Reflexionen von Sonnenlicht auf metallischen Oberflächen führen zu keinem polarisierten Licht, sodass in diesem Fall Polarisationsfilter ohne Wirkung bleiben.

Im Fachhandel werden Linear- und Zirkularpolfilter angeboten. Während das gefilterte Licht beim Linearpolfilter nur in einer Schwingungsebene oszilliert, schwingt es beim Zirkularpolfilter in zwei senkrecht zueinander liegenden Ebenen. Ein Zirkularpolfilter mit bestimmtem Durchmesser und bestimmter Güte ist stets teurer als der entsprechende Linearpolfilter. Trotz dieses Mehrpreises müssen Zirkularpolfilter Einsatz finden, weil nur diese die Belichtungsmessung des Camcorders unbeeinflusst lassen.

Ein Polfilter verursacht eine Lichtstärkereduktion von etwa 2 Blendenstufen. Außerdem ist ein Polfilter nicht immer farbneutral, sodass bei dessen Einsatz der Weißabgleich kontrolliert werden sollte.

Bei der Verwendung eines Zirkularpolfilters sind die Camcorder-Automatikfunktionen zu deaktivieren und die benötigten Einstellungen für

**Internetadressen:**
www.cokin.fr
www.tiffen.com

**Abbildung 4-19 links:**
Aufnahme ohne Polfilter

**Abbildung 4-20 rechts:**
Aufnahme mit Polfilter

Belichtung und Fokus manuell vorzunehmen. Nach der Fokussierung ist das Polfilter zunächst in die Position zu drehen, in der die schwächste Wirkung sichtbar ist. Der in diesem Zustand korrekte Belichtungswert ist beizubehalten, wenn abschließend das Polarisationsfilter in die Position mit der stärksten Wirkung gedreht wird. Kameraschwenks sind bei eingesetztem Polarisationsfilter nur bedingt sinnvoll.

### 4.4.7.5 Konversionsfilter

Konversionsfilter dienen dazu, Licht einer beliebigen Farbtemperatur in Licht einer bestimmten Farbtemperatur (3.200 K oder 5.700 K) umzuwandeln (siehe Tabelle 4-9). Die kennzeichnende Größe für ein Konversionsfilter ist der Mired-Verschiebungswert Mrd:

**Formel 4-6:**
Mired-Verschiebungswert

$$\text{Mrd} = (1.000.000/T_{\text{FSoll}}) - (1.000.000/T_{\text{FIst}}),$$
$T_{\text{FSoll}}$:  Soll-Farbtemperatur / Kelvin,
$T_{\text{FIst}}$:  Ist-Farbtemperatur / Kelvin.

Konversionsfilter mit positivem Mired-Verschiebungswert sind gelborange gefärbt, Filter mit negativem Mired-Verschiebungswert blau. „Grundsätzlich verursacht ein blauer Konversionsfilter größere Lichtverluste als ein oranger. [...] Dies ist ein Grund, warum Videokameras, wie auch die meisten Cinefilme, auf Kunstlicht sensibilisiert sind" (Möllering 1993, S. 307 f.). In professionellen IT- und FIT-Camcordern sind meistens vier Objektivfilter eingebaut: Ein „orangener Konversionsfilter von +131 Mired zur Konversion von Tageslicht (5600 K) in Kunstlicht (3200 K), ein ebensolcher mit einer zusätzlichen Neutraldichte von 0.6 (= 2 Blendenstufen), einer mit einer zusätzlichen Neutraldichte ND 1.2 (= vier Blendenstufen) und, wegen des erforderlichen konstanten optischen Auflagemaßes, ein Klarglas. Bei den FT-Kameras beschränkt man sich auf einschwenkbare Graufilter" (Möllering 1993, S. 82).

| Typ | Konversion | Mired-Verschiebungswert | Lichtstärkereduktion ca. |
|-----|-----------|------------------------|--------------------------|
| Lee 80A | 3.200 K → 5.500 K | −131 | 2 Blenden |
| Lee 80C | 3.800 K → 5.500 K | −81 | 1 Blende |
| Lee 80D | 4.200 K → 5.500 K | −56 | 2/3 Blenden |
| Lee 81A | 3.400 K → 3.200 K | +18 | 1/3 Blende |
| Lee 81EF | 3.850 K → 3.200 K | +53 | 2/3 Blenden |
| Lee 85B | 5.500 K → 3.200 K | +131 | 2/3 Blenden |

**Tabelle 4-9:**
Objektivkonversionsfilter

### 4.4.7.6 Effektfilter

Zur Gruppe der Effektfilter gehören z. B. Starfilter (erzeugen an Lichtquellen sternförmige Reflexe oder Halos), Diffusionsfilter (zeichnen Bilder weich) und Nebelfilter (erzeugen einen Nebeleffekt). Bei Videofilmaufnahmen ist die Verwendung von Effektfiltern nicht sinnvoll, da
derartige Bildmanipulationen mit Hilfe der im Videoschnittsystem vorhandenen Effekte während des Videoschnitts erzeugt werden können.

### 4.4.8  CCD-Sensoren

„Die Lichtempfindlichkeit von Schieberegistern [...] macht man sich
in der Videotechnik zunutze. Der einzelne CCD (Charge Coupled
Device) besteht aus einigen Hunderttausend schachbrettartig angeordneten Halbleitersensoren, den sogenannten Pixel. Bei der Belichtung
eines CCDs baut sich gleichzeitig auf jedem einzelnen Pixel eine vom
jeweiligen Lichtstrom abhängige Ladung auf" (Möllering 1993, S. 91).
Je mehr CCDs vorhanden sind, desto besser ist die Bildauflösung. Bei
hochwertigen Camcordern finden sich je nach Modell zwischen 470.000
und 600.000 Pixel pro CCD-Chip. Die dort zum Einsatz kommende
3-Chip-Technologie bietet entscheidende Vorteile bei der Bildqualität.
   Um aus den einzelnen elektrischen Ladungen pro Pixel ein kontinuier-
liches Bildsignal zu gewinnen, werden unterschiedliche CCD-Typen
eingesetzt:
   • FT-CCD (Frame-Transfer-CCD),
   • IT-CCD (Interline-Transfer-CCD) und
   • FIT-CCD (Frame-Interline-Transfer-CCD).

„Das FT-Prinzip hat gegenüber anderen den Vorteil, dass die Pixeldichte
sehr groß ist, womit sich eine hohe Empfindlichkeit und ein gutes Auf-
lösungsvermögen ergibt. Der wesentliche Nachteil ist die Notwendigkeit
der Verwendung einer mechanischen Blende" (Schmidt 2000, S. 217 f.).
   „Ein IT-CCD arbeitet ohne mechanische Blende und bietet den Vorteil,
dass wegen der schnellen Ladungsübernahme in den Speicherbereich
die Integrationsdauer hoch ist. Nachteil dieses Prinzips ist die geringe

Pixeldichte und vor allem die Anfälligkeit für den sog. Smear-Effekt"
(Schmidt 2000, S. 218). „Der Smear ist ein Bildfehler, der bei partieller
Überbelichtung im Bild auftritt. Punktförmige Spitzlichter verschmieren
zu hellen vertikalen Streifen. Der Grund für dieses Verhalten liegt in der
nicht ausreichenden Abschottung der Sensoren zu den Schieberegistern
bei IT-CCDs und FIT-CCDs" (Möllering 1993, S. 96).

Der FIT-CCD stellt eine Kombination der IT- und der FT-Technik dar,
sodass deren Vorteile vereint sind: „Einerseits ist keine mechanische
Blende erforderlich, andererseits ist der Smear-Effekt stark reduziert,
denn dieser ist von der Transportgeschwindigkeit in den Speicherspalten
abhängig. Nachteil des FIT-CCD ist der hohe technische Aufwand und
die gegenüber dem FT-Prinzip verringerte Pixeldichte" (Schmidt 2000,
S. 220). Weil FIT-CCDs teurer als IT-CCDs sind, werden sie nur in sehr
hochwertige Camcorder eingebaut.

### 4.4.9   Weißabgleich

Der Weißabgleich, auch Unbuntabgleich genannt, muss bei einem
Camcorder bei jeder Veränderung der Beleuchtungssituation vorgenommen werden. Beim Wechsel von Tageslicht nach Kunstlicht oder
umgekehrt ist ein Weißabgleich unabdingbar. Der Weißabgleich ist der
wichtigste Einflussfaktor, mit dem Kameraleute die Farbstimmung ihrer
Videofilmaufnahmen gestalten. Sie müssen abwägen, ob eine bestimmte
Lichtfarbe mit Hilfe des Weißabgleichs zu Weiß abgeglichen, oder ob
eine am Drehort vorhandene farbige Lichtstimmung (wie z. B. ein
Abendrot) beibehalten und ins Bild übertragen werden soll.

Professionelle EB-Camcorder „mit IT- und FIT-CCDs sind (wie auch
die meisten Röhrenkameras) für Glühlicht von 3200 K ausgelegt. Unmittelbar vor dem optischen Tiefpaßfilter ist bei ihnen daher ein Filterrad
mit mehreren Konversions- und Graufiltern angebracht" (Möllering
1993, S. 82). Durch das Einschwenken bestimmter Objektivkonversionsfilter wird bei diesen Camcorder-Typen manuell eine Farbtemperatur-
konversion vorgenommen. Camcorder mit FT-CCDs führen im
Gegensatz zu IT- und FIT-CCD-Camcordern den Weißabgleich rein
elektronisch durch.

Bei diesem elektronischen Weißabgleich muss zwischen automati-
schem und manuellem Weißabgleich unterschieden werden. Beim automatischen elektronischen Weißabgleich nimmt die Camcorder-Elektronik kontinuierlich einen Weißabgleich vor, während dies beim manuellen
elektronischen Weißabgleich nur einmalig bei entsprechendem Befehls-
aufruf geschieht. Beim manuellen elektronischen Weißabgleich wird
das Camcorder-Objektiv auf eine weiße Fläche (z. B. ein weißes Papier-
blatt) gerichtet und bei Consumer-Camcordern so lange gezoomt,

bis die weiße Fläche das gesamte Bild ausfüllt. Bei professionellen EB-Camcordern reicht eine kleinere weiße Referenzfläche aus. Die weiße Fläche ist an der Stelle zu positionieren, wo sich die aufzunehmende Person/Sache bei der Aufnahme befinden wird, sodass die dort vorhandene jeweilige Lichtart Berücksichtigung findet. Während des elektronischen Weißabgleichs stellen sich die Verstärkungen in den Blau- und Rot-Kanälen des Camcorders so ein, dass alle drei Farbkanäle gleiche Signalpegel aufweisen.

Der automatische Weißabgleich kann jedoch Probleme bereiten, weil die Parametereinstellung aufgrund der Farbverteilung im Kader vorgenommen wird. Wenn farbige Flächen große Anteile am Kader besitzen, kommt es bei aktiviertem automatischen Weißabgleich zu einer merklichen Verschiebung der Farbbalance. Verschwinden diese farbigen Flächen aus dem Kader oder ändern diese ihre Farbe, so erfolgt bei aktiviertem automatischen Weißabgleich eine erneute Verschiebung der Farbbalance. Für Abhilfe kann in solchen Fällen nur die feste Vorgabe der Weißabgleich-Parameter sorgen.

Professionelle EB-Camcorder können mehrere Weißabgleich-Parametersätze speichern, sodass der jeweils optimale Parametersatz nach einem Wechsel der Beleuchtungssituation zur Verfügung steht.

Der Canon-Camcorder XM1 besitzt neben seinem elektronischen Manuell- und Automatikmodus zwei weitere Weißabgleich-Modi, nämlich einen Innen-Modus für Aufnahmen bei Kunstlicht und einen Außen-Modus für Aufnahmen bei Tageslicht. Zu beachten ist allerdings, dass in bestimmten Aufnahmemodi nur der automatische elektronische Weißabgleich zur Verfügung steht. Wird der automatische Weißabgleich nicht aktiviert und der manuelle Weißabgleich nach einem Wechsel der Beleuchtungssituation nicht durchgeführt, so stellen sich charakteristische Farbeffekte ein. Videofilmaufnahmen bei Tageslicht mit einem auf Kunstlicht abgestimmten Aufnahmesystem besitzen einen Blaustich. Videofilmaufnahmen bei Kunstlicht mit einem auf Tageslicht abgestimmten Aufnahmesystem haben einen Gelbstich.

Soll eine farbige Lichtstimmung ins Bild übertragen werden, ist kein erneuter Weißabgleich durchzuführen. Zu beachten ist dabei, dass nach dem Einschalten eines Consumer-Camcorders dessen Kamerafunktion „automatischer elektronischer Weißabgleich" standardmäßig aktiviert wird. Deshalb ist vor dem Lichtstimmungswechsel im Kameramodus „manueller elektronischer Weißabgleich" ein Weißabgleich vorzunehmen. Die dabei ermittelten Parameter werden abgespeichert. Sie stehen nach dem Abschalten des Consumer-Camcorders und sogar bei Abnehmen des Akkus für die folgende Aufnahme zur Verfügung. Nach dem Lichtstimmungswechsel müssen durch die Wahl des

Kameramodus „manueller elektronischer Weißabgleich" die Parameter des letzten manuell vorgenommenen Weißabgleichs geladen werden.

### 4.4.10  Stromversorgung

Ist die Aufnahmeposition eines Camcorders bei stationärem Einsatz fest vorgegeben und ist eine Steckdose in Reichweite, so kann der Camcorder über ein Netzgerät, das die erforderliche Gleichspannung erzeugt, am Wechselspannungsnetz betrieben werden. In der Regel soll ein Camcorder jedoch frei beweglich sein, sodass die Gleichspannungsversorgung über Gleichstrom-Akkumulatoren (kurz „Akkus" genannt) erfolgen muss.

Die Bauform des NP1B-Akkus (ein Nickel-Cadmium-Akku), die durch die Sony BETACAM in den professionellen Camcorder-Bereich eingeführt worden war, wurde bei den modernen Nickel-Metall-Hydrid- und Lithium-Ionen-Akkus beibehalten (siehe Abbildung 4-21). Diese modernen Akkus zeichnen sich durch eine hohe Kapazität aus (z. B. 12 Volt; 2,3 Amperestunden) und tragen die Typenbezeichnung NPx, wobei das x für den genauen Typ steht. Aufgrund der einheitlichen Bauform der NPx-Akkus können standardisierte Akku-Ladegeräte Einsatz finden.

Ein geladener Akku wird bei einem professionellen EB-Camcorder in das Batteriefach eingeschoben, das sich auf der dem Camcorder-Objektiv gegenüberliegenden Seite befindet. Teilweise besitzen professionelle EB-Camcorder ein Doppelbatteriefach, um die maximal mögliche Aufnahmezeit deutlich zu verlängern oder längeren Betrieb einer Kameraleuchte zu ermöglichen.

Bei den Consumer-Camcorder-Akkus bildete sich kein Standard heraus. Die Ausgangsspannung bei Consumer-Camcorder-Akkus (z. B. 7,2 Volt; 1,5 Amperestunden) ist niedriger als die der NPx-Typen. Consumer-Camcorder-Akkus werden je nach Consumer-Camcorder-Modell entweder direkt am Consumer-Camcorder durch den Anschluss eines gerätespezifischen Netzgeräts (z. B. beim Sony-Consumer-Camcorder DCR-TRV20E) oder in einem separaten gerätespezifischen Akku-Ladegerät geladen (z. B. beim Canon-Camcorder XM1; siehe Abbildung 4-22). Für Sony-Consumer-Camcorder sind auch externe Akku-Ladegeräte erhältlich. Das Akku-Ladegerät dient z. B. beim Canon-Camcorder XM1 auch als 6,0-Volt-Netzgerät, falls dieses mit Hilfe eines Gleichstromadapters an den Consumer-Camcorder angeschlossen wird.

**Internetadressen:**
bssc.sel.sony.com
www.antonbauer.com
www.idxtek.com

Bei Verwendung eines separaten universellen, nicht herstellerspezifischen Consumer-Camcorder-Akku-Ladegeräts muss mit einem typspezifischen

mechanischen Adapter gearbeitet und auf die korrekten elektrischen Ladeparameter geachtet werden.

Wenn kein Netzbetrieb möglich ist, muss stets Vorsorge dafür getroffen werden, dass geladene Akkus in genügend großer Anzahl zur Verfügung stehen. Es ist äußerst ärgerlich, wenn ungeladene Akkus interessante Aufnahmen vereiteln.

**Abbildung 4-21 links:**
Akku-Ladegerät für
EB-Camcorder

**Abbildung 4-22 rechts:**
Akku-Ladegerät für
Consumer-Camcorder

### 4.4.11  Kamerastative

Basierend auf den Erfahrungen aus dem Fotografiesektor wurden auch im Kinematografiebereich von Anfang an Kamerastative als effektives mechanisches Bildstabilisierungsmittel verwendet. Der Einsatz eines Kamerastativs war nicht nur wegen des relativ hohen Gewichts der Kamera und der gewünschten Aufnahme in Augenhöhe (Normalsicht) sinnvoll, sondern es musste ja auch eine Hand des Kameramanns frei bleiben, die die Kamera-Handkurbel betätigen konnte.

Im Jahr 1937 stellte die Münchner Firma Arnold & Richter die legendäre ARRIFLEX 35 vor, eine industriell gefertigte 35-Millimeter-Filmkamera mit Spiegelreflex-System. Diese handlich-kompakte Filmkamera ermöglichte Aufnahmen aus freier Hand bei voller Bildkontrolle (vgl. ARRI 2002). Im Jahr 1960 brachte der französische Kamerahersteller Eclair die 16-Millimeter-Filmkamera Eclair 16 NPR auf den Markt. Die Eclair 16 NPR war bei ihrer Einführung die technologisch am weitesten entwickelte selbstgeblimpte (geräuschgekapselte) Filmkamera und revolutionierte durch ihre Kompaktheit die Dokumentarfilmszene.

Gerade weil schon vor Jahrzehnten Film-Handkameras zwar beeindruckende, aber nicht völlig wackelfreie Dokumentaraufnahmen lieferten, stellt sich die generelle Frage, warum für moderne bildstabilisierte Camcorder immer noch die Verwendung eines Stativs empfohlen wird.

**Abbildung 4-23:**
Kamerastativ

Zur Beantwortung dieser Frage lässt sich anführen, dass das durch ein Kameraobjektiv aufgenommene Bild von einem Rahmen begrenzt ist, der sich den Zuschauern als starres Rechteck darstellt. Linien und Flächen des Bildinhalts schneiden den Bildrand. Wird eine Kamera während der Aufnahme nicht auf ein Stativ gesetzt, sondern wird die Aufnahme aus freier Hand vorgenommen, kommt es aufgrund der unvermeidlichen Wackelbewegungen zu ungewollten Relativbewegungen am Bildrand, auch wenn das aufgenommene Objekt völlig statisch ist bzw. ein Subjekt völlig regungslos verharrt.

Weil die Augen der Zuschauer unbewusst jeder Bewegung im Blickfeld folgen, wird der Blick immer wieder zum Bildrand geleitet. Die Konzentration auf den eigentlichen Bildinhalt, der meist im Zentrum des Bildes liegt, wird dadurch gestört. „Die Ablenkung nimmt in gleichem Maße zu, in dem sich die Relativbewegung am Bildrand verstärkt. Die Wackelkamera behindert deshalb unser begriffliches Wahrnehmen" (Kerstan 2000, S. 72). Aus diesem Grund sind nach dem konventionellen Verständnis von „Filmhandwerk" Film- und Videofilmaufnahmen möglichst unverwackelt aufzunehmen.

Verwackelte Handkameraaufnahmen im Stile der Autorenfilmer (wie z. B. Dogma 95) vermitteln zwar einen Eindruck von Authentizität, stehen aber für einen filmischen Stil, der sich ganz bewusst von klassischen Filmkonventionen absetzen will. Allerdings werden unruhige Bilder auch im traditionellen Filmhandwerk gezielt eingesetzt.

Beispielsweise erfolgten im Dokudrama „Die Manns – Ein Jahrhundertroman" die dokumentarischen Aufnahmen von Elisabeth Mann Borgese bewusst unruhiger und in geringerer Perfektion als die Aufnahmen der Spielhandlung, um den Unterschied zwischen Fiktion und Non-Fiktion zu unterstreichen. Als ein weiteres Beispiel für bewusst verwackelte Aufnahmen lässt sich die Landungssequenz des Spielfilms „Der Soldat James Ryan" (Regie: Steven Spielberg, 1998) anführen. Diese Filmsequenz besitzt gerade deshalb eine so hohe visuelle Qualität, weil die Soldaten bei der Landung am Strand von einer unruhig geführten Kamera, deren Bilder authentisch wirken, begleitet werden.

**Abbildung 4-24:**
Nivelliervorrichtung

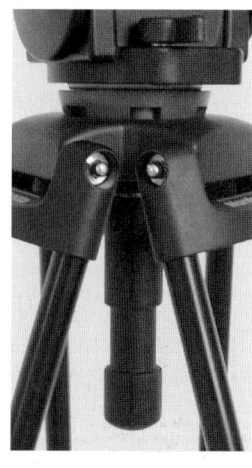

Im Videofilm-Amateurbereich wird dagegen häufig nicht aus gestalterischen Gründen kein Kamerastativ benutzt, sondern weil sich das Tragen eines schweren Stativs als mühselig erweist. Außerdem vertrauen Videofilm-Amateure unvorsichtigerweise der elektronischen Bildstabilisierung, die Verwackelungseffekte verhindern soll. Bei langen Brennweiten ist jedoch ein elektronisches Herausrechnen der Verwackelung nahezu unmöglich, da sich viel zu große Bildanteile an den Bildrändern ändern.

### 4.4.11.1 Dreibein-Stative

Ein Kamerastativ (siehe Abbildung 4-23) muss stabil konstruiert sein, um einen Camcorder wackelfrei arretieren zu können. Besonders wichtig ist diese Wackelfreiheit, wenn mit einem Teleobjektiv oder einem Zoomobjektiv mit gewählter langer Brennweite gearbeitet wird, denn schon das geringste Stativwackeln ist als Objektivschwankung im stark vergrößerten Bild störend zu erkennen.

**Abbildung 4-25:**
Wasserwaagen-Libelle im Kamerastativ

Moderne Dreibein-Stative (engl. *tripod*) sind meist aus Aluminiumrohren gefertigt. Werden die teureren Karbonfaserrohre verwendet, reduziert sich das Stativgewicht. Bei einem Camcorder-Stativ sollte sich die Aufnahmehöhe leicht und schnell ändern lassen. Der Stativkopf muss für einen Camcordereinsatz horizontal schwenkbar und vertikal neigbar sein. Um ein unbeabsichtigtes Verändern der Stativkopfposition zu verhindern, sind für beide Drehachsen Fixierungsvorrichtungen sinnvoll.

Bei professionellen Stativköpfen kommen spezielle Schwenkköpfe zum Einsatz, die dank einer Flüssigkeitsdämpfung mit veränderbarem Dämpfungsgrad eine ruckfreie kontinuierliche Kamerabewegung ermöglichen. Diese professionellen Stativköpfe sind allerdings relativ teuer und finden deshalb im Videofilm-Amateursektor kaum Einsatz.

Äußerst vorteilhaft ist es, wenn der Stativkopf über eine Nivellierpfanne verfügt, sodass eine Nivellierhalbkugel (siehe Abbildung 4-24) eingesetzt werden kann. Mit Hilfe einer solchen Nivellierhalbkugel und einer eingebauter Wasserwaagen-Libelle (siehe Abbildung 4-25) kann ein Ausloten des Camcorders in wenigen Sekunden erfolgen. Für ein schnelles und genaues „ins Lot bringen" ist eine solche Justagevorrichtung unerlässlich.

Die waagrechte Ausrichtung der Kamera ist Voraussetzung dafür, dass Schwenks perspektivisch störungsfrei wiedergegeben werden können, denn die Kamera bleibt dadurch im rechten Winkel zu architektonischen Linien und dem Horizont. Beim Arbeiten ohne Kamerastativ bzw. mit einem nicht ins Lot gesetzten Kamerastativ entstehen oft „verkantete" Aufnahmen. Besonders bei statischen Aufnahmen, z. B. bei Motiven aus dem Architekturbereich, fallen kippende Linien unangenehm auf (siehe Abbildungen 4-29 und 4-30). Auch eine fallende Horizontlinie bei einer Landschaftsaufnahme stört die Bildwahrnehmung der Zuschauer.

**Abbildung 4-26:**
Kameraplatte eines EB-Camcorders

Dank der Verwendung einer Kameraplatte (siehe Abbildung 4-26), die am Camcorder-Boden montiert wird, lässt sich der Camcorder mit Hilfe einer Schnellwechselvorrichtung rasch auf einem Stativ befestigen bzw. vom Stativ entfernen.

Im freien Gelände lassen sich die Stativbeine dank vorhandener Dorne (engl. *spikes*) standsicher aufstellen. Auf festen, glatten Böden (z. B. in

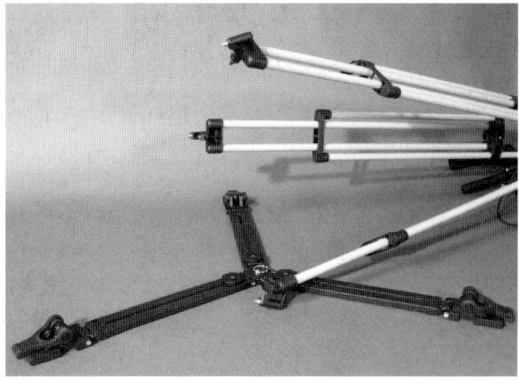 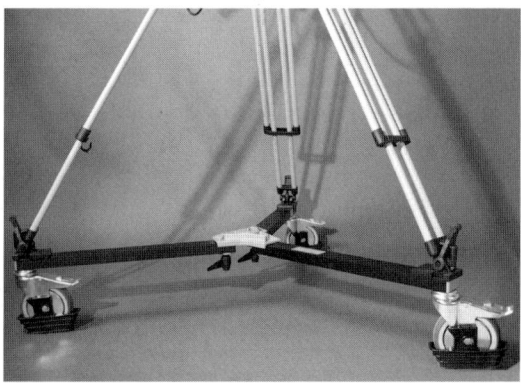

**Abbildung 4-27 links:**
Stativspikes und
Bodenspinne

Innenräumen) kommen so genannte „Bodenspinnen" zum Einsatz, die ein seitliches Abgleiten der Stativbeine verhindern und den Boden vor Kratzern schützen (siehe Abbildung 4-27).

**Abbildung 4-28 rechts:**
Rollspinne

### 4.4.11.2 Saugstative

Saugstative werden auf glatten Oberflächen (z. B. Glasscheiben, Tischplatten) angebracht. Beispielsweise kann ein Consumer-Camcorder beifahrerseitig mit Hilfe eines Saugstativs an einer Innenscheibe oder auf dem Armaturenbrett eines Personenkraftwagens befestigt werden, sodass während der Fahrt Aufnahmen möglich sind. Bei Verwendung eines Saugstativs muss der Camcorder durch ein am Gerät befestigtes Seil vor dem Herabfallen gesichert werden.

### 4.4.12    Kamerabewegungssysteme

### 4.4.12.1 Dollies

Mit dem Namen „Dolly" werden mechanische Vorrichtungen für horizontale Kamerafahrten bezeichnet. Ein Dolly mit luftgefüllten Gummireifen kann auf leicht unebenen, festen Böden Verwendung finden. Ein elektromechanischer Dolly, bei dem sogar Kameramann und -assistent mitfahren können, ist z. B. der „Super Panther III". Solche schweren Dollies können im Studio auch schienengeführt sein.

**Internetadressen:**
www.abc-products.de
www.cartoni.com
www.egripment.com
www.jimmyjib.com
www.manfrotto.com
www.movietech.de
www.panther-gmbh.de
www.sachtler.com
www.vinten.com

Eine Kamerafahrt auf einem glatten Studiofußboden ist mit einer einfachen „Rollspinne" möglich, die unter dem Kamerastativ befestigt wird (siehe Abbildung 4-28). Rollspinnen sind aber für Fahraufnahmen nur bedingt geeignet, weil der Untergrund meist nicht absolut glatt und schmutzfrei ist. Werden bei Außenaufnahmen am Aufnahmeort stark unebene feste oder weiche Böden vorgefunden, sind Dolly-Kamerafahrten auch mit luftgefüllten Gummireifen nicht mehr möglich.

Falls eine Kamerafahrt in einem solchen Fall trotzdem durchgeführt werden muss, kann die Installation eines Schienensystems Abhilfe schaffen, auf dem das Dolly rollen kann. Solche Schienensysteme sind aus Aluminium gefertigt, um das Transportgewicht gering zu halten. Neben geraden Schienenstücken gibt es auch gebogene, die Kurvenfahrten ermöglichen. Falls spezielle Unterbauten erforderlich sind, nimmt der Aufbau eines solchen Schienensystems allerdings sehr viel Zeit in Anspruch.

**Abbildung 4-29 links:**
Kippende Gebäudelinien

**Abbildung 4-30 rechts:**
Vertikale Gebäudelinien

### 4.4.12.2 Kamerakräne

Für vertikale Kamerafahrten finden meist Kamerakräne Verwendung. Soll ein Kamerakran nicht nur horizontal geschwenkt, sondern auch horizontal fortbewegt werden, muss bei stark unebenen festen oder bei weichen Böden ein Schienensystem zum Einsatz kommen. Es können verschiedene Arten von Kamerakränen unterschieden werden:

a) Plattform-Kran

Kamera, Kameramann und -assistent befinden sich auf der Kranplattform. Aufgrund des hohen zu bewegenden Gewichts ist eine schwere, sehr stabile Kranausführung erforderlich. Dies verursacht ein hohes Kraneigengewicht und erhöhten Transportaufwand. Ein solcher Plattform-Kran wird durch einen Kran-Operator geführt. Besitzt der Kran einen Auslegerarm (engl. jib), wird weiteres Personal für das Schwenken benötigt. Die Arbeitsweise eines Plattform-Krans ist beispielsweise im Spielfilm „Die amerikanische Nacht" (Regie: François Truffaut, 1973) zu sehen.

b) Leichtbau-Kran

Kameramann und -assistent fahren bei einem Leichtbau-Kran nicht mit. Die Kamera ist am Kranauslegerarm befestigt und wird vom in der Nähe des Krans stehenden Kameramann ferngesteuert. Der Kameraassistent schwenkt den Auslegerarm. Ein Leichtbau-Kran ist einfach zu transportieren und wird erst am Drehort aufgebaut.

**Abbildung 4-31:**
Schwebestativ für
Consumer-Camcorder

c) Motion-Control-System

Mit Hilfe eines Motion-Control-Systems kann ein Kamerakran dreidimensional durch Servomotore mit einem Computer ferngesteuert
angetrieben werden. Durch den wiederholbaren präzisen Bewegungs-
verlauf kamen solche dreidimensional arbeitenden Systeme in der
Vergangenheit vorwiegend bei Trickfilmaufnahmen zum Einsatz.

Sind nur eindimensionale Hin- und Herfahrten einer Kamera entlang einer Aktionsfläche (Sport- oder Eisstadion, Rennbahn usw.)
gefordert, finden schienengeführte Hochgeschwindigkeits-Kamera-
schlitten Verwendung.

### 4.4.12.3 Kamera-Stabilisierungssysteme

Für langsame horizontale Kamerafahrten, die in ihrer Bewegungsfreiheit
nicht durch Dollies behindert werden sollen, bietet sich die Verwendung
eines Steadicam-Systems an. Dieses Kamera-Stabilisierungssystem,
auch Kamera-Ausbalancierungssystem oder Schwebestativ genannt,
wurde 1972 in den USA vom Kameramann Garrett Brown zusammen
mit Ingenieuren der Firma „*Cinema Products*" entwickelt.

Beim Steadicam-System wird das Gewicht der Kamera durch ein von
den Schultern bis zur Hüfte reichendes Korsett auf die Hüfte des Kameramanns verlagert. Ein abgefederter Stativ-Arm dämpft bei einer Fortbe-
wegung des Kameramanns die Bewegungen der Kamera. Dadurch wird
eine solche Bildruhe erreicht, dass diese mit der von Dolly-Aufnahmen
vergleichbar ist. Ein kleiner Videomonitor macht den Kameramann
vom Kamerasucher unabhängig und verbessert die Aufnahmekontrolle
während des Gehens.

Der Preis für ein solches professionelles Steadicam-System liegt
bei mehreren zehntausend Euro. Die Bedienung eines professionellen
Steadicam-Systems muss geübt werden und erfordert aufgrund des
hohen Gewichts einen hohen Kraftaufwand und große Ausdauer vom
Kameramann. Unter Kameraleuten gibt es freiberuflich tätige spezielle
Steadicam-Operateure, die nur für die Aufnahme bestimmter Szenen
engagiert werden. Garrett Brown selbst arbeitete als Steadicam-Opera-
teur in zahlreichen Spielfilmen, wie z. B. „*Shining*" (Regie: Stanley
Kubrick, 1979).

Preisgünstige Schwebestative für Consumer-Camcorder sind beispielsweise „Steadicam JR" oder „HandyMan" (siehe Abbildung 4-31). Das
verwendete Ausbalancierungsgewicht muss genau an das Gewicht des
Consumer-Camcorders angepasst sein. So muss z. B. bei einer zwischen-
zeitlichen Verwendung eines Weitwinkelkonverters das jeweilige Gegen-
gewicht erhöht und neu austariert werden. Auch der Umgang mit einem

**Internetadressen:**
www.abc-products.de
www.sachtler.com
www.steadicam.com

Consumer-Camcorder-Schwebestativ muss geübt werden. Kurvengänge und das genaue Ausrichten des Consumer-Camcorders auf neue Bildmotive sind problematisch. Das Vorhandensein von Armmuskelkraft ist für einen längeren Einsatz eines solchen Schwebestativs erforderlich.

### 4.4.12.4 Kamera-Seilbahnsysteme

Kamera-Seilbahnsysteme ermöglichen computergesteuerte Kamerafahrten über lange Strecken. Derartige Aufnahmen bei Veranstaltungen wie z. B. Skispringen, Skirennen oder Motocross verblüffen die Fernsehzuschauer aufgrund der ungewöhnlichen Kamerapositionen.

**Internetadressen:**
www.brainsandpictures.com
www.garrettcam.com

## 4.5 Kontrollmonitore

Sollten es die Zeit und das Aufnahmeumfeld erlauben, vermeidet eine sofortige Videofilmaufnahmekontrolle mit Hilfe eines Kontrollmonitors das fortgesetzte Arbeiten mit falschen Camcorder-Einstellungen. Solche Kontrollmonitore sind für die Wiedergabe von analogen Basisband-Videosignalen, die eine Videobandbreite von 5 Megahertz besitzen, bestimmt. Ein professioneller EB-Camcorder kann über eine BNC-Leitung, ein Consumer-Camcorder über eine Y/C-Leitung an einen Kontrollmonitor angeschlossen werden.

Bei EB-Außenaufnahmen ist für eine sofortige Videofilmaufnahmekontrolle der Einsatz eines externen, über Akkus mit Energie versorgten Kontrollmonitors (engl. *field monitor*) erforderlich. Beim Abspielen der zu beurteilenden Videofilmaufnahmen muss ein lichtundurchlässiges Tuch Kontrollmonitor und beurteilende Person abdecken, um das störende Umgebungslicht zu minimieren.

Leider kann bei Consumer-Camcordern eine korrekte Blendeneinstellung mit Hilfe des Bildes im LCD-Sucher bzw. auf dem LCD-Bildschirm nicht beurteilt werden, sodass sich Videofilm-Amateure auf das korrekte Arbeiten der Camcorder-Blendenautomatik und, falls vorhanden, auf die Zebra-Funktion des Consumer-Camcorders verlassen müssen.

Weil Videofilm-Amateuren bei Innenaufnahmen in der Regel keine teuren Kontrollmonitore zur Verfügung stehen, bieten sich als preiswerte Alternativen für die sofortige Aufnahmekontrolle tragbare Farbfernsehgeräte an. Das analoge Videosignal wird dabei mit einem Stereoton-Videokabel von der A/V-Buchse des Consumer-Camcorders zur SCART-Buchse des Farbfernsehgeräts geführt. Sind die Fernsehgeräteparameter „Kontrast" und „Helligkeit" auf mittlere Werte eingestellt, so können zumindest grobe Belichtungsfehler auf diese behelfsmäßige Weise festgestellt und missglückte Aufnahmen eventuell wiederholt werden.

**Internetadressen:**
bssc.sel.sony.com
www.jvc-pro.de
www.panasonic-broadcast.de

## 4.6    Videofilmrezeption

Videofilmrezeption ist eine „hochkomplexe Tätigkeit, die sowohl auf der Decodierung diverser Wirklichkeitscodes als auch des eigenständigen, medialen Codes – der ‚Filmsprache' – basiert, durch die die Bilder spezifisch überformt werden. Aus dem Zusammenwirken von physiologischen Wahrnehmungscodes, psychologischen und gesellschaftlichen Verhaltenscodes (Verhaltensregeln, Normen), unterschiedlichen semiotischen Zeichentypen (ikonische, indexikalische, symbolische Zeichen) und Codes der Filmsprache (Einstellung, Montage etc.) ergibt sich jene besondere Komplexität, die als ursächlich für die besondere psychologische Faszination, die Anziehungskraft dieses Mediums angesehen wird" (Hüther 1997, S. 267). Zur Untersuchung der Vorgänge bei der Videofilmrezeption kann „auf die Semiotik zurückgegriffen werden, die als allgemeine Wissenschaft von den Zeichen die begriffliche Grundlage für eine sehr grundsätzliche Auseinandersetzung mit Medien herstellt" (Hüther 1997, S. 266).

### 4.6.1    Physiologische Wahrnehmung

Verschiedenartige Experimente belegen, dass schnell nacheinander vorgeführte Einzelbilder in der menschlichen Wahrnehmung miteinander verschmelzen. Beispiele dafür sind die aus Kindergartentagen bekannten Blätterbücher („Daumenkino") und das „Phi-Phänomen". Unter dem Phi-Phänomen wird die Wahrnehmung einer Scheinbewegung verstanden, wenn zwei Punkte im Abstand von 0,15 Winkelgrad vor einem dunklen Hintergrund mit einem zeitlichen Abstand von höchstens 60 Millisekunden aufleuchten.

Auch beim Spielfilm und bei Fernsehsendungen entsteht der Bewegungseindruck durch die Darbietung stillstehender, räumlich und zeitlich genügend benachbarter, schnell abfolgender Einzelbilder. Dieses stroboskopische (gr. *strobos* = Wirbel, Drehung und gr. *skopein* = sehen) Sehen hängt außer von der Reizdauer und der Dauer der zwischen den Reizen liegenden Pausen auch von der Intensität der Reize bzw. dem Verhältnis zwischen deren Intensität und der Lichtintensität in den Pausen ab. „Je nach den Werten dieser Größen werden zwei aufeinanderfolgende Reize einzeln wahrgenommen (z. B. bei zu langen Pausen) oder sie verschmelzen zu einem einzigen Reiz (z. B. bei zu kurzen Pausen)" (Brockhaus 1986, Bd. 21, S. 338). Das stroboskopische Sehen liegt zwischen diesen beiden Extremen. Während eine Bewegungsverschmelzung schon bei Wiedergabe von 15 bis 20 Bildern pro Sekunde erfolgt, nimmt der menschliche Gesichtssinn bei dieser niedrigen Wiedergabefrequenz Helligkeitsschwankungen wesentlich besser wahr. Besonders bei hoher Leuchtdichte werden Leuchtdichteschwankungen als störendes Flimmern wahrgenommen. Aus diesem Grund wird während einer Kinofilmvorführung der Lichtstrahl mit Hilfe einer Umlaufblende im Filmprojektor nicht nur beim Filmbildvorschub, sondern noch einmal während der Filmbildstillstandszeit unterbrochen. Dadurch entstehen 48 kurze Lichtunterbrechungen pro Sekunde. Jedes der 24 Vollbilder pro Sekunde wird infolge dieses technischen Tricks zweimal nacheinander gezeigt, wodurch sich eine Wiedergabefrequenz von 48 Hertz ergibt.

Beim PAL-System werden anstelle von 25 Vollbildern 50 Halbbilder pro Sekunde durch Fernsehkameras oder Camcorder abgetastet bzw. auf den Bildschirmen dargestellt. Die Wiedergabefrequenz, auch Vertikalfrequenz genannt, erhöht sich durch diese Vorgehensweise von 25 Hertz auf 50 Hertz, sodass die Bilder weitgehend flimmerfrei zu sehen sind.

Dem Phänomen der Verschmelzung aneinander gereihter Einzelbilder zu einem Gesamteindruck, der mehr ist als die Summe seiner Teile, hat Eisenstein in seinem Spielfilm „Panzerkreuzer Potemkin" aus dem Jahr 1925 ein filmisches Denkmal gesetzt. Im Anschluss an die berühmte Odessa-Treppensequenz reihte er die drei statischen Bilder „schlafender Löwe", „erwachender Löwe" und „brüllender Löwe" aneinander und versinnbildlichte damit das „Erwachen" des russischen Volkes.

Das Grenzauflösungsvermögen des menschlichen Auges beträgt 1 Winkelminute, also 1/60 Winkelgrad. Für gerasterte PAL-Fernsehbilder ergibt sich daraus ein optimaler Betrachtungsabstand, der der sechsfachen Bildhöhe entspricht. Beim Kinofilm liegt keine Rasterung vor. Der dort empfohlene Betrachtungsabstand entspricht der zwei- bis dreifachen Bildhöhe. Das deutliche Gesichtsfeld bzw. der deutliche Sehwinkel deckt einen Bereich von ca. 28 Winkelgrad vertikal und ca. 37 Winkelgrad horizontal ab. Das Sich-Hineinziehen-Lassen in die Spielfilmhandlung erfolgt im abgedunkelten Kinosaal stärker als auf dem heimischen Sofa, weil das Kinobild im Vergleich zum Fernsehbild einen größeren Teil des Gesichtsfeldes ausfüllt. Zwangsläufig entsteht bei den Kinozuschauern eine stärkere psychologische Identifikation mit dem dort Gezeigten.

„Bei der Betrachtung von Bildern werden unsere Augen von zwei Komponenten geleitet. Das anerzogene Lese- und Schreibverhalten, in unserer Kultur von links nach rechts, wird bedingt auch auf die Bildbetrachtung übertragen. Beginnend an der oberen linken Ecke tasten die Augen eine Bildfläche, eine Komposition von links oben nach rechts unten ab. [...] Neben dieser anerzogenen und bewußten Bildbetrachtung wird das Bildfeld mit den Augen in schnellen ruckartigen Augenbewegungen sprunghaft abgetastet. Diese Augenbewegungen werden Sakkaden genannt und laufen unbewußt ab" (Mante 2000, S. 65). Die Augen führen diese aktiven Bewegungen von etwa 1/20 Sekunde Dauer aus, um immer „im Bilde" zu sein. Solche schnellen Augenbewegungen enden bei dem Bildpunkt, der für den Zuschauer den höchsten Reizwert darstellt. Ein hoher Reizwert kann z. B. durch eine Bildgestaltung mit deutlicher Linienführung und Überschneidungen von Linien erreicht werden.

### 4.6.2    Filmsyntax

Syntax ist die Lehre vom Satzbau. Eine verbalsprachliche Syntax gibt an, nach welchen festen Regeln Sätze aus Wörtern und Satzteilen gebildet werden. Diese verbalsprachliche Syntax ist für die einzelnen Sprachen über längere Zeiträume konstant. In Analogie zur verbalsprachlichen Syntax beschreibt eine Bildsyntax Regeln, wie Bildelemente zu einem Bildganzen zusammengesetzt werden können.

Eine Filmsyntax formuliert Prinzipien, wie einzelne Bilder einander in einer Einstellung folgen und wie einzelne Einstellungen zu ganzen Sequenzen montiert werden sollten. Filmwissenschaftliche Studiengänge arbeiten bei der Filmanalyse mit sprachwissenschaftlichen Fachbegriffen (siehe Glossar).

Eine Filmsyntax lässt sich jedoch viel weniger festlegen als eine verbalsprachliche Syntax. Filmsyntaktische Prinzipien, die die gemeinsame Arbeitsbasis für Regisseure, Autoren, Kameraleute und Cutterinnen darstellen, werden von diesen ständig weiterentwickelt. Eine Filmsyntax besitzt demzufolge keine Konstanz über längere Zeiträume und umfasst eher Prinzipien der audiovisuellen Wahrnehmung als feste Regeln der Gestaltung. In Filmen kann deshalb kaum von einer auf die nächste Einstellung geschlossen werden. Dass die Spannweite dieser Prinzipien der audiovisuellen Wahrnehmung sehr groß ist, zeigt die Videoclip-Kultur.

### 4.6.3    Zwei-Schritt-Methode

Alle Erwachsenen in unserer Mediengesellschaft sind durch jahrzehntelange Fernsehprogrammrezeption erfahrene Film- und Fernsehzuschauer. Wenn nun solche Personen von der Konsumentenseite auf die Produzentenseite wechseln wollen, müssen aus passiven Betrachtern aktive Gestalter werden. Es tauchen durch diesen Rollenwechsel Fragen und Schwierigkeiten auf, die nie zuvor bedacht worden waren.

Aller Anfang ist schwer, aber alle Wege beginnen mit dem ersten Schritt, der in diesem Fall heißt: „*Learning by watching*". Bei der gezielten und bewussten Analyse von Fernseh- oder Spielfilmen gilt die alte Weisheit: „Mit den Augen darfst du stehlen!". Im Sinne des Buches von François Truffaut: „Mr. HITCHCOCK, wie haben Sie das gemacht?" lässt sich besonders gut von den Meistern des Spielfilms lernen. Aus

diesem Grund hat die Detailanalyse von Spielfilmklassikern für Berufseinsteiger und Videofilm-Amateure Sinn, obwohl die Umsetzung eines
eigenen Spielfilmprojekts aufgrund der fehlenden finanziellen, perso-
nellen und technischen Ressourcen kaum möglich ist. Hilfreich bei der
Beurteilung von Filmsequenzen ist der Einsatz eines DVD-Players, der die
Betrachtung von Standbildern und von Übergängen zwischen einzelnen
Einstellungen in hervorragender Bildqualität ermöglicht. Voraussetzung
ist natürlich, dass die zur Filmanalyse ausgewählten Filmklassiker als
DVD-Version erhältlich sind.

Durch analytisches Sehen werden die Prinzipien der Bild- und
Bewegtbildgestaltung offensichtlich. Erst durch das Bewusstwerden der
Grundlagen der Bild- und Bewegtbildgestaltung wird die Basis für eine
individuelle Gestaltungskompetenz geschaffen. Auch in Weiterbildungs-
seminaren für Kameraleute der öffentlich-rechtlichen Fernsehanstalten
wird Spielfilmanalyse durchgeführt. Selbstverständlich sind die
Freiheiten der Bildkomposition für einen EB-Kameramann kleiner als
sie z. B. für Hitchcock waren, der die Bilddetails seiner Spielfilme im
Voraus plante. Allerdings sind erfahrene EB-Kameraleute an beliebigen
Aufnahmeorten in der Lage, durch ihr geschultes Auge Bildmotive wie
z. B. Führungslinien zu finden, die die Bildaussage gestalterisch unterstützen.

Ebenso ist Spielfilmanalyse Teil der studentischen Ausbildung an
den Filmhochschulen. Beispielsweise erinnert sich der Cutter Thomas
Balkenhol an ein Seminar der „Hochschule für Fernsehen und Film
München", in dem der Griffith-Stummfilm „*A Corner in Wheat*" (1909)
sechsmal vorgeführt wurde und nach jeder Vorführung von den Studie-
renden neu beschrieben werden musste. Ein solches Vorgehen dient der
Schulung der Aufmerksamkeit für jedes kleine Detail des Bildaufbaus,
der Inszenierung, der Montage und der Gesamtdramaturgie (vgl. Beller
1999, S. 123). Kommen mit Ausleuchtung und Ton weitere Beurteilungs-
kriterien hinzu, wird die Beurteilung einer Filmsequenz oder gar eines
ganzen Films zu einer komplexen Aufgabe.

Nachdem durch Bild- und Filmanalyse filmische Prinzipien bewusst
wahrgenommen wurden, kann der zweite Schritt erfolgen: „*Learning by
doing*". Durch den aktiven Umgang mit Camcordern und Videoschnittsystem wird die Basis für eine individuelle Bedienkompetenz geschaffen.
Hilfestellung beim Einstieg geben Fachliteratur, Informationen von Her-
stellerfirmen und die Tipps erfahrener Fachleute. Ein Praktikum bei einer
öffentlich-rechtlichen Fernsehanstalt oder bei einem Produktionsunternehmen aus dem Fernsehprogrammbereich kann den Einstieg enorm
erleichtern. Weil für solche Praktikumsplätze eine hohe Nachfrage
besteht, wird für die meisten Videofilm-Amateure der persönliche Kon-
takt zu Fachleuten der Fernsehanstalten und Produktionsunternehmen

aufgrund fehlender Praktikumsplätze leider nicht möglich sein. Aber es gibt Alternativen, denn deutschlandweit sind im „Bund Deutscher Filmamateure e.V. (BDFA)" zahlreiche Film- und Videofilmclubs organisiert, die erfahrene Videofilmer zu ihren Mitgliedern zählen. Außerdem bieten offene Kanäle Schulungen durch professionelle Fachleute an. Diverse Volkshochschulen haben Einführungskurse für Videofilmaufnahme und -schnitt in ihrem Programm.

Bei den ersten kurzen Videofilmprojekten sollte zunächst die Nachahmung der bewusst wahrgenommenen Gestaltungsaspekte im Mittelpunkt stehen. Mit zunehmender Erfahrung und größer werdender Gestaltungssicherheit kann das Nachvollziehen in ein eigenständiges kreatives Produzieren übergehen. Durch die Produktion der ersten eigenen Videofilme erfolgt eine Festigung und Vertiefung der individuellen Gestaltungs- und Bedienkompetenz.

## 4.7    Bildgestaltung

„Für das Filmbild ist der unmittelbare Vorläufer das fotografische Bild. [...] Film ist, schon in seinen Anfängen, »bewegte Fotografie«" (Hickethier 1996, S. 45). Die Grundeigenschaften des Films sind mit denen der Fotografie identisch. Unter den Filmtechniken gibt es einige, die aus der Fotografie übernommen wurden. Andere, wie Zeitdehnung und Zeitraffung, kamen hinzu. Aufgrund der Verwandtschaft zwischen Film und Fotografie gelten auch für dynamische Filmbilder viele der Kompositionsprinzipien, wie sie in statischen Bildern (Gemälden, Fotografien) Anwendung fanden und finden. Merkmale eines Kaders sind Subjekte oder Objekte, die sich in Form, Farbe, Helligkeit, Kontrast, Größe, Anordnung, Ausrichtung, Räumlichkeit, Symmetrie oder visuelles Gewicht unterscheiden. Beim Prozess der Bildgestaltung (manuell bei Malerei und Grafik, technisch bei Fotografie und Film) können mit Hilfe dieser Merkmale visuelle Informationen vermittelt werden. Erkenntnisse aus dem Bereich der visuellen Kommunikation sind stets bei der Komponierung des Kaders zu berücksichtigen. Es gilt allerdings zu beachten, dass bei Filmaufnahmen eine Szenerie um so weniger bildkünstlerisch behandelt werden kann, je mehr sich die Kamera und die Bildelemente während der Aufnahme bewegen. „Nur Bilder annähernd statischen Inhaltes können nach den klassischen Gesetzen künstlerischer Gestaltung geformt werden" (Mehnert 1986, S. 67).

Lehrgänge für Bildaufbau und -gestaltung „sind aus den Schulen für Gestaltung und Akademien für bildende Kunst hervorgegangen und leisten hervorragende Dienste" (Doelker 1999, S. 101). Es ist jedoch bezeichnend, dass verschiedenartige Gestaltungslehren nebeneinander existieren und es nicht möglich ist, eine Gestaltungslehre auf Kosten der anderen zu generalisieren. Dies kann demnach auch nicht durch dieses Buch geleistet werden. Trotzdem werden gestalterische Aspekte vorgestellt, um Berufseinsteigern und Videofilm-Amateuren gestalterische Anregungen zu geben.

Besonders Hitchcock war nicht nur ein Meister des „*Suspense*", sondern auch ein Meister der Bildgestaltung. Er vertrat folgende Auffassung: „Man muß bei der Filmerei als allererstes begreifen, daß man es mit einem zweidimensionalen Medium zu tun hat. Das darf man nie vergessen. Man hat ein Rechteck, das gefüllt werden muß. Fülle es. Komponiere es" (Bogdanovich 2000, S. 629).

### 4.7.1   Gestaltgesetze

Für die Bildgestaltung wichtige Erklärungsmuster stammen aus der Wahrnehmungspsychologie, wobei besonders der gestalttheoretische Ansatz zur Bedeutung gelangte. Der Gestaltpsychologe Max Wertheimer (1880–1943) bezeichnete die für die menschliche Wahrnehmung zugrunde liegenden Prinzipien als Gestaltgesetze. Der aristotelische Satz, dass das Ganze mehr sei als die Summe seiner Teile, stellt die Kernaussage der Gestaltpsychologie dar. Edgar Rubin (1886–1951) verdeutlichte in seinen wissenschaftlichen Arbeiten, dass Menschen ihr Wahrnehmungsfeld nach Figur und Grund strukturieren. Rudolf Arnheim stellte in seinen Büchern die Verbindung zwischen den Aussagen der Gestaltpsychologie und den Werken der bildenden Kunst her.

Im Laufe der letzten Jahrzehnte wurden zahlreiche verschiedene Gestaltgesetze formuliert, sodass in diesem Abschnitt nur die bekanntesten Erwähnung finden. Klarzustellen ist, dass Grafiker bzw. Werbefotografen Gestaltgesetze einfacher anwenden können als Kameraleute. Trotzdem ergeben sich auch bei Filmaufnahmen, besonders bei statischen Einstellungen, Möglichkeiten zur gezielten Nutzung der Gestaltgesetze.

Das zentrale Gesetz der Gestaltpsychologie ist das Prägnanzgesetz, das auch als „Gesetz der guten Gestalt" oder als „Gesetz der Einfachheit" bezeichnet wird: „Jedes Reizmuster wird so gesehen, daß die resultierende Struktur so einfach wie möglich ist" (Goldstein 1997, S. 170). Eine Figur ist gut, wenn sie aus Teilelementen heraus erkennbar ist. Es besteht die Tendenz, fehlende Teilelemente zu ergänzen.

Gesetz der Ähnlichkeit: „Ähnliche Dinge erscheinen zu zusammengehörigen Gruppen geordnet" (Goldstein 1997, S. 171).

Gesetz der fortgesetzt durchgehenden Linie: „Punkte, die als gerade oder sanft geschwungene Linien gesehen werden, wenn man sie verbindet, werden als zusammengehörig wahrgenommen. Linien werden tendenziell so gesehen, als folgten sie dem einfachsten Weg" (Goldstein 1997, S. 173). Von „Punkt zu Punkt sucht das Auge immer die kürzeste Verbindung – und die kürzeste Verbindung zwischen zwei Punkten ist eine Gerade" (Mante 2000, S. 31). Mögliche Knicke und Verzweigungen werden also vermieden.

Gesetz der Nähe: „Dinge, die sich nahe beieinander befinden, erscheinen als zusammengehörig" (Goldstein 1997, S. 173).

Gesetz des gemeinsamen Schicksals: „Dinge, die sich in die gleiche Richtung bewegen, erscheinen als zusammengehörig" (Goldstein 1997, S. 174).

Gesetz der Vertrautheit: „Dinge bilden mit größerer Wahrscheinlichkeit Gruppen, wenn die Gruppen vertraut erscheinen oder etwas bedeuten" (Goldstein 1997, S. 174).

Prinzip der Kontinuität: Elemente werden als zusammengehörig betrachtet, wenn sie eine Fortsetzung vorausgehender Elemente zu sein scheinen. Im Bild unvermittelt endende Linien werden gedanklich ergänzt und fortgesetzt. Dies gilt auch für durch den Bildrand angeschnittene Abbildungen von Personen/Sachen.

Prinzip der Geschlossenheit: Unvollendete Figuren werden als vollendet wahrgenommen. Es besteht die Tendenz, geschlossene Formen, die nicht unbedingt eine durchgehende Kontur besitzen müssen, als Figur zu interpretieren.

### 4.7.2   Punkte

„Die Lehrer des Bauhauses – und später deren Schüler – haben sich sehr intensiv mit allen Problemen von Punkt, Linie, Fläche und Farbe auseinandergesetzt" (Mante 2000, S. 7). Wassily Kandinsky fasste seine Erkenntnisse in dem 1926 erschienenen Buch „Punkt und Linie zur Fläche" zusammen. „Nicht die äußere Form, sondern das Größenverhältnis zur Bildfläche definieren einen Punkt als Punkt. Durch Linienenden, Linienkreuzungen und durch die Spitzen von Winkeln entstehen imaginäre Punkte" (Mante 2000, S. 18). Je nach seiner Lage in der Bildfläche hat ein Punkt andere Spannungsverhältnisse zu den Bildrändern (siehe Abbildung 4-32). Ein filmisches Beispiel für einen im Kader vorzufindenden Punkt ist z. B. in der ersten Sequenz des Spielfilms „Citizen Kane" (Regie: Orson Welles, 1941) das leuchtende Turmfenster des Schlosses Xanadu, das als Blickzentrum dient.

### 4.7.3   Linien

Unter den Linien haben die Waagrechte, die Senkrechte und die Diagonale besondere Bedeutung. Mit Hilfe einer waagrechten Linie, wie z. B.

dem Horizont in einer Landschaftsaufnahme, lässt sich ein Eindruck von Gleichgewicht, Ausgeglichenheit und Ruhe erzeugen. Senkrechte Linien wirken spannungsvoller als waagrechte Linien, denn sie scheinen sich in einem instabilen Balancezustand zu befinden. Senkrechte Linien rufen vor allem in Querformaten eine Flächenteilung hervor. Ebenso können sie zur bildlichen Trennung von Objekten/Subjekten dienen.

**Abbildung 4-32 links:** Bildpunkte

**Abbildung 4-33 rechts:** Linienobjekte

Von allen Linien, die den Blick lenken, sind jedoch Diagonalen die wirkungsvollsten, denn sie suggerieren Bewegungseffekte in eigentlich statischen Bildern. Diagonalen können als steigende und als fallende Linien auftreten. Aufgrund der westlichen Leserichtung von links nach rechts werden Linien, die von links unten nach rechts oben weisen, als Aufwärtsbewegungen empfunden. Linien, die von links oben nach rechts unten zeigen, werden als Abwärtsbewegungen interpretiert.

Bildlinien dienen vor allem zur Blicklenkung der Betrachter, um diese auf bildwichtige Subjekte/Objekte aufmerksam zu machen. Zur Blicklenkung genutzte Linien werden auch als Führungslinien bezeichnet (siehe Abbildung 4-33). Besonders stark ist dieser Effekt bei sich schneidenden Linien. Die Blickrichtung einer im Kader zu sehenden Person gibt eine imaginäre Linie vor, die den Blick der Betrachter ebenso lenkt wie eine tatsächlich existierende Linie.

In Hitchcocks Spielfilm „Der unsichtbare Dritte" (1959) findet in vielen Sequenzen (Vorspann, Überlandbus-Haltestelle, „Treffen im Wald") der gestalterische Einsatz von Linien mustergültig statt. So wird beispielsweise die Bushaltestelle in einer weiten Einstellung gezeigt, bei der sich der Blick der Zuschauer unweigerlich auf den Kreuzungspunkt von Straße und Feldweg konzentriert. Bei der Sequenz „Treffen im Wald" leiten diagonale Objektlinien den Blick zur Kadermitte. Baumstämme dienen in dieser Sequenz zunächst als vertikale Trennungslinien zwischen den anfänglich getrennt stehenden Roger Thornhill und Eve Kendall. Nach Annäherung der beiden Protagonisten bilden zwei Baumstämme einen inneren Rahmen.

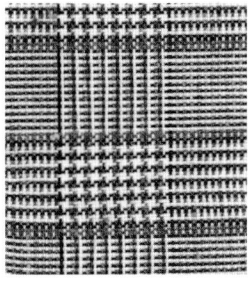

**Abbildung 4-34:**
Feines Stoffmuster

Hin und wieder können Zuschauer zwischen feinen Linien Flimmer- und Verwischungseffekte oder farbige Störmuster auf dem Bildschirm erkennen. Verursacht werden diese Effekte zum einen durch den so genannten Cross-Colour-Fehler, bei dem es zu einem Übersprechen des Luminanzsignals in das Chrominanzsignal kommt. Zum anderen entstehen diese Effekte als Folge der zeilenweisen Abtastung durch die Kamera, bei der es bei bestimmten Abständen zwischen Kamera und aufgenommenen feinen Motivrastern zu Interferenzen (Moiré-Effekt) kommen kann. Zur Vermeidung von Interferenzstörungen sollen deshalb Dekorationen (z. B. Möbelbezüge, Jalousien) keine feinen Linien besitzen. Diese Problematik tritt auch bei Kleidungsstücken auf, die von aufgenommenen Personen getragen werden. Nicht gut geeignet für einen Einsatz im Fernseh- und Videofilmbereich sind bestimmte Kleidungsstücke mit feinen vertikalen und schrägen Streifenmustern oder Karo-, Fischgräten-, Hahnentritt- und Pepitamuster (siehe Abbildung 4-34).

### 4.7.4    Figur-Grund-Beziehung

Am Beispiel einer so genannten „Kippfigur" (siehe Abbildung 4-35) zeigte Rubin im Jahr 1915 die Merkmale einer Figur-Grund-Beziehung auf. „Zu den Eigenschaften von Figur und Grund gehören:

1. Die Figur wirkt ‚dinghafter' und ist leichter im Gedächtnis zu behalten als der Hintergrund.
2. Die Figur wird als vor dem Hintergrund stehend gesehen.
3. Der Hintergrund wird als ungeformtes Material gesehen und erstreckt sich hinter der Figur.
4. Die Konturen, die die Figur vom Hintergrund trennen, scheinen zur Figur zu gehören" (Goldstein 1997, S. 176).

Eine Linie markiert die Grenze zwischen Körper (Figur) und Umfeld des Körpers (Grund). Das menschliche Sehsystem erzeugt zur besseren Figur-Grund-Differenzierung Phänomene wie „Scheinkanten", „Brückenlinien" oder „Kontrastüberhöhungen". Eine Scheinkante ergänzt grafische Elemente zur kompletten Figur. Eine Brückenlinie vervollständigt in der Vorstellung der Betrachter grafische Punkte zur Figur, ohne dabei Scheinkanten entstehen zu lassen. Eine Kontrastüberhöhung verstärkt vorhandene Figuren durch Intensivierung der Helligkeitsunterschiede.

Tendenziell tritt jeweils diejenige „von zwei konkurrierenden Farbflächen in den Hintergrund, die von größerer Ausdehnung ist und überwiegend die Ränder und Ecken der Bildfläche besetzt" (Braun 1987, S. 78). Eine „Figur" neigt zur Bewegung, der „Grund" zum Stillstand. Auf einer Theaterbühne sind die Bewegungen der Schauspieler vor dem

Hintergrund der unbeweglichen Kulisse gut sichtbar, weil die Kulisse aufgrund ihre Größe die Schauspieler umschließt.

### 4.7.5 Rahmen

**Abbildung 4-35:** Kippfigur

„Die Vorstellung des Bildbetrachters geht über die Grenzen des Bildes hinaus, wenn der Bildinhalt bzw. Teile des Bildinhalts durch den Rahmen des Bildes fragmentiert werden" (Braun 1987, S. 123). Fragmentierte Bildteile werden stets zur vollständigen Figur ergänzt. Figurteile, die durch den Bildrahmen angeschnitten werden, stehen jeweils als Teil eines Ganzen.

Aus Linien oder Flächen aufgebaute Rahmen dienen der Blicklenkung und verstärken den Eindruck von räumlicher Tiefe. In speziellen Situationen, in denen innerhalb des Filmgeschehens ein bestimmter Bildbereich isoliert werden soll, wird ein innerer Rahmen (Fenster, Spiegel, Türrahmen, Torbogen, Brückenbogen) gezeigt (siehe Abbildung 4-36).

Beispielsweise wird in der Theatersequenz des Spielfilms „*The Birth of a Nation*" (Regie: D. W. Griffith, 1915) Lincoln in seiner Theaterloge durch den Längsbalken und die Vorhänge separiert. Ähnliche Bilder mit inneren Rahmen finden sich in vielen anderen Spielfilmen wie z. B. „Der letzte Mann" (Regie: Friedrich Wilhelm Murnau, 1924), „Die Ferien des Monsieur Hulot" (Regie: Jacques Tati, 1953), „Psycho" (Regie: Alfred Hitchcock, 1960) oder „Schindlers Liste" (Regie: Steven Spielberg, 1993).

### 4.7.6 Flächen

In der Natur gibt es eine Tendenz zu symmetrischen Figuren und Formen. Das menschliche Wahrnehmungssystem bevorzugt generell Regelmäßigkeit, Ordnung und Übersichtlichkeit. Komplexe Wahrnehmungsmuster werden zusammengefasst und vereinfacht, sodass leichteres Verstehen möglich ist.

**Abbildung 4-36:** Rahmung

Flächen verleihen einem Bild optischen Halt. Im Gegensatz zu Linien, die den Betrachterblick über das Bild wandern lassen, besitzen Flächen als Bildschwerpunkte die Eigenschaft, den Betrachterblick anzuziehen und dann zur Ruhe zu bringen.

Auf Betrachter wirkt eine Dreieckfläche spannungsgeladen und dynamisch, während mit einer Kreisfläche Begriffe wie Stabilität und Ruhe assoziiert werden. Rechteckflächen kommen in Bildern am häufigsten vor, da Gebrauchsgegenstände, Möbel und architektonische Objekte vielfach auf rechtwinkligen Formen beruhen (siehe Abbildung 4-37). Als ein Beispiel für den Einsatz von Flächen im Spielfilm kann „2001 – Odyssee im Weltraum" (Regie: Stanley Kubrick, 1968) genannt werden.

### 4.7.7     Gruppierung und Vereinzelung

Erkenntnisse der Wahrnehmungspsychologie zeigen, dass Menschen dazu neigen, Verbindungen und Einteilungen zwischen ähnlichen Dingen herzustellen. „Eine Gruppenbildung nach Ähnlichkeit gibt es sowohl in der Zeit als auch im Raum. [...] Jeder Aspekt im Wahrnehmungsbild – Gestalt, Helligkeit, Farbe, Raumlage, Bewegung usw. – kann eine Gruppenbildung nach Ähnlichkeit auslösen" (Arnheim 2000, S. 80).

„Auch das Kriterium der Nähe trägt dazu bei, eng beieinanderliegende Objekte zusammenzufassen und entfernt voneinander liegende zu unterscheiden. [...] Es erfolgt außerdem eine Gruppierung, wenn sich mehrere Figuren auf oder vor demselben Grund befinden. Dort wirkt sich auch der Ordnungsfaktor der Symmetrie aus: Gruppierungen, die symmetrisch und ausgewogen sind, werden bevorzugt" (SRT 2000a, S. 448).

Wird ein Einzelsubjekt/-objekt gezeigt, das sich abseits einer Gruppe befindet, kommt dieser Person/Sache eine besondere Bedeutung zu (siehe Abbildung 4-38). Die Vereinzelung der Person/Sache wird im Film meist durch eine anschließende Nahaufnahme dieses Einzelsubjekts/-objekts und einer Halbnahaufnahme der Gruppe unterstrichen.

### 4.7.8     Bildmitte

Gesetzt den Fall, „alle anderen Faktoren sind gleich, dann zieht dasjenige Objekt die größte Aufmerksamkeit auf sich, das dem Zentrum des Bildes am nächsten ist" (Armer 2000, S. 82). Dieses geometrische Bildzentrum ergibt sich aus dem Schnittpunkt M der Bilddiagonalen (siehe Abbildung 4-39).

Nach dem Kunstverständnis der westlichen Welt wird jedoch bei Porträts das Gesicht bevorzugt leicht außerhalb des Bildzentrums platziert, um lästige Gleichförmigkeit in der Komposition zu vermeiden. Üblicherweise sind bei mit einem Passepartout gerahmten Fotografien oder Gemälden die Abstände zwischen der dargestellten Person und dem Rahmen unten etwas größer als oben. Das Bild sitzt dadurch zwar etwas höher im Rahmen, befindet sich aber in der so genannten „optischen Mitte", die etwa zwei bis drei Prozent der Höhe über der geometrischen Mitte des gegebenen Bildfeldes liegt.

### 4.7.9     Goldener Schnitt

Ob eine symmetrische oder asymmetrische Aufteilung einer Bildfläche entsteht, hängt davon ab, wie die bildwichtigen Teile innerhalb des Kaders angeordnet werden. Symmetrische Aufteilungen führen eher

zu statischen, geordneten bzw. ruhigen Bildwirkungen. Asymmetrische Aufteilungen werden in der Regel als interessanter empfunden, weil sie mehr Dynamik und Lebendigkeit ausstrahlen.

**Abbildung 4-37 links:** Flächen

Ist eine asymmetrische Aufteilung einer Strecke oder Fläche gewünscht, so kommt häufig der „goldene Schnitt" zum Einsatz. Der goldene Schnitt fand als Maßverhältnis schon in der antiken Architektur und später besonders in den Werken der Renaissance Anwendung. Die Platzierung eines abzubildenden Subjekts/Objekts im goldenen Schnitt galt und gilt kompositorisch als besonders ausgewogen. Wenn $a$ der kürzeren Seite und $b$ der längeren Seite eines Rechtecks entspricht, so lautet die Formel des goldenen Schnitts:

**Abbildung 4-38 rechts:** Vereinzelung

$$a \mid b = b \mid (a + b) \Rightarrow \text{Für } b > 0 \text{ gilt: } b \approx 1,618\, a$$

**Formel 4-7:** Goldener Schnitt

Gemäß dieser Formel erfolgt die Aufteilung einer Fläche oder Strecke im Verhältnis 3:5, besser noch im Verhältnis 5:8 oder 8:13. Bezogen auf die Positionierung von Bildelementen bedeutet dies, dass ein Motiv nicht direkt in der Bildmitte, sondern auf einem von vier Schnittpunkten A bis D mehr links bzw. rechts und leicht oberhalb bzw. leicht unterhalb der Bildmitte zu platzieren ist (siehe Abbildung 4-39).

Ist der Bildschwerpunkt in der Bildmitte platziert, macht das Bild eher einen statischen Eindruck. Eine solche Bildkomposition vermittelt den Eindruck von Stabilität, Ruhe, Sicherheit oder Festigkeit. Ist der Bildschwerpunkt außerhalb der Bildmitte platziert, macht das Bild eher einen dynamischen Eindruck (siehe Abbildung 4-40).

Bei einer Landschaftstotale kann die Horizontlinie auf 5/8 oder 3/8 der Bildhöhe gelegt werden. Die außermittig nach oben geschobene Horizontlinie bringt einen Spannungsgewinn und legt den Schwerpunkt der Bildaussage auf den Vordergrund. Die außermittig nach unten geschobene Horizontlinie erzeugt durch den großen Bildanteil des Himmels bei den Zuschauern ein Gefühl von Weite und Offenheit. Beispiele

Abbildung 4-39
rechte Seite oben:
Schemata Bildmitte (links)
und Goldener Schnitt

Abbildung 4-40
rechte Seite unten:
Asymmetrische und sym-
metrische Aufteilung

für die Positionierung der Horizontlinie finden sich in der Prärie-Sequenz in Hitchcocks Spielfilm „Der unsichtbare Dritte" oder im Spielfilm „*Cast away* – Verschollen" (Regie: Robert Zemeckis, 2000).

### 4.7.10  Farben

Farben rufen während einer Bildbetrachtung bestimmte Assoziationen und Gefühle bei den Betrachtern hervor. Diese Empfindungen sind jedoch uneinheitlich und diffus, sodass sie nicht verallgemeinert werden können. Folgende Zuordnungen von Gefühlen und Stimmungen zu bestimmten Farben finden sich in der traditionellen Farbsymbolik:
- Gelb: Erhabenheit, Eifersucht, Neid.
- Orange: Freude, Reife.
- Rot: Liebe, Leidenschaft, Kampf, Dynamik, Kraft, Zorn.
- Purpur: Pracht, Würde, Macht.
- Violett: Alter, Glaube, Demut.
- Blau: Unendlichkeit, Sehnsucht, Treue.
- Türkis: Kälte, Starre.
- Grün: Ruhe, Jugend, Sicherheit, Hoffnung.
- Weiß: Reinheit, Sauberkeit, Unschuld.
- Hellgrau: Würde.
- Dunkelgrau: Armut.
- Schwarz: Trauer, Tod (vgl. Vielmuth 1993, S. 204).

Mante verbindet mit bestimmten Farben folgende Assoziationen: „Die Gruppe der eindeutigen blauen Farben weicht zurück, steht für Ferne und Unendlichkeit (und damit auch für Kühle), für Harmonie, Ruhe und Sehnsucht. Die kleine Gruppe der eindeutig gelben Farben strahlt hell, steht für Licht (Sonne), Aktivität und Heiterkeit, aber auch für Neid und deutliche Warnung. Die Gruppe der eindeutig roten Farben wirkt warm und schwer, steht für Nähe, Erregung, Kraft und Hitze (Feuer), aber auch für Wut, Lärm und Gefahr. Die Gruppe der eindeutig grünen Farben ist lebendig, steht für Frische, Vegetation (Natur), Frühling und Hoffnung, aber auch für Unreife und Gift.

Die violetten Farben stehen für den Übergang, die Grenze und die Phantasie sowie für Macht und Alter. Die Farbe Orange ist leuchtend und wird von vielen meist mit Aufdringlichkeit, billigem Vergnügen, aber auch mit Exotik und Gefahr verbunden" (Mante 2000, S. 115 f.).

Durch den gezielten Farbeinsatz kann bei der Bildkomposition der Blick der Betrachter beeinflusst werden. Bildteile, die in hellen oder hochgesättigten Farben zu sehen sind, werden länger betrachtet als Bildelemente, die eine dunkle oder nur schwach gesättigte Farbe besitzen. „Sind Objekte von ungefähr gleichgroßem Interesse, zieht dasjenige

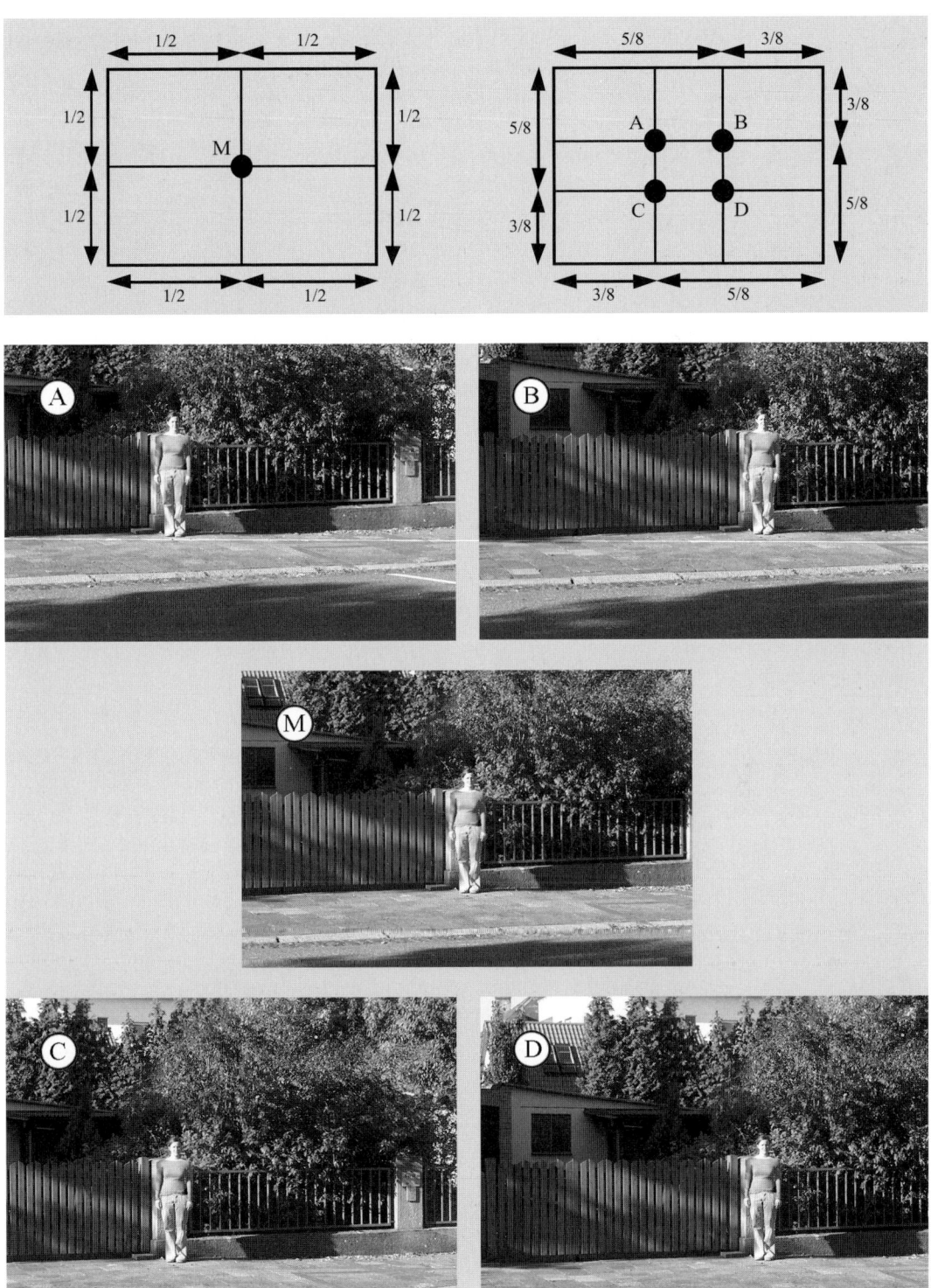

Objekt, das sich von den anderen deutlich abhebt, im allgemeinen die Aufmerksamkeit auf sich" (Armer 2000, S. 82).

Punktförmig eingesetzte Signalfarben lenken besonders stark die Blicke der Betrachter. Ein Beispiel dafür ist die Chicagoer Bahnhofsszene in Hitchcocks Spielfilm „Der unsichtbare Dritte", in der die Gepäckträger rote Schildmützen tragen.

Im Spielfilm „*Shining*" (Regie: Stanley Kubrick, 1979) wird die Farbe Rot z. B. in der Toilettensequenz großflächig eingesetzt, um bei den Zuschauern eine Assoziation mit Blut hervorzurufen.

Häufig besteht eine Diskrepanz zwischen dem optischen Erscheinungsbild von Kleidungsstücken in natura und deren Wiedergabe auf dem Fernsehbildschirm. Weiße Kleidungsstücke überstrahlen leicht die umgebenden Flächen. Bei schwarzen Kleidungsstücken sind deren Strukturen und Konturen aufgrund des begrenzten Kontrastumfangs des Camcorders schwer zu erkennen.

Ebenso kritisch sind Kleidungsstücke mit dunkler Farbe wie z. B. Marineblau. Auch Kleidungsstücke in knalligen Farben sind für die Bildschirmdarstellung ungünstig. Rote Kleidungsstücke scheinen im Bild auszufransen. Zu empfehlen sind dagegen pastellfarbige Kleidungsstücke.

### 4.7.11  Kontraste

Visuelle Spannung entsteht durch die Verwendung von Kontrasten. Neben den Formkontrasten (wie z. B. breit–schmal, spitz–stumpf, groß–klein oder rund–eckig) besitzen besonders Farbkontraste und Hell-Dunkel-Kontraste eine große gestalterische Bedeutung.

Leonardo da Vinci (1452–1519) begründete die Hell-Dunkel-Malerei. Bei dieser Art von Malerei bestimmen die Gegensätze von Licht und Schatten die Gesamtwirkung des jeweiligen Gemäldes. Die Hell-Dunkel-Malerei fand ihre Höhepunkte bei Michelangelo de Caravaggio (1573–1610) und Rembrandt von Rijn (1606–1669). Weitere Ausführungen zur Thematik „Hell-Dunkel-Kontrast" finden sich im Kapitel 3 (Beleuchtung).

### 4.7.12  Tiefenwirkung

Mit dem Grundproblem der Malerei, Tiefe auf der Fläche herzustellen, beschäftigten sich Maler aller Zeiten. Auch für Fotografen und Videofilmer stellt sich die Aufgabe der Erzeugung eines quasi dreidimensionalen Bildes auf einer zweidimensionalen Wiedergabefläche. Durch geschickte kompositorische Gestaltung kann die Illusion einer dritten Dimension, der Tiefe, erzeugt bzw. verstärkt werden.

Eine Tiefenwirkung lässt sich bei zwei formgleichen Objekten beispielsweise dadurch erzielen, dass sie in unterschiedlichen Größen dargestellt werden. Das kleinere der beiden Objekte wird räumlich als weiter hinten angeordnet wahrgenommen. Auch bei einer Darstellung von zwei formgleichen Objekten in unterschiedlichen Farb- oder Graustufen lässt sich eine Tiefenwirkung erzeugen, weil das dunklere der beiden Objekte als weiter vorn angeordnet identifiziert wird. Bei einer tatsächlich vorhandenen oder vermeintlichen Überdeckung von Objektteilen wird das überdeckte Objekt als weiter hinten platziert angenommen. Ähnliches gilt bei gestaffelten formgleichen Objekten.

Sind fluchtende Linien erkennbar, stellt sich automatisch eine Tiefenwirkung ein. Basis für eine solche Annahme ist die aus der menschlichen Wahrnehmung bekannte Zentralperspektive, bei der sich die in die Tiefe verlaufenden Fluchtlinien im Fluchtpunkt treffen.

Besonders bei Totalen muss für die kompositorische Gestaltung des Vordergrunds, des Mittelgrunds und des Hintergrunds gesorgt werden, damit das Bild nicht flach wirkt. Eine räumliche Tiefenwirkung ist durch ein Hintereinanderstaffeln verschiedener Bildelemente zu erzielen. Die Subjekte/Objekte, die die Bildaussage darstellen, sollten sich im Mittelgrund befinden. Während sich bei Supertotalen der Bildhintergrund (z. B. Himmel, Häuser, Berge o. Ä.) quasi von selbst ergibt, stellt die kompositorische Gestaltung des Vordergrunds häufig ein Problem dar. Durch die geschickte Wahl des Kamerastandpunkts lässt sich jedoch in vielen Fällen ein Vordergrundelement ins Bild bringen (siehe Abbildung 4-41). Auf diese Weise lässt sich die prinzipiell bildgestalterisch nachteilige Wirkung, die sich durch das Fehlen eines Vordergrundelements ergibt, vermeiden. Das gezielte Arrangieren der Szenerie wie im Spielfilm ist bei EB-Aufnahmen leider nur sehr begrenzt möglich.

**Abbildung 4-41:**
Vorder-, Mittel- und Hintergrund

### 4.7.13 Visuelles Gleichgewicht

Jedes Subjekt/Objekt innerhalb eines Kaders besitzt ein spezifisches visuelles Gewicht, das u. a. von seiner Größe, Farbe, Form und Position abhängig ist. Wird von zwei gleichartigen Objekten das eine in der linken und das andere in der rechten Hälfte des Kaders platziert, so wird das in der rechten Hälfte angeordnete Objekt als größer wahrgenommen. Sollen beide Objekte gleich groß aussehen, muss das in der linken Hälfte platzierte Objekt größer gestaltet werden. Wird von zwei gleichartigen Objekten das eine in der oberen und das andere in der unteren Hälfte des Kaders platziert, so besitzt das in der oberen Hälfte angeordnete Objekt aufgrund des „Drangs nach unten" das größere visuelle Gewicht.

Der Kamera frontal zugewandte Personen besitzen ein größeres visuelles Gewicht als Personen, die nur im Profil erscheinen. Wiederum

**Abbildung 4-42:**
Herstellung des visuellen Gleichgewichts durch einen zusätzlichen sekundären Blickpunkt

haben Personen, die im Profil zu sehen sind, ein größeres visuelles Gewicht als Personen, die der Kamera den Rücken zukehren.

Die jeweiligen visuellen Gewichte der einzelnen Bildsubjekte/-objekte führen zu einer bestimmten Gewichtsverteilung. Jede Störung des visuellen Gleichgewichts wirkt beunruhigend. Soll eine solche Störung vermieden werden, sind alle Bildsubjekte/-objekte entsprechend ihrer spezifischen Merkmale in Ausgewogenheit zu bringen. Von Paul Klee wurde diesbezüglich das Modell der Balkenwaage benutzt. So kann eine kleine dunkle Form eine große helle Form aufwiegen. Entsprechend des anzuwendenden Hebelgesetzes kann auf der Balkenwaage eine große Form, die sich nahe des Drehpunkts bzw. Auflagers befindet, durch eine kleine drehpunktferne Form egalisiert werden. Wenn das Hauptmotiv entfernt vom Bildzentrum platziert wird (siehe Abbildung 4-42A), muss auf der gegenüberliegenden Seite ein zusätzlicher sekundärer Blickpunkt eingeführt werden, um das visuelle Gleichgewicht zu erhalten (siehe Abbildung 4-42B).

### 4.7.14  Prinzip der Ausschließlichkeit

Ein gutes Bild vermeidet unnötige Einzelheiten und konzentriert sich auf die Merkmale, die dem Auge eindeutig übermittelt werden sollen. Stets ist die gestalterische Frage zu stellen, ob die beabsichtigte Botschaft tatsächlich übermittelt wurde. „Das vom Gehirn geleitete Auge sieht selektiv. Es sieht subjektiv und bemerkt im allgemeinen nur das, woran der Geist interessiert ist, was er sehen möchte oder zu sehen gezwungen ist. Die Kamera dagegen ‚sieht' objektiv und zeichnet alles auf, was in ihrem Blickfeld liegt" (Kandorfer 1984, S. 56). Kameraleute sollten deshalb vor jeder Aufnahme eine Entscheidung über diejenigen Personen/Sachen treffen, die sie aufnehmen möchten. Ist dies geschehen, kann versucht werden, die Aufnahme möglichst gut zu gestalten. Dies kann durch die entsprechende Kaderwahl, durch einen geschickt gewählten Aufnahmewinkel oder durch gezielte Unschärfe in bestimmten Bildbereichen geschehen. Die Konzentration auf das Wesentliche bedingt „Einfachheit der Form, geordnete Gruppenbildung, klare Überschneidungen,

**Abbildung 4-43:**
Aussagewunsch „Park-
idylle" (A) wird durch
zusätzliche Bildelemente
verfremdet (B und C)

Unterscheidung von Figur und Grund, die Verwendung von Beleuchtung und Perspektive zur Darstellung räumlicher Werte" (Arnheim 2000, S. 151 f.).

Bei Naheinstellungen ist die dem Aussagewunsch entsprechende Ausschließlichkeit meistens leicht herzustellen. Problematisch sind vor allem Totalen, die häufig Bildelemente enthalten, die nicht zur gewünschten Aussage gehören und dadurch von ihr ablenken.

Ein häufiger Gestaltungsfehler sind Aufnahmen von Nebensächlichkeiten, die nicht den Aussagewunsch stützen bzw. diesem zuwiderlaufen. Da die Zuschauer jeder Einstellung eine gewisse Bedeutung zumessen, stiften solche Nebensächlichkeiten unnötigerweise Verwirrung und lenken von der eigentlichen Aussage ab. Ein konstruiertes Beispiel soll diese Problematik verdeutlichen: Der eigentliche Aussagewunsch einer Aufnahme hätte eine „Parkidylle" sein sollen (siehe Abbildung 4-43A). Wird nun als einziges zusätzliches Bildelement ein freilaufender „Kampfhund" eingefügt, ändert sich die Bildaussage ganz entscheidend (siehe Abbildung 4-43B). Wird die „Parkidylle" mit dem schwer interpretierbaren Bildelement „Außerirdisches Wesen" ergänzt (siehe Abbildung 4-43C), so hängt es von der Reaktion der Zuschauer ab, ob und wie sich die Bildaussage ändert. Zum einen könnte es zu einer Irritation der Zuschauer kommen, sodass die eigentliche Bildaussage durch den Glaubwürdigkeitsverlust dauerhaft an Bedeutung verlieren würde. Zum anderen könnte das nicht interpretierbare Bildelement von den Zuschauern ignoriert und damit ausgeblendet werden, sodass nur von einer kurzzeitigen Interpretationsstörung zu sprechen wäre. Ergebnis der Sichtbarkeit eines schwer interpretierbaren Bildelements ist auf jeden Fall eine indifferente Bildaussage.

## 4.8 Bewegtbildgestaltung

Vor einer Erläuterung von Gestaltungsdetails sollen einige grundlegende Aspekte der Bewegtbildgestaltung angesprochen werden:

- Wie für die Malerei und die Fotografie stellen sich auch bei einem Film- oder Videofilmprojekt grundsätzlich die Fragen nach dem Inhalt (Was soll gezeigt werden?) und der Form (Wie soll es gezeigt werden?). Allerdings ist die scheinbar klar vorliegende Unterscheidung zwischen Inhalt und Form nicht gegeben, weil schon die Stoffauswahl die spätere Formwahl beeinflusst. Für Kracauer sind Form und Inhalt eines Kunstwerkes untrennbar verknüpft, weil jeder Inhalt Formelemente enthält und jede Form zugleich auch Inhalt ist. Während der inhaltliche Aspekt durch die Angaben im Exposee bzw. Drehbuch mehr oder weniger detailliert vorgeklärt ist, besteht bei der Visualisierung dieser schriftlichen Vorgaben ein relativ großer künstlerischer Spielraum.

- In westlichen Mediengesellschaften lernen die meisten Kinder schon frühzeitig, was es mit zeitlichen und räumlichen Diskontinuitäten in Film und Fernsehen auf sich hat. Allerdings ist die Verständlichkeit filmischer Prinzipien, wie sie von Hollywood seit Jahrzehnten praktiziert werden, nicht zwangsläufig gegeben. Untersuchungsergebnisse zeigten, dass Menschen, die mit unserer westlichen Zivilisation noch nicht in Berührung gekommen waren, folgende Verständnisprobleme bei der Filmrezeption besaßen (vgl. Arnheim 2001, S. 291 f.):
  - Die Beziehung zwischen einer Totale und einer Großaufnahme wurde nicht verstanden.
  - Von einem ganzen Spielfilm blieben nur unbedeutende Einzelheiten und nicht der eigentlich wichtige Handlungsstrang in Erinnerung.
  - Die Unterbrechungen des Zeitablaufs und des räumlichen Zusammenhangs erzeugten Verständnisschwierigkeiten.
  - Eine Schwenkaufnahme wurde so aufgefasst, als ob die Landschaft in Bewegung sei.
  - Die rechtwinklige Begrenzung der Bilder wurde nicht verstanden.

  Die geschilderten Filmverständnisprobleme machen deutlich, dass filmische Neuerungen bei den Zuschauern stets der Gewöhnung bedürfen und Lernprozesse erforderlich machen.

- „Wie für andere künstlerische Genres, so gilt auch für den Film, daß man die eigenen technischen Mittel am besten entwickeln und verfeinern kann, indem man die Werke der Meister studiert" (Arijon 2000, S. 698). Weil von Filmkritikern fast ausschließlich Spielfilme als Meisterwerke bezeichnet werden, stellt die Übertragbarkeit der Spielfilmprinzipien auf EB-Produktionen und

Videofilm-Amateurprojekte die Voraussetzung für eine solche Lern-
methode dar. Laut Regisseur Sidney Lumet (*1924) sollten Spielfilme wie z. B. „Red River" (Regie: Howard Hawks, 1948) nur im
Kino und nicht im Fernsehen gezeigt werden, weil sie aufgrund
der geringen Breite eines Fernsehbildschirms ihre beeindruckende
Bildgewalt verlieren. Dieses Argument gegen eine Übertragbarkeit von Kinofilmprinzipien auf Fernsehproduktionen ist hinläng-
lich bekannt. Die Faszination des Kinofilms entsteht eben unter
anderem dadurch, dass das Kinofilmbild im Vergleich zum Fernsehbild einen größeren Teil des Gesichtsfeldes ausfüllt und dadurch
die Kinozuschauer psychologisch stärker in eine Filmhandlung hin-
eingezogen werden.

Die gestalterischen Unterschiede zwischen einem klassischen
Spielfilm von Alfred Hitchcock und einem traditionell produzierten
Fernsehfilm können jedoch geringer sein als die zwischen einem
Fernsehfilm und einer heutigen von der Videoclip-Ästhetik beein-
flussten Fernsehsendung. Weil filmische Konventionen trotz aller
Bedenken mit gewissen Modifikationen auf das Fernsehen übertragen wurden, können nicht nur aktuelle Fernsehsendungen,
sondern auch berühmte Spielfilmklassiker Anregungen geben.
Spielfilmklassiker stellen, besonders wenn sie als DVD-Version
erhältlich sind, gutes audiovisuelles Lernmaterial dar. Viele der
neueren Hollywood-Filme sind für Lernzwecke kaum geeignet, weil
deren Actionszenen und „special and visual effects" außerhalb der Rea-
lisierungsmöglichkeiten von Videofilmproduktionen liegen.

**Internetadressen:**
us.imdb.com
www.oscar.com

- Der Großteil der Produktionen bei Film und Fernsehen folgt auch
  heute noch dem „Prinzip der Transparenz". Dieses Prinzip basiert
  auf den realistischen und illusionistischen Kunstauffassungen des
  19. Jahrhunderts. Es zeichnet sich u. a. durch Aufnahmen aus,
  bei denen vermieden wird, dass die zur Produktion benötigten
  technischen Geräte (z. B. Kameras, Scheinwerfer, Mikrofone) im
  Bild zu sehen sind. Außerdem wird beim Schnitt dafür gesorgt,
  dass keine Bild-, Tonpegel- und Farbsprünge auftreten. Jedes
  Handeln der im traditionellen Stil gemäß dem „Prinzip der Transparenz" arbeitenden Filmschaffenden zielt darauf ab, den Zuschauern das Gefühl einer ungestörten Teilhabe an einer anderen Wirklichkeit zu vermitteln. Zuschauer sollen in den filmischen Raum
  eintauchen, ohne sich dessen Materialität bewusst zu werden.

  Die Ersten, die sich dieser traditionellen Auffassung entgegen-
  stellten, waren die russischen Revolutionsfilmer in den zwanziger
  Jahren des 20. Jahrhunderts. Ihnen folgten die europäischen
  Autorenfilmer seit den fünfziger Jahren des 20. Jahrhunderts und

die heutigen Videoclip-Produzenten. Alle diese Gruppen handelten bzw. handeln nach dem „Prinzip der Materialität", bei dem durch Brüche und Irritationen die Materialität des Films gezielt hervorgehoben und mit Bildcollagen eine spezielle Ästhetik geschaffen wird. „Das Bewußtsein der Materialität des filmischen Erzählens korrespondiert mit Kunstkonzepten der Moderne, die in der Literatur, der bildenden Kunst, der Musik und dem Theater vergleichbare Auffassungen vertreten" (Hickethier 1996, S. 141).

- Zur Gestaltungsebene des statischen Einzelbildes kommt beim Film eine zweite Gestaltungsebene hinzu, die den Zusammenhang zwischen den sich ändernden Einzelbildern in den filmischen Einstellungen und Sequenzen festlegt. Die auf dieser zweiten Gestaltungsebene stattfindende Darstellung von Bewegung ist das wichtigste Kompositionsmittel im Film, die ja auch zur Namensgebung „Kinematografie" führte.

  Allerdings kann auch dank des Einsatzes von Mehrprojektor-Überblendtechnik bei der Rezeption einer Dia-Show ein Pseudo-Filmeffekt entstehen. Wie die beliebten, meist gut gestalteten und vertonten Multivisionsschauen mit der Thematik „Reisen in fremde Ländern" beweisen, können solche Multivisionsschauen sogar mehr Informationen übermitteln als mittelmäßig produzierte Fernsehsendungen. Trotzdem reicht ihre quasi-kontinuierliche Darstellungsweise nicht an die besondere visuelle Qualität der Medien „Film" und „Videofilm" heran. Nur durch die Aufzeichnung in genügend hoher zeitlicher Auflösung ist eine realistische Darstellung kontinuierlicher Bewegung von Objekten und Subjekten möglich. Bei Subjektaufnahmen sind es besonders die Aspekte menschlicher Kommunikation (Sprache, Gestik und Mimik) mit all ihren sichtbar werdenden Feinheiten, die das Zuschauerinteresse wecken und erhalten.

### 4.8.1  Bildformate

Die aus der Malerei oder Fotografie bekannten Bildformate „Hochformat" und „quadratisches Format" besitzen im Videofilm- und Filmsektor keine Bedeutung, weil bei Fernsehbildschirmen und Kinoleinwänden nur das am menschlichen Sehfeld orientierte Querformat existiert. Bei diesem Querformat existieren verschiedenartige Bildformate, die unterschiedliche Bildeindrücke hervorrufen (siehe Abbildung 4-44).

Wird die Formel des goldenen Schnitts für das Breiten-Höhen-Verhältnis der Kinoleinwände oder Bildschirme zugrunde gelegt, so müsste es einem Verhältnis von 1,618:1 entsprechen. Das 16:9-Format

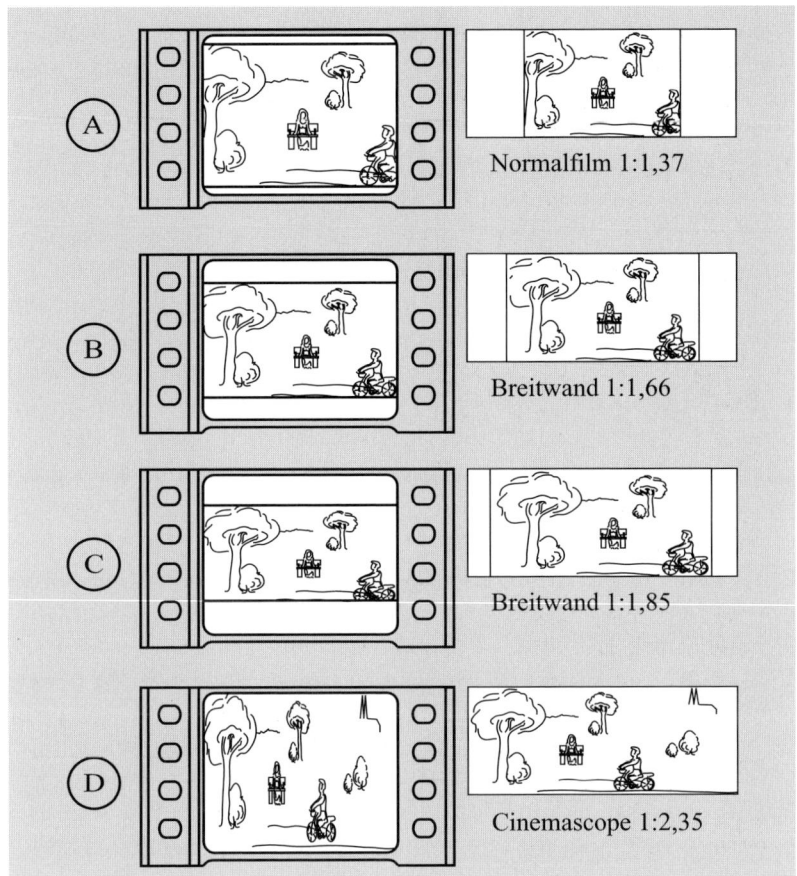

**Abbildung 4-44:**
Bildformate

Normalfilm 1:1,37

Breitwand 1:1,66

Breitwand 1:1,85

Cinemascope 1:2,35

(Verhältnis 1,777:1) liegt wesentlich näher am goldenen Schnitt als das 4:3-Normalformat (Verhältnis 1,333:1). Das europäische 35-Millimeter-Kinobreitwandfilmformat kommt mit einem Breiten-Höhen-Verhältnis von 1,66:1 dem goldenen Schnitt noch näher. Das amerikanische 35 Millimeter-Kinobreitwandfilmformat betont mit einem Breiten-Höhen-Verhältnis von 1,85:1 die Breitenwirkung der Filmbilder noch stärker als das europäische. Das Cinemascope-Format ist ebenfalls ein 35-Millimeter-Kinobreitwandfilm, das mit einem Breiten-Höhen-Verhältnis von 2,35:1 vom goldenen Schnitt abrückt und die Breitenwirkung von panoramaartigen Filmbildern extrem hervorhebt.

### 4.8.2 Einstellungsgrößen

Das Wort „Einstellung" wird in dreifacher Bedeutung verwendet, sodass häufig Unklarheiten über das tatsächlich Gemeinte entstehen. Einstellung wird erstens als deutsche Übersetzung des englischen Worts „*take*", zweitens als der bewusst gestaltete Bildausschnitt und drittens als die Summe mehrerer Takes benutzt. „Der Begriff ‚Einstellung' stammt noch aus der Stummfilmzeit, als die ‚Einstellung' der Kamera während der gesamten Szene unverändert blieb. Deshalb war sie ursprünglich mit der ‚Szene' identisch" (Kandorfer 1984, S. 76). Jede Aktion der Schauspieler wurde damals ohne die Möglichkeit einer filmischen Nuance wiedergegeben, weil sich die gesamte Handlung in einer konstanten Entfernung von der Kamera abspielte. Die dramatische Wirkung basierte wie im Theater allein auf der Gestik und Mimik der Schauspieler. Heute versteht man unter einer Einstellung eine ununterbrochene Bildfolge. Die Kamera kann sich während der Aufnahme beliebig bewegen, sodass auch die durch Fahrten, Schwenks und Blickwinkelveränderungen gewonnenen neuen Bildeindrücke zu ein und derselben Einstellung gehören. Ein heutiger normaler Spielfilm setzt sich aus fünfhundert bis tausend verschiedenen Einstellungen zusammen.

Die Einstellungsgröße bezeichnet das Größenverhältnis des abgebildeten Subjekts/Objekts zum Kader. Die Einstellungsgröße ergibt sich aus der Distanz der Kamera zum aufgenommenen Subjekt/Objekt und den gewählten Abbildungsparametern der Kamera.

Je nach gewählter Einstellungsgröße kann die Wichtigkeit der Umgebung gegenüber dem aufgenommenem Subjekt/Objekt variiert werden. Infolge der Einbeziehung oder des Ausschlusses bestimmter Subjekte/Objekte bei einer Einstellungsgrößenänderung wird zwangsläufig der Bildinhalt und damit die Bildaussage verändert. Griffith war der Erste, der die gezielte Wahl der Einstellungsgröße zur Erzeugung und Steuerung dramatischer Spannung nutzte. Der Standort der Kamera wurde bei Griffith nicht nur aus räumlichen, sondern auch aus dramaturgischen Gründen geändert, um den Zuschauern neue, für die Handlung wichtige Details zu zeigen. Griffith zerlegte eine Handlung in kurze Fragmente. Dadurch konnten Szenen, die in der Totale nur unter großen Schwierigkeiten aufzunehmen waren, während des Schnitts aus leicht zu inszenierenden Einstellungen zusammengesetzt werden. Ein Beispiel dazu ist das Massaker an den Babyloniern im Spielfilm „Intolerance" (1916).

Griffith ließ alles aus der dramaturgisch geeignetsten Kameraposition aufnehmen. Dadurch konnte er die Aussageschwerpunkte im Verlauf der zu erzählenden Geschichte von Einstellung zu Einstellung ändern und deren dramatische Intensität kontrollieren. Ein Beispiel dazu ist die berühmte Theatersequenz in Griffith' Spielfilm „The Birth of a Nation" (1915), in der die Ermordung Abraham Lincolns durch den Südstaaten-Fanatiker Booth zu sehen ist. Dieses Stummfilmbeispiel beweist überzeugend, dass eine filmische Erzählung generell durch die Wahl der jeweils zweckmäßigen Einstellungsgrößen größere dramaturgische Dichte bekommt. Auch die Aufmerksamkeit der Zuschauer

**Abbildung 4-45:**
Einstellungsgrößen

kann mit Hilfe dieser Methode gezielt erregt und gelenkt werden. Seit Griffith' bahnbrechenden Spielfilmen liegt also die Erkenntnis vor, dass „eine Filmsequenz aus unvollständigen Einstellungen zusammengesetzt ist, deren Reihenfolge und Auswahl durch eine dramaturgische Notwendigkeit bestimmt werden" (Reisz 1988, S. 20).

| Drei Einstellungsgrößen (vgl. Hickethier 1996, S. 58 f.) | Fünf Einstellungsgrößen (vgl. Schult 2000, S. 25) | Sieben Einstellungsgrößen (vgl. Katz 2000, S. 169) | Beschreibung |
|---|---|---|---|
| Totale (long shot) | total | Totale | Hier wird ein Handlungsraum bestimmt, in dem der Mensch untergeordnet ist. Es werden alle Elemente der Szene gezeigt, die die Zuschauer kennen und lokalisieren müssen, um der folgenden Aktion folgen zu können. |
| - | halbtotal | Halbtotale | Hier ist die menschliche Figur vom Kopf bis zu den Füßen zu sehen. Diese Einstellungsgröße eignet sich für die Darstellung von Menschengruppen sowie körperbetonter Aktionen. |
| - | - | Amerikanische | Hier wird eine Person vom Kopf bis zu den Oberschenkeln gezeigt. Die unmittelbare Personenumgebung ist gerade noch erkennbar. Diese Einstellungsgröße fand zuerst Einsatz beim Revolverziehen im Showdown der US-amerikanischen Western. |
| Normal (medium shot) | halbnah | Halbnaheinstellung | Hier ist die menschliche Figur vom Kopf bis zur Hüfte zu sehen. Diese Einstellungsgröße wird häufig bei Figurenkonstellationen wie „Zweier" und „Dreier" eingesetzt. |
| - | nah | Naheinstellung | Eine Person wird vom Kopf bis zur Brust gezeigt. Mimische und gestische Elemente stehen im Vordergrund. |
| Groß (close up) | - | - | Es werden der Kopf und der obere Schulterbereich einer Person gezeigt. Der mimische Ausdruck wird hervorgehoben. Regungen dieser Person werden gezeigt, die den Dargestellten/die Dargestellte charakterisieren und die Identifikationsmöglichkeiten der Zuschauer mit der Person erhöhen. |
| - | groß | Großaufnahme | Es wird vom Kopf einer Person nur der Bereich zwischen Haaransatz und Kinn gezeigt. |
| - | - | Detailaufnahme | Von einer Person ist nur noch ein Detail (Mund, Augen, Hand oder Finger) zu sehen. Auch Gegenstände können mit dieser Einstellungsgröße den Zuschauern nahe gebracht werden. |

**Tabelle 4-10:**
Einstellungsgrößen I
(drei bis sieben Größen)

Die in den Tabellen 4-10 und 4-11 aufgeführten Einteilungsvarianten unterscheiden sich je nach zitiertem Autor in der Anzahl der Einstellungsgrößen. Die Definitionen für bestimmte Einstellungsgrößen sind in der Fachliteratur leider teilweise widersprüchlich. Zahlreiche der unterschiedlichen Einstellungsgrößen (siehe Abbildung 4-45) finden sich z. B. in den Spielfilmen „*Stagecoach*" (Regie: John Ford, 1939) oder „Psycho" (Regie: Alfred Hitchcock, 1960) wieder.

Wechselnde Kamerastandpunkte und verschiedenartige Einstellungsgrößen innerhalb einer Sequenz werden von den Zuschauern als angenehm empfunden. Ein harter Schnitt zwischen zwei Einstellungen mit unterschiedlichen Einstellungsgrößen simuliert den menschlichen

| Sieben Einstellungsgrößen (vgl. Armer 2000, S. 300) | Acht Einstellungsgrößen (vgl. Hickethier 1996, S. 58 f.) | Elf Einstellungsgrößen (vgl. Schmidt 2000, S. 238) | Beschreibung |
|---|---|---|---|
| Weite Einstellung (Supertotale) | Weit (extreme long shot) | Extrem weit (very long shot) | In dieser Panoramaeinstellung wird eine Landschaft so weiträumig gezeigt, dass ein Mensch darin verschwindend klein ist. Den Zuschauern wird ein Überblick verschafft. Etwaige Subjekt- oder Objektbewegungen sind erst bei genauerem Hinsehen zu erkennen. |
| Totale | Totale (long shot) | Weit (long shot) | Siehe Tabelle 4-10. |
| Halbtotale | Halbtotale (long shot) | Total (full length shot) | Hier ist die menschliche Figur vom Kopf bis zu den Füßen zu sehen. Diese Einstellungsgröße eignet sich für die Darstellung von Menschengruppen sowie körperbetonter Aktionen. |
| - | - | Halbtotal (medium long shot) | Hier ist eine Person vom Kopf bis zu den Knien zu sehen. |
| Amerikanische | Amerikanisch | Amerikanisch (tight shot) | Siehe Tabelle 4-10. |
| - | Halbnah (medium shot) | Halbnah (mid shot) | Hier ist die menschliche Figur vom Kopf bis zur Hüfte zu sehen. Diese Einstellungsgröße wird häufig bei Figurenkonstellationen wie „Zweier" und „Dreier" eingesetzt. |
| Naheinstellung | Nah (medium close up bzw. close shot) | Nah (medium close up) | Eine Person wird vom Kopf bis zur Brust gezeigt. Mimische und gestische Elemente stehen im Vordergrund. |
| Großaufnahme | Groß (close up bzw. head and shoulder close up) | Groß (close up) | Siehe Tabelle 4-10. |
| Detailaufnahme | - | Ganz groß (big close up) | Es wird nur der Kopf einer Person, der das Kader völlig ausfüllt, gezeigt. |
| - | - | Sehr groß (very close up) | Es wird vom Kopf einer Person nur der Bereich zwischen Haaransatz und Kinn gezeigt. |
| - | Ganz groß oder Detail (choker close up) | Extrem groß (extreme close up) | Von einer Person ist nur noch ein Detail (Mund, Augen, Hand oder Finger) zu sehen. Auch Gegenstände können mit dieser Einstellungsgröße den Zuschauern nahe gebracht werden. |

Wahrnehmungsprozess im Normalfall besser als jede Kamerabewegung. Bei Einstellungsgrößenänderungen hat sich sowohl die Abfolge Totale – Naheinstellung – Großaufnahme als auch die Abfolge Großaufnahme – Naheinstellung – Totale bewährt.

**Tabelle 4-11:** Einstellungsgrößen II (sieben bis elf Größen)

In einer Dialogszene mit mehreren Personen („Zweier", „Dreier" oder „Vierer") wird meist die Halbnaheinstellung als Einstellungsgröße gewählt. Halbnaheinstellungen geben zusammen mit Totalen das Geschehen einer Szene umfassend wieder, ohne dass auf weitere

Einstellungsgrößen zurückgegriffen werden müsste. Eine Totale ist besonders lange zu zeigen, wenn alle Bildeinzelheiten von den Zuschauern erfasst werden sollen.

Steht der Protagonist unter emotionaler Belastung, wird normalerweise die Naheinstellung gewählt. Diese muss aber stets von anderen Einstellungsgrößen wie etwa Halbnaheinstellungen oder Totalen ergänzt werden.

Die Einstellungsgröße entscheidet über Nähe oder Distanz zur gezeigten Handlung. Sie zeigt Wichtigkeit oder Unwichtigkeit von Subjekten und Objekten. Tendenziell steigt die Expressivität einer Aufnahme bei einer Einstellungsgrößenänderung in Richtung „Großaufnahme" an. Wird eine Nahaufnahme verwendet, signalisiert diese ein Moment größerer dramatischer Spannung oder Wichtigkeit. Nähe „wird noch nicht so sehr in der einzelnen Einstellung wirksam, sondern vor allem im Wechsel der Einstellungen innerhalb einer Einstellungsfolge. Durch den Wechsel der Einstellungsgrößen werden wir in unterschiedliche Nähe zum Objekt gesetzt, werden ihm nahegebracht und von ihm entfernt. Für die emotionale Steuerung spielt dies eine wesentliche Rolle, aber auch bereits für die einfache Informationsvermittlung" (Hickethier 1996, S. 60). „Die emotionalen und sozialen Bedeutungen, die mit unterschiedlichen Einstellungsgrößen (die bestimmte Distanzen zwischen dem Objekt und den Zuschauern simulieren) verknüpft werden, lassen sich auf kulturspezifisch variable Kommunikationscodes zurückführen (z. B. wird in unserer Kultur eine Distanz von etwa 0,50 m als Ausdruck einer intimen Beziehung betrachtet, eine Distanz von etwa 1 m als Ausdruck einer persönlichen Beziehung und weitere Distanzen als Ausdruck sozialer oder öffentlicher Beziehungen). Aufgrund solcher Zusammenhänge nehmen wir emotional stärkeren Anteil an Personen, die der Film in Großaufnahmen präsentiert. Groß- und Detailaufnahmen evozieren Intimität" (Hüther 1997, S. 267 f.).

Naheinstellungen lassen sich auch hervorragend für das Unterschneiden von Totalen nutzen. Generell sollten stets gezielte Einstellungen für Überbrückungen und Zwischenschnitte aufgenommen werden. Dies gilt besonders dann, wenn unklar ist, ob die Bildanschlüsse wirklich zueinander passen. Auch beim Kürzen von zu langen Interviews sind solche Einstellungen äußerst hilfreich. Professionelle EB-Kameraleute nehmen für einen möglicherweise erforderlichen Zwischenschnitt beispielsweise bei Pressekonferenzen vorsorglich andere EB-Kameraleute auf. Stets sinnvoll sind für diesen Zweck Aufnahmen von Zuschauerreaktionen auf gerade erfolgte Aktionen der handelnden Personen.

Für Videofilmaufnahmen von Live-Auftritten sind eigentlich mindestens zwei Camcorder notwendig. Wenn jedoch nur ein Camcorder zur Verfügung steht, sollten möglichst schon bei einer vorangehenden Probe, beim Einsingen etc. Naheinstellungen erfolgen, sodass mit diesen später ein Unterschneiden erfolgen kann.

### 4.8.3   Kadrierung

Die „Kadrierung ist die Begrenzung eines abgebildeten Geschehens durch den Ausschnitt" (Hickethier 1996, S. 49). „Je größer die Ausschließlichkeit ist, mit der dem Zuschauer etwas gezeigt wird, desto geringer ist seine Möglichkeit zu eigenständiger Interpretation. Bilder mit hohem Ausschließlichkeitsgrad sind unmißverständlich und führen zu einem deutlichen Informationstransport. Die Einstellung darf ausschließlich das enthalten, was tatsächlich ausgesagt werden soll – nicht mehr und nicht weniger. Der Auswahl der richtigen Bildausschnitte kommt also eine herausragende Bedeutung zu. Um dieser Bedeutung gerecht zu werden, bedarf es allerdings der genauen Vorstellung, was überhaupt ausgesagt werden soll" (Schult 2000, S. 23).

„Die Bildgrenze hat eine »konzentrierende, das Auge auf das Bild lenkende und heftende Wirkung« [...] Der Rahmen erklärt das in ihm Gezeigte als etwas Zusammengehörendes. Was in der Realität als zufällig und ungeordnet erscheint, erhält durch den Rahmen eine innere Ordnung. Alle »Elemente im Bild erhalten ihren Stellenwert aus der Bildgrenze«, aus ihrem Verhältnis zu ihr" (Hickethier 1996, S. 47).

Schon durch eine geringe Änderung der Kadrierung kann sich die Aussage eines Bildes beträchtlich ändern. Diese eigentlich banale Tatsache wird bei Amateur-Videofilmaufnahmen bedauerlicherweise nicht immer berücksichtigt, sodass die jeweilige Bildaussage darunter leidet. Ein Beispiel für das „Schönen" der Realität durch geringe Verschiebung der Kadrierung zeigen die Abbildungen 4-46 und 4-47.

Als „angeschnitten" oder „offen" werden Bildkompositionen bezeichnet, wenn „der Bildrand Personen anschneidet oder Vordergrundelemente eine Figur teilweise verdecken" (Katz 2000, S. 343). Als offen gelten auch Bildkompositionen, in denen die eigentlich aufzunehmende Person das Bildfeld immer wieder verlässt und dann neu betritt.

Von „nicht angeschnittener" Kadrierung oder „geschlossener" Bildgestaltung wird bei Bildkompositionen gesprochen, in denen die abgebildeten Subjekte/Objekte sorgfältig inszeniert werden, damit diese vollständig sichtbar sind und ein visuelles Bildgleichgewicht sichergestellt ist. Im Hollywood-Stil der dreißiger und vierziger Jahre des 20. Jahrhunderts war es üblich, das Subjekt/Objekt stets voll im Bild zu behalten. Es

**Abbildung 4-46:**
Ungeschönte Kadrierung

**Abbildung 4-47:**
Geschönte Kadrierung

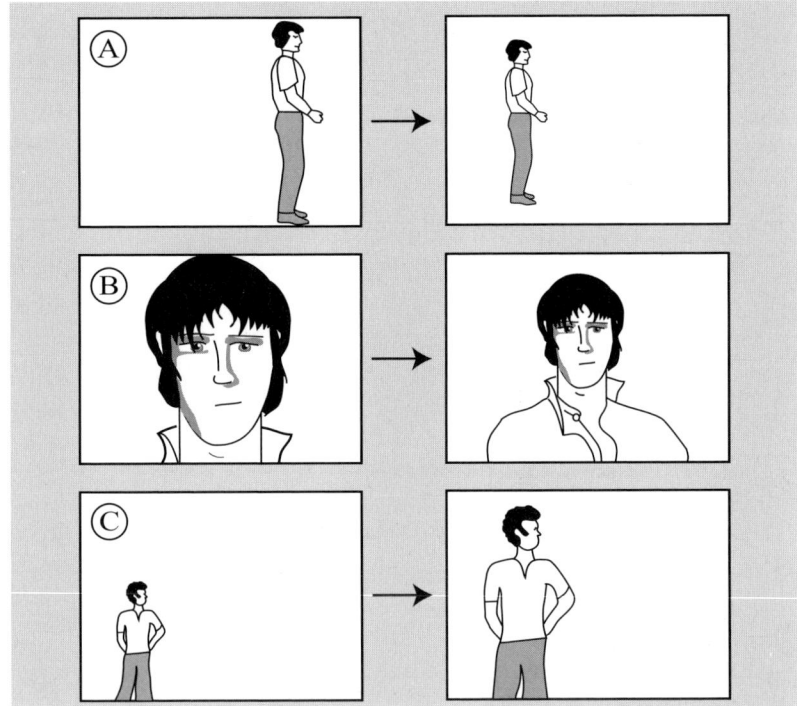

**Abbildung 4-48:**
Verbesserung der
Bildgestaltung durch
Kadrierungsänderung

wurde als gewagt angesehen, wenn das Subjekt/Objekt nicht die Mitte des Bildes einnahm. Da jedoch eine Einstellung grundsätzlich dynamischer wirkt, wenn sich das Hauptsubjekt/-objekt am Rand des Kaders befindet, wandelte sich dieser Stil nahezu zwangsläufig.

In der Bewegtbildgestaltung kommt der Wahl der korrekten Kadrierung eine eminent wichtige Rolle zu. Kadrierungsfehler können vermieden werden, wenn u. a. folgende Aspekte Berücksichtigung finden:

- Der Bildbereich vor einer auf den Bildrand blickenden Person wird als „Blickraum", der Bildbereich hinter dieser Person als „redundanter Raum" bezeichnet. Der Blickraum muss stets größer als der redundante Raum sein, weil sich ansonsten durch das „Aus-dem-Bild-sehen" ein unausgeglichenes Kader ergibt (siehe Abbildung 4-48A). Bei Personen-Großaufnahmen im Profil sollte sich der Hinterkopf am Rand des Bildausschnitts und die Nasenspitze ungefähr in der Bildmitte befinden.

- Der „Kopfraum" ist der Bereich zwischen dem Kopf einer Person und dem oberen Kaderrand. Der „Fußraum" ist der Bereich zwischen den Füßen einer Person und dem unteren Kaderrand. Bei einer Personenaufnahme in der Totale ist darauf zu achten, dass ein genügend großer Kopf- und Fußraum berücksichtigt wird (siehe

Abbildung 4-48A). Besonders bei Nutzung von Consumer-Camcordern besteht die große Gefahr der Nichtberücksichtigung des Kopf- und Fußraums, da dort im Gegensatz zu professionellen EB-Camcordern der aktionssichere Bereich (siehe Abbildung 6-14) nicht angezeigt wird.

- Wenn eine Person durch den unteren Bildrand angeschnitten werden soll, liegen die besten Anschnittlinien in Höhe knapp über den Knien, in Höhe knapp unter der Hüfte und in Höhe der Achselhöhlen. Bei Personen-Naheinstellungen ist die Kadrierung so zu wählen, dass nicht nur Kopf und Hals, sondern Kopf und Schultern bei genügend großem Kopfraum zu sehen sind (siehe Abbildung 4-48B). Wenn der Kopf einer Person bei einer Großaufnahme angeschnitten wird, soll der obere Bildrand auf dem Haaransatz und der untere Bildrand auf dem Kehlkopf liegen.

- Unabhängig von der Einstellungsgröße sollte sich die Blickachse im oberen Bilddrittel befinden, damit der Eindruck vermieden wird, dass die Person nach unten gerutscht ist (siehe Abbildung 4-48C).

### 4.8.4 Kamerapositionen

#### 4.8.4.1 Haupteinstellung

Trotz gestalterischer Freiheit bei der Kamerapositionierung sind schon während der Aufnahme die bestehenden Regeln der Kontinuitätsmontage zu beachten.

Eine zentralperspektivische Aufnahme in Kameraposition B (siehe Abbildung 4-49) heißt „Haupteinstellung" oder „Übersichtseinstellung" (engl. *master-shot* oder *cover-shot*), weil sie das Handlungsgeschehen mit allen Akteuren einer Szene visuell abdeckt und sowohl Handlungsort als auch handlungsrelevante Requisiten zeigt. Die Haupteinstellung wird als Totale aufgenommen und auch als Einführungseinstellung (engl. *establishing-shot*) bezeichnet, wenn sie am Anfang einer Sequenz steht. Ist diese Totale am Ende einer Sequenz angeordnet, wird sie „Rückführungseinstellung" (engl. *reestablishing-shot*) genannt.

Zu beachten gilt allerdings, dass die zur Orientierung gedachten Einführungseinstellungen Zuschauer schnell langweilen, falls alle Szenen immer wieder mit einer Totale beginnen. Als Abwechslung oder zur Spannungssteigerung kann deshalb eine Sequenzeröffnung auch mit Großaufnahmen erfolgen. Weil die Zuschauer zunächst über Raum und Zeit im Unklaren gelassen werden, entsteht bei ihnen Neugier, welchen Sinnzusammenhang die noch nicht interpretierbaren Bilder ergeben.

In einer totalen Einstellungsgröße könnten theoretisch alle Aktionen einer Szene aufgenommen werden. Innerhalb einer Zwei-Personen-Ge-

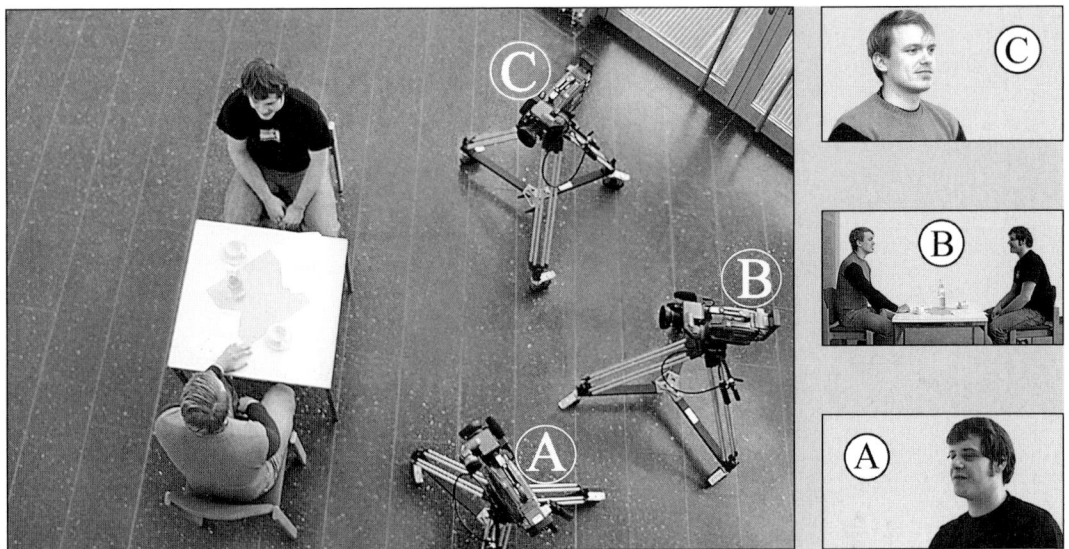

**Abbildung 4-49:**
Zweier-Einstellung

sprächssituation (kurz „Zweier" oder „Zweier-Einstellung" genannt), in der sich typischerweise die beiden Personen ansehen, erscheinen beide Personen dann aber stets nur im Profil. Alternativ dazu können die beiden Personen im 90°-Winkel angeordnet sein, sodass die Aufnahme durch eine Haupteinstellung erfolgen kann und die Personen im Halbprofil zu sehen sind (siehe Abbildung 4-51). Soll eine Personengruppe mit mehr als drei Personen aufgenommen werden, so bietet sich eine tiefengestaffelte Anordnung der Personen an.

Befindet sich die Kamera außerhalb des Aktionskreises der aufgenommenen Personen, wird eine distanzierte neutrale Zuschauerbetrachtungshaltung gefördert. Befindet sich die Kamera dagegen innerhalb des Aktionskreises der aufgenommenen Personen, verstärkt sich die Identifikation der Zuschauer mit diesen.

### 4.8.4.2 Schuss-Gegenschuss-Technik

Nach einer Haupteinstellung folgen meist Halbnaheinstellungen, die die Zuschauer näher an die abgebildeten Personen heranführen sollen. Bei Zweier-Einstellungen schließen sich Nah- und Großaufnahmen an, wobei die Schuss-Gegenschuss-Technik (engl. *shot/reverse-shot*) zum Einsatz kommt. Der Begriff „Schuss-Gegenschuss" bezieht sich auf den Aufnahmewechsel, wie ihn die Kamerapositionen A (Schuss) und C (Gegenschuss) in Abbildung 4-49 zeigen. Schuss A und Gegenschuss C werden in Naheinstellung aufgenommen. Die Schuss-Gegenschuss-Technik funktioniert nur bei Personenaufnahmen, nicht aber bei der Aufnahme von Gegenständen.

**Abbildung 4-50:**
Über-Schulter-Schüsse

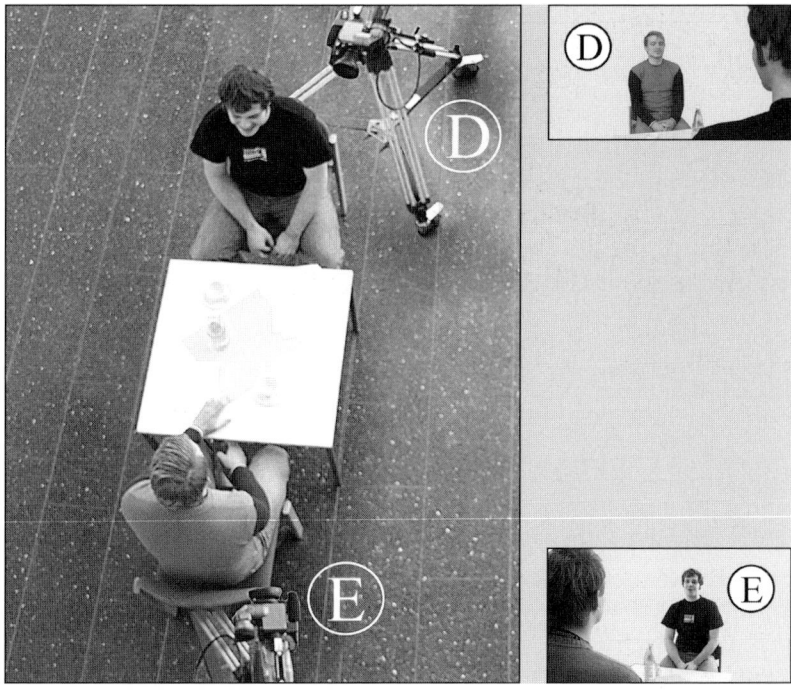

Steht für die Aufzeichnung einer längeren Dialog- oder Gesangsszene mit Darstellern bzw. Sängern nur ein Camcorder zur Verfügung, so wird der ganze Dialog oder das komplette Gesangsstück einmal ununterbrochen als Haupteinstellung aufgenommen. Anschließend wird die Dialog- oder Gesangsszene wiederholt, aber diesmal in Naheinstellung aufgezeichnet. Die Naheinstellungen werden später beim Schnitt zwischen die Haupteinstellungsbilder montiert. Bei dokumentarischen Aufnahmen ist eine Wiederholung des Geschehens natürlich nicht durchführbar, sodass dabei nur in einer Haupteinstellung oder mit eigentlich unerwünschten Zoomvorgängen aufgezeichnet werden kann.

Eine weitere Variante der Schuss-Gegenschuss-Technik findet sich in abwechselnden „Über-Schulter-Schüssen" (engl. *over-shoulder-shots*). Das Zeigen der Schulterrückseite eines Dialogpartners im Vordergrund sichert maximale Orientierung und verstärkt die Tiefenwirkung (siehe Abbildung 4-50). Weil optische Achse und Handlungsachse bei Über-Schulter-Schüssen fast zur Überdeckung kommen, ist das Gesicht der zur Kamera zugewandten Person fast frontal zu sehen. Bei Über-Schulter-Schüssen spricht vorwiegend diejenige Person, die der Kamera zugewandt ist, während die Person, deren Kopf- und Halsrückseite vollständig oder nur im Anschnitt sichtbar ist, meistens schweigt. Als Beispiel für den Einsatz der Schuss-Gegenschuss-Technik kann die Sequenz „Treffen im Wäldchen" in Hitchcocks Spielfilm „Der unsichtbare Dritte" (1959)

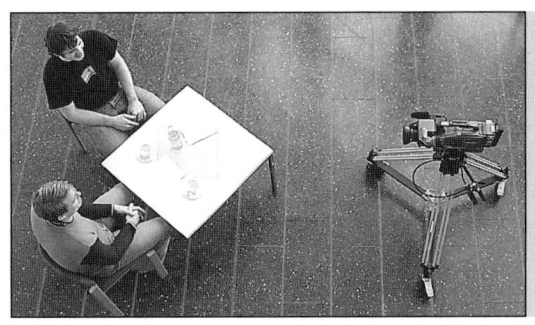

**Abbildung 4-51:**
Haupteinstellung mit
Personen im Halbprofil

angeführt werden, in der sich Roger Thornhill und Eve Kendall gegenüberstehen.

### 4.8.4.3 180-Grad-Regel

Die Regeln der Kontinuitätsmontage organisieren das Wechselspiel der Einstellungen nach bestimmten Mustern. So wird in einer Zweier-Einstellung die Kontinuität der Blickrichtung der jeweiligen Akteure gefordert. Diese wird dadurch erreicht, dass sich die Kamera bei Schuss und Gegenschuss auf derselben Seite der Handlungsachse befindet. Auch der Winkel, den die Kameraachse bei Schuss und Gegenschuss mit der Handlungsachse bildet, muss gleich groß sein. Nur dadurch ergeben sich korrespondierende Bildeinstellungen.

Erforderlich sind in Zweier-Einstellungen außerdem der gleiche Abbildungsmaßstab und die gleiche Perspektive in beiden Kamerapositionen. Diese Forderungen werden durch gleiche Brennweiten, gleiche Kamerahöhe und gleiche Abstände zwischen Kamera und der jeweils aufgenommenen Person erfüllt. Diese Regeln gelten auch dann, wenn die Dialogpartner nur telefonisch miteinander verbunden sind. Die Telefonierenden sind so aufzunehmen, als säßen sich diese direkt gegenüber. Damit während des späteren Schnitts „Kopf auf Kopf" montiert werden kann, ist bei Schuss und Gegenschuss die jeweilige Kadrierung so zu wählen, dass die Gesprächspartner schon bei der Aufnahme in der linken bzw. rechten Bildhälfte platziert sind und dadurch Blickräume entstehen (siehe Abbildung 4-49).

„Die Kameraachse ist mit der optischen Achse des Aufnahmeobjektivs identisch. Die Handlungsachse ist die Verbindungslinie zwischen die Handlung tragende Hauptbildelemente, also die durch die Hauptaktionsrichtung gegebene Gerade" (Mehnert 1986, S. 86). In einer Zweier-Einstellung ist die Handlungsachse demnach die Blicklinie zwischen den beiden Personen. Ist nur ein einzelnes Subjekt/Objekt im Kader sichtbar und verändert dieses seine Position innerhalb der Kadrierung, so gilt die Bewegungslinie als Handlungsachse. Ist nur eine einzelne Person im

**Abbildung 4-52:**
Erlaubte Aufnahme-
positionen gemäß der
180-Grad-Regel

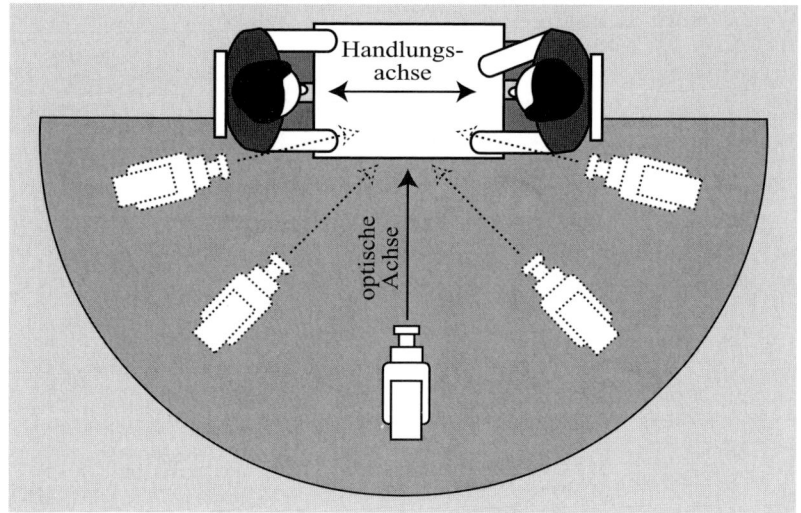

Kader abgebildet, die ein außerhalb des Kaders liegendes Subjekt/Objekt beobachtet, so gilt die Blicklinie als Handlungsachse. Ist eine Handlungsachse festgelegt, so kann ein 180-Grad-Kameraarbeitsbereich rechts oder links von der Handlungsachse etabliert werden. Diese 180-Grad-Regel wird auch „Achsenschema" genannt. Nur innerhalb dieses festgelegten Halbkreises sind während einer Sequenz Kamerapositionen erlaubt (siehe Abbildung 4-52). Werden alle Einstellungen von derselben Seite der Handlungsachse aus aufgenommen, ergeben sich auf dem Bildschirm durchgängige Blick- und Bewegungsrichtungen.

Würden einzelne Aufnahmen außerhalb des 180-Grad-Kameraarbeitsbereichs von der anderen Seite der Handlungsachse aufgenommen, so würden diese bei der Wiedergabe einen so genannten „Achsensprung" verursachen. Weil in diesem Fall Blick- und Bewegungsrichtungen nicht mehr durchgängig wären, würde für die Zuschauer eine Person scheinbar in die entgegengesetzte Richtung blicken oder sich eine Sache scheinbar in die entgegengesetzte Richtung bewegen. Das Verlassen des 180-Grad-Kameraarbeitsbereichs ist aus diesem Grund verboten, vorausgesetzt, es soll keine neue Handlungsachse geschaffen werden!

Das Etablieren einer neuen Handlungsachse erfolgt durch eine neue Blicklinie, z. B. beim Auftreten eines weiteren Akteurs, oder durch das später im Bild sichtbare Überqueren der alten Handlungsachse durch einen Akteur oder durch das später im Bild sichtbare Bewegen der Kamera über die alte Handlungsachse hinweg. Befinden sich Personen/ Sachen auf der Kameraachse und bewegen sie sich direkt auf die Kamera zu, so ist die Kameraachse gleichzeitig auch Handlungsachse. Es steht dem Kameramann dann offen, den neuen 180-Grad-Kameraarbeitsbereich rechts oder links von der Handlungsachse zu etablieren.

Bei einer Drei-Personen-Gesprächssituation (kurz „Dreier" oder „Dreier-Einstellung" genannt), sind drei verschiedene Handlungsachsen möglich. Eine dieser drei potenziellen Handlungsachsen muss während der Videofilmaufnahme als die allein gültige Handlungsachse festgelegt werden.

Videofilm-Amateure verletzen aus Unkenntnis die 180-Grad-Regel immer wieder. Selbst professionellen EB-Kameraleuten unterläuft ein Achsensprung hin und wieder, wenn die Aufnahmen unter Zeitdruck erfolgen. Ein solcher Fehler lässt sich eventuell während des Videoschnitts durch einen Zwischenschnitt kaschieren.

Im Spielfilm „Shining" (Regie: Stanley Kubrick, 1979) wird dagegen ein Achsensprung filminhaltlich begründet in der Toilettensequenz bewusst eingesetzt, sodass die Positionen von Jack Torrance und Delbert Grady plötzlich vertauscht sind. Regisseure der französischen „Nouvelle Vague" verletzten die 180-Grad-Regel dagegen ganz gezielt, um sich vom Hollywood-Kino zu distanzieren.

### 4.8.4.4 30-Grad-Regel

Eine weitere Regel der Kontinuitätsmontage besagt, dass eine nachfolgende Einstellung aus einer deutlich anderen Kameraposition aufgenommen sein soll als die vorangehende Einstellung, falls sie nicht mindestens eine Einstellungsgröße überspringt. Mit „einer deutlich anderen Kameraposition" ist gemeint, dass sich der Kamerastandpunkt zwischen zwei Einstellungen innerhalb des 180-Grad-Kameraarbeitsbereichs um mindestens 30 Grad ändern muss (30-Grad-Regel). Dadurch soll deutlich werden, dass der erfolgte harte Schnitt einen narrativen Grund hatte. „Schnitte mit weniger als 30 Grad Unterschied erscheinen lediglich wie Sprünge und lenken die Aufmerksamkeit auf sich selbst" (Monaco 2000, S. 830).

### 4.8.4.5 Subjektive

Blickt die Kamera scheinbar unbeteiligt von außen auf ein Geschehen, wird von objektiver Kameraeinstellung gesprochen. Sieht die Kamera die Welt jedoch mit den Augen einer bestimmten Person, so wird diese Beteiligung subjektive Kameraeinstellung, kurz „Subjektive" (engl. point-of-view-shot) genannt (siehe Abbildung 4-54). Damit Zuschauer eine Subjektive überhaupt als eine solche erkennen, geht ihr eine objektive Einstellung voraus. Häufig handelt es sich dabei um eine Großaufnahme, in der die gezeigte Person ihren Blick auf eine Aktion außerhalb des Bildes (siehe Abbildung 4-53) richtet.

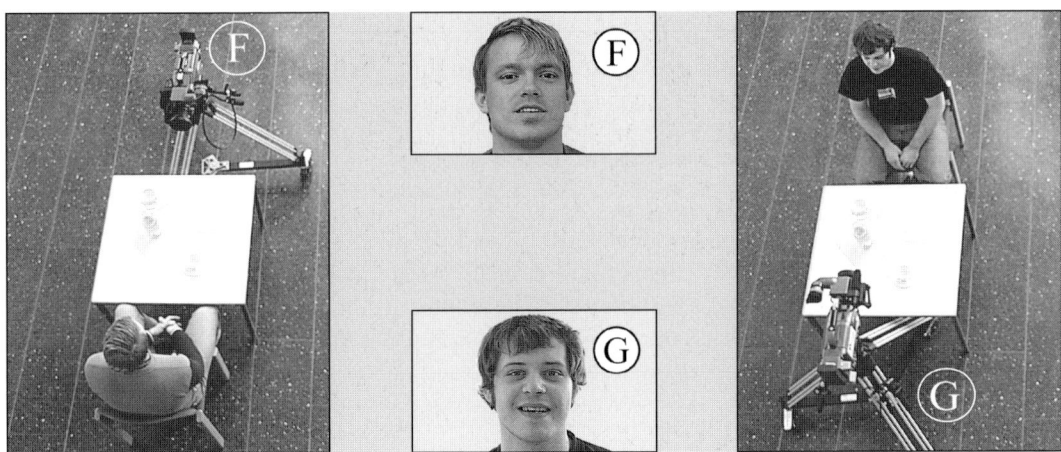

**Abbildung 4-53:**
Naheinstellungen zur Vorbereitung von Subjektiven

Da die Augen der ausdrucksstärkste Teil des menschlichen Gesichts sind, signalisiert ein Blickrichtungswechsel der im Bild sichtbaren Person, dass irgendjemand oder irgendetwas deren Aufmerksamkeit erregt haben muss. In subjektiver Kameraperspektive wird dann in der nächsten Einstellung die Person/Sache gezeigt, die die Aufmerksamkeit geweckt hat. Ein Beispiel findet sich in der Theatersequenz des Spielfilms „The Birth of a Nation" (Regie: D. W. Griffith, 1915), in der Elsie Stoneman den späteren Lincoln-Attentäter Booth sieht und ihn mit ihrem Opernglas beobachtet.

Wird ein Blickwechsel zwischen zwei Personen gezeigt, ist zur Sicherstellung des Kontinuitätsprinzips neben der Berücksichtigung der 180-Grad-Regel der Blickachsen-Anschluss (engl. *eyeline matching*) zwischen den beiden Personen unerlässlich. In Subjektiven müssen die jeweiligen Blickachsen der beiden Personen durch passende Kamerapositionen so zur Deckung gebracht werden, dass sie frontal aufeinander stoßen. Ein Beispiel für einen solchen Blickachsen-Anschluss findet sich im Spielfilm „12 Uhr mittags" (Regie: Fred Zinnemann, 1952). Dort ist ein Blickwechsel zwischen Will Kane und seiner Frau Amy, die zusammen mit Helen Ramirez im Wagen an ihm vorbeifährt, zu sehen. Die Kamera wechselt mehrfach ihre subjektive Sicht und beachtet dabei die sich ändernden Blickwinkel.

Eine Subjektive als ein optisches filmgestalterisches Mittel darf nicht mit subjektiver Berichterstattung oder einer dramaturgisch subjektiven Erzählhaltung verwechselt werden. Subjektive Aufnahmen sind ein Hauptmerkmal der Technik Hitchcocks. Er äußerte sich diesbezüglich folgendermaßen: „Subjektive Herangehensweise, das Publikum in den Zustand des Protagonisten zu versetzen, das ist für mich die reinste Form des Kinos. Ich denke, Rear Window [deutscher Titel: „Das Fenster zum

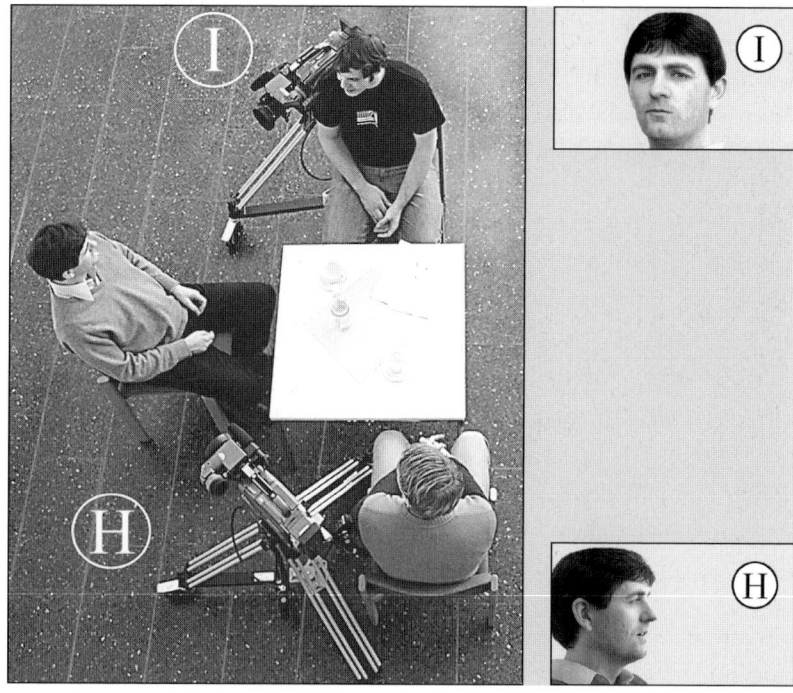

**Abbildung 4-54:**
Subjektive Sichten auf
eine dritte Person

Hof"; T. P.] ist das beste Beispiel dafür. [...] Zuerst die Nahaufnahme
eines Mannes, dann, was er sieht, dann seine Reaktion. Kein anderes
Medium kann das so darstellen – nicht das Theater, nicht der Roman.
Man erreicht, daß sich das Publikum in die Sichtweise einer bestimmten
Figur hineinversetzt" (Bogdanovich 2000, S. 668).

Der Blick einer Person kann in Kombination mit der vorangegangenen
Aktion mehr ausdrücken als tausend Worte. „In der Regel erfolgt eine
solche Darstellung des Blicks mit ruhigen Bildern, d. h. die Figur spricht
in solchen Einstellungen nicht, und der Zuschauer wird durch den Blick
auf das oft unbewegte Gesicht auf eine ›innere‹ Reaktion der Figur verwie-
sen. Diese Reaktion ist nicht wirklich zu sehen, sondern der Zuschauer
erschließt sie durch den Akt des teilnehmenden Hineinversetzens aus
dem Kontext der Einstellungen" (Hickethier 1996, S. 146).

## 4.8.5 Kameraperspektiven

Nicht nur die jeweilige Einstellungsgröße, sondern auch die gewählte
Kameraperspektive entscheidet darüber, ob eine Kamera das aufgenommene Geschehen eher neutral dokumentiert oder eher expressiv kommentiert. Die Expressivität nimmt zum einen zu, je stärker die Parallelverschiebung der optischen Achse aus der Mitte heraus nach rechts oder
links erfolgt (siehe Abbildung 4-55a).

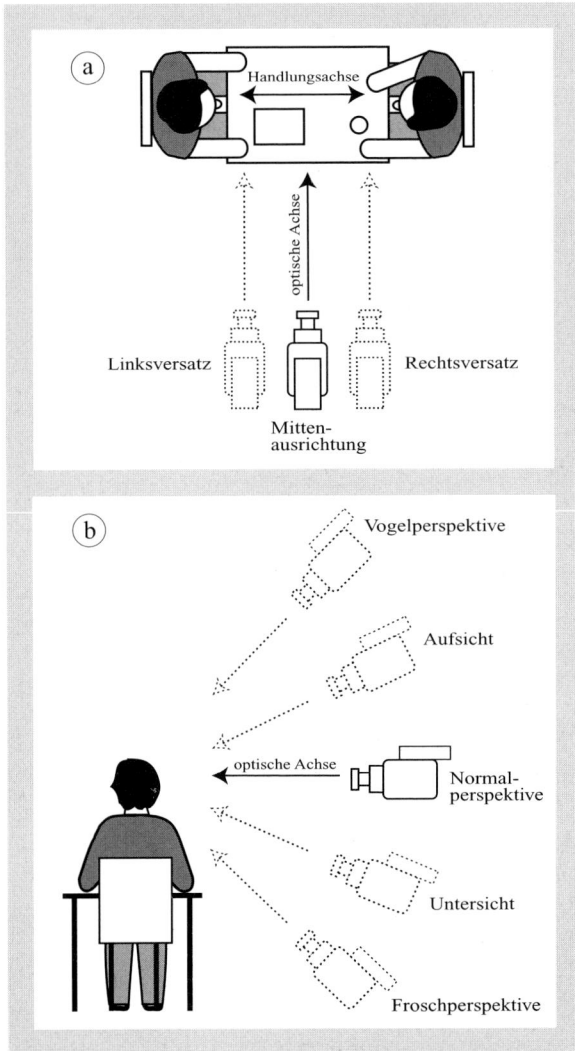

**Abbildung 4-55 links:**
Perspektivenschemata

**Abbildung 4-56 rechts:**
Aufsicht (A),
Normalsicht (B) und
Untersicht (C)

Zum anderen erhöht sich die Expressivität, je stärker die optische Achse von der Normalperspektive abweicht. Von einer Normalperspektive (engl. *straight-on angle* oder *eye level angle*) wird gesprochen, wenn die optische Achse horizontal verläuft und sich die Kamera auf Augenhöhe der aufzunehmenden Person befindet (siehe Abbildungen 4-55b und 4-56B). Dies bedeutet, dass in Normalperspektive ein Kameraobjektiv bei der Aufnahme von stehenden erwachsenen Personen auf eine Höhe von etwa 1,60 Meter zu bringen ist, während sich diese Höhe bei sitzenden erwachsenen Personen auf ca. 1,00 Meter reduziert. Werden Kinder aufgenommen, ist eine noch tiefere Aufnahmeposition einzunehmen, um eine neutrale Aufnahme zu erzielen.

Während einer Aufsicht (auch Obersicht genannt; engl. *high angle*) befindet sich die Kamera oberhalb der Augenlinie der aufzunehmenden Person (siehe Abbildungen 4-55b und 4-56A). Die optische Achse verläuft von oben (Kamera) nach unten (Person). Je steiler die optische Achse verläuft, desto extremer ist die Perspektive. Eine extreme Aufsicht wird Vogelperspektive genannt.

Wenn die Kamera auf jemanden herabsieht, wird das im Kader zu sehende Subjekt in eine unterlegene Position gebracht. Wird eine Personen-Nahaufnahme in Aufsicht vorgenommen, kann der Eindruck entstehen, dass die Person blinzelt, weil die Augen schmaler als in der Normalperspektive abgebildet werden. Eine Person kann unvorteilhaft wirken, wenn deren Kopfoberseite betont wird. Problematisch ist eine Aufsicht besonders bei Männer mit schütterem Haar.

Während einer Untersicht (engl. *low angle*) befindet sich die Kamera unterhalb der Augenlinie der aufzunehmenden Person (siehe Abbildungen 4-55b und 4-56C). Die Kameraachse führt von unten (Kamera) nach oben (Person). Eine extreme Untersicht wird Froschperspektive genannt.

Die Untersicht lässt die Person gegenüber den Zuschauern erhöht bzw. größer wirken. Da die Kamera zu diesem Menschen quasi hinaufschaut, wird dieser Person Stärke, Wichtigkeit und Dominanz zugewiesen. Wird eine Personen-Nahaufnahme in Untersicht vorgenommen, so kann diese Person unvorteilhaft wirken, weil ihr Kinn betont wird und die Nasenlöcher oft übergroß erscheinen.

Als Beispiel für den filmischen Einsatz von Auf- und Untersicht kann die Wochenschau-Sequenz im Spielfilm „*Citizen Kane*" (Regie: Orson Welles, 1941) dienen. Dort wechselt im Verlauf der Sequenz die Kameraperspektive von der Untersicht (Darstellung der Lebensphasen Kanes, als dieser zu den mächtigsten Personen in den USA zählte) zur Aufsicht (Darstellung der letzten Lebensphase Kanes, als dieser bedeutungslos geworden, alt und krank im Rollstuhl saß), um den Niedergang visuell zu verdeutlichen.

Die vorgestellten Regeln „Eine Aufsicht erniedrigt die dargestellte Person" und „Eine Untersicht erhöht die dargestellte Person" müssen stets im filmischen Zusammenhang betrachtet werden. Wird z. B. der Dialog zwischen einem Erwachsenen und einem Kind gezeigt, so kann einer Aufsicht bei der Darstellung des Kindes und einer Untersicht bei der Wiedergabe des Erwachsenen keine tiefere Bedeutung beigemessen werden, da sie lediglich die jeweiligen Subjektiven wiedergeben.

Auch Alfred Hitchcock meldete Bedenken vor einer Überinterpretation einer Untersicht an: „Ich bin mir nicht sicher, ob eine Untersichtaufnahme per se sonderlich viel zu bedeuten hat. Früher haben die Russen, wie Sie wissen – in Filmen wie Panzerkreuzer Potemkin (1925, Sergej

**Abbildung 4-57:**
Verschiedene Sichtweisen
in Normalperspektive

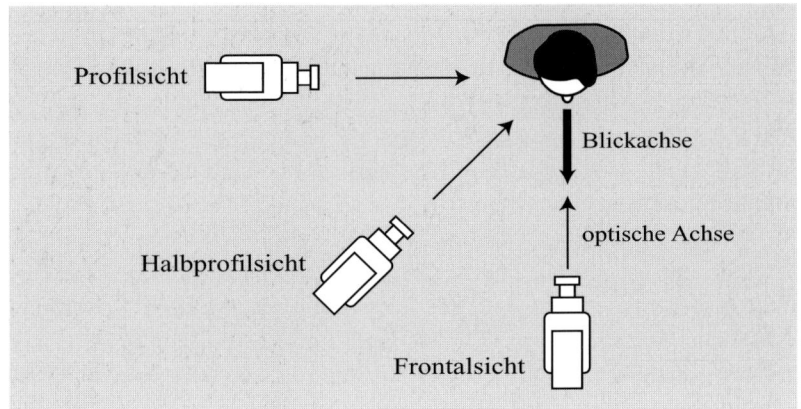

Eisenstein) – vorwiegend mit Untersicht gedreht, um ihren Figuren eine revolutionäre Statur zu verleihen, eine Art »Supermann«-Ausstrahlung. Das war der Sinn der Sache. Generell dient die Untersicht der Variation, der Akzentuierung" (Bogdanovich 2000, S. 666).

Wenn nicht eine seitliche Parallelverschiebung der optischen Achse aus einer Mittenausrichtung heraus erfolgt, sondern bei einer Seitwärtsbewegung die optische Achse auf eine Person ausgerichtet bleibt (siehe Abbildung 4-57), können in Normalperspektive drei Sichtweisen unterschieden werden:

- Profilsicht, bei der optische Achse und Blickachse der Person einen Winkel von 90 Grad zueinander bilden (siehe Abbildung 4-58A).
- Halbprofilsicht, bei der optische Achse und Blickachse der Person einen Winkel von ca. 45 Grad zueinander bilden (siehe Abbildung 4-58B).
- Frontalsicht, bei der optische Achse und Blickachse der Person direkt aufeinander stoßen (siehe Abbildung 4-58C). Bei der Nahaufnahme einer einzelnen Person wird die Frontalsicht gegenüber der Profilsicht bevorzugt, weil sie den Gesichtsausdruck bzw. das Mienenspiel der aufgenommenen Person besser zeigt.

### 4.8.6    Einstellungslängen

Einstellungslängen von einer Sekunde bis fünf Sekunden dominieren im Film- und Fernsehalltag. In der Praxis der Berichterstattung sind fast 80 Prozent aller Einstellungen zwischen drei und vier Sekunden lang. Betont lange Einstellungen finden sich z. B. bei Landschafts- oder Kunstwerkaufnahmen. Lang andauernde Einstellungen wirken beruhigend, können aber auch das Interesse am Handlungsgeschehen reduzieren, sobald Langeweile entsteht.

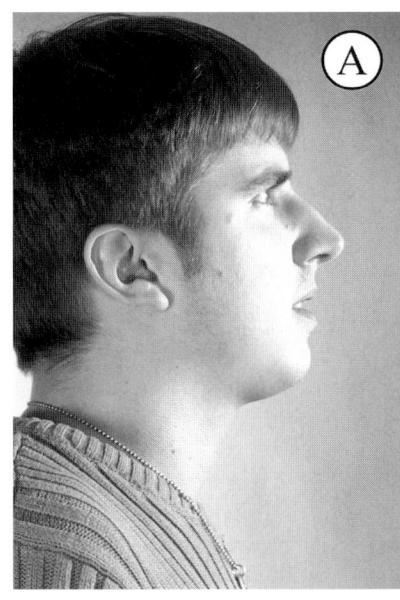
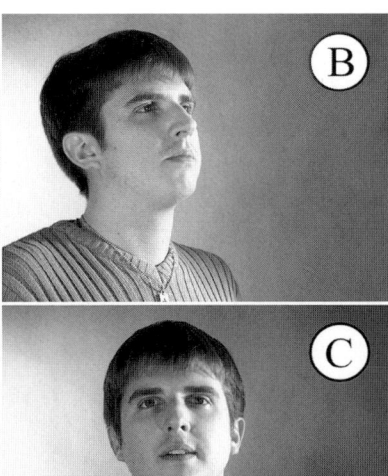

**Abbildung 4-58:**
Profilsicht (A),
Halbprofilsicht (B) und
Frontalsicht (C)

Bei der menschlichen Wahrnehmung werden ständig neue visuelle Reize aufgenommen, die zunächst in der Orientierungsphase nur unbewusst registriert werden. Erst in der anschließenden Begriffsbildungsphase wird bewusst der Bedeutungsinhalt des neuen Reizes ermittelt. Eine Folge von zu kurzen Einstellungen erzwingt oberflächliches Sehverhalten, das dem Sehen in der Orientierungsphase entspricht. Erst längere Einstellungen geben der dort gezeigten Person/Sache Bedeutung. Die Einstellungslänge ist demnach ein Maß für die Wichtigkeit des in der Einstellung Gezeigten.

Das Erkennen von Subjekten/Objekten ist auch von individuellen Vorerfahrungen abhängig. „So werden bekannte Strukturen schneller erkannt als unbekannte; einmal gewonnene Deutungen komplexer visueller Gebilde bleiben erhalten und prägen die zukünftigen Wahrnehmungen" (Ganslandt 1992, S. 30). Der Erkennungsprozess bei der Betrachtung neuer Bilder dauert stets wesentlich länger als der Wiedererkennungsprozess schon bekannter Bilder. Demzufolge muss eine Einstellung, die den Zuschauern einen völlig neuen Sachverhalt schildert, länger gezeigt werden als eine Einstellung, die sich auf schon bekannte Gegebenheiten bezieht.

Eine wichtige Entscheidungshilfe für die erforderliche Länge von Einstellungen ohne Wiedererkennungseffekt ist das „Prinzip der Beschreibung des Bildinhaltes". Die Erkennungsquote der Zuschauer ist proportional zur Anzahl derjenigen Subjekte/Objekte aus dem Kader, die der Kameramann während der jeweiligen Einstellungslänge mit Worten beschreiben könnte.

### 4.8.7    Bewegungen von Personen/Sachen

Bewegungen im Kader kommt eine hohe Wichtigkeit zu, weil der Bewegungsreiz für die visuelle Wahrnehmung eine übergeordnete Bedeutung besitzt (vgl. Kramarek 1986, S. 95). Bewegungen innerhalb der Kadrierung ziehen die Blicke der Zuschauer magisch an, allerdings auch helle Bildbereiche, Grafiken und Schriftzüge.

Bei einer „Bewegung erster Art" bewegen sich bei unbewegter Kamera während einer Aufnahme nur die im Kader gezeigten Personen/Sachen. Bei einer „Bewegung zweiter Art" bewegt sich während einer Aufnahme nur die Kamera, ohne dass die im Kader gezeigten Personen/Sachen ihre absolute Raumposition verändern. Infolge der Kamerabewegung kommt es zu einer Relativbewegung der gezeigten Personen/Sachen im Kader.

Die dritte Möglichkeit ist die Kombination aus Bewegung erster und zweiter Art, bei der sich gleichzeitig die im Kader gezeigten Personen/Sachen und die Kamera bewegen. Aus bildtechnischen Gründen sind bei Videofilmaufnahmen „Bewegungen erster Art" (statische Kamera) „Bewegungen zweiter Art" (dynamische Kamera) vorzuziehen. Allerdings existieren zahlreiche bildgestalterische und dramaturgische Gründe, die auch Kamerabewegungen sinnvoll machen.

Bewegungen innerhalb der Kadrierung sollten primär durch die Akteure vor der Kamera erzeugt werden, indem z. B. Personen während der Aufnahme dem Erledigen einer gewohnten Arbeitstätigkeit nachgehen. „Bewegungen von Akteuren lenken die Aufmerksamkeit der Zuschauer von Kamerabewegungen ab. Man sollte deshalb stets die handelnde Figur mit der Bewegung beginnen lassen, bevor man sie mit der Kamera verfolgt. Entsprechend sollte die Kamerabewegung stoppen, bevor die Figur ihre Bewegung beendet. Dies bedeutet, dass Akteure den ersten und letzten Teil ihrer zurückzulegenden Strecke im stehenden Bild bewältigen" (Arijon 2000, S. 425).

Eine Bewegung eines Subjekts/Objekts, die parallel zur Bildfläche verläuft, sehen Zuschauer in einem eher neutralen Verhältnis, denn die Bewegung führt an ihnen vorbei und der fiktive Abstand zwischen Subjekt/Objekt und Zuschauern verändert sich nicht. Eine Bewegung von links nach rechts wird aufgrund der westlichen Leserichtung als Vorwärtsbewegung, eine Bewegung von rechts nach links als Rückwärtsbewegung empfunden.

Für eine Handlung, deren Bewegungsachse deckungsgleich mit der Blickachse der Zuschauer ist, gibt es prinzipiell zwei Möglichkeiten. Zum einen kann eine rechtwinklig zur Bildfläche verlaufende Bewegung gegen den Blick der Zuschauer gerichtet scheinbar aus dem Bild herausführen und zum anderen mit dem Blick der Zuschauer verlaufend scheinbar in das Bild hineinführen. Eine scheinbare Bewegung aus der Bildfläche heraus in Richtung der Zuschauer kann von diesen als eine direkte Bedrohung verstanden werden, denn die Bewegung dringt in den von ihnen errichteten Blickraum ein. So zielen beispielsweise die Angriffe des Sprühflugzeugs in der Prärie-Sequenz in Hitchcocks Spielfilm „Der unsichtbare Dritte" zwar auf den Protagonisten Roger Thornhill ab, sind aber zugleich mehrfach direkt auf die Zuschauer gerichtet, denn die Handlungsachse des Films und die Blickachse der Zuschauer treffen mehrfach frontal aufeinander.

Als der Protagonist am Ende der Prärie-Sequenz mit dem von ihm entwendeten Transportfahrzeug auf der Landstraße in die Bildmitte hinein verschwindet, sind Handlungsachse des Films und die Blickachse der Zuschauer identisch, sodass dieser optische Einklang den Abbau der Zuschaueranspannung unterstützt. Diese immer größer werdende räumliche Distanz zwischen dem Protagonisten und den Zuschauern und sein letztendliches Verschwinden in den Film hinein ist übrigens ein häufig benutzter Filmschluss (vgl. Hickethier 1996, S. 66).

### 4.8.8 Kamerabewegungen

Die zwei grundsätzlichen Kamerabewegungsformen sind der Kameraschwenk und die Kamerafahrt. Nur der Schwenk kann eine abgeschlossene Bewegung machen, ohne dass die Kamera ihre Position verändern muss. Bewegt sich die Kamera auf einem Dolly, auf einem Kran oder als Steadicam durch den Raum, wird dies als Fahrt bezeichnet.

Solange Kamerabewegungen „verhältnismäßig einfach sind – zum Beispiel, wenn die Kamera in einer geraden Linie und mit gleichbleibender Geschwindigkeit vor- oder zurückfährt, oder wenn sie sich für ein horizontales oder vertikales Panoramabild auf einem Stativ dreht – erscheinen sie als ziemlich neutrale Verlagerungen. Die Aufmerksamkeit des Zuschauers gilt den von der Kamera erschlossenen neuen Aspekten der Szenerie. Der Weg der Kamera kann aber auch in komplizierteren Bahnen verlaufen. Ihre Bewegungen können, vor allem bei Handbedienung, ganz unregelmäßig ausfallen. Die Geschwindigkeit kann wechseln. Die Kamera kann suchen und zögern, nachforschen, ihre Aufmerksamkeit plötzlich einem anderen Vorgang oder Objekt zuwenden, sich auf ihr Opfer stürzen. Solche komplizierten Bewegungen sind nicht neutral. Sie schildern ein unsichtbares Selbst, das in der Handlung eine aktive Rolle übernimmt" (Arnheim 2000, S. 402 f.).

In Abhängigkeit vom Erzählstil übernimmt eine Kamera eine passiv beobachtende, neutrale Informationen vermittelnde Aufgabe oder eine aktive, expressive, Eigendynamik entwickelnde Rolle. Diese beiden Erzählhaltungen kommen meist in Kombination vor. Bei einer Kamera in passiver Rolle sind die Einstellungen sowohl statisch als auch dynamisch. Kamerabewegungen bei passiver Rolle sind allerdings stets entweder durch den Blick einer Person oder durch Eigenbewegungen der im Kader sichtbaren Subjekte/Objekte motiviert, wenn diese im Kader bleiben sollen. Eine Kamera in aktiver Rolle bewegt sich dagegen autonom wie ein subjektiver, neugieriger Beobachter innerhalb des Aufnahmeraums. Sie hat sich aus den „Fesseln" der neutralen Beobachtung gelöst. Von der „entfesselten Kamera" wird seit dem Spielfilm „Der letzte Mann" (Regie: F. W. Murnau, 1924) gesprochen. Bei den Dreharbeiten zu diesem Spielfilm schnallte sich der Kameramann Karl Freund eine Leichtkamera („Stachow-Filmer"), bei der eine motorgetriebene Schwungscheibe als Handkurbelersatz diente, vor die Brust. Dank dieser Methode konnten diese Filmaufnahmen ohne Kamerastativ und Dolly erfolgen.

Werden Kamerabewegungen „als Gestaltungsmittel verwendet, so müssen diese besonders genau dem Aussagewunsch entsprechen, weil sie sonst durch ihr hohes Maß an Reizerneuerung und neuem Bildinhalt nur Verwirrung schaffen" (Kramarek 1986, S. 97). Kameraschwenk und Kamerafahrt sind deshalb wie die Zoomfahrt mit Bedacht einzusetzen. „Der Amateurfilmer empfindet das kleine Sucherbild als so bedrückend, daß er mit fortwährenden Schwenks und Zooms versucht, dieser Enge zu entkommen. Der Fachmann dagegen weiß, daß in der Konzentration auf das Wesentliche das Geheimnis der Gestaltung liegt. In der vermeintlichen Einengung des Bildwinkels liegt die Freiheit, nur das zu zeigen, was man wirklich aussagen möchte. Durch diese Einengung oder, besser gesagt, durch die Ausschließlichkeit des Raumausschnitts hat man eine Chance, sich der gewünschten Aussage anzunähern" (Schult 2000, S. 25).

### 4.8.8.1 Kameraschwenk

Kameraschwenks können um die drei virtuellen Kameraachsen im Raum erfolgen (siehe Abbildung 4-59). Kamerabewegungen in der $x$-$z$-Ebene um die $y$-Achse werden Horizontalschwenks (engl. *pan shot* oder *panorama shot*) genannt. Solche Horizontalschwenks kommen bei Kameraschwenks am häufigsten vor. Kamerabewegungen in der $x$-$y$-Ebene um die $z$-Achse werden als Vertikalschwenks oder Neigebewegungen (engl. *tilt shot*) bezeichnet. Kamerabewegungen in der $y$-$z$-Ebene um die $x$-Achse heißen Rollbewegungen (engl. *roll shot*). Während normalerweise der Horizont parallel zur Ober- bzw. Unterkante des Kaders (engl. *level framing shot*) verläuft, sind die mit „gerollter" Kamera aufgenommenen Bilder bei der Wiedergabe gekippt bzw. verkantet (engl. *dutch angle shot*) zu sehen.

Langsame Horizontalschwenks kommen häufig bei Landschaftsaufnahmen in einer weiten Einstellung zum Einsatz (panoramierende

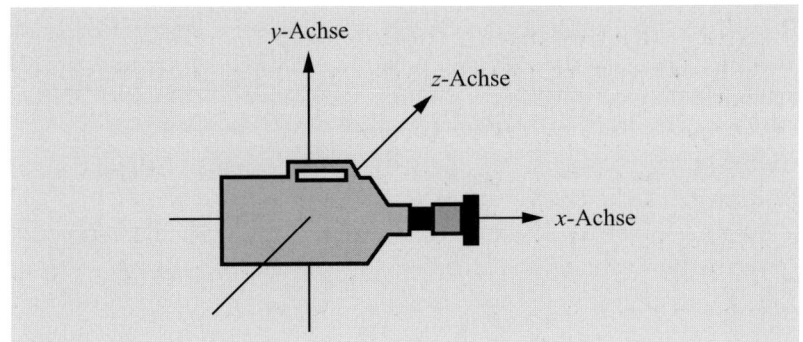

**Abbildung 4-59:**
Virtuelle Kameraachsen

Schwenks). Intuitiv schwenken die meisten Kameraleute bei solchen Landschaftsaufnahmen von links nach rechts, weil sie die westliche Schreib- und Leserichtung verinnerlicht haben. Ein langsamer Horizontalschwenk „wirkt als erweiterte Totale und vermittelt Orientierung. Er kostet viel Zeit, und man muß sich fragen, ob er dem ›Prinzip der Ausschließlichkeit‹ entspricht oder nicht viel zu viele Informationen enthält" (Kramarek 1986, S. 98 f.). Gerade weil bei Kameraschwenks unvorhergesehen störende Personen/Sachen im Kader auftauchen können, die die Zuschauer vom Kerngeschehen ablenken, sind Kameraschwenks generell sparsam einzusetzen.

Hinzu kommt, dass bei großen Schwenkwinkeln trotz Stativeinsatz Ruckfreiheit und konstante Schwenkgeschwindigkeit nur mit Hilfe von hochwertigen und gut justierten Stativköpfen zu erzielen sind. Wird während eines Kameraschwenks gleichzeitig gezoomt, kann dies bei aktiviertem Autofokus zu Bildschärfeproblemen führen.

Bei Bewegung im Bild sollte auch deshalb möglichst selten mitgeschwenkt werden, weil die Schwenkdauer die Einstellungslänge diktiert und dies die Cutterin zur „Gefangenen" des Schwenks macht (vgl. Vielmuth 1993, S. 185). Falls sie trotzdem Einsatz finden, sollen Kameraschwenks aus dem aufzunehmenden Geschehen heraus entstehen. Sie können Überblicke verschaffen, den Blick der Zuschauer leiten, eine Bewegung im Bilde aufnehmen und weiterführen, zwei Einstellungen organisch ineinander überleiten oder eine inhaltliche Verbindung zwischen Subjekten/Objekten herstellen. Beispielsweise werden Kameraschwenks in der Einführungssequenz des Spielfilms „Das Fenster zum Hof" (Regie: Alfred Hitchcock, 1954) bei der Vorstellung des Handlungsorts „Hinterhof" und der dort lebenden Personen eingesetzt.

Weil sich beim Schnitt oft herausstellt, dass nicht die während eines Schwenks gewonnenen Aufnahmen benötigt werden, sondern die mit statischer Kamera erzeugten Einstellungen am Anfang und Ende eines Schwenks, sollten diesen Einstellungen bei der Aufnahme immer mehrere Sekunden Aufnahmezeit zugebilligt werden.

Beim Horizontalschwenk ohne Stativbenutzung empfiehlt sich folgende Vorgehensweise: Die aufnehmende Person stellt sich so, dass beide Fußspitzen in Richtung des Schwenkendpunktes zeigen. Dann dreht sie den Oberkörper in Richtung des Schwenkstartpunkts. Nach Beginn der Aufnahme verharrt sie einige Sekunden in dieser Stellung und dreht danach kontinuierlich den Oberkörper zurück in die Normalstellung.

Falls bei Bewegung im Bild ein motivorientierter begleitender Schwenk erfolgt, sollte der redundante Raum hinter dem sich bewegenden Subjekt/ Objekt nur ungefähr ein Drittel des Kaders einnehmen. Ein solcher Verfolgungsschwenk entspricht den menschlichen Sehgewohnheiten, weil er eine sich bewegende Person/Sache fixiert und praktisch von dieser eine stehende Einstellung erzeugt. Bei einem Verfolgungsschwenk, der ein sich schnell bewegendes Subjekt/Objekt im Kader hält, entsteht ein unscharfer Bildhintergrund, während das aufgenommene dynamische Subjekt/Objekt klar erkennbar bleibt.

Beim horizontalen Reißschwenk wird die Kamera so schnell geschwenkt, dass Bildeinzelheiten während dieser Bewegungsphase nicht mehr zu erkennen sind. Die bewusst vollständig unscharfen Bilder sollen einen schnellen Ortswechsel zwischen zwei Schauplätzen, deren Abstand für die Zuschauer ungewiss bleibt, und die Gleichzeitigkeit der Handlungen an beiden Schauplätzen kenntlich machen.

### 4.8.8.2 Kamerafahrt

Die Kamerafahrt, zu der auch der Gang mit der Handkamera zählt, zeichnet sich durch eine tatsächliche physikalische Bewegung der Kamera aus (siehe Abbildung 4-60). Bei einer Kamerafahrt (engl. *travelling shot*) erfolgt im Gegensatz zur Zoomfahrt eine permanente Veränderung des Aufnahmestandpunktes. Dies hat bei einer gleich bleibenden Objektivbrennweite im Verlauf der Bewegung Änderungen der Perspektive zur Folge. „Die perspektivische Veränderung simuliert die Bewegung im Raum besonders realistisch und wirkt damit stark dramatisierend" (Kramarek 1986, S. 99).

Mit einer Kamerafahrt will man Näheres im wahrsten Sinne des Wortes „erfahren". Die Kamera sollte jedoch nur dann fahren, wenn ihr das aufzunehmende Geschehen hinreichende Gründe dafür liefert. Eine Kamerafahrt sollte nie abrupt, sondern weich anlaufen. Jeder plötzliche Ruck ist bei einer Kamerafahrt zu vermeiden.

Weil Cutterinnen häufig nicht die während einer Kamerafahrt erzielten Aufnahmen benötigen, sondern die mit statischer Kamera erzeugten Einstellungen am Anfang und Ende einer Kamerafahrt, sollten diese Einstellungen stets eine Dauer von mehreren Sekunden haben.

**Abbildung 4-60:**
Kamerafahrt mit
Handwagen

Die ersten Fahraufnahmen erfolgten schon im Jahr 1896, als der Italiener Promio die Stadt Venedig von einer im Wasser gleitenden Gondel aus filmte. Wenige Jahre später wurden Fahraufnahmen in filmischen Spielhandlungen (Beispiel: „Überfall auf eine Missionsstation in China", Regie: James Williamson, 1900) verwendet. Ab 1916 gewannen allerdings in Deutschland in der Phase des expressionistischen Kinofilms Kulissenmaler und Filmarchitekten großen Einfluss auf die Bildkomposition. Dies hatte zur Folge, dass sich eine Filmkamera nicht mehr bewegen durfte. Aber schon 1924 gewann die Filmkamera bei den Dreharbeiten für den Spielfilm „Der letzte Mann" (Regie: Friedrich Wilhelm Murnau) ihre Beweglichkeit zurück. Die dabei zum Einsatz kommende Stachow-Filmkamera ermöglichte Kamerafahrten in zuvor nicht gekannter Qualität. Auch dank dieser Fahraufnahmen erreichte dieser Spielfilm eine flüssige Erzählweise, die ihn zu einem der Höhepunkte der Stummfilmära werden ließ.

Mit Hilfe einer Kamera-Ranfahrt werden Annäherung und mit einer Kamera-Rückfahrt Distanzierung ausgedrückt. Wenn die Kamera auf eine Person zufährt, wächst mit der Bildgröße auch das momentane Gewicht der Person (siehe Abbildungen 4-61 und 4-62).

Eine Kamera-Ranfahrt verdichtet den Kaderinhalt durch zunehmende Ausblendung der Umgebung. Eine langsame Vorwärtsfahrt (Ran- oder Hinfahrt) ist nahezu unsichtbar, denn sie spiegelt in den meisten Szenen die zunehmende Anteilnahme des Zuschauers wider. Eine schnelle Ranfahrt dagegen fällt auf und besitzt im Vergleich zum Ransprung eine besondere Zeige- und Hinweisfunktion.

**Abbildung 4-61 oben:**
Kamerafahrt mit
Änderung der Perspektive

**Abbildung 4-62 rechts:**
Schema Kamerafahrt
(Abstand Kamera zur
Person:
D = 4 Meter
C = 8 Meter
B = 12 Meter
A = 16 Meter

Brennweite Kamera
jeweils 9 Millimeter)

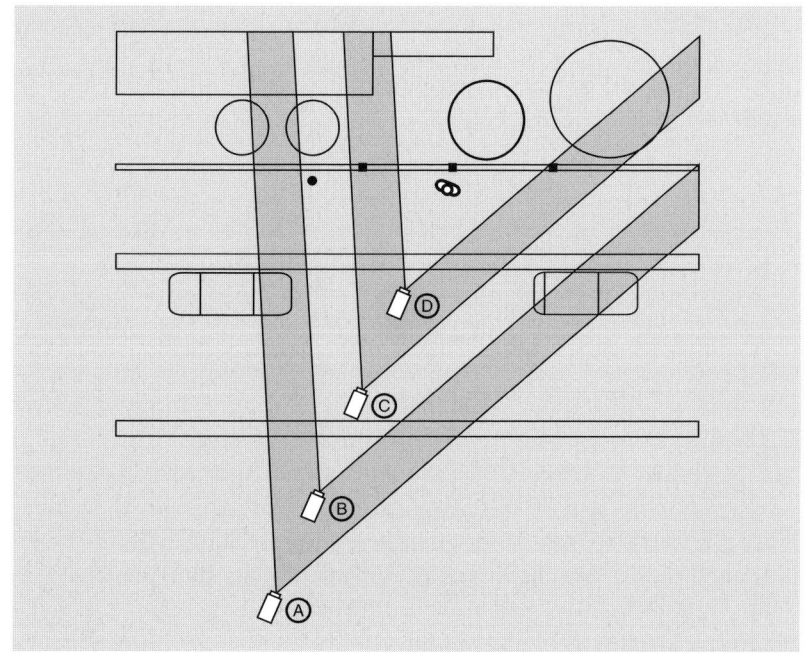

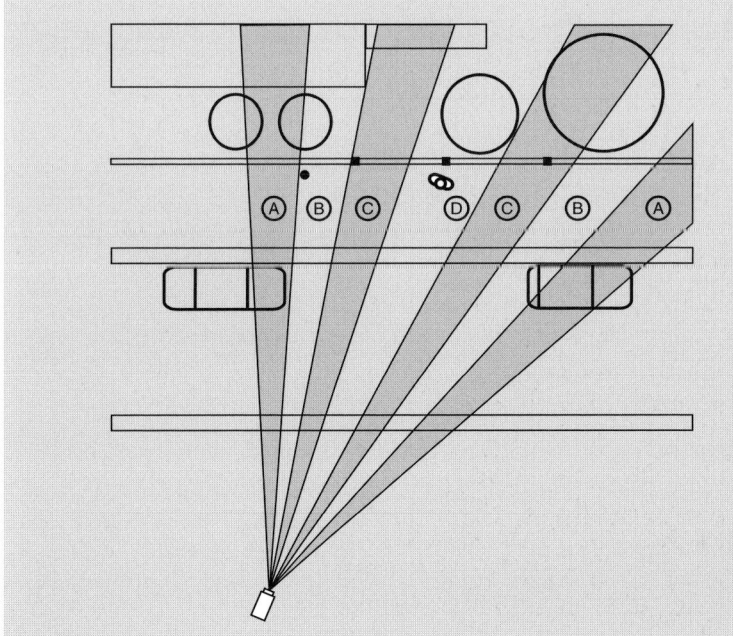

**Abbildung 4-63 oben:**
Zoomfahrt mit
Beibehaltung der
Perspektive

**Abbildung 4-64 links:**
Schema Zoomfahrt
(Brennweite Kamera:
D = 36 Millimeter
C = 18 Millimeter
B = 12 Millimeter
A = 9 Millimeter

Abstand Kamera zur
Person jeweils 16 Meter)

Eine Rückfahrt macht den Kontext zuvor gezeigter Details sichtbar. Sie entspricht einem Loslassen, einem Zurücknehmen der Aufmerksamkeit und distanziert die Zuschauer von der Szene.

Wird während der Ran- oder Rückfahrt eine bestimmte einzelne statische Person/Sache aufgenommen, muss bei professionellen EB-Camcordern die Schärfe nachgeregelt („nachgezogen") werden. Bei Consumer-Camcordern geschieht dies in aller Regel automatisch mit Hilfe des Autofokus.

Bei einer Horizontalfahrt bewegt sich die Kamera entlang der horizontalen Bildachse an statischen Subjekten/Objekten vorbei. Eine schnelle Horizontalfahrt hat einen Unschärfeeffekt bei nah angeordneten Subjekten/Objekten zur Folge, während die weit entfernten Objekte einer Landschaft deutlich erkennbar vorbeigleiten. Fahraufnahmen aus einem Kraftfahrzeug heraus bedürfen einer speziellen Kamerabefestigungsmöglichkeit, die dann sogar schnelle Verfolgungsfahrten möglich macht.

Eine Parallelfahrt erfolgt ebenfalls entlang der horizontalen Bildachse, aber die Kamera bewegt sich mit angepasster Geschwindigkeit parallel zu den aufgenommenen dynamischen Subjekten/Objekten. Eine schnelle Parallelfahrt verursacht einen unscharfen Bildhintergrund, während die aufgenommenen dynamischen Subjekte/Objekte klar erkennbar bleiben.

Fahraufnahmen sind möglichst im Weitwinkelbereich durchzuführen, weil dadurch jederzeit mögliche Erschütterungen optisch gedämpft werden. Um eine Kamera wackelfrei fahren zu können, bietet sich auf unebenen, jedoch festen Untergründen die Verlegung von Schienen an, auf denen dann der Kamerawagen leichtgängig bewegt werden kann. Besonders bei langsamen Parallelfahrten werden schienengeführte Kamerawagen eingesetzt. Bei schienengebundenen Ran- oder Rückfahrten dürfen die Schienen nicht im Bild zu sehen sein.

Weil die Verlegung von Schienen einen enormen Aufwand bedeutet, der neben hohen Materialkosten und langen Vorbereitungszeiten auch noch die freie Kamerarichtungswahl einschränkt, werden alternativ gummibereifte Dollies eingesetzt. Solche gummibereiften Kamerawagen erfordern allerdings einen festen und möglichst glatten Untergrund, der bei Außenaufnahmen häufig nicht gegeben ist. In solchen Fällen muss auf Fahraufnahmen verzichtet werden oder eine Steadicam zum Einsatz kommen.

Horizontal- und Parallelfahrten sind beispielsweise im Spielfilm „Easy Rider" (Regie: Dennis Hopper, 1969) zu finden.

Während einer 360-Grad-Kreisfahrt (Umfahrt) umrundet die Kamera in aktiver, autonomer Rolle das aufgenommene Subjekt/Objekt einmal und isoliert es dadurch aus seinem jeweiligen Umfeld. Der deutsche Hollywood-Kameramann Michael Ballhaus ist für seine Umfahrten bekannt.

Eine Kamerafahrt kann nicht nur in der horizontalen, sondern auch in der vertikalen Ebene erfolgen. Mit Hilfe eines Kamerakrans wird auch die vertikale Achse für Aufnahmen nutzbar. So kann z. B. während der Aufnahme aus einer Normalsicht in eine Vogelperspektive, bzw. umgekehrt, gewechselt werden. Das Extrembeispiel für einen solchen Perspektivenwechsel sind Aufnahmen aus einem abhebenden bzw. landenden Hubschrauber heraus. Im Spielfilm „Der letzte Mann" (Regie: Friedrich Wilhelm Murnau, 1924) wurde der offene Hotelfahrstuhl als Kamerakranersatz verwendet. Vertikale Kranfahrten können mit einer Großaufnahme beginnen und in einer weiten Übersichtseinstellung enden, wie z. B. im Spielfilm „Zwölf Uhr mittags" (Regie: Fred Zinnemann, 1952).

Mit einem Kran sind jedoch nicht nur vertikale Bewegungen, sondern auch horizontale Bewegungen oder Kombinationen daraus möglich. Horizontale Kranfahrten werden in den letzten Jahren verstärkt bei Aufnahmen von Fernsehshows, Konzerten oder Sportereignissen verwendet. Kranfahrten fallen besonders auf, weil ihnen keine natürliche menschliche Bewegung entspricht.

### 4.8.9 Zoomfahrt

Bei einer Zoomfahrt („Gummilinsenfahrt") wird nicht der Standort der Kamera verändert, sondern lediglich die Brennweite gleitend variiert. Dadurch ändert sich zwar die Abbildungsgröße des aufgenommenen Subjekts/Objekts, die Perspektive bleibt jedoch erhalten (siehe Abbildungen 4-63 und 4-64).

Eine Zoom-Ranfahrt beginnt mit einer Weitwinkeleinstellung und endet mit einer Teleeinstellung. Sowohl der horizontale als auch der vertikale Bildwinkel verengen sich durch das Heranzoomen, sodass eine Ausschnittvergrößerung des Zentralbereichs des vorherigen Bildes entsteht (siehe Abbildungen 4-61 und 4-62). Das Heranzoomen wird auch als „Verdichten" bezeichnet. Eine Zoom-Ranfahrt löst ein Subjekt/Objekt aus dessen räumlichen Zusammenhang heraus.

Eine Zoom-Rückfahrt beginnt mit einer Teleeinstellung und endet mit einer Weitwinkeleinstellung. Sie wird auch „Aufzieher" oder „mooz" genannt. Sowohl der horizontale als auch der vertikale Bildwinkel erweitern sich durch das „Aufziehen", sodass weitere Bildelemente in der Randzone des Kaders Platz finden. Eine Zoom-Rückfahrt bindet ein Subjekt/Objekt in dessen räumliches Umfeld ein.

**Abbildung 4-65:**
Schema Zoomvorgang

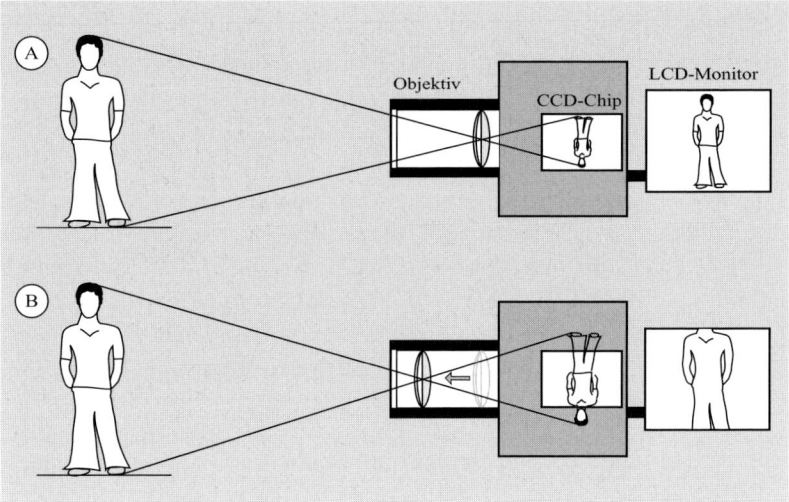

Der falsche Einsatz des Zooms ist ein häufig auftretender Gestaltungs-fehler. Richtig eingesetzt wird eine Zoom-Ranfahrt nur bei einem erfor-derlichen besonderen Hinweis auf ein Bilddetail. Der korrekte Einsatz einer Zoom-Rückfahrt erfolgt dann, wenn nach dem Zeigen eines beson-deren Bilddetails über dessen Einbettung in die Szenerie aufgeklärt wer-den soll. Eine Zoomfahrt während der Aufnahme ist zu vermeiden, wenn sich für diese kein besonderer gestalterischer Grund finden lässt. Statt-dessen sind Kamerastandpunkt sowie Kadrierung im Voraus zu planen und erforderliche Brennweitenänderungen im Stop-/Pause-Modus des Camcorders vorzunehmen.

Die Kombination aus Zoom-Ranfahrt mit gleichzeitiger Kamera-Rück-fahrt wird Vertigo-Zoom oder Vertigo-Effekt genannt, weil er im Spiel-film „*Vertigo*" (Regie: Alfred Hitchcock, 1958) erstmalig zu sehen war. Hitchcock wollte mit diesem Effekt die Höhenangst des Protagonisten Scottie Ferguson visualisieren.

### 4.8.10 Bildschärfe

Mit Hilfe des optischen Kunstgriffs „selektive Bildschärfe" kann die Auf-merksamkeit der Zuschauer gezielt auf die deutlich zu erkennenden Bild-bereiche gelenkt werden. Ist zunächst der Bildhintergrund scharf abge-bildet, so kann durch eine Bildschärfenänderung („die Schärfe ziehen") während der Aufnahme die Aufmerksamkeit der Zuschauer auf den dann scharf abgebildeten Bildvordergrund verlagert werden. Auch bei einer Schärfenverlagerung („Schärfefahrt") vom Bildvordergrund in den Bildhintergrund folgt die Aufmerksamkeit der Zuschauer unbewusst in den deutlich zu erkennenden Bildbereich.

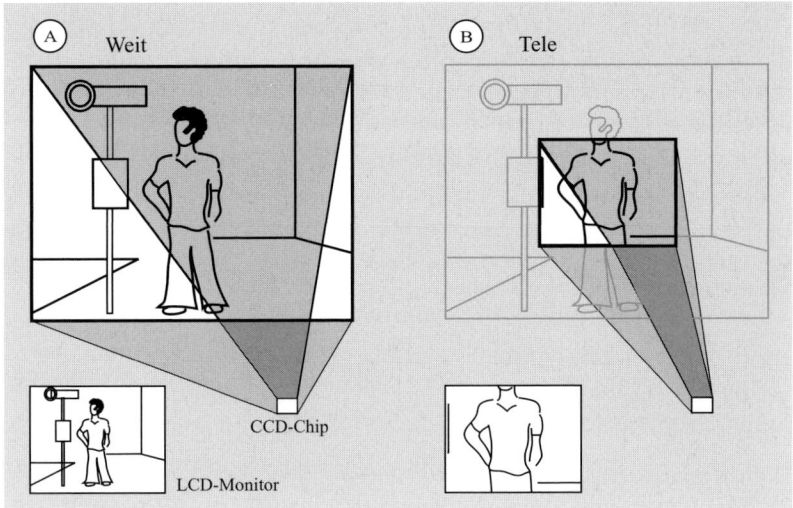

**Abbildung 4-66:**
Schema Bildausschnitt-
verengung beim Zoom-
vorgang

Bei Camcorder-Aufnahmen ist die hohe Schärfentrennung vom Vorder- zum Hintergrund meist nur im Telebereich möglich, sodass eine Aufmerksamkeitssteuerung der Zuschauer durch selektive Bildschärfe lediglich bedingt durchführbar ist.

Wenn nicht mit der Autofokus-Funktion gearbeitet wird, kann das komplette Bild am Ende einer Einstellung ganz bewusst unscharf gezogen werden. Beginnt auch die folgende Einstellung zunächst mit einem unscharfen Bild, liegt ein weicher Einstellungswechsel vor. Liegen keine unscharfen Aufnahmen vor, kann ein solcher Einstellungswechsel auch während des Videoschnitts mit einem Blur-Effekt (engl. *to blur* = unscharf oder verschwommen machen) erzeugt werden. Eine andere Aufnahmevariante, die Bildunschärfen für Einstellungswechsel nutzt, fand beispielsweise in der Strandsequenz des Spielfilms „Der weiße Hai" (Regie: Steven Spielberg, 1975) Einsatz. Spielberg ließ dabei Passanten kaderfüllend scheinbar zufällig so dicht vor dem Kameraobjektiv durch den Bildvordergrund laufen, dass diese Personen unscharf abgebildet wurden.

Im Spielfilm „*Citizen Kane*" (Regie: Orson Welles, 1941) wurde durch Aufnahmen in ungewöhnlich hoher Tiefenschärfe bewusst auf selektive Bildschärfe verzichtet. Stattdessen arbeitete Welles mit Plansequenzen und dies „zu einer Zeit, als man in den gängigen Filmen Einstellungen mit unscharfen Hintergründen und Weichzeichneroptiken bevorzugte, die geradezu nach Montage verlangten" (Beller 1999, S. 29). Unter einer Plansequenz wird eine in einer langen Einstellung gedrehte Sequenz eines Films verstanden, in der oft komplizierte Kamerabewegungen ausgeführt werden. „Diese Ästhetik ist eng mit der deep-focus-Kameratechnik verbunden und teilweise von ihr abhängig. Denn erst die

Schärfentiefe erlaubt die bewegte Aktion (mise en scène) in der Tiefe des Raumes, ohne daß etwas im Hintergrund oder Vordergrund in einem anderen Schärfenbereich liegt und damit unscharf auf der Leinwand erscheint. [...] Nicht mehr der Schnitt wählt für uns den Gegenstand aus, den wir sehen sollen und der damit eine ‚Bedeutung' a priori erhält, sondern es ist das Bewußtsein des Zuschauers, das nun gezwungen ist, in dieser Parallelität zwischen Realität und Abbild, da wo sie sich überschneiden, den eigentlichen dramatischen Bereich der Szene zu bestimmen" (Beller 1999, S. 29).

### 4.8.11    Zeiteffekte während der Aufnahme

Visuelle Beschleunigungen der zeitlichen Abläufe (engl. *fast motion*) kommen z. B. in Dokumentarfilmen zum Einsatz. Dort sind u. a. das Sichöffnen von Blüten, Dämmerungsphasen oder das Dahinziehen von Wolken in beschleunigter Weise zu sehen. Eine kameratechnische Zeitbeschleunigung wird möglich durch „Unterdrehen", womit eine gegenüber der normalen Wiedergabefrequenz erniedrigte Bildaufnahmefrequenz gemeint ist.

Im professionellen Camcorder-Bereich besitzt z. B. die Panasonic AJ-HDC27 als Camcorder für digitale Cinematografie wählbare Bildaufnahmefrequenzen von 4 bis 60 Bildern pro Sekunde. Falls eine solche 6,25-fache Zeitraffung (Verhältnis 25 zu 4 beim PAL-System) nicht ausreicht, muss eine spezielle Zeitrafferkamera eingesetzt werden.

Eine preiswerte Alternative dazu ist eine Kombination aus einem Laptop mit FireWire®-Schnittstellenkarte und einem Digital-Consumer-Camcorder. Wird z. B. in der auf dem Computer installierten Videoschnittsoftware „Adobe Premiere®" die Bild-für-Bild-Funktion aktiviert, können automatisiert Einzelbildaufnahmen in periodischen Abständen erfolgen.

Visuelle Verlangsamungen der zeitlichen Abläufe (engl. *slow motion*) sind sowohl in Dokumentar- als auch in Actionfilmen zu sehen. Solche Dokumentarfilmaufnahmen zeigen beeindruckende Bilder, wie z. B. das Hervorschnellen der Zunge eines Chamäleons. Eine kameratechnische Zeitverlangsamung wird möglich durch „Überdrehen", womit eine gegenüber der normalen Wiedergabefrequenz erhöhte Bildaufnahmefrequenz gemeint ist.

**Internetadressen:**
bssc.sel.sony.com
www.brainsandpictures.com
www.panasonic-
broadcast.de
www.weinbergervision.com

Im Fernsehen sind Zeitverlangsamungen häufig während der Übertragung von Sportveranstaltungen (z. B. Fußball, Leichtathletik) zu sehen. Anstelle von „Zeitverlangsamung" wird dabei von „Zeitlupe" gesprochen. Dabei finden spezielle Kameras und Recorder, wie z. B. das „Sony Super Slow Motion System BVP-9000PAC2", Verwendung.

# 5 Tonaufnahme

## 5.1 Berufsbild Tonmann

In EB-Aufnahmeteams arbeitet der Kameraassistent häufig als Tonmann. Die Aufgabe des Tonmanns besteht im „Angeln" des Tons bei gleichzeitiger manueller Tonaussteuerung. Diverse Mikrofone mit Zubehör, Mikrofonangel, Tonmischer und Kopfhörer gehören zu seiner Grundausstattung.

Ein Tonsignal kann nicht nur über- oder untersteuert sein, sondern auch dumpf bzw. hallig wirken. Trotz des vermeintlichen Vorrangs der Videofilmbilder darf eine Tonaufnahme keinesfalls stiefmütterlich behandelt werden. Weil der Originalton, meist kurz „O-Ton" genannt, einen authentischen akustischen Eindruck eines bestimmten Schallereignisses vermittelt, muss er möglichst gut aufgezeichnet werden.

Dies macht es erforderlich, dass der Tonmann neben einigen theoretischen Kenntnissen aus dem Bereich der Akustik vor allem praktische Erfahrung auf dem Gebiet der Mikrofonierung besitzt. Als Mikrofonierung wird die Auswahl eines bestimmten Mikrofontyps und einer bestimmten Mikrofonrichtcharakteristik sowie die Platzierung des ausgewählten Mikrofons im Raum bezeichnet. Durch eine korrekte Mikrofonierung werden Aufnahmequalität und hörbarer Raumeindruck beeinflusst.

Störgeräusche können das Tonnutzsignal unverständlich werden lassen. Die Vermeidung bzw. Reduzierung dieser Störgeräusche ist eine wichtige Aufgabe des Tonmanns. Windgeräusche sind beispielsweise durch Verwendung von Windschutzvorrichtungen oder durch bessere Positionierung des Mikrofons zu verringern. Auch nur sporadisch auftretende Störgeräusche (Kühlschrank-Kompressorgeräusch, Quietschen von Türscharnieren, Knarren von Holzdielen, Geschirrklirren, Knistern von Seidenkleidungsstücken etc.) können die Tonaufnahmequalität erheblich beeinträchtigen. In solchen Fällen muss ein Tonmann aktiv

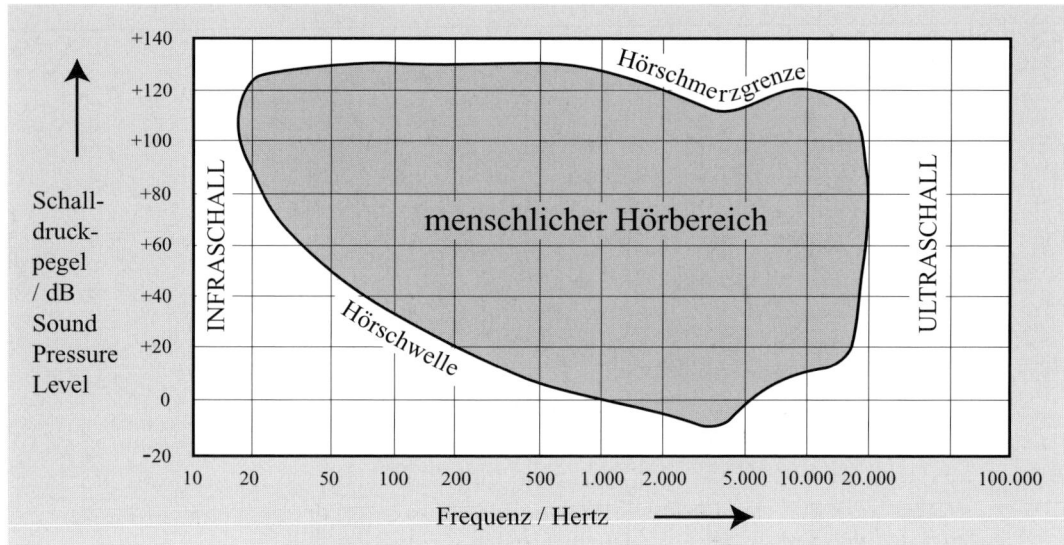

**Abbildung 5-1:**
Menschlicher Hörbereich

Maßnahmen ergreifen, die zur gezielten Dämpfung der am Aufnahmeort existierenden Störschallquellen führen. So können durch Abschalten von Kühlschränken, Fetten von Türscharnieren, Verlegen von Teppichboden oder Auflegen von Tischdecken derartige Tonaufnahmeprobleme vermieden bzw. verringert werden.

Ein Tonmann muss über ein gutes Gehör verfügen, weil der individuelle Höreindruck, den er über Kopfhörer erhält, entscheidend für die manuelle Tonaussteuerung ist. Der Hörbereich bei jungen Menschen erstreckt sich theoretisch über Schallfrequenzen von 16 Hertz bis 20.000 Hertz. In der Praxis zeigt sich jedoch, dass der von Menschen hörbare Frequenzbereich individuell verschieden ist. Mit zunehmendem Lebensalter nimmt besonders die Wahrnehmungsfähigkeit von hohen Schallfrequenzen ab, und zwar um ca. 2.000 Hertz pro Lebensjahrzehnt. Die bestehende starke Frequenzabhängigkeit des menschlichen Hörbereichs zeigt Abbildung 5-1.

## 5.2    Mikrofone

### 5.2.1    Allgemeine Mikrofoneigenschaften

Ein Mikrofon wandelt während einer Audioaufnahme akustische Schwingungen (Schall) in elektrische Spannungen um. Dem Mikrofonie-Knowhow kommt große Bedeutung zu, weil Audioaufnahmemängel, die durch schlechte Mikrofoneigenschaften, falsche Wahl des Mikrofontyps oder ungünstigen Mikrofoneinsatz entstehen können, nur selten in den nachfolgenden Verarbeitungsprozessen korrigierbar sind.

Während der Mensch beim Hörvorgang Störsignale subjektiv unterdrücken kann, wandelt ein Mikrofon sowohl Nutzsignale wie auch Störsignale in elektrische Spannungen um. Zur Minimierung der Aufzeichnung von Störsignalen muss ein Mikrofon im Vergleich zum menschlichen Ohr näher an das Schallereignis herangebracht werden. Gute Sprachverständlichkeit und Klangtreue erfordern eine bestimmte Mindestnähe des Mikrofons zur Schallquelle. Der Nutzschallintensitätspegel muss bei Audioaufnahmen mindestens 10 Dezibel über dem Störschallintensitätspegel liegen.

Ein Dezibel ist der zehnte Teil eines Bel. Das Bel wiederum trägt seinen Namen zu Ehren von Alexander Graham Bell (1847–1922), dem Erfinder des Telefons. Es ist ein in der Technik (Nachrichtentechnik, Akustik) eingeführtes logarithmisches Verhältnismaß zweier physikalischer Größen gleicher Einheit. Die Abkürzung für Dezibel ist dB.

Die minimale Abschlussimpedanz eines Mikrofons ist der elektrische Wechselstrom-Abschlusswiderstand, mit dem es mindestens abgeschlossen werden soll. Die minimale Abschlussimpedanz sollte den fünffachen Wert der Mikrofon-Nennimpedanz nicht unterschreiten. Nur wenn die minimale Abschlussimpedanz wesentlich höher als die Nennimpedanz ist, wird eine Auswirkung der Impedanz-Frequenzabhängigkeiten auf den Frequenzgang des Mikrofons vermieden.

Die Nennimpedanz eines Mikrofons ist der Quellwiderstand, also der Quotient aus der an den Mikrofonklemmen angelegten elektrischen Spannung und dem dabei fließenden Strom. Die Nennimpedanz wird meist auf eine Tonfrequenz von 1 Kilohertz bezogen. Je nach Mikrofontyp hat sie einen Wert zwischen 35 Ohm und 200 Ohm.

Das Mikrofonempfängerprinzip hat wesentlichen Einfluss auf die Richtwirkung eines Mikrofons. Wird die am Ort des Mikrofons bestehende Druckänderung zum Antrieb der Membran genutzt, liegt ein Druckempfänger vor, der eine kugelförmige Richtcharakteristik und demnach keine Richtwirkung besitzt. Bei einem Druckempfänger ist nur die Membranvorderseite dem Schallfeld ausgesetzt. Wird dagegen zum

**Tabelle 5-1:** Mikrofon-Richtcharakteristiken

| Richtcharakteristik | Kugel (omni) | Niere (cardioid) | Superniere (super-cardioid) | Hyperniere (hyper-cardioid) | Keule (lobar) | Acht (figure-8) |
|---|---|---|---|---|---|---|
| Symbol | | | | | | |

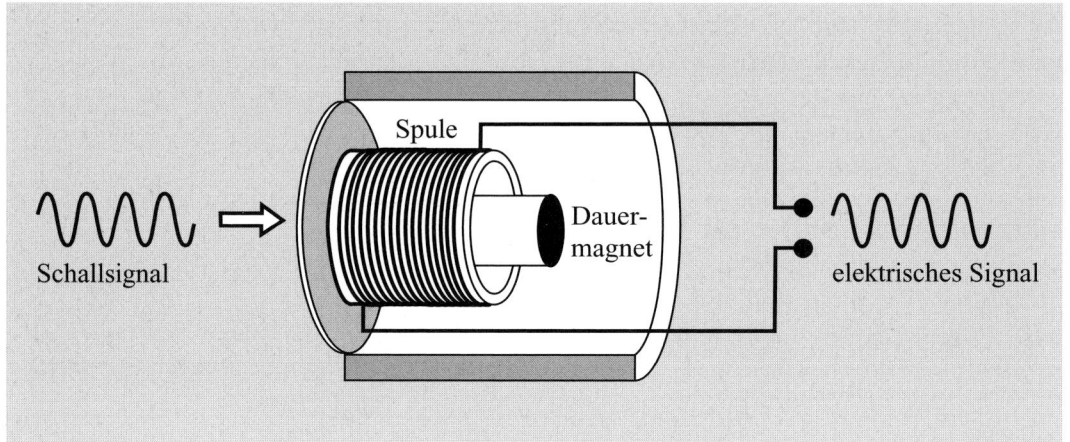

**Abbildung 5-2:**
Schema Dynamisches
Mikrofon

Antrieb der Membran der Druckgradient zwischen zwei Orten oder die hier wirksame Schnelle genutzt, so liegt ein richtungsabhängiger Druckgradientenempfänger vor. „Unterschiedliche Richtcharakteristiken (Niere, Superniere, Hyperniere, Acht) können durch die Beeinflussung der vor bzw. hinter dem Mikrofon aufgenommenen Druckanteile erreicht werden. [...] Aufgrund ihrer Richtwirkung sind Druckgradientenempfänger die in der Beschallungstechnik am häufigsten benutzten Mikrofone" (Ahnert 1993, S. 127). Der Begriff „Richtwirkung" bedeutet nicht, dass ein bestimmtes Schallereignis gezielt verstärkt werden würde. Ein quasi akustisches „Heranzoomen" ist grundsätzlich nicht möglich. Allerdings können je nach Richtwirkung eines Mikrofons seitlich oder hinten liegende Störgeräusche gezielt gedämpft werden. Genaue Auskunft über den richtungsabhängigen Grad dieser Dämpfung gibt das jeweilige Mikrofon-Richtdiagramm. Die prinzipiell möglichen Mikrofon-Richtcharakteristiken sind in Tabelle 5-1 aufgeführt.

Während sich Achten durch relativ frequenzunabhängige Richtdiagramme auszeichnen, sind Kugeln, Nieren und Keulen für Direktschall vergleichsweise erheblich frequenzabhängig.

Für die Umwandlung von Schall in elektrische Spannungen stehen verschiedene technische Methoden zur Verfügung. Dies führt zu einer relativ großen Vielfalt an Mikrofontypen, die alle bestimmte Vor- und Nachteile besitzen und sich dadurch für bestimmte Aufnahmesituationen mehr oder weniger gut eignen.

### 5.2.2  Dynamische Mikrofone

Bei dynamischen Mikrofonen existieren zwei Ausführungsformen: das Bändchenmikrofon und das Tauchspulmikrofon.

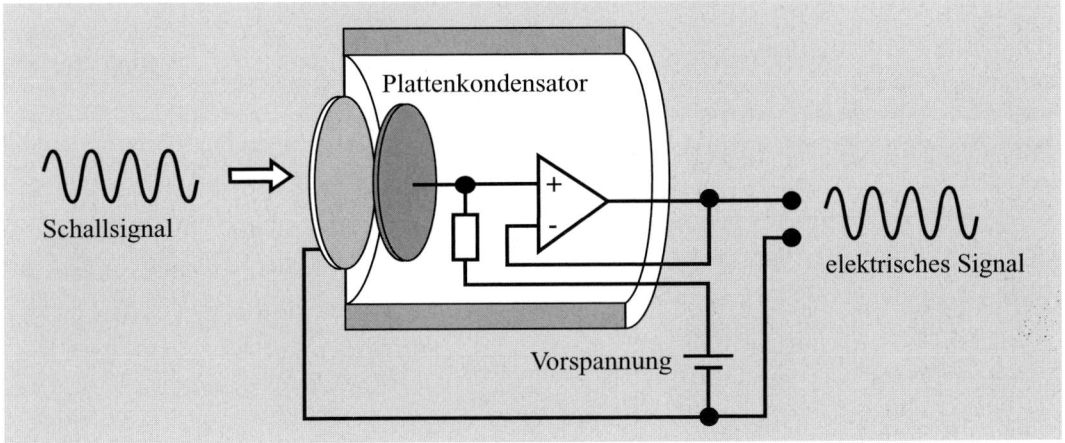

Schallsignal

Plattenkondensator

Vorspannung

elektrisches Signal

Das Bändchenmikrofon ist zwar legendär aufgrund der Bigband-Auf-
nahmen in den vierziger und fünfziger Jahren des 20. Jahrhunderts,
besitzt aber in der heutigen Zeit keine Bedeutung mehr. Dem Tauchspulmikrofon kommt dagegen in der Elektroakustik große Wichtigkeit zu.
Bei diesem Mikrofontyp wird infolge der Schalldruckschwankungen eine
Membran bewegt, die fest mit einer Spule verbunden ist. Die Tauchspule
befindet sich in einem Magnetfeld, das sich durch einen konstanten
magnetischen Fluss auszeichnet (siehe Abbildung 5-2). Bewegt sich
nun die Membran und damit auch die Tauchspule, so wird in ihr eine
elektrische Spannung induziert, deren Größe und Frequenz der Schall-
druckänderung proportional ist. „Heute stehen dynamische Mikrofone
zur Verfügung, die wegen
  · ihres robusten Aufbaus,
  · ihrer geringen Übersteuerungsempfindlichkeit,
  · ihrer geringen Empfindlichkeit gegenüber Feuchtigkeit,
  · ihrer problemlosen Anschlußtechnik und
  · ihres relativ geringen Anschaffungspreises

in der Beschallungstechnik besonders als bewegliche Solistenmikrofone
dominieren" (Ahnert 1993, S. 132). Dynamische Mikrofone (siehe Abbildung 5-4) benötigen keine Speisespannung und keine Elektronik im
Mikrofon. Sie arbeiten auch bei hohen Lautstärken verzerrungsarm. Die
erzeugte Tonfrequenzspannung steht direkt symmetrisch, erdungsfrei
und niederohmig zur Verfügung und kann unmittelbar zum Tonmischpult oder zum Tonbandgerät geführt werden.
  Dynamische Mikrofone werden aufgrund ihrer Robustheit und
Betriebssicherheit gern „in schwierigen Aufnahmesituationen (unklare
Anschlußmöglichkeiten, fehlende Versorgungsspannung, Schmutz,
Feuchtigkeit etc.) eingesetzt. Im Musikerbereich werden sie wegen ihres

**Abbildung 5-3:**
Schema Kondensator-
mikrofon

eigenen Sounds und ihrer hohen Schalldruckfestigkeit geschätzt" (Sennheiser 2000, S. 1.3). Die Empfindlichkeit eines dynamischen Mikrofons beträgt ca. 2 Millivolt pro Pascal.

Beispiel: Dynamisches Mikrofon Sennheiser MD 735
Das MD 735 ist ein dynamisches Mikrofon mit Supernierencharakteristik. Es eignet sich aufgrund der geringen akustischen Rückkopplungswahrscheinlichkeit infolge dieser Richtcharakteristik für den Bühneneinsatz zur Übertragung von Gesang und Instrumenten. Der Übertragungsbereich reicht von 50 Hertz bis 18.000 Hertz.

### 5.2.3    Kondensatormikrofone

Kondensatormikrofone werden in der Tonstudiotechnik am häufigsten eingesetzt. Bei Kondensatormikrofonen (siehe Abbildung 5-3) erfolgt die elektroakustische Wandlung nach dem Prinzip des veränderlichen Plattenkondensators „aufgrund der Abstandsänderungen einer beweglichen Elektrode (der Membran) gegenüber einer festen Gegenelektrode. [...] Die beiden Elektroden werden beim Kondensatormikrofon über einen hochohmigen Widerstand durch eine feste Gleichspannung aufgeladen. Durch die Abstandsänderung der Elektroden ändert sich die Kapazität und mit ihr die kapazitätsproportionale Ladespannung, die über einen hochohmigen Widerstand abgegriffen wird. Über einen nachgeschalteten impedanzwandelnden Vorverstärker wird diese Spannung der Mikrofonleitung zugeführt" (Ahnert 1993, S. 129 f.).

Alle Kondensatormikrofontypen benötigen zum Betrieb eine Speisespannung. Die Speisung des Impedanzwandlers und der rauscharmen Verstärkerschaltungen erfolgt entweder aus einer integrierten Batterie, aus einem Hochfrequenzsender, einem Speiseadapter, über Phantomspeisung (XLR3) oder bei Festeinbau über fremde Spannungsquellen. Im professionellen Bereich erfolgt die Stromversorgung für Kondensatormikrofone meist durch Phantomspeisung über das Mikrofonkabel, um häufige Batteriekontrollen zu umgehen. Bei der 48-Volt-Phantomspeisung wird der positive Pol der Speisespannung über zwei 6,8-Kiloohm-Widerstände auf beide Adern gegeben. Die Stromrückführung bei Phantomspeisung findet über den Kabelschirm statt.

Das elektrostatische Wandlerprinzip in Form von Kondensatormikrofonen hat gegenüber anderen Wandlerprinzipien folgende Vorteile:

- großer Übertragungsbereich,
- ausgeglichener Frequenzgang,
- sehr hohe Impulstreue aufgrund der sehr geringen Membranmasse sowie
- Unempfindlichkeit gegenüber magnetischen Störfeldern.

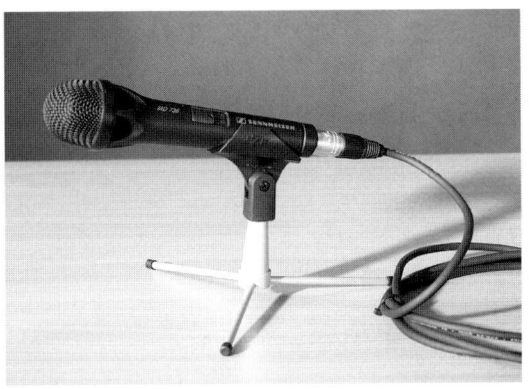
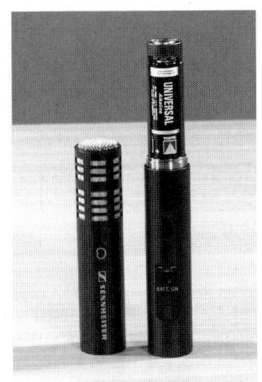

**Abbildung 5-4 links:**
Dynamisches Mikrofon
auf Tischstativ

**Abbildung 5-5 rechts:**
Elektret-Kondensator-
mikrofon, bestehend aus
Mikrofonmodul (links)
und Speiseadapter K6

Den genannten Vorteilen stehen folgende Nachteile der Kondensatormikrofone gegenüber:
* notwendige Speisespannung für den Impedanzwandler,
* Empfindlichkeit gegenüber Feuchtigkeit sowie
* relativ hoher Preis aufgrund des zusätzlichen Vorverstärkers (vgl.
  Ahnert 1993, S. 131).

### 5.2.3.1 Elektret-Kondensatormikrofon

Bei Elektret-Kondensatormikrofonen trägt die feststehende hintere Elek-
trode (engl. *back plate*) des Kondensators eine spezielle Kunststofffolie.
Dieses so genannte „Elektret" hat die besondere Eigenschaft, elektrische
Ladung dauerhaft zu speichern, sie quasi „einzufrieren". Mit Hilfe dieses
Verfahrens werden die Elektroden permanent polarisiert, sodass die
externe Polarisationsspannung entfallen kann.

Die „vordere Elektrode des Kondensator ist die Membran. Durch ihre
Bewegung im Schallfeld verändert sich die Kapazität des Kondensators und es kann eine dem akustischen Signal proportionale Spannung
abgenommen werden. [...] Diese ultraleichte Membran (1/10.000 g)
folgt verzögerungsfrei jedem Impuls, ohne dabei nennenswert zu bie-
gen" (Sennheiser 2000, S. 1.25). Der Membranhub beträgt bei 94 dBSPL
(SPL: *Sound Pressure Level*) lediglich ca. 10 Nanometer. Auf diese Weise
werden ein ausgeglichener Frequenzgang, hohe Impulstreue und
Verzerrungsminimierung erzielt. Obwohl die externe Polarisation
bei Elektret-Kondensatormikrofonen entfällt, wird eine Versorgungsspannung von 1,5 Volt für den Betrieb des Impedanzwandlers benötigt.

Beispiel: Sennheiser Kondensator-Mikrofonmodul-System K6 modular
„Der Speiseadapter K6 für Batterie- und Phantomspeisung ist der Grund-
baustein des professionellen Kondensator-Mikrofonmodul-Systems
K6 modular. Durch die Kombination des K6 mit unterschiedlichen,

aufschraubbaren Kondensator-Mikrofonmodulen entstehen Mikrofone mit unterschiedlichen Richtcharakteristiken" (Sennheiser 2000, S. 1.36). Der Speiseadapter K6 dient darüber hinaus auch als Griffstück (siehe Abbildung 5-5).

Die verschiedenen aufschraubbaren Kondensator-Mikrofonmodule für den Speiseadapter K6 sind in Tabelle 5-2 aufgeführt. Die Merkmale des Speiseadapters K6 sind:

- Übertragungsbereich von 30 Hertz bis 20.000 Hertz,
- Nennimpedanz: 200 Ohm symmetrisch,
- minimale Abschlussimpedanz: 1000 Ohm,
- symmetrischer, transformatorloser Ausgang (dreipoliger XLR),
- Schiebeschalter für das Ein- bzw. Ausschalten des Mikrofons (mit Batteriekontrolle),
- Batteriespeisung über 1,5-Volt-Batterie (Typ: Mignon bzw. AA) oder Phantomspeisung,
- Schiebeschalter für das Ein- bzw. Ausschalten des Tiefenfilters, das Tritt- und Körperschall sowie Wind- und Poppgeräusche dämpfen soll.

Bei der Beschallung von Bühnen ist es zur Vermeidung von akustischer Rückkopplung erforderlich, Mikrofone hinter den Lautsprechern zu positionieren. Ist dies aufgrund sich bewegender Personen nicht möglich, so muss das Mikrofon sehr nahe der Schallquelle mitgeführt werden. Im Gegensatz zu dynamischen Mikrofonkapseln haben dauerpolarisierte Kondensatormikrofonkapseln so geringe Abmessungen, dass sie in sehr kleine Gehäuse integriert werden können. Diese Tatsache wurde bei der Entwicklung von Ansteck-Elektret-Kondensatormikrofonen ausgenutzt, sodass diese aufgrund der starken Miniaturisierung im Fernsehbild nicht auffallen und eine Störung der Bildkomposition vermieden wird.

Bei Interviews wird ein Ansteck-Elektret-Kondensatormikrofon mit Hilfe eines Ansteckclips im oberen Brustbereich, möglichst über dem Brustbein, ca. 20 Zentimeter unterhalb des Mundes an einem Kleidungsstück befestigt. Eine korrekte Ausrichtung des Ansteck-Elektret-Kondensatormikrofons in Richtung Mund der interviewten Person ist wichtig. Es muss durch sorgfältige Befestigung verhindert werden, dass sich die vorgenommene Ausrichtung bei Körperbewegungen der interviewten Person ändert und dass es zu Reibe-Störgeräuschen aufgrund von Scheuern des Mikrofons an einem Kleidungsstück kommt. Die Anbringung eines Miniaturmikrofonwindschutzes ist empfehlenswert. Die Mikrofonleitung sollte möglichst gut unter einem Kleidungsstück versteckt werden.

Um die größtmögliche Bewegungsfreiheit von Moderatoren, Fernsehköchen, Musikern etc. zu gewährleisten, werden die Tonsignale

| Mikrofonmodul-Typ | Richtcharakteristik | Symbol | Einsatzgebiet |
|---|---|---|---|
| ME 62 | Kugel | | Mikrofon für Reportagen, Diskussionen und Interviews sowie für die Aufnahme von Hintergrundgeräuschen (Atmo). |
| ME 64 | Niere | | Mikrofon für Reportagen, Interviews, Nachvertonungen und Beschallungsanlagen. Die Niere hat die beste Rückwärtsdämpfung bei nicht allzu großer Seitwärtsdämpfung. |
| ME 65 | Superniere | | Rednermikrofon. Die Superniere besitzt recht gute Rückwärtsdämpfung mit geringerer Seitwärtsdämpfung. |
| ME 66 | Superniere/Keule | | Mikrofon für Reportagen, Filmproduktionen und zur Aufnahme von leisen Signalen in geräuschvoller oder halliger Umgebung. |
| ME 67 | Keule | | Das Keulenmikrofon findet immer dann Einsatz, wenn aus irgendwelchen Gründen eine Mikrofon-Aufstellung nahe der Schallquelle nicht möglich ist. |

des Ansteckmikrofons drahtlos mit Taschenfunksender zu einem Funkempfänger übertragen. Der Taschenfunksender (engl. *transmitter*) ist so klein und leicht (siehe Abbildung 5-6), dass er bequem und unauffällig am Hosengürtel eines Moderators getragen werden kann.

**Tabelle 5-2:** Sennheiser Mikrofonmodul-Typen des K6-Systems

Die Sendeantenne des Taschenfunksenders sollte dabei nicht direkt am Körper anliegen. Wichtig ist, dass im Taschenfunksender stets frische Batterien für die Energieversorgung zum Einsatz kommen.

Ein Taschenfunksender kann auch an einem Musikinstrument befestigt werden. Es gilt dabei aber zu beachten, dass Funkmikrofone für Sprachübertragung optimiert sind und somit bei Musikübertragung keine optimale Aufnahmequalität erreichbar ist.

Bei Sennheiser-Taschenfunksendern sind verschiedene UHF-Funkfrequenzen auswählbar, um den gleichzeitigen interferenzfreien Betrieb mehrerer Taschenfunksender zu ermöglichen. Der zugehörige Funkempfänger (engl. *receiver*) kann entweder stationär für den Studioeinsatz oder mobil für den EB-Einsatz ausgeführt sein. Ein mobiler Funkempfänger wird mit Klettband am EB-Camcorder befestigt und elektrisch mit der Buchse für das externe Mikrofon verbunden. Bei Verwendung eines Consumer-Camcorders ohne Kamerastativ kann der Funkempfänger beispielsweise in einer Brusttasche des Kameramanns Platz finden oder mit Klettband an dessen Unterarm fixiert werden.

In Betrieb genommene drahtlose Mikrofonanlagen sind Teil des Durchsagefunks, der zum „nichtöffentlichen mobilen Landfunk" (Abkür-

zung: nömL) gehört. Für das Betreiben einer drahtlosen Mikrofonanlage
ist deshalb grundsätzlich eine vorherige Frequenzzuteilung durch eine
Außenstelle der „Regulierungsbehörde für Telekommunikation und
Post" (Reg TP) erforderlich.

Es bietet sich für den Betrieb von drahtlosen Mikrofonanlagen
u. a. die Nutzung von Frequenzen im Bereich der Fernsehkanä-
le 61 (790–798 Megahertz), 62–63 (798–814 Megahertz) und 67–69
(838–862 Megahertz) an. Für die Frequenzzuteilung durch die Reg TP
werden einmalige Zuteilungsgebühren und jährliche Beiträge erhoben.

**Internetadresse:**
www.regtp.de

Beispiel: Sennheiser Ansteckmikrofon-Systeme
Ein Sennheiser-Ansteckmikrofon-System besteht z. B. aus einem
Ansteck-Elektret-Kondensatormikrofon MKE 2 mit dem Taschenfunksender SK 100 und dem stationären Funkempfänger EM 100 für den
Studioeinsatz bzw. dem mobilen Funkempfänger EK 100 für den EB-Einsatz. Die Ansteck-Elektret-Kondensatormikrofone ME 102 und ME 104
übertragen die Tonsignale auch leitungsgebunden, indem sie über ein
spezielles Adapterkabel an ein K6 angeschlossen werden.

### 5.2.3.2 Hochfrequenz-Kondensatormikrofon

**Internetadressen:**
www.akg-acoustics.de
www.audio-technica.com
www.beyerdynamic.de
www.neumann.com
www.sanken.ch
www.schoeps.de
www.sennheiser.com
www.shure.com
www.vivanco.de

Hochfrequenz-Kondensatormikrofone „stellen eine eigene, hochwertige
Klasse von Kondensatormikrofonen dar. Sie erfüllen höchste Ansprüche
an die klanglichen und funktionalen Eigenschaften und zeichnen sich
durch Robustheit, Klimafestigkeit, weiten Übertragungsbereich und
extrem niedriges Eigenrauschen aus. An der Kapsel des Hochfrequenz-
Kondensatormikrofons liegt anstelle der sonst benötigten hohen Polarisationsspannung eine vergleichsweise niedrige hochfrequente Spannung, die von einem rauscharmen Oszillator erzeugt wird. Sie wird

durch die vom Schall in der Kapsel erzeugten Kapazitätsänderungen moduliert. [...] Alle HF-Kondensatormikrofone arbeiten an 48 Volt-Phantomspeisung" (Sennheiser 2000, S. 1.45).

Beispiel: Sennheiser HF-Kondensatormikrofon MKH 416
Das Sennheiser HF-Kondensatormikrofon MKH 416 ist ein kurzes Inter-ferenz-Rohrrichtmikrofon mit Supernieren-/Keulencharakteristik. Bei Schallfrequenzen unterhalb ca. 1,6 Kilohertz arbeitet ein MKH 416 als Superniere. Erst bei Schallfrequenzen oberhalb ca. 1,6 Kilohertz kommen die Richtmikrofoneigenschaften eines MKH 416 voll zur Wirkung. Die Unempfindlichkeit gegenüber Feuchtigkeit, eine gute Konsonantenver-ständlichkeit und eine geringe akustische Rückkopplungswahrschein-lichkeit aufgrund der Richtwirkung sind ideale Voraussetzungen für den universellen Einsatz bei Videofilmaufnahmen, insbesondere bei Außen-reportagen. Aufgrund der extremen Windempfindlichkeit ist stets ein Windschutz notwendig. Ein MKH 416 ist auch in der TU 3-Variante für 12-Volt-Tonaderspeisung erhältlich. Die Nennimpedanz des MKH 416 beträgt 25 Ohm, die minimale Abschlussimpedanz 800 Ohm.

**Abbildung 5-7:**
XLR3-Stiftstecker und XLR3-Buchsenstecker

### 5.2.4 Piezoelektrische Mikrofone

Bei der Tonaufnahme werden heute fast ausschließlich elektrodyna-mische oder elektrostatische Mikrofone verwendet. Piezoelektrische Mikrofone werden nur in Sonderformen, z. B. als Kehlkopfmikrofone, eingesetzt.

## 5.3 Tontechnisches Zubehör

### 5.3.1 Mikrofonleitungen

**Abbildung 5-8:**
6,35-Millimeter-Klinken-stecker

Weil Audiosignale sehr anfällig gegenüber äußeren Störsignalen (Brum-men) sind, kommen im professionellen Bereich als Verbindungsleitungen zwischen Mikrofonen und EB-Camcordern symmetrische Mikrofonlei-tungen zum Einsatz. Die symmetrische Signalführung wird mit einem ersten Leiter, der das originale Tonnutzsignal führt, einem zweiten Lei-ter, der das invertierte, gegenphasige Tonnutzsignal führt, und einer Abschirmung realisiert. Ein gegenphasiges Tonnutzsignal wird in einem Kondensatormikrofon elektronisch mit Hilfe eines Invertierers erzeugt. Bei der Signalzusammenführung im EB-Camcorder addieren sich die Tonnutzsignale, während sich die eventuell vorhandenen, gleichphasig induzierten Störsignale weitgehend gegenseitig auslöschen (siehe Abbil-dung 5-9).

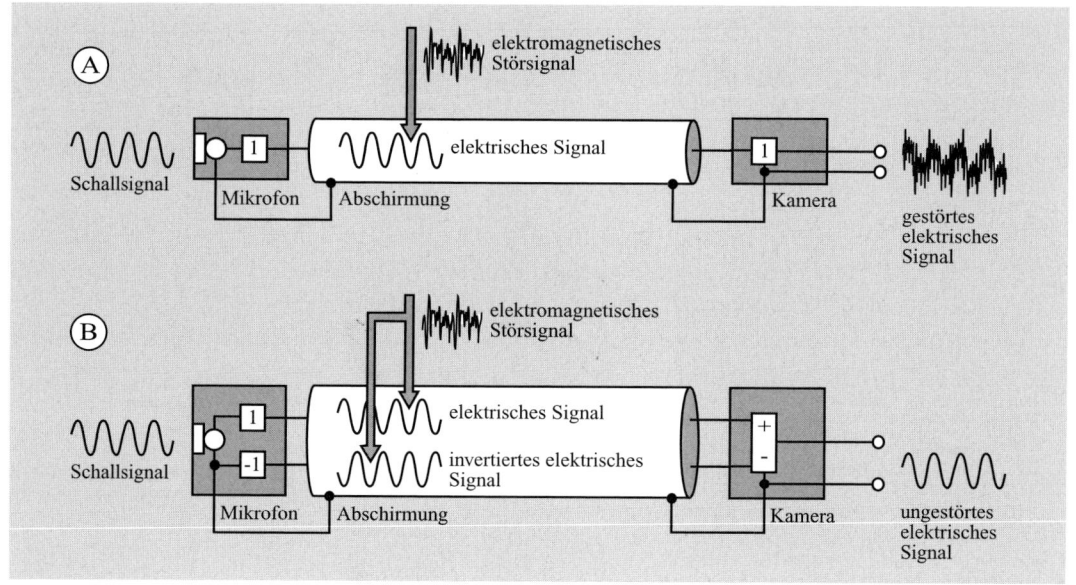

**Abbildung 5-9:**
Asymmetrische (A)
und symmetrische (B)
Signalführung

Eine professionelle Mikrofonleitung besitzt auf der einen Seite eine XLR3-Buchsenstecker für den Anschluss eines Mikrofons und auf der anderen Seite einen XLR3-Stiftstecker für den Anschluss eines EB-Camcorders (siehe Abbildung 5-7). Generell gilt, dass elektrische „Quellen", die eine elektrische Spannung ausgeben (wie z. B. ein Mikrofon), Stiftstecker besitzen. Dagegen haben elektrische „Senken", die eine elektrische Spannung einlesen (wie z. B. ein EB-Camcorder oder ein DAT-Recorder), Buchsenstecker. Bei symmetrischer Anschlusstechnik ist auf Pin 1 die Masse/Abschirmung, auf Pin 2 das originale Tonnutzsignal und auf Pin 3 das invertierte Tonnutzsignal gelegt.

Ein Consumer-Camcorder verfügt nur über eine 3,5-Millimeter-Klinkenbuchse als externen asymmetrischen Mikrofoneingang. Bei Mono-Klinkensteckern (siehe Abbildung 5-10) führt die Klinkensteckerspitze das Tonnutzsignal, der Klinkensteckerschaft die Masse (Bezugspotenzial). Prinzipiell ist es möglich, ein symmetrisches in ein asymmetrisches Tonnutzsignal umzuwandeln. Wenn z. B. ein professionelles Mikrofon an einen Consumer-Camcorder angeschlossen werden soll, ist das originale Tonnutzsignal an die Klinkensteckerspitze und das invertierte Tonnutzsignal zusammen mit der Masse/Abschirmung an den 3,5-Millimeter-Klinkensteckerschaft zu legen. Bei langen Mikrofonleitungen und schwachen Mikrofonsignalen ist diese Methode allerdings nicht zu empfehlen.

Da bei Consumer-Camcordern eine manuelle Tonaussteuerung nicht möglich ist und symmetrische Mikrofoneingänge fehlen, bietet sich die Anschaffung eines Audioadapters an, der diese Mängel behebt.

**Internetadressen:**
www.beachtek.com
www.ittcannon.com
www.neutrik.ch
www.sommercable.com

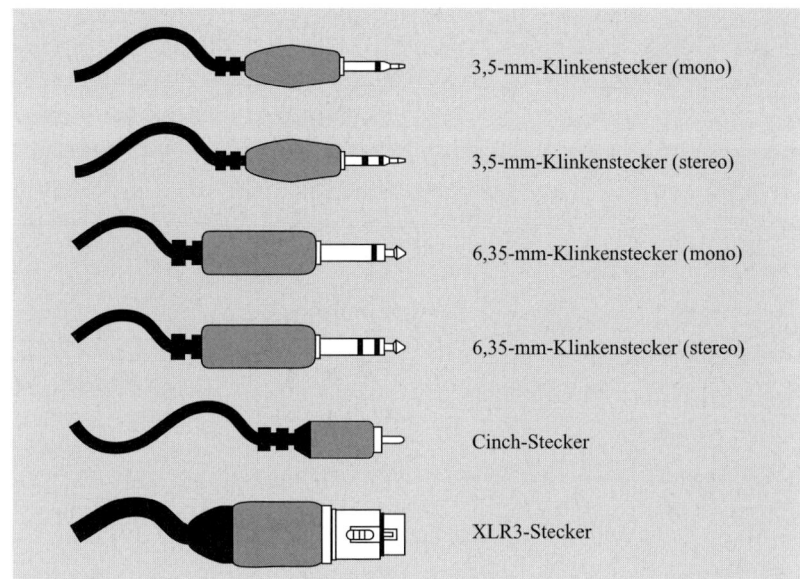

**Abbildung 5-10:**
Audiostecker

3,5-mm-Klinkenstecker (mono)

3,5-mm-Klinkenstecker (stereo)

6,35-mm-Klinkenstecker (mono)

6,35-mm-Klinkenstecker (stereo)

Cinch-Stecker

XLR3-Stecker

### 5.3.2 Kopfhörer

Bei jeder professionellen Videofilmproduktion findet stets eine Kontrolle des Tonsignals mit Hilfe eines Kopfhörers statt. Professionelle Tonkontroll-Kopfhörer umschließen die Ohrmuscheln des Tonmanns vollständig, sodass sich Umfeldgeräusche nicht störend auswirken können. Als Anschlussstecker für Kopfhörer finden sich im professionellen Bereich 6,35-Millimeter-Klinkenstecker (siehe Abbildung 5-8).

Auch bei Videofilm-Amateuraufnahmen ist eine Kontrolle des Toneingangssignals sinnvoll. Leider besitzen nicht alle Consumer-Camcorder-Modelle eine Anschlussbuchse für einen Kopfhörer. Schon beim Kauf eines Consumer-Camcorders sollte auf eine solche Anschlussmöglichkeit geachtet werden.

### 5.3.3 Externe Tonmischer

Bei professionellen Videofilmproduktionen kommen externe portable Tonmischer (engl. *field mixer*) zum Einsatz. Tonleute der Rundfunkanstalten setzen häufig Geräte der Firma „SQN Electronics" ein, weil sie sich seit Jahren bei zahllosen EB-Aufnahmen bewährt haben.

### 5.3.4 DAT-Recorder

Bei der Verwendung eines Camcorders wird der Ton intern, also auf dem geräteinternen Magnetband, aufgezeichnet. Im Gegensatz zu

**Internetadressen:**
www.alesis.com
www.behringer.com
www.fostex.com
www.shure.com
www.sony.com
www.soundcraft.com
www.sqn.co.uk
www.tascam.de

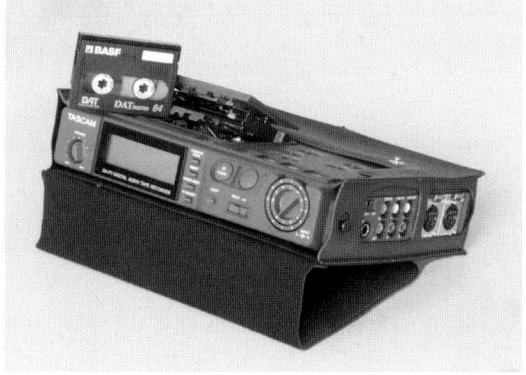

**Abbildung 5-11 links:**
Geschlossener Kopfhörer

**Abbildung 5-12 rechts:**
DAT-Recorder

Filmaufnahmen wird bei Videofilmaufnahmen ein DAT-Recorder (DAT: *Digital Audio Tape*) eigentlich nicht benötigt. Allerdings ist für eine überzeugende Tongestaltung hin und wieder die nachträgliche Integration von Geräuschen notwendig, die während der Videofilmaufnahme nicht aufgezeichnet wurden. Weil sich für eine nachträgliche separate Audioaufnahme ein Camcorder als unpraktisch erweist, bietet sich in einem solchen Fall der Einsatz eines portablen DAT-Recorders an.

**Internetadressen:**
www.akg-acoustics.de
www.k-m.de

DAT-Recorder benötigen spezielle DAT-Kassetten mit mechanischen Abmessungen von 73 mm x 54 mm x 10,5 mm. Deren Magnetbandbreite beträgt 3,81 Millimeter. Aufgrund der festgelegten mechanischen Parameter werden längere Spielzeiten von bis zu 180 Minuten durch Verringerung der Banddicke erkauft. Die Verwendung solcher 180-Minuten-DAT-Kassetten ist deshalb nicht zu empfehlen.

Professionelle portable DAT-Recorder besitzen XLR3-Buchsen für den Mikrofonanschluss.

**Abbildung 5-13:**
Ausrichtung eines
Stativ-Auslegerarms

Bei Aufnahmen, die als Audiospur eines Videofilms Verwendung finden sollen, gilt es zu beachten, dass die Audioabtastfrequenz auf 48 Kilohertz einzustellen ist. Für frische Batterien bzw. geladene Akkus im DAT-Recorder ist vor Aufnahmebeginn zu sorgen.

### 5.3.5   Mechanisches Zubehör

#### 5.3.5.1   Stative und Schwanenhälse

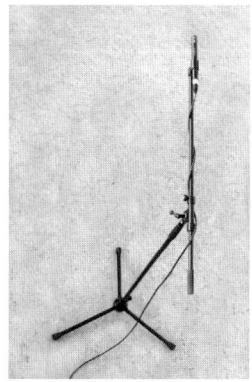

Ein Dreibein-Stativ kommt bei Tonaufnahmen dann zum Einsatz, wenn ein Mikrofon stationär an einem festen Platz aufgestellt werden muss. Stative sind als Fußbodenvariante (siehe Abbildung 5-14) oder als Tischausführung (siehe Abbildung 5-17) erhältlich. Besitzt ein Mikrofonstativ einen Auslegerarm, ist ein Umkippen nach Montage des Mikrofons zu verhindern, indem der Auslegerarm so ausgerichtet wird, dass er sich direkt über einem der drei Stativfüße befindet (siehe Abbildung 5-13).

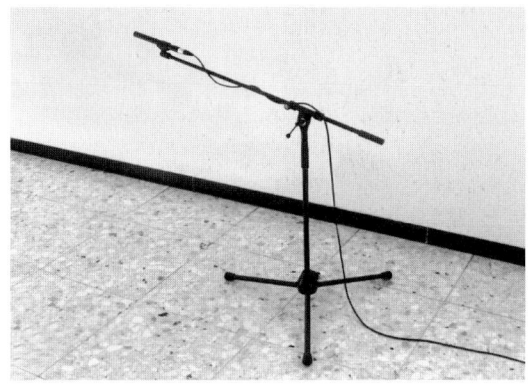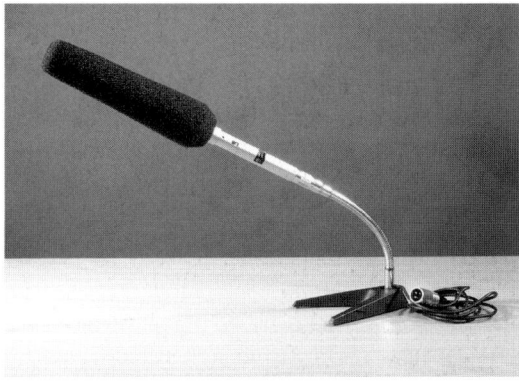

Während Stative starre Rohre besitzen, zeichnen sich Schwanenhälse durch ihre Flexibilität und dreidimensionale Verstellbarkeit aus (siehe Abbildung 5-15). Einsatz findet ein Schwanenhals z. B. auch bei der Montage eines Poppschutzes vor einem Mikrofon (siehe Abbildung 5-17).

**Abbildung 5-14 links:** Fußbodenstativ mit Auslegerarm

**Abbildung 5-15 rechts:** Schaumstoff-Windschutz auf Schwanenhals-Mikrofon

### 5.3.5.2 Mikrofonangeln und Mikrofongalgen

Eine Mikrofonangel ist ein vom Tonmann geführter Auslegerarm (siehe Abbildung 5-19), der dank eines speziellen Gelenks am Mikrofonangelkopf eine hohe Beweglichkeit und schnelle Ausrichtbarkeit bei der Mikrofonnachführung während der Tonaufnahme gestattet (siehe Abbildung 5-18). Angeboten werden Karbonfaser-Mikrofonangeln von Firmen wie z. B. van den Burgh (VDB), Panamic oder Quickpole. Diese Mikrofonangeln zeichnen sich durch geringes Gewicht bei hoher Stabilität aus. Beim Einsatz von Mikrofonangeln kann der Ton von oben und unten geangelt werden.

**Internetadressen:** www.rycote.com www.sennheiser.com

Ein Mikrofongalgen stellt eine Art „verstärkte Mikrofonangel" für den Studioeinsatz dar. Er ist meist auf rollbaren Stativen oder Rollgestellen befestigt. Ein Mikrofongalgen-Ausleger besitzt eine Länge von etwa 5 Metern. Beim Einsatz von Mikrofongalgen wird von oben geangelt. Mit Hilfe von Zugseilen wird das am Auslegerarm befestigte Mikrofon aus der Distanz ausgerichtet.

**Abbildung 5-16** Fell-Windschutz für her vorstehendes Camcorder-Mikrofon

### 5.3.5.3 Wind- und Poppschutz

„Windstörungen entstehen dann, wenn Wind auf die Mikrofonkapsel trifft, aber auch, wenn ein Mikrofon in ruhender Luft bewegt wird, also z. B. auch bei schnellen Bewegungen der Mikrofonangel" (SRT 2000a, S. 92). Zur Vermeidung dieser Windstörungen ist grundsätzlich

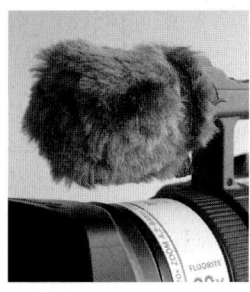

**Abbildung 5-17 links:**
Poppschutz vor Solisten-Mikrofon

**Abbildung 5-18 rechts:**
Mikrofonangelkopf

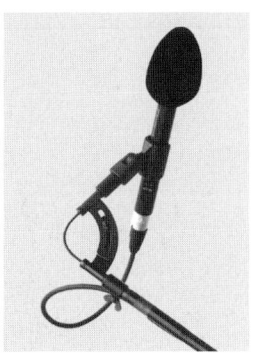

die Verwendung eines Windschutzes bei Aufnahmen im Freien, bei Verwendung einer Mikrofonangel und bei Nahbesprechung von Mikrofonen empfehlenswert (siehe Abbildungen 5-15 und 5-19). Für Druckempfänger sollten Schaumstoffwindschutze verwendet werden. „Bei Druckgradientenmikrofonen haben Schutzkörbe eine etwas bessere Wirkung, im Allgemeinen werden aber auch hier aus Gründen der einfacheren Handhabung Schaumstoffschutze bevorzugt" (SRT 2000a, S. 92).

Besonders wirkungsvoll sind die fellartig aufgebauten so genannten „Windjammer", die auch umgangssprachlich Bezeichnungen wie „tote Katze", „Pudel" oder „Zottel" tragen. In Verbindung mit einem Windschutzkorb (so genannter „Zeppelin") bietet eine Windschutzhülle aus langhaarigem Polyestervlies den maximalen Schutz gegen Windgeräusche. Notwendig sind solche Windjammer besonders bei den für Reportage-Tonaufnahmen häufig verwendeten stark gerichteten Kondensatormikrofonen, deren große Windempfindlichkeit mit Hilfe von Windschutzvorrichtungen verringert werden muss. Allerdings werden nicht nur störende Windgeräusche, sondern auch höhere Nutzsignalfrequenzen durch Verwendung einer solchen Windschutzhülle gedämpft. Hinzu kommt, dass ein Teil der gewünschten Mikrofonrichtwirkung verloren geht.

Wenn Consumer-Camcorder-Mikrofone aus dem Gerätegehäuse hervorstehen und für Tonaufnahmen eingesetzt werden, ist ein wirksamer Windschutz (siehe Abbildung 5-16) empfehlenswert.

Bei der Nahbesprechung von Mikrofonen entstehen impulsartige Luftströmungen (so genannte „Poppstörungen") vor allem bei Lauten wie „p", „t" oder „k". Bei solchen Explosivlauten sind trotz normaler Sprechlautstärke Spitzenpegel von bis zu 135 dB messbar. Um die Luftströmungsgeschwindigkeit von Explosivlauten zu reduzieren, dabei aber den Nutzschall verhältnismäßig wenig zu dämpfen, kann in ca. 10 Zentimeter Entfernung vor dem Mikrofon mit Hilfe eines Schwanenhalses ein

**Abbildung 5-19:**
Mikrofon an
Mikrofonangel

Poppschutz installiert werden. Ein solcher Poppschutz besteht wie ein Schaumstoffwindschutz aus porösem Kunststoffmaterial (siehe Abbildung 5-17).

### 5.3.5.4 Knetdichtstoff und Klebeband

Es treten auch Tonaufnahmesituationen auf, in denen die Verwendung von Mikrofonangeln und Stativen nicht möglich ist und beispielsweise ein Mikrofon hinter einer Requisite versteckt werden muss. Für solche Fälle bietet sich dauerplastischer selbsthaftender Knetdichtstoff als Mikrofonhalterung an.

Zu empfehlen ist „Prestik Knetdichtung" der Firma Bostik-Findley, der sich durch Zäh- und Thermoplastizität, Versprödungs- und Schwundfreiheit, Knetbarkeit sowie gute Alterungsbeständigkeit auszeichnet. Er haftet sehr gut auf glatten Flächen, wobei die Haftflächen fest, trocken, staub-, schmutz- und fettfrei sein müssen. Dieser Knetdichtstoff ist im Normalfall rückstandsfrei entfernbar.

Klebeband, insbesondere Textilklebeband (so genanntes „Lassoband" oder „*gaffers tape*"), gehört zur Ausstattung von Tonmännern, denn ständig müssen irgendwelche Dinge wie z. B. Mikrofonleitungen befestigt werden.

**Internetadressen:**
www.3m.com
www.bostik.de

### 5.3.5.5 Schalldämpfungsmaterialien

Erfahrene Tonmänner legen sich eine Materialiensammlung aus beispielsweise Filztüchern, Textilstoffen, Schaumstoff, Pappe, Papier oder

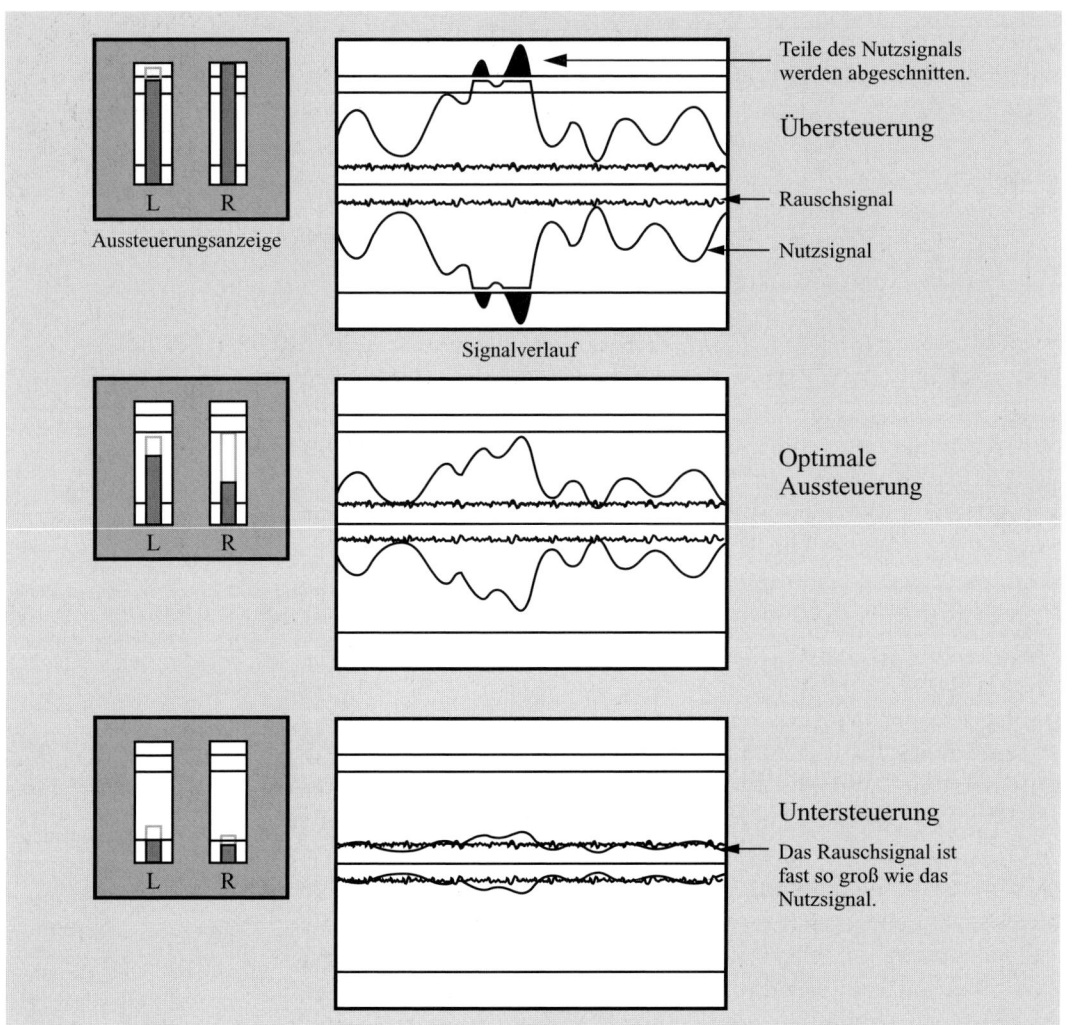

**Abbildung 5-20:**
Tonaussteuerung

Schmieröl bzw. -fett an. Mit Hilfe dieser Materialien können bei aufwändigeren Videofilmproduktionen Störgeräuschpegel durch geschickte Schalldämpfungsmaßnahmen reduziert und dadurch die Qualität des Originaltons verbessert werden.

## 5.4    Tonaufnahmepraxis

### 5.4.1    Tonaussteuerung

Aufgabe des Tonmanns ist es, den Tonpegel bei der Aufnahme mit Hilfe eines externen Tonmischers möglichst optimal auszupegeln und dabei

Unter- oder Übersteuerungen zu vermeiden (siehe Abbildung 5-20). „Die untere Aussteuergrenze ist durch das Grundrauschen bestimmt, das bei jeder Signalübertragung zum Signal hinzuaddiert wird" (Schmidt 2000, S. 343). Ein Untersteuern des Tonsignals verursacht ein ungünstiges Nutzsignal-Rauschsignal-Verhältnis. Ein Übersteuern führt zu einer scharfen Begrenzung des Nutzsignals (engl. *clipping*). Weil das Nutzsignal bei einer Übersteuerung den linearen Kennlinienteil verlässt, kommt es zu hörbaren Signalverzerrungen („Klirren").

Werden externe Tonmischer bei Interviews benutzt, so muss die Aussteuerung durch ein Probesprechen ins Mikrofon, das so genannte „Ansprechen", getestet werden. Die Lautstärke, mit der das Mikrofon angesprochen wird, sollte genauso hoch sein wie beim späteren Interview. Wird ein Handmikrofon beim Interview verwendet, so ist dieses sowohl beim Ansprechen als auch später während des Interviews in konstantem Abstand vom Mund des/der Sprechenden zu halten.

Steht kein Tonmann zur Verfügung, kann der EB-Kameramann die Tonaussteuerautomatik eines professionellen EB-Camcorders aktivieren und die direkte Hörkontrolle über Kopfhörer selbst vornehmen. Unter gewissen Umständen kann diese Automatikfunktion jedoch Schwierigkeiten bereiten, weil die Automatik das eigentlich zu verstärkende Tonnutzsignal nicht von Störsignalen unterscheiden kann und somit sämtliche Geräusche verstärkt. Außerdem tritt im Tonaussteuerautomatikmodus die regelungstechnische Problematik auf, dass bei sehr geringem Tonsignalpegel der Tonverstärkungsgrad stark erhöht wird. Zum einen kann diese hohe Verstärkung bei sehr geringem Tonsignalpegel und Verwendung des Camcorder-Mikrofons das Laufgeräusch des Camcorders hörbar werden lassen. Zum anderen kann es passieren, dass bei Auftreten eines plötzlich hohen Tonnutzsignalpegels der Tonverstärkungsgrad nicht schnell genug automatisch verringert wird und dies eine kurzzeitige Übersteuerung des Tonnutzsignals zur Folge hat.

Bei Consumer-Camcordern kann die automatische Tonverstärkungsfunktion nicht deaktiviert werden. Lediglich eine Mikrofondämpfung ist im Camcorder-Bedienmenü aktivierbar, um das Toneingangssignal abzuschwächen.

### 5.4.2 Internes Camcorder-Mikrofon und externes Mikrofon

Die in Consumer-Camcordern eingebauten Stereomikrofone (siehe Abbildungen 5-21 und 5-22) besitzen zwar eine relativ gute Qualität, können aber den Ton wie generell alle Mikrofone nicht beliebig aus der Ferne heranholen. Anders als bei einer optischen Aufnahme, bei der dank des

**Abbildung 5-21:** Eingebautes Canon-Camcorder-Stereomikrofon

**Abbildung 5-22:** Eingebautes Sony-Camcorder-Stereomikrofon

**Abbildung 5-23:**
Abnehmbares JVC-Cam-
corder-Monomikrofon

Einsatzes eines Tele- bzw. Zoomobjektivs eine größere Distanz zwischen Motiv und Camcorder kein Problem darstellt, muss ein Mikrofon bei der Aufzeichnung von akustischen Ereignissen dicht an die Schallquelle herangeführt werden. Vor allem ein schallquellennaher Aufnahmestandort trägt dazu bei, dass das gewünschte Schallereignis im Vergleich zu störenden Umgebungsgeräuschen möglichst gut aufgezeichnet wird.

Findet bei einem Interview das eingebaute Camcorder-Mikrofon eines mehrere Meter entfernten Consumer-Camcorders Verwendung (siehe Abbildung 5-24A), wird die Sprachaufzeichnung unweigerlich einen halligen und dumpfen Klang besitzen. Sprachaufnahmen bekommen erst durch Verwendung eines externen Mikrofons (siehe Abbildung 5-24B), das möglichst nahe an die Schallquelle herangeführt wird, Dynamik und Präsenz.

Die Tonaufnahmequalität erhöht sich nicht nur infolge der geringeren Distanz zwischen Schallquelle und Mikrofon, sondern auch dadurch, dass Camcorder-Laufgeräusche nicht aufgezeichnet werden. Ein zeitgleicher Einsatz mehrerer externer Mikrofone, z. B. mehrerer Ansteck-Elektret-Kondensatormikrofone in einer Diskussionsrunde, macht den Einsatz eines externen Tonmischers erforderlich (siehe Abbildung 5-24C).

Es können mehrere Aufnahmefälle beim Einsatz eines externen Mikrofons unterschieden werden:

1. Ein Mikrofon darf deutlich sichtbar im Bild erscheinen. Der Mikrofonkopf ist stets auf den Mund der sprechenden Person auszurichten.

   a) Es steht ein Moderator zur Verfügung, der das Handmikrofon führt.

   b) Der/die Interviewte hält das Handmikrofon selbst.

2. Ein Mikrofon darf nicht deutlich sichtbar im Bild erscheinen.

   a) Steht eine zweite Person als Tonassistenz zur Verfügung, so kann diese angeln. Wird der Ton von oben geangelt, werden die hohen Frequenzen besser aufgezeichnet. Dadurch bekommt die menschliche Sprache einen besseren Klang und eine höhere Präsenz.

   b) Steht keine zweite Person als Tonassistenz zur Verfügung, kann trotzdem mit Hilfe eines Mikrofonstativs ein externes Mikrofon möglichst nahe an der sprechenden Person platziert werden.

   c) Es wird ein Ansteckmikrofon verwendet.

Bei der Verwendung von externen Mikrofonen ist stets darauf zu achten, dass das externe Mikrofon vor der Aufnahme eingeschaltet wird, falls es einen Ein-/Aus-Schalter besitzt. Außerdem weisen manche externe Mikrofone einen „*microphone attenuation*"-Schiebeschalter (Abkürzung:

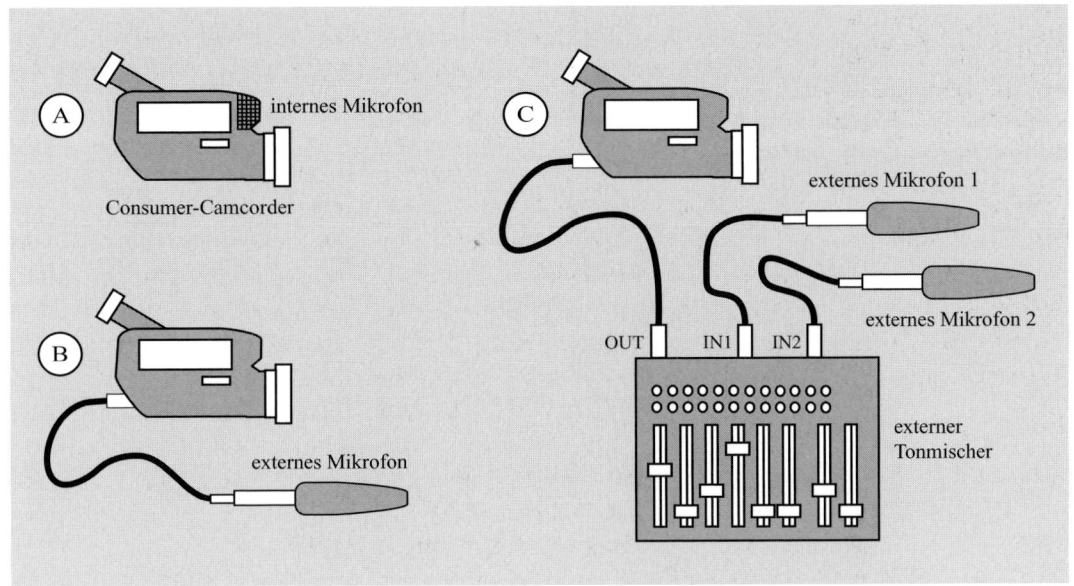

mic att) auf, mit dem das Tonsignal um 20 dB abgeschwächt werden kann. Mit dieser Abschwächung sollte jedoch nur dann gearbeitet werden, wenn ein hoher Geräuschpegel, z. B. während einer Musikveranstaltung, vorliegt.

**Abbildung 5-24:**
Aufnahmevarianten

Bedauerlicherweise besitzen nicht alle digitalen Consumer-Camcorder-Modelle eine Anschlussbuchse für ein externes Mikrofon. Aufgrund der Wichtigkeit einer solchen Anschlussmöglichkeit sollte schon beim Kauf eines Consumer-Camcorders darauf geachtet werden.

Wird ein externes Mikrofon mit einem Klinkenstecker an die 3,5-Millimeter-Klinkenbuchse eines Consumer-Camcorders angeschlossen, so ist das Camcorder-Stereomikrofon automatisch abgeschaltet.

Bei einigen Consumer-Camcorder-Modellen ist der optische Zoom mit der Richtcharakteristik des Camcorder-Stereomikrofons gekoppelt. Diese scheinbar vorteilhafte Automatikfunktion bewirkt durch das optische Zoomen jedoch eine Änderung des akustischen Raumeindrucks. Dadurch können sich unter Umständen Audioaufnahmen (z. B. von Musikgruppen) bei Totalen und Naheinstellungen akustisch so stark unterscheiden, dass beim Videoschnitt kein Unterschneiden möglich ist, weil ansonsten Tonsprünge hörbar würden. Bei solchen Aufnahmen bietet sich der Einsatz eines externen Mikrofons an.

Weil an Consumer-Camcorder keine zugentlasteten Mikrofon-Klinkenstecker angeschlossen werden können, ist beim Einsatz externer Mikrofone eine zwar behelfsmäßige, aber wirksame Zugentlastung anzuwenden: Mit Hilfe von zwei jederzeit wieder lösbaren Kabelschnüren ist

die Mikrofonleitung so am Tragegriff oder am Griffriemen des Consumer-Camcorders zu befestigen, dass bei einem unbeabsichtigten Ziehen
an der Mikrofonleitung der eingesteckte 3,5-Millimeter-Klinkenstecker
frei von mechanischer Zugspannung bleibt.

Eine frei verlegte Mikrofonleitung stellt generell ein Problem dar, weil bei
Videofilmaufnahmen von Konzerten, Vorträgen etc. anwesende Zuhörer
über diese Mikrofonleitung stolpern und ein externes Mikrofon dadurch
herunterreißen können. Abhilfe kann innerhalb des von den Zuhörern
genutzten Bewegungsraums eine vollständig mit Textilklebeband fixierte
und abgedeckte Mikrofonleitung bieten. Allerdings sollte eine Mikrofonleitung möglichst außerhalb des von den Zuhörern genutzten Bewegungsraums verlegt sein. Eine Alternative ist die Tonsignalübertragung
über eine Funkstrecke.

### 5.4.3    Sprachaufnahmen

Bei Sprachaufnahmen ist möglichst viel Direktschall und möglichst wenig
Diffusschall wünschenswert. Diffusschall entsteht in geschlossenen
Räumen durch Schallreflexion an Wänden, Decken und Fußböden. Hall
ist der Oberbegriff für diffusen Schall in einem Raum. Störend wahr-
nehmbare Schallreflexionen werden als Echo bezeichnet und treffen
frühestens 50 Millisekunden nach dem Direktschall bei der hörenden
Person oder am Mikrofon ein.

Starker Hall wird bei Tonaufnahmen zum Problem, weil die Sprachverständlichkeit reduziert ist. Unerwünscht hallige Schallaufnahmen
können auch bei einer professionellen Audionachbearbeitung kaum
kaschiert werden.

Der Frequenzgang aller Richtmikrofone erfährt eine Anhebung bei tiefen Frequenzen, wenn sich die Schallquelle nahe am Mikrofon befindet.
Dieser so genannte „Nahbesprechungseffekt" wird bei Solisten- und
Gesangsmikrofonen durch Absenkung der tiefen Frequenzen (Bassab-
senkung) kompensiert. Bei diesen Mikrofontypen soll der Mund-Mikro-
fon-Abstand höchstens 30 Zentimeter betragen.

**Tabelle 5-3:**
Optimale Nachhallzeiten
verschiedener Räume

| Art des Raums | Günstige Nachhallzeit / Sekunden |
|---|---|
| Sprecherstudio | 0,3 |
| Hörspielstudio | 0,6 |
| großes Fernsehstudio | 0,8 |
| Vortragssaal, Theater | 0,7 … 1,2 |
| Opernhaus | 1,5 |
| Konzertsaal, großes Studio für Musikaufnahmen | 2,0 |
| Kirchen | 2,5 … 3,0 |

Ein Nahbesprechungs-Handmikrofon ist während der Aufnahme so auf Kinnhöhe zu halten, dass die Schallwellen nicht frontal auf den Mikrofonkopf treffen, sondern zur Vermeidung von Übersteuerungen schräg bis seitlich (vgl. Dickreiter 1995, S. 163). Außerdem wird dadurch bei Bühnenauftritten das Gesicht des Akteurs nicht verdeckt.

„Bei reinen Sprecheraufnahmen (Hörfunk; Off-Sprecher) steht an erster Stelle die Sprachverständlichkeit. Auch ist man bestrebt, die Sprache möglichst trocken mit wenig Raumanteil aufzunehmen. Deshalb darf die Nachhallzeit in einem Sprecherstudio nicht zu lang sein (0,2 bis 0,3 s)" (SRT 2000a, S. 287). In der Hörakustik wird als Nachhall das Leiserwerden des Hörereignisses nach Verstummen der Schallquelle verstanden. Bei einer Nachhallzeit-Ermittlung wird die Zeit in Sekunden gemessen, die verstreichen muss, bis nach dem Verstummen einer Schallquelle die Schallenergie in einem Raum auf den millionsten Teil bzw. der Schalldruck auf den tausendsten Teil abgefallen ist (RT60 time).

Bei den vielfach in Sprecherstudios gewählten Mund-Mikrofon-Abständen von 60 Zentimetern spielt der Nahbesprechungseffekt keine Rolle. Allerdings können störende Klangfärbungen entstehen, wenn das Sprecherstudiomikrofon neben dem Direktschall auch Schallreflexionen vom Sprechertisch bzw. Skript aufnimmt. Dieser Effekt ist z. B. durch Nutzung eines schräg stehenden Konzeptpapierhalters, der im Leseabstand vor der sprechenden Person platziert wurde, zu vermeiden.

Nachdem der Text des Off-Kommentars verfasst ist, sollte er so gegliedert werden, dass zusammengehörige Sätze in einem Absatz zusammengefasst werden. Die einzelnen Absätze sind durch Leerzeilen deutlich voneinander zu trennen. Diese Methode zeigt dem Off-Kommentar-Sprecher, wo Sprechpausen einzubauen sind, an denen beim Audioschnitt problemlos geschnitten werden kann. Aus einer einzigen großen Off-Kommentar-Audiodatei kann durch diese Vorgehensweise ohne Trennungsschwierigkeiten eine Vielzahl kurzer Audioclips erzeugt werden, die beim späteren Videoschnitt in der Timeline framegenau platzierbar sind.

Während Sprecheraufnahmen in einem Sprecherstudio unter konstanten akustischen und aufnahmetechnischen Bedingungen erfolgen, muss bei Tonaufnahmen von Gesprächsrunden oder Interviews flexibler agiert werden. Steht in einer großen Gesprächsgruppe nur ein einziges Mikrofon zur Verfügung, so wird ein Kugelmikrofon eingesetzt. Bei einem Interview mit einer einzelnen Person wird das Kugelmikrofon zwischen Moderator und der interviewten Person positioniert und nicht auf eine einzelne Person ausgerichtet. Ein Kugelmikrofon kann seitlich besprochen werden und bedarf bei Interviews keiner Ausrichtbewegung.

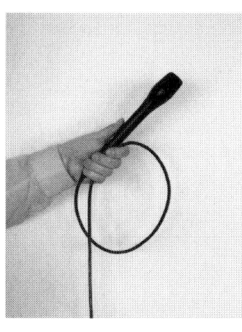

**Abbildung 5-25:**
Mikrofonleitungsschlaufe

Vorsicht ist allerdings geboten, wenn zu laute Hintergrundgeräusche während des Interviews vorhanden sind. In diesem Fall ist der Einsatz eines gerichteten Mikrofons, z. B. eines Nierenmikrofons, empfehlenswert.

Die Nierencharakteristik ist die am häufigsten eingesetzte Richtcharakteristik. Ein Nierenmikrofon soll von vorn besprochen werden, sodass eine korrekte Ausrichtung des Mikrofonkopfs auf die jeweils sprechende Person erforderlich ist.

Ein Nierenmikrofon ist wesentlich körperschallempfindlicher als ein Kugelmikrofon. Dies bedeutet, dass z. B. ein Fingerring an der mikrofonführenden Hand hörbare Griff- bzw. Reibgeräusche verursachen kann. Die interviewende Person sollte deshalb bei Verwendung eines Handmikrofons keine Fingerringe tragen.

Falls bei Handmikrofonen keine Funkübertragung des Tonsignals stattfindet, ist mit der Mikrofonleitung eine Schlaufe zu bilden und diese von der mikrofonführenden Hand festzuhalten (siehe Abbildung 5-25). Diese Maßnahme trägt sowohl zur Entlastung der Mikrofonleitung von mechanischem Zug als auch zur Minimierung der Störgeräusche bei.

Stehen Ansteck-Elektret-Kondensatormikrofone zur Verfügung, sollten sie bei der Mikrofonauswahl für Gesprächsrunden bevorzugt werden. Ein Ansteckmikrofon ist so an einem Kleidungsstück einer interviewten Person zu befestigen, dass sich dieses im oberen Brustbereich in der individuellen Hauptsprechrichtung des bzw. der Interviewten befindet.

Benutzen bei Gesprächsrunden alle Gesprächsteilnehmer ein eigenes Mikrofon, so kann am Tonmischer das Tonsignal jedes einzelnen Mikrofons auf- und zugesteuert werden. Durch das gezielte Zusteuern eines Mikrofons kann verhindert werden, dass Störgeräusche (z. B. Räuspern oder Husten) von Gesprächsteilnehmern zu hören sind, die gerade nicht sprechen. Dies erfordert höchste Konzentration von der am Tonmischpult arbeitenden Person, denn der Beginn eines neuen Redebeitrags darf durch zu späte Aufsteuerung des jeweiligen Tonkanals nicht verloren gehen. Diese Aufgabe kann auch ein automatisch arbeitender Schwellwertschalter übernehmen. Um in Sprechpausen kein akustisches Loch entstehen zu lassen, muss zusätzlich ein Raummikrofon zum Einsatz kommen (vgl. Dickreiter 1995, S. 163).

### 5.4.4  Geräuschaufnahmen

Einer der Hauptmängel von Videofilm-Amateuraufnahmen ist die Vernachlässigung des Tons. Fehlender Ton verursacht jedoch bei der Wahrnehmung Irritationen und lässt den audiovisuellen Wahrnehmungsraum unvollständig und unwirklich erscheinen. Aber auch eine allgemeine Lärmkulisse ohne Geräuschdifferenzierungen unterstützt die Bildaussage nicht in ausreichendem Maß. Viel zu selten wird von Videofilm-Amateuren mit einem externen Mikrofon gearbeitet, um den aufgezeichneten Originalton zu verbessern.

Widersprüche zwischen Ton und Bild, die so genannten „Ton-Bild-Scheren", verwirren die Zuschauer. Ursache für das Auftreten von Ton-Bild-Scheren können beispielsweise Videofilmaufnahmen sein, die mit langen Objektivbrennweiten aufgenommen wurden. Ist im Bild z. B. ein bellender Hund zu sehen, aber nur der zum Aufnahmezeitpunkt in der unmittelbaren Umgebung des Camcorders herrschende Verkehrslärm zu hören, verlieren selbst die schönsten Bilder an Authentizität und Aussagekraft. Der Einsatz langer Objektivbrennweiten muss unter diesem akustischen Aspekt in Frage gestellt werden.

Es existieren zahlreiche Schallereignisse, die entweder schwierig aufzuzeichnen sind oder bei denen der subjektive menschliche Höreindruck stark vom Ergebnis einer objektiven technischen Schallaufzeichnung abweicht. Wird beispielsweise ein Windgeräusch benötigt, so kann bei der Aufnahme nicht einfach ein Mikrofon in den Wind gehalten werden, denn der zum Schutz des Mikrofons aufgesteckte Windschutz würde das Windgeräusch absorbieren. Eine recht passable Aufnahme kann bei dieser Aufgabenstellung nur gelingen, wenn die Geräuschaufnahme z. B. in direkter Nähe einer Hauskante stattfindet, an der sich der Wind bricht und dadurch zu einer natürlichen Verstärkung des Geräuschereignisses beiträgt.

### 5.4.5 Atmoaufnahmen

Bei professionellen Produktionen wird an jeden Drehort dessen spezifische akustische Atmosphäre, die so genannte „Atmo", aufgenommen. Während markante Schallereignisse als Geräusche bezeichnet werden, handelt es sich bei der „Atmo" um eine Geräuschkulisse, die die am Aufnahmeort herrschende charakteristische akustische Atmosphäre wiedergibt. Zur Aufnahme der Atmo zeichnet der Camcorder ein bis zwei Minuten lang neben einem Standbildmotiv möglichst ungestört nur ortsspezifische Geräusche auf. Die Camcorder-Position während der Atmo-Aufnahme soll mit der Position identisch sein, die während der eigentlichen Videofilmaufnahme eingenommen wird oder wurde.

Dass jeder Ort seine eigene akustische Atmosphäre besitzt, wird in der alltäglichen Hektik kaum bewusst wahrgenommen. Erst wenn eine Person bei geschlossenen Augen und voller Konzentration genau auf die allgemeinen Umgebungs- bzw. Umweltgeräusche achtet, wird sie überrascht feststellen, dass zahlreiche Informationen auf der Tonebene übermittelbar sind. So ist ein Unterschied zwischen einem kleinen, mit Möbelstücken gefüllten Raum und einem großen halligen Raum deutlich hörbar. Tonaufnahmen im Freien oder in reflexionsfreien Räumen zeichnen sich durch einen so genannten „trockenen", Tonaufnahmen in reflexionsbehafteten Räume durch einen „halligen" Klang aus.

Für eigenständige Atmo-Aufnahmen mit einem portablen DAT-Recorder eignet sich ein Mikrofon mit Kugelcharakteristik am besten. Soll in öffentlichen Verkehrsmitteln eine Atmo-Aufnahme erfolgen, bietet sich der Einsatz eines Originalkopf- bzw. Gehörgang-Stereomikrofons (z. B. Typ „Soundman") an. Ist dieses Originalkopf-Stereomikrofon mit einem DAT-Recorder verbunden, so sind unauffällige Tonaufnahmen möglich, denn die umgebenden Fahrgäste interpretieren die Mikrofonkapseln als Lautsprecherstöpsel eines Walkmans.

**Internetadresse:**
**www.soundman.de**

### 5.4.6  Musikaufnahmen

Bei Musikaufnahmen mit dem internen Camcorder-Mikrofon ändert sich der Klangeindruck, wenn während der Aufnahme der Camcorder neu positioniert wird. Aus diesem Grund sollte in solchen Aufnahmesituationen mit einem externen, an einem festen Standort aufgestellten Mikrofon gearbeitet werden.

Blasinstrumente haben im Vergleich zu Streichinstrumenten eine ausgeprägte Richtungsabhängigkeit bei der Schallabstrahlung. Dies bedeutet, dass schon geringe horizontale oder vertikale Positionsänderungen des Mikrofons zu deutlichen Klangveränderungen führen.

Ansteck-Elektret-Kondensatormikrofone können auch bei Musikaufnahmen Verwendung finden, indem sie mit Textilklebeband an den Musikinstrumenten befestigt werden. Diese Aufnahmemethode einschließlich Funkübertragung bietet sich an, wenn sich z. B. die Musiker einer Marschkapelle am Camcorder vorbeibewegen.

# 6 Videoschnitt

## 6.1 Berufsbild Cutterin

Weil in der Realität eine raum-zeitliche Kontinuität besteht, kommen im alltäglichen Leben weder Raum- noch Zeitsprünge vor. Bei einem Videofilm, einer Fernsehsendung oder einem Kinofilm existiert diese raum-zeitliche Kontinuität jedoch nur bedingt, denn Raum- und Zeitsprünge sind statthaft, solange bestimmte Schnittregeln und die logischen raum-zeitlichen Abfolgen eingehalten werden.

Rein theoretisch könnte ein Videofilm bei perfekter Planung der filmischen Auflösung ohne nachfolgenden Videoschnitt sendefertig aufgenommen werden. Praktisch ist dies jedoch kaum möglich, weil sich erfahrungsgemäß nur ein Teil des aufgenommenen Materials tatsächlich für die weitere Verarbeitung eignet. Selbst erfahrenen professionellen Kameramännern unterlaufen immer wieder Aufnahmefehler. Zudem ist es von Vorteil, wenn beim Videoschnitt aus mehreren motivgleichen Einstellungen die bildtechnisch bzw. bildgestalterisch beste Einstellung ausgewählt werden kann.

Der Videoschnitt stellt ein überaus wichtiges gestalterisches Element innerhalb jedes Videofilm-Produktionsprozesses dar. Das Wort „Schnitt" (engl. *cutting*) spiegelt diesen Gestaltungsvorgang allerdings nur teilweise wider, weil das „Schneiden" nur dem Zerlegen der Aufnahmen in einzelne Einstellungen (Fragmentierung) entspricht und das „Wegschneiden" dem Entfernen ungeeigneter Aufnahmen gleichkommt. Die Synthese, das Was und Wie des Zusammenfügens der ausgewählten einzelnen Einstellungen, beeinflusst das Videofilm-Endprodukt jedoch in hohem Maße. Dieser Synthesevorgang wäre deshalb mit dem Wort „Montage" (engl. *editing*) besser beschrieben. Trotz dieses berechtigten Einwandes sprechen die Praktiker hierzulande meist von Schnitt, weil der Begriff Montage in Deutschland eher in Analyse und Reflexion über

Film angewandt wird als im filmischen Arbeitsprozess selbst (vgl. Beller 1999, S. 9).

Eine EB-Cutterin ist in kleineren Projekten, z. B. kurzen Beiträgen für Informationssendungen, für den kompletten Videoschnitt zuständig. Bei größeren Projekten wie z. B. längeren Dokumentationen führt die EB-Cutterin den Offline-Schnitt an einem Offline-Videoschnittsystem durch (siehe Abschnitt 6.3.1). Bei dieser ersten Phase des Videoschnitts arbeitet sie eng mit dem Redakteur/der Autorin zusammen. Ergebnis des Offline-Schnitts ist eine Schnittliste, die die Basis für die zweite Phase des Videoschnitts an einem Online-Videoschnittsystem darstellt. Weil Offline-Videoschnittsysteme immer leistungsfähiger werden, führen EB-Cutterinnen inzwischen auch bei größeren Projekten den Komplettschnitt aus.

Eine MAZ-Editorin (MAZ: „Magnetische Bildaufzeichnung" oder auch Magnetaufzeichnung) ist bei größeren Projekten für den Online-Schnitt zuständig. Diese zweite Phase des Videoschnitts erfolgt an einem Online-Videoschnittsystem, nachdem der Offline-Schnitt beendet wurde.

Anhand der durch den Offline-Schnitt erzeugten Schnittliste wird das endgültige Produkt in einem qualitativ hochwertigen MAZ-Format durch Einfügung von Blenden, Effekten und Titeln erzeugt. Auch die Farbkorrektur (engl. *color matching*) einzelner Einstellungen geschieht an einem Online-Videoschnittsystem. Weil Offline-Videoschnittsysteme immer leistungsfähiger werden, verschwimmt der Unterschied der Tätigkeitsmerkmale zwischen EB-Cutterin und MAZ-Editorin zunehmend.

Für eine 45-minütige Sendung aus der ARD-Sendereihe „Bilderbuch Deutschland" sind für beide Videoschnittphasen zusammen ca. 15 Arbeitstage einer einzelnen Cutterin erforderlich.

## 6.2    Schnitttechnik

### 6.2.1    Nonlinearer Filmschnitt

Ein Schneiden und Kleben von Filmsequenzen als echte mechanische Arbeitsschritte findet beim Kinofilm bis heute statt. Diese klassische Arbeitsweise ermöglicht eine nonlineare Bearbeitung, da die einzelnen durch einen echten Schnitt erzeugten Filmteilstücke in einer beliebigen Reihenfolge von der Cutterin wieder zusammengesetzt werden können.

### 6.2.2    Linearer Videoschnitt

Nachdem schon ab 1935 die Serienfertigung von Tonbandgeräten erfolgte und damit die Möglichkeit zur Speicherung von akustischen Signalen auf Magnetband in analoger Signalform bestand, rückte in den fünfziger Jahren des 20. Jahrhunderts das Speichern von analogen Videosignalen auf Magnetband in den Fokus der Entwicklungsingenieure. Schwierigkeiten bereitete zunächst die im Vergleich zur Audioaufzeichnung (Audio-Grenzfrequenz: 20 Kilohertz) wesentlich höhere Video-Grenzfrequenz von 5 Megahertz. Die amerikanische Firma Ampex löste als Erste dieses Problem und stellte 1956 den *Video Tape Recorder* (Abkürzung: VTR) vor. Ein Zerschneiden und Zusammenkleben von Magnetbändern erfolgte bis Anfang der sechziger Jahre des 20. Jahrhunderts. Diese mechanische Magnetbandbearbeitung rief jedoch enorme Probleme hervor, sodass andere Videoschnittverfahren entwickelt werden mussten.

Obwohl zu dieser Zeit noch keine hochintegrierten digitalen Schaltkreise zur Verfügung standen und teure Computer nur in Rechenzentren zu finden waren, musste für die damaligen MAZ-Maschinen verfahrenstechnisch ein relativ hoher Aufwand betrieben werden, da auch am Schnittpunkt eine unterbrechungs- und störungsfreie Bildfolge existieren sollte. Eine gewöhnliche MAZ-Maschine arbeitet rein linear, denn der MAZ-Schnitt erfolgt durch Kopiervorgänge von einem Zuspielband bzw. mehreren Zuspielbändern auf das Schnittrecorderband. Das Original-Videofilmmaterial wird dabei als erste Generation, eine Kopie des Originals als zweite Generation bezeichnet.

Generell ist der Zugriff auf Bandmaterial nur linear möglich, sodass die Zuspiel-MAZ vor- bzw. zurückgespult werden muss, je nachdem, wo sich die gewünschte nächste Sequenz auf dem Zuspielband befindet. Ist diese Sequenz erreicht, kann der Schnittrecorder in den Aufnahmemodus geschaltet werden. Sind mehrere MAZ-Zuspielrecorder im Einsatz, ist auf die korrekte Schaltstellung des Umschalters zu achten (siehe Abbildung 6-1). Das Zuspielen der einzelnen gewünschten Sequenzen muss in der bereits endgültigen Reihenfolge erfolgen. Eine spätere Änderung macht einen weiteren, zusätzlichen Kopiervorgang erforderlich. Weil jedes Kopieren von auf Magnetbändern gespeicherten analogen Signalen technisch zwingend eine Qualitätsminderung der erzeugten Kopie verursacht, empfehlen sich eine streng lineare Arbeitsweise und eine gute Planung der Arbeitsvorgänge. Müssen beim Kopieren von analogen Kopien dritte oder gar vierte Generationen hergestellt werden, sinkt die Farb-, Bildschärfe- und Tonqualität auf ein nicht mehr akzeptables Niveau.

## 6.2.2.1 Assembleschnitt

Beim Assembleschnitt wird eine neue Aufzeichnung an eine alte Aufzeichnung angefügt (engl. *to assemble* = zusammensetzen, anfügen). „Die Kontrollspur wird an den Schnittstellen lückenlos angesetzt und neu aufgezeichnet. Bei Verwendung von Zeitcode wird auch dieser an

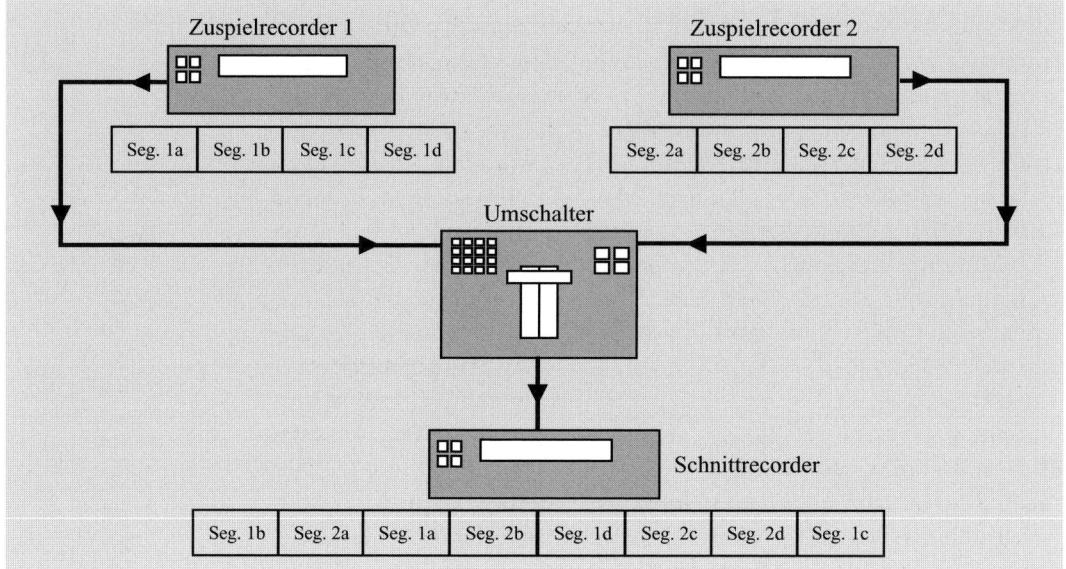

**Abbildung 6-1:**
Lineares analoges
Videoschnittprinzip

den Schnittstellen lückenlos angesetzt und neu aufgezeichnet. Beim Assembleschnitt ist nur ein störungsfreier Schnitteinstieg möglich. Der Schnitt wird am Ende unterbrochen. Ein wiedergegebenes Schnittende (der Schnittausstieg) ist gestört. Beim Assembleschnitt kann das Magnetband leer oder gelöscht sein. Die erste Szene muß im normalen REC-Betrieb aufgezeichnet sein" (SRT 2000b, S. 94 f.).

### 6.2.2.2 Insertschnitt

Beim Insertschnitt wird eine neue Aufzeichnung in eine alte Aufzeichnung eingefügt (engl. *to insert* = einsetzen, einfügen). Der Insertschnitt ist die Standardbetriebsart beim Videoschnitt. Sollen Insertschnitte erfolgen, muss auf dem Band eine Aufzeichnung vorhanden sein, denn auf einem leeren oder gelöschten Band lassen sich diese nicht durchführen. Bei der Aufzeichnung müssen die Videospur, die Kontrollspur und bei Verwendung von Timecode auch die Timecodespur lückenlos sein. Bei Insertschnitten bleiben die Kontrollspur und die Timecodespur unverändert erhalten. „Ein Insertschnitt besteht aus einem störungsfreien Schnitteinstieg und einem störungsfreien Schnittausstieg" (SRT 2000b, S. 95).

### 6.2.2.3 Timecode

„Der elektronische Schnitt kann nur dann zu befriedigenden Ergebnissen führen, wenn die Umschnitte exakt an den Stellen erfolgen, wo sie aus gestalterischen Gründen erwünscht (und technisch möglich) sind. Das setzt voraus, daß die einzelnen Vollbilder (Frames) auf den Magnetbändern adressierbar sind. Jede gewünschte Szene muß im Suchlauf zuverlässig gefunden werden. Auf dem Band muß sich deshalb außer der reinen Bild- und Tonaufzeichnung eine weitere Information befinden, an Hand derer jedes einzelne Bild durch die Elektronik angesteuert werden kann" (Müller 1992, S. 58). Diese weitere Information wurde 1967 von der SMPTE als Longitudinal-Timecode (LTC) für die NTSC-Norm definiert. Bei der Timecode-Normierung für europäische Fernsehnormen lehnte sich die EBU an die NTSC-Norm an und modifizierte sie gemäß den in Europa verwendeten 25 Frames pro Sekunde. Das LTC-Signal umfasst 80 Bit für jeden Frame.

Beim Timecode wird zwischen den Modi „Realzeit", „Quasi-Realzeit" und „Ablaufzeit" unterschieden. Im Realzeit-Modus wird während der Aufnahme die aktuelle Uhrzeit als Timecode aufgezeichnet. Im Quasi-Realzeit-Modus läuft der Timecode ab einem vom Bedienpersonal willkürlich gesetzten Timecode uhrzeitartig ununterbrochen weiter. Aufnahmeunterbrechungen führen in diesen beiden Modi zwangsläufig zu Timecode-Sprüngen, die während des nachfolgenden Videoschnitts Probleme bereiten können. Deshalb wird meistens der Ablaufzeit-Modus verwendet. Die Ablaufzeit stellt die während der Aufnahme verstrichene Zeit dar.

Die Bildnummerierung erfolgt in Form einer achtstelligen Zeitangabe. Die Timecode-Zeitangabe „01:02:32:12" ist im Realzeit-Modus als „1 Uhr, 2 Minuten, 32,48 Sekunden" und im Ablaufzeit-Modus als „1 Stunde, 2 Minuten, 32 Sekunden und 12 Frames Aufnahmezeit" zu lesen. In jedem professionellen EB-Camcorder ist ein Timecode-Generator eingebaut. Dieser Timecode-Generator kann gestartet und angehalten (START, STOP, HOLD), auf den Timecode 00:00:00:00 zurückgesetzt (RESET) sowie auf eine beliebige Zeit (PRESET) voreingestellt werden.

Bei Consumer-Camcordern wird der Timecode auf einer speziellen Data-Code-Spur abgespeichert. Dort werden außerdem Datum, Uhrzeit, Verschlusszeit, Blende und Verstärkung automatisch aufgezeichnet. Als Timecode steht lediglich die Ablaufzeit zur Verfügung. Ein gezieltes Vorbesetzen des Timecodes ist bei Consumer-Camcordern nicht möglich. Der Timecode wird beim Einlegen einer DV-Kassette automatisch rückgesetzt, wenn kein Timecode auf dem Band vorliegt.

Wird eine neue DV-Kassette nur teilweise bespielt, aus dem Consumer-Camcorder entnommen und ungespult bei einem späteren Aufnahmetermin wieder eingelegt, kommt es zu einem zweiten Abspeichern des Timecodes 00:00:00:00 auf dem Magnetband. Diese Automatikfunktion eines Consumer-Camcorders kann beim Einspielen der Aufnahmen in die Videoschnittsoftware Probleme verursachen, weil sowohl der Timecode ohne Sprünge gleichmäßig aufsteigen soll als auch ein bestimmter Zeitwert nur einmal aufzutreten hat.

Bleiben gar durch Vorspulen der DV-Kassette Bandabschnitte zurück, die keinen Timecode aufweisen, kommt es während des Einspielens durch das plötzliche Fehlen des Timecodes zum Abbruch des Einspielvorgangs. Um solche Probleme von vornherein auszuschließen, versehen professionelle Kameraleute und Cutterinnen neue Videofilmkassetten mit einem durchgängigen Timecode, indem sie zunächst lediglich Schwarzbilder mit Burst aufzeichnen. Bei der eigentlichen Aufnahme übernimmt der Camcorder bzw. der Recorder den schon existierenden Timecode des vorcodierten Bandes.

Jede DV-Kassette ist schon vor der ersten Aufnahme mit dem jeweiligen Projektnamen zu beschriften. Fortlaufende DV-Kassettennummern sind dann erforderlich, wenn mehrere DV-Kassetten während eines Projekts Verwendung finden.

### 6.2.3    Nonlinearer Videoschnitt

Obwohl durch die Nutzung der Computertechnik auch analoge lineare Videoschnittsysteme bedienerfreundlich gesteuert werden konnten (siehe Abbildung 6-2), stellte der Qualitätsverlust beim Kopieren analoger Speicherformate ein schwerwiegendes Problem dar. Es verwundert also nicht, dass in den Entwicklungslabors der Firmen Sony, Ampex, Panasonic und JVC die Fortschritte in der Digitaltechnik ausgenutzt und Verfahren zur Aufzeichnung digitaler Videosignale auf Magnetband entwickelt wurden. Es entstanden verschiedene Digitalformate, die nicht nur das Kopierproblem lösten, sondern auch die Bearbeitungs- und Übertragungsmöglichkeiten der Videosignale verbesserten.

Die „Digitalisierung der Videotechnik" fand mit dem Einsatz von anwenderfreundlichen digitalen Videoschnittsteuerungen und der Verwendung qualitätssichernder digitaler Signalaufzeichnung kein Ende. Fortschritte in der Massenspeicher-, Speicherchip- und Mikroprozessortechnologie ermöglichten den Wandel vom linearen zum digitalen nonlinearen Videoschnitt. Aus Unzufriedenheit über die geringe Flexibilität der linearen Videoschnittsysteme begrüßten Cutterinnen, die beim nonlinearen Filmschnitt ihr Handwerk erlernt hatten, prinzipiell die Entwicklung dieser digitalen nonlinearen Videoschnittsysteme (engl. *nonlinear editing*, abgekürzt NLE). Sie äußerten allerdings auch Bedenken bezüglich der Bedienbarkeit dieser Computersysteme. Weil die Einstiegsschwierigkeiten bald überwunden werden konnten, setzten sich digitale nonlineare Videoschnittsysteme im Profibereich erfolgreich durch. Derzeit expandiert die Nachbearbeitung komprimierter Bild- und Tondaten im Low-End-Bereich.

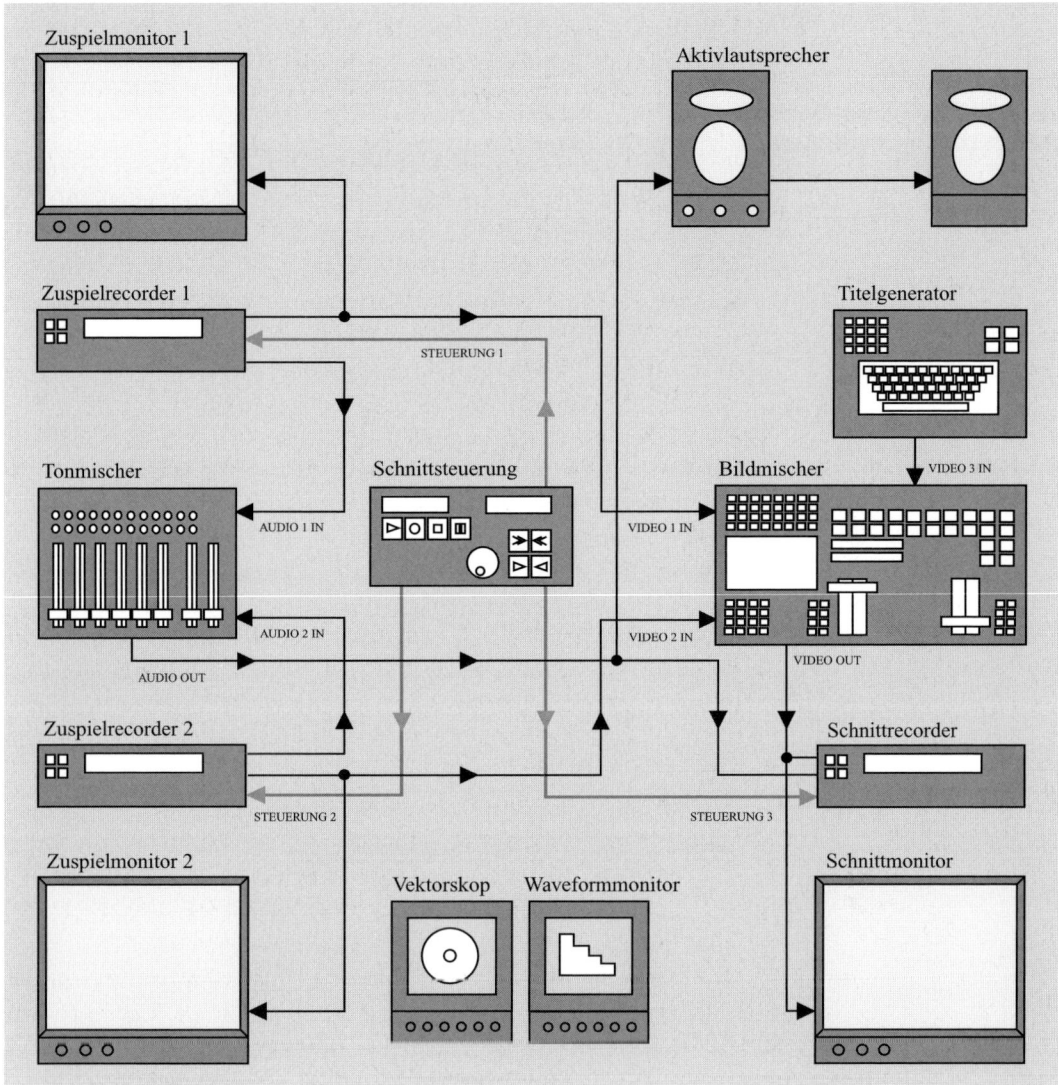

**Abbildung 6-2:**
Linearer Videoschnitt-
Arbeitsplatz

## 6.2.3.1 Videoschnitthardware

Durch die Nutzung immer leistungsfähigerer Personal Computer können auf den Schnittstellenkarten spezielle und damit teure Hardware-Codecs entfallen. Leistungsfähige Videoschnittsysteme können aufgrund dieser Entwicklung preisgünstig erworben werden. Folgende Hardware-Aspekte sind bei einem digitalen nonlinearen Videoschnittsystem zu beachten:

- SCSI-Festplatten (SCSI: *small computer system interface*) werden in professionellen nonlinearen Videoschnittsystemen am häufigsten eingesetzt. Der SCSI-Standard normiert je nach SCSI-Typ die elektrischen Eigenschaften (Busbreite, Transferrate etc.) und das Datenübertragungsprotokoll. Bei SCSI-Festplatten sind die externen Datenübertragungsraten ungefähr doppelt so hoch und der Datenzugriff doppelt so schnell wie bei den gängigen IDE-Festplatten (IDE: *integrated drive electronics*). Diese Performancesteigerung gegenüber IDE-Festplatten verursacht allerdings wesentlich höhere Kosten beim Erwerb der SCSI-Festplatten. Eine Abspeicherung unkomprimierter Videosignale ist aber auch mit SCSI-Festplatten kaum möglich.

· Weil sich Computerröhrenmonitore und PAL-Videomonitore in diversen Faktoren (Leuchtstoffe, Zeilensprungverfahren, Pixelform, Underscan-/Overscan-Modus) unterscheiden, wirkt ihre jeweilige Bilddarstellung anders. Aus diesem Grund verfügt jeder professionelle Videoschnitt-Arbeitsplatz über einen hochauflösenden Videomonitor.

· Das Zu- und Ausspielen von Videofilmmaterial erfolgt im professionellen Bereich über spezielle Recorder, im Videofilm-Amateurbereich über Camcorder. Für den Audiobereich sind zusätzliche Zuspielgeräte (CD-Player und DAT-Recorder) erforderlich, sofern nicht nur auf Videobändern aufgezeichnete Töne Verwendung finden.

Für digitale nonlineare Videoschnittsysteme wird digitalisiertes Videofilmmaterial benötigt. Liegt analog aufgezeichnetes Videofilmmaterial vor, ist es mit Hilfe einer Capture-Karte im Personal Computer vor einer Weiterverarbeitung zu digitalisieren und abzuspeichern. Existiert digitales Bild- und Tonmaterial, erübrigt sich die Analog-Digital-Wandlung und das Material kann direkt auf Festplatte überspielt werden. Ist das digitale Videofilmmaterial auf der Festplatte gespeichert, kann mit Hilfe der Videoschnittsoftware darauf zugegriffen und jede einzelne Sequenz ohne zeitraubende Spulvorgänge betrachtet werden. Die Bearbeitung kann nonlinear erfolgen, d. h. die Bearbeitungsreihenfolge ist nicht an die endgültige Szenenabfolge gebunden. Bei nonlinearer Videobearbeitung „besteht eine geschnittene Sequenz nicht aus neuem Material; sondern lediglich aus einer Folge von Daten, die angeben, wann welche Szene ausgelesen werden soll. Ausschließlich mit Effekten belegte Szenen werden als neue Video- und Audiodaten abgespeichert" (Jauernig 2000, S. 85).

„Im High-End-Bereich geht der Trend zur Bearbeitung unkomprimierter Signale, mit geringeren Rechenzeiten für Effekte und vielseitigeren Möglichkeiten" (Jauernig 2000, S. 112). Professionelle Cutterinnen in den

**Internetadressen:**
www.adobe.de
www.adstech.com
www.apple.de
www.avid.de
www.canopus.com
www.media100.de
www.pinnaclesys.com
www.ulead.de

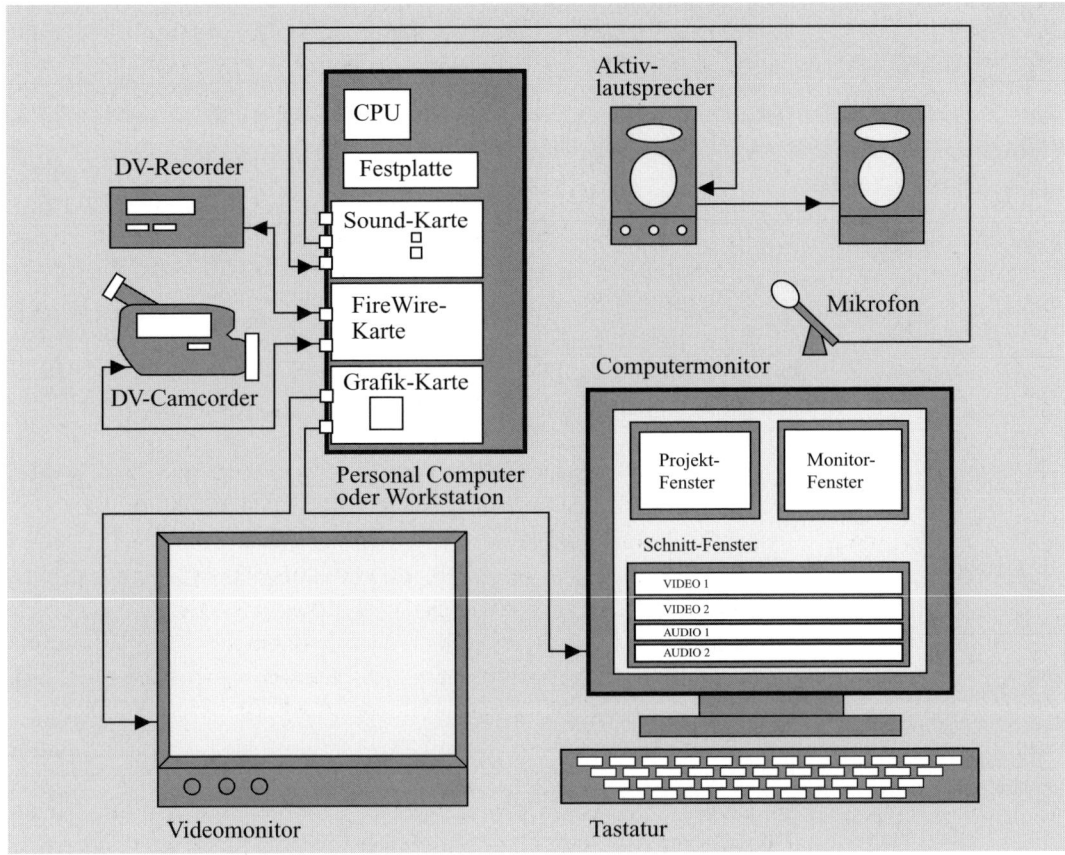

**Abbildung 6-3:**
Nonlinearer Videoschnitt-Arbeitsplatz

Rundfunkanstalten arbeiten an Videoschnittsystemen wie z. B. „Avid Media Composer®" und „Avid Xpress®".

Semiprofessionelle Videoschnittsysteme sind beispielsweise:
- Power-Mac-Rechner mit dem Softwarepaket „Final Cut Pro®" der Firma Apple.
- Windows-Systeme mit dem Softwarepaket „Avid Xpress DV®".

Videofilm-Amateuren stehen für den Videoschnitt z. B. folgende digitale nonlineare Videoschnittsysteme zur Verfügung:
- Power-Mac-Rechner mit dem Softwarepaket i-Movie® der Firma Apple.
- Windows-Systeme mit einer FireWire®-Schnittstellenkarte in Verbindung mit der Videoschnittsoftware „Adobe Premiere®".

In der Regel reicht im Personal Computer eine einfache und preiswerte FireWire®-Schnittstellenkarte aus, um digitale Consumer-Camcorder

**Abbildung 6-4:**
Aufnahme-Fenster

direkt anzuschließen (siehe Abbildung 6-3). Zu beachten gilt, dass
das Ausspielen fertig geschnittener Videofilme über den DV-Ausgang
der FireWire®-Schnittstellenkarte auf den DV-Eingang eines digitalen
Consumer-Camcorders bei zahlreichen Camcordern nicht möglich ist.
Ursache ist der höhere EU-Importzoll auf Videorecorder im Vergleich zu
Camcordern. Will der Camcorder-Hersteller bei bestimmten Modellen
diese Zolldifferenz einsparen, so deaktiviert er vor dem Geräteexport in
die Europäische Union den DV-Eingang dieser digitalen Camcorder. In
den Werbeprospekten für diese eingeschränkten Consumer-Camcorder-
Modelle wird dann nur das Vorhandensein eines DV-Ausgangs erwähnt.

### 6.2.3.2 Videoschnittsoftware

Beispielhaft für eine Videoschnittsoftware sollen nachfolgend die fünf
Hauptfenster von „Avid Xpress DV®" beschrieben werden. Bei anderen
Videoschnittprogrammen, wie z. B. „Adobe Premiere®", werden die
Hauptfenster Filmaufnahme-, Projekt-, Monitor- und Schnittfenster
genannt.

a) „Record Tool"-Fenster
Jedes Videoschnittprojekt beginnt mit dem Überspielen der Video-
filmaufnahmen vom Band auf die Festplatte. Mit Hilfe des „Record
Tool"-Fensters (siehe Abbildung 6-4) wird der digitale Camcorder oder

das Kassettendeck angesteuert. Durch die Aufnahmefunktion wird aus dem auf dem Magnetband gespeicherten Originalmaterial ein Master- bzw. Originalclip erzeugt. Falls genügend Festplatten-Speicherplatz zur Verfügung steht, sollte das gesamte vorhandene digitale Originalmaterial auf eine separate Medien-Festplatte, die nur Mediendateien speichert, übertragen werden. Sollte der Festplatten-Speicherplatz begrenzt sein, kann mit Aufnahmeunterbrechung das Aufspielen misslungener Originalaufnahmen vermieden werden. Bei dieser Vorgehensweise entstehen mehrere Originalclips.

Wenn das zur Verfügung stehende Videoschnittsystem die beim DV-Format mitaufgezeichneten Aufnahmestart- und Aufnahmestopppunkte auswerten kann, ist eine Erkennung einzelner Einstellungen möglich. Beim Übertragen des Originalmaterials kann dieses sofort unter Nutzung dieser Funktion in einzelne Originalclips untergliedert werden („Szenenerkennung“).

Bei Avid-Systemen werden bei der Übertragung von Stereoton-Originalmaterial drei Mediendateien auf der Festplatte angelegt: eine für die Videospur und zwei für die beiden Audiospuren. Beim zusätzlichen Import von Grafik- oder Audiodateien werden weitere separate Mediendateien erzeugt.

**Abbildung 6-5:**
Projekt-Fenster

### b) Bin-Fenster
Im Bin-Fenster befinden sich alle Mediendateien (Master- bzw. Originalclips, Clips, Subclips, Sequenzen, Audio- und Grafikdateien) des jeweiligen Videofilmprojekts. Ein Master- bzw. Originalclip ist ein Medienobjekt, das die Referenz zum Originalmaterial, also dem Videoband, darstellt. Beim Videoschnitt an nonlinearen Videoschnittsystemen werden nicht die Master- bzw. Originalclips verändert, sondern Verweise (Zeiger) auf diese Medienobjekte erzeugt und editiert. Im Projektfenster können die einzelnen Medienobjekte umbenannt und sortiert werden. Die einzelnen Clips werden im Projektfenster in Textform oder als „Thumbnail“ (der erste Frame des Clips wird dabei als Minibild angezeigt) dargestellt (siehe Abbildung 6-5). Durch Abspeicherung der Clipdaten (Ein- und Ausstiegspunkte, Länge des Clips, Name des Magnetbands etc.) wird u. a. sichergestellt, dass der Bezug zum Originalband nicht verloren geht.

### c) Source-Pop-up-Monitor-Fenster
Mit Hilfe des Source-Pop-up-Monitor-Fensters (siehe Abbildung 6-6) können Originalclips geladen, abgespielt und begutachtet werden. Das Source-Pop-up-Monitor-Fenster übernimmt die Funktion des Zuspielers. Durch mehrmaliges framegenaues Setzen eines Ein- und Ausstiegspunktes, dem In- und Out-Punkt, werden aus einem Master- bzw. Originalclip

durch die Erzeugung von Verweisen mehrere Clips abgeleitet, die im Schnittfenster in einer beliebigen Reihenfolge angeordnet werden können. Aus einem Clip wiederum können durch framegenaues Setzen von Ein- und Ausstiegspunkten Subclips abgeleitet werden.

d) Timeline-Fenster

Im Timeline-Fenster (siehe Abbildung 6-6) werden die erzeugten Clips und Subclips in der gewünschten Reihenfolge aneinander gereiht. Diese Abfolge von Clips und Subclips mit deren Übergängen und digitalen Effekten wird Sequenz genannt. Im Schnittfenster ist also die grafische Darstellung der erzeugten Sequenz mit allen Schnitten sämtlicher Bild- und Tonspuren entlang der Zeitachse zu finden. „Da die Länge der einzelnen Szenen in Abhängigkeit ihrer realen Dauer dargestellt wird, kann man anhand der Timeline einen guten Überblick über den Schnittrhythmus und die Struktur einer Sequenz bekommen. Dies ist im Vergleich zur Arbeit an Film- oder linearen Videoschnittplätzen ein erheblicher Vorteil. Meist sind Timelines sowohl vertikal als auch horizontal dehnbar (d. h. man kann sich sowohl die Zeitachse als auch die verschiedenen Spuren vergrößert anschauen, so daß man sehr einfach einen globalen Überblick bekommen oder sich auf eine einzelne spezielle Szene konzentrieren kann. Als Referenz gibt es meist eine Timecodespur, die die aktuelle Länge anzeigt. Der Starttimecode der Sequenz kann vom Benutzer definiert werden" (Jauernig 2000, S. 125).

Einzelne Segmente der erzeugten Sequenz können nach Bedarf verschoben, ausgetauscht, getrimmt oder gelöscht werden. Ein Positionszeiger markiert dasjenige Frame innerhalb der Sequenz, das aktuell im Recorderfensters bzw. Composer-Fenster zu sehen ist.

Weil die Video- und Audiospuren einzeln aktivierbar bzw. deaktivierbar sind, wirkt sich das Durchführen von Softwarebefehlen gezielt auf die von der Cutterin jeweils gerade aktivierten Spuren aus.

Beim Arbeiten im *Extract/Splice-in*-Modus werden die nachfolgenden Segmente entsprechend der Dauer des einzufügenden Segments nach rechts verschoben. Die Gesamtlänge der Spur erhöht sich im *Extract/Splice-in*-Modus um die Dauer des eingefügten Segments.

Beim Arbeiten im *Lift/Overwrite*-Modus verändert das Einfügen eines neuen Segments nicht die Position der schon vorhandenen Segmente. Entsprechend der Dauer des einzufügenden Segments wird alles, was darunter liegt, überschrieben. Wird mitten in eine Spur und nicht am Ende einer Spur eingefügt, so verändert sich im *Lift/Overwrite*-Modus die Gesamtlänge nicht.

Die Ausgabe der im Timeline-Fenster erzeugten Sequenz auf Magnetband wird als „Ausspielung" bezeichnet.

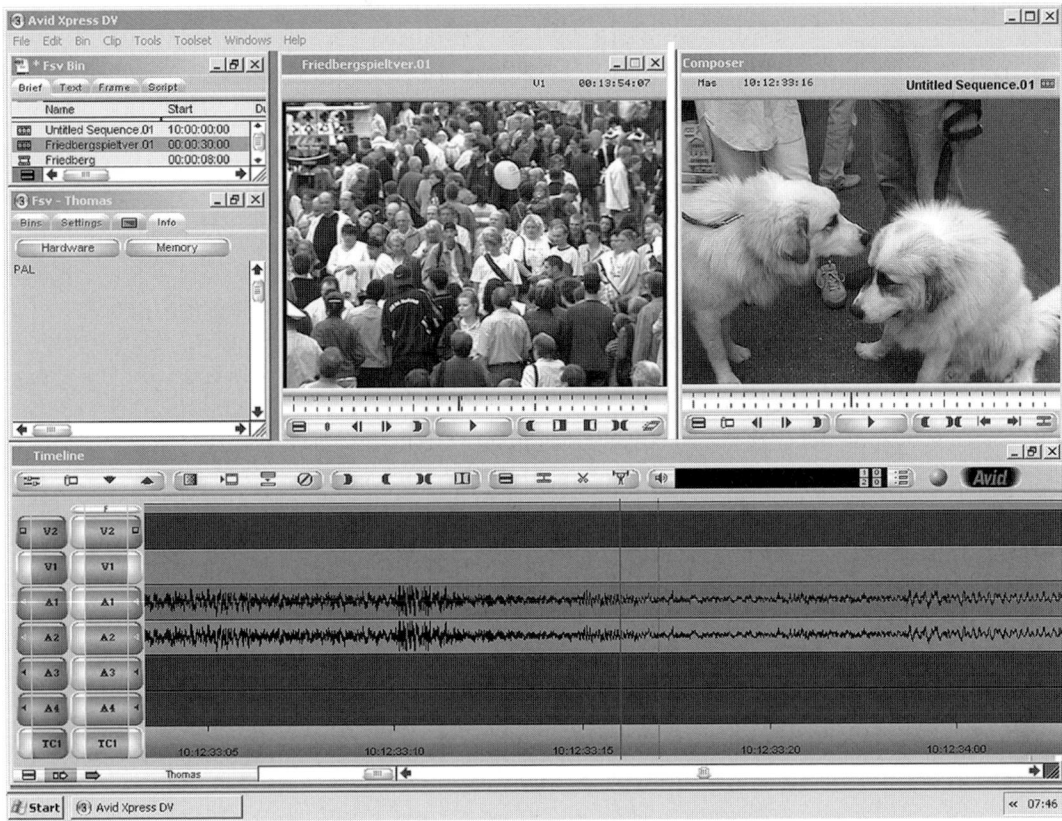

e) Composer-Fenster
Mit Hilfe der im Composer-Fenster angeordneten Schaltflächen kann bei „Avid Xpress DV®" die im Timeline-Fenster erzeugte Sequenz wiedergegeben werden (siehe Abbildung 6-6).

**Abbildung 6-6:**
Source-Pop-up-Monitor-Fenster (oben mittig), Composer-Fenster (oben rechts) und Timeline-Fenster (unten)

## 6.3 Videoschnittpraxis

### 6.3.1 Offline-/Online-Bearbeitung

Unter einer Offline-Bearbeitung wird die vorläufige Bearbeitung von Videofilmmaterial verstanden, das nur in datenreduzierter, verminderter Qualität vorliegt und bei dem die Bildübergänge oder Effekte zwar geplant wurden, aber noch nicht ausgeführt sind. Das Ergebnis einer Offline-Bearbeitung ist eine Schnittliste (engl. *edit decision list*, abgekürzt EDL). Diese Schnittliste wird nach Abschluss der Offline-Bearbeitung mit dem nicht datenreduzierten Originalmaterial auf einem Online-Schnittsystem abgearbeitet. „Mit Online-Bearbeitung bezeichnet man die endgültige

Bearbeitung des Materials in der gewünschten Bildqualität des Endpro-
duktes und mit allen gewünschten Bildmanipulationen" (Jauernig 2000,
S. 87 f.). Das Ergebnis einer Online-Bearbeitung ist das fertige Master-
band.

Die geschilderte Arbeitsaufteilung zwischen Offline- und Online-
Schnittsystemen mag Videofilm-Amateuren unsinnig erscheinen.
Diese Vorgehensweise ergab sich aber noch bis vor wenigen Jahren
zwangsläufig durch den hohen Anschaffungspreis und der daraus
resultierenden hohen Betriebsstundenkosten für Online-Schnittsysteme.
Diese durften während des zeitaufwändigen Sichtens und Schneidens
des vorhandenen Videofilmmaterials nicht blockiert werden. Aufgrund
des technischen Fortschritts und des Preisverfalls bei Computersystemen
entwickelten sich jedoch inzwischen nonlineare Videoschnittsysteme
von reinen Offline-Schnittsystemen zu Online-Schnittsystemen weiter.
Während Offline-Bearbeitung und Schnittlisten für Cutterinnen an
Bedeutung verloren, gewannen sie im Bereich vernetzter Redaktions-
systeme an Wichtigkeit.

### 6.3.2   Roh- und Feinschnitt

Der Videoschnitt wird üblicherweise in die zwei Arbeitsphasen „Roh-
schnitt" (auch „Grobschnitt" genannt) und „Feinschnitt" unterteilt.
Die wesentliche Aufgabe des Rohschnitts ist die Ausarbeitung der
Erzählfolge. Diese muss für die Zuschauer flüssig und verständlich sein,
sodass die Reihenfolge der aneinander gefügten Einstellungen einen
Sinn ergibt. Außerdem müssen die jeweiligen Bildanschlüsse passen.

Das grobe Zusammensetzen eines Films erfolgt nach Maßgabe des
Drehbuchs und des Drehprotokolls (Skript). Liegt für Fernsehbeiträge
kein fertiges Drehbuch vor, so folgt die Cutterin beim Videoschnitt den
Vorstellungen der anwesenden Autorin. Sind die Maßgaben des Drehbuchs bzw. die des Regisseurs/der Autorin erfüllt, kann die zweite Phase
des Videoschnitts, der Feinschnitt, beginnen. Beim Feinschnitt „erhält
der Film durch abschließende, oft nur scheinbar marginale Änderungen
(z. B. Verlängerung/Kürzung einer Sequenz um wenige Bildfelder oder
kleinere Umstellungen) seine endgültige Form" (Beller 1999, S. 80).
„Feinschnitt arbeitet im unmittelbaren Umfeld der Schnittstelle. Sein
zentrales Arbeitsfeld umfaßt ca. 10–30 Bildfelder" (Beller 1999, S. 225).
Erst beim Feinschnitt werden Pace (engl. *pace* = Schritt, Geschwindigkeit, Tempo), Timing und Rhythmus der Geschichte herausgearbeitet.

Wichtigstes Hilfsmittel beim Feinschnitt ist die Trimm-Funktion
(siehe Abbildung 6-7). „Der Begriff Trimmen leitet sich von dem englischen Verb »to trim« ab und bedeutet wörtlich übersetzt: in Ordnung
bringen, in die richtige Lage bringen. [...] Meist werden dabei Schritt

**Abbildung 6-7:**
Trimm-Modus-Fenster

für Schritt Frames hinzugefügt bzw. abgezogen und jeweils die neuen Schnittpunkte betrachtet" (Jauernig 2000, S. 137).

Wenn zwei oder mehr Spuren in die gleiche Richtung getrimmt werden, liegt „symmetrisches Trimmen" vor. Trimmen in einem Arbeitsschritt auf mehreren Spuren in unterschiedliche Richtungen wird als „asymmetrisches Trimmen" bezeichnet. Mit Hilfe des asymmetrischen Trimmens kann z. B. bei versetzten Bild-Ton-Schnitten eine Videospur anders als die zugehörige Audiospur verändert werden.

Einseitiges Trimmen „ermöglicht das Kürzen oder Verlängern einer Szene (am Ein- oder Ausstieg), ohne die vorhergehende oder folgende Szene in ihrer Länge zu beeinflussen. Allerdings wird dadurch die Position der folgenden Schnitte beeinflußt, d. h. alles Folgende wird um die entsprechende Länge nach vorne oder hinten verschoben" (Jauernig 2000, S. 139). Das einseitige Trimmen muss vorsichtig eingesetzt werden, weil eine ganze Schnittsequenz durch diese Funktion asynchron werden kann. Schon zwei Bilder Abweichung zwischen Bild und Ton werden von den Zuschauern als asynchron erkannt. Dies entspricht einem Zeitversatz von lediglich 80 Millisekunden bei einer Bildfrequenz von 25 Vollbildern pro Sekunde. Besonders irritierend ist eine Asynchronität zwischen sichtbaren menschlichen Lippenbewegungen und zum falschen Zeitpunkt eintreffenden akustischen Signalen (so genannte Lippenasynchronität).

Zweiseitiges Trimmen verschiebt den Schnittpunkt zwischen zwei Szenen derart, dass beim Kürzen/Verlängern einer Szene die anschließende

**Abbildung 6-8:**
J-Schnitt und L-Schnitt

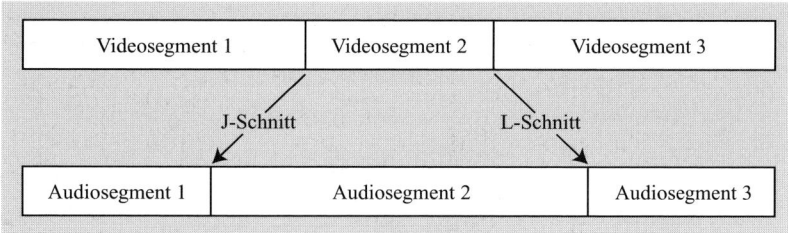

Szene um die entsprechende Framezahl verlängert/verkürzt wird. Dadurch bleibt die Synchronität der folgenden Schnitte erhalten.

Aufgrund ihres kontinuitätsstiftenden Charakters dienen Geräusche im Film häufig „als verbindende Klammern zwischen disparaten Bildern, die auf diese Weise als zusammengehörig ausgewiesen werden" (Hickethier 1996, S. 94). Diese so genannten „Tonbrücken" (engl. *sound-bridges*) lassen häufig harte Bildschnitte aus der bewussten Wahrnehmung der Zuschauer verschwinden. Tonbrücken gehören zu den wichtigsten Errungenschaften des Tonfilms überhaupt. Der zeitgleiche parallele Schnitt von Bild und Ton stellt daher eher die Ausnahme als die Regel dar (vgl. Reisz 1988, S. 180). Zwei Varianten sind bei Tonbrücken prinzipiell möglich: Beim J-Schnitt enden die zugehörigen Geräusche einer Einstellung vorzeitig und es sind schon Geräusche der sich anschließenden Einstellung zu hören, bevor deren erste Bilder sichtbar werden. Beim L-Schnitt enden die zugehörigen Geräusche einer Einstellung erst dann, wenn schon Bilder der sich anschließenden Einstellung zu sehen sind (siehe Abbildung 6-8).

Oft wird der Ton auch aus dramaturgischen Gründen nicht zeitgleich mit dem Bild geschnitten. Häufig ist es während eines Dialogs wichtiger, die Reaktion einer zweiten Person beobachten zu können als eine erste Person sprechen zu sehen. „Durch eine Reihe verschiedener kleiner Tricks in der Gestaltung der Szene – die Wahl des genauen Zeitpunkts, an dem eine Großaufnahme geschnitten wird, das Timing verzögerter Reaktionen, das Überlappen von Dialogen usw. – kann der Cutter die Dramatik einer vorgegebenen Szene beeinflussen und akzentuieren. Oft gelingen ihm durch ein entsprechendes Timing von Bild und Ton dramatische Untertöne, die ein Bild allein nicht schafft" (Reisz 1988, S. 63).

### 6.3.3   Waveformmonitor und Vektorskop

Waveformmonitore und Vektorskope ermöglichen eine quantitative Beurteilung des analogen Bildsignals. Ein Kombinationsgerät aus Waveformmonitor und Vektorskop wird Waveformvektorskop genannt.

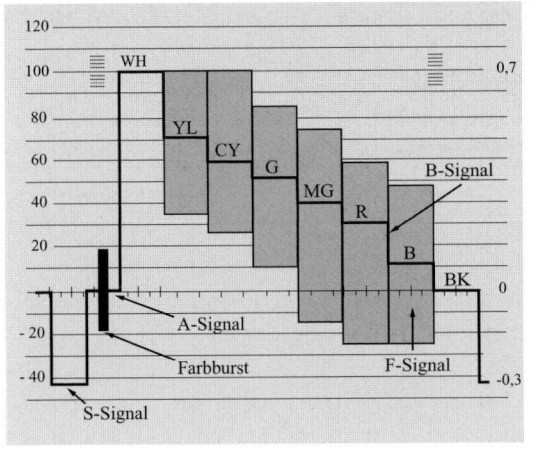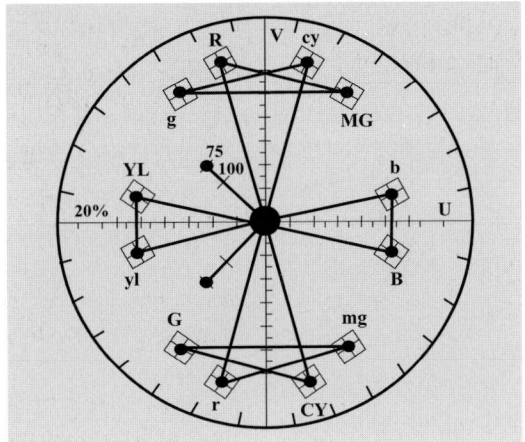

Diese autarken Messgeräte ermöglichen in Verbindung mit einem justierten Referenzmonitor eine umfassende Bildkontrolle. Im Fernsehstudio können professionelle Bildtechniker vor einer Aufnahme mit Hilfe eines Waveformmonitors und eines Vektorskops beurteilen, ob die Bildparameter einer Fernsehkamera korrekt eingestellt sind.

Ein autarker Waveformmonitor ist ein Oszilloskop mit einer speziellen Ausstattung für Videosignale. Auf dem Waveformmonitor-Bildschirm ist eine Skala angebracht, mit deren Hilfe die Periodendauer und der Videosignalpegel einfach überprüft werden können (siehe Abbildung 6-9). „Die Skalierung bezieht sich entweder nur auf die Bildamplitude, d. h. 0 V und 0,7 V entsprechen 0 und 100 %, oder auch auf das Synchronsignal, die Spannungen entsprechen dann −43 % und 100 %. Die Kontrolle der Amplituden eines FBAS-Signals kann leicht anhand dieser Skala erfolgen" (Schmidt 2000, S. 79).

Bei einem autarken Vektorskop handelt es sich um ein in Polarkoordinaten geeichtes Oszilloskop, das zur Bestimmung der Farbträgerphase bzw. der Farborte dient. Die Endpunkt-Istlagen der jeweils gemessenen Vektoren erscheinen als helle Punkte auf dem Vektorskop-Bildschirm, während die Endpunkt-Solllagen auf dem Vektorskop-Bildschirm als Toleranzfelder markiert sind (siehe Abbildung 6-10). Abweichungen zwischen Soll- und Istwerten sind dadurch schnell erkennbar.

An professionellen Cutterplätzen findet sich ein autarker Waveformmonitor bzw. ein autarkes Waveformvektorskop, um die bei Videofilmaufnahmen eventuell entstandenen Belichtungs- und Farbfehler quantitativ bewerten und korrigieren zu können.

In semiprofessionellen Videoschnittsystemen, wie z. B. „Avid Xpress DV®", steht ein Waveformmonitor und ein Vektorskop als integrierte Softwarefunktion zur Verfügung.

**Abbildung 6-9 links:**
Waveformmonitor-Signalbild

**Abbildung 6-10 rechts:**
Vektorskop-Signalbild

**Internetadressen:**
www.electronic-visuals.com
www.rohde-schwarz.com
www.tek.com

### 6.3.4    Farbanpassung

Beim Schnitt von Videofilmaufnahmen, die zu verschiedenen Zeiten an verschiedenen Orten unter unterschiedlichen Lichtverhältnissen erfolgten, muss im Sinne des Kontinuitätsprinzips bei Bedarf eine Farbanpassung (engl. *color matching*) der einzelnen aufeinander folgenden Einstellungen vorgenommen werden.

Bei einer Farbkorrektur ist es häufig von Vorteil, wenn getrennte Einstellungen in den drei verschiedenen Luminanzbereichen „Lichter", „Mitteltöne" und „Schatten" vorgenommen werden können. Eine typische Farbkorrektur für eine Sequenz besteht in der Regel aus dem Korrigieren des Farbtonbereichs und dem Neutralisieren von Farbstichen in den einzelnen Einstellungen, dem Verbessern der Kontrastverhältnisse der einzelnen Einstellungen sowie dem Herstellen der Konsistenz zwischen den einzelnen Einstellungen einer Sequenz.

Veränderungen der Farbbalance erfolgen im RGB- oder HSB-Farbmodell. Im HSB-Farbmodell können der Farbton (engl. *hue*), die durch den zugemischten Grauanteil bestimmte Farbsättigung (engl. *saturation*) und die Helligkeit (engl. *brightness*) verändert werden.

Professionelle nonlineare Postproduktionssysteme wie z. B. „Avid Symphony®" können Farbkorrekturen in Echtzeit durchführen. Eine im Funktionsumfang reduzierte Version der „Avid Symphony®"-Farbkorrektur findet sich beim semiprofessionellen Videoschnittsystem „Avid Xpress DV®" (siehe Abbildung 6-11).

**Internetadressen:**
www.apple.de
www.avid.de

### 6.3.5    Import von Computergrafiken

Ein Pixel eines Computermonitors besitzt ein Seitenverhältnis von 1:1 und ist demzufolge quadratisch. Wenn beim PAL-Videobild ein Frame-Seitenverhältnis von 4:3 erreicht werden soll, folgt aus 576 aktiven Bildzeilen eine theoretische Bildspaltenzahl von 768. Um die tatsächliche Spaltenzahl von 720 gemäß ITU-R BT.601-5 zu erhalten, darf ein Pixel im DV(PAL)-Format nicht quadratisch sein, sondern muss ein Breiten-Höhen-Verhältnis von 1,0667:1 aufweisen. Wird dieser Unterschied bei der Erzeugung einer Computergrafik, die in eine Videosequenz integriert werden soll, nicht beachtet, erfolgt die Wiedergabe auf dem Fernsehbildschirm in einer verzerrten Darstellung.

Wenn bei „Avid Xpress DV®" der „*Image Aspect Ratio*"-Importparameter „601, *non-square*" ausgewählt ist, muss eine Computergrafik bei einer Auflösung von 72 dpi (dpi: *dots per inch*) im Format 768 x 576 Pixel (Breite x Höhe) erstellt und dann auf 720 x 576 Pixel ohne Beibehaltung der

**Abbildung 6-11:**
Farbkorrektur-Fenster

Proportionen umgerechnet werden. Nur durch eine derartige Maßnahme ist die verzerrungsfreie Grafikdarstellung während einer PAL-Fernsehbildschirmausgabe zu gewährleisten. Die Computergrafik wird nach der Umrechnung auf dem Computermonitor infolge der Stauchung zwar verzerrt zu sehen sein, erscheint aber auf einem PAL-Fernsehbildschirm aufgrund der dort erfolgenden Streckung im korrekten Seitenverhältnis.

Wenn im PAL-Format gearbeitet wird, muss bei „Avid Xpress DV®" darauf geachtet werden, dass beim „*Video Resolution*"-Importparameter „DV 25 420" ausgewählt ist.

Werden in einer Computergrafik, die in eine Videosequenz integriert werden soll, horizontale Linien benötigt, so ist darauf zu achten, dass sie eine Höhe von mindestens zwei Pixel haben. Horizontale Linien von nur einem Pixel Höhe erzeugen einen unerwünschten Flickereffekt auf dem Bildschirm, wenn sie aufgrund der Nutzung des Zeilensprungverfahrens bei der Fernsehbilderzeugung nur in einem der beiden Halbbilder erscheinen.

Bei der Erstellung einer Computergrafik, die in eine Videosequenz integriert werden soll, ist als letzter Grafiksoftware-Arbeitsschritt generell die Anwendung eines Unschärfe-Filtereffekts vorzunehmen. Alternativ dazu kann z. B. in der Videoschnittsoftware „Adobe Premiere®" bei den Halbbildoptionen die Option „Flimmern entfernen" ausgewählt werden. Nach Aktivierung dieser Option werden horizontale Linien, die nur ein Pixel breit sind, so verwischt, dass sie zumindest teilweise in beiden Halbbildern erscheinen.

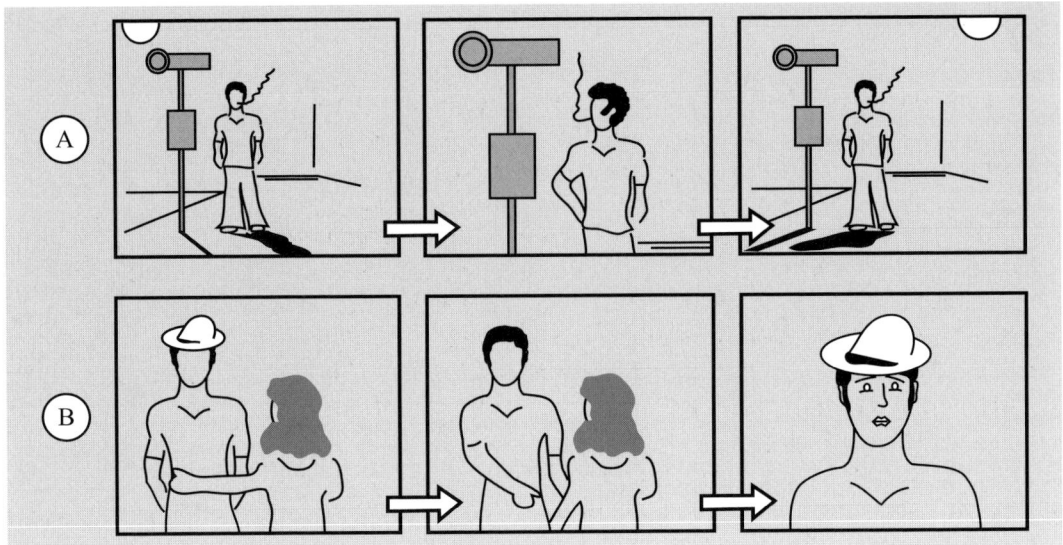

**Abbildung 6-12:**
Anschlussfehler durch
unterschiedlichen
Sonnenstand (A) oder
durch kurzzeitig fehlende
Kopfbedeckung (B)

### 6.3.6    Anschlussfehler

Ist in einer Einstellung etwas zu sehen, das in der anschließenden, raum-
gleichen Einstellung plötzlich fehlt, obwohl es anwesend sein müsste,
oder sind Objekte unvermittelt anders platziert bzw. ausgetauscht, wird
von einem Anschlussfehler gesprochen. Gleiches gilt für die Fälle, wenn
innerhalb einer Szene in den einzelnen Einstellungen die Lichtrichtung
und -stimmung, die Bewegungsrichtung und -geschwindigkeit der
Kamera und der Schauspieler sowie Kostüme und Blickrichtungen der
Schauspieler nicht übereinstimmen (siehe Abbildung 6-12).

   Solche filmischen Vorkommnisse widersprechen der Kontinuität
in der menschlichen Alltagswahrnehmung. Bildanschlüsse müssen
optisch, zeitlich, räumlich und logisch stimmen, wenn die Zuschauer
eine Folge von Einstellungen als unmittelbar zusammenhängend
empfinden sollen. Dank heutiger digitaler Nachbearbeitungsmöglich-
keiten kann ein Teil solcher Anschlussfehler von Cutterinnen korrigiert
werden. Anschlussfehler können sich aber auch beim Videoschnitt ein-
schleichen. Diese Gefahr besteht z. B., wenn zwei Videofilmkameras
gleichzeitig ein Ereignis aus zwei unterschiedlichen Kamerapositionen
aufgenommen haben und das Bildmaterial beider Kameras die Basis des
Videoschnitts bildet. Durch schlechtes Timing während der Montage der
verschiedenen Einstellungen kann es unbeabsichtigt zu einer in der Realität nicht auftretenden Verdopplung des Handlungsablaufs kommen.

   Nicht korrigierte kleinere Anschlussfehler werden von den Zuschauern
häufig gar nicht bemerkt. Gravierende Anschlussfehler sind im professionellen Bereich selten.

### 6.3.7 Titel-Tool

Für die im Videofilmbild einzublendenden Texte steht Cutterinnen ein
Titel-Tool zur Verfügung, das die gewünschten Texte in die einzelnen
Frames einstanzt (siehe Abbildung 6-13). Ein Titeleffekt nimmt z. B.
bei „Avid Xpress DV®" eine eigene Ebene einer Timeline-Sequenz ein.
Im Titel-Tool sind für den jeweiligen Text Schriftart, -farbe, -schnitt und
-grad auswählbar. Generell sind halbfette oder fette serifenlose Schriftarten zu verwenden, weil feine Schriftarten und Serifen aufgrund des
Interlace-Verfahrens bei der Fernsehbilderzeugung Flimmern hervorrufen können. Als problematisch sind diejenigen feinen Schriftarten
anzusehen, deren Buchstabenstrichstärke weniger als 2 % der Bildbreite
beträgt (vgl. IRT 1996a, S. 5).

Texte sind nur dann gut lesbar, wenn sie lange und groß genug vor
einem kontrastierenden Hintergrund zu sehen sind. Die Textfarbe sollte
allerdings nicht zu grell erscheinen. Ein leichter Textschatten kann die
Kontrastierung verstärken und damit die Textlesbarkeit erhöhen. Dies
gilt besonders, wenn die Hintergrundfarbe von dunkel nach hell (oder
umgekehrt) wechselt. Aussagekräftige Titel sind aus möglichst wenigen
Worten zu formulieren.

Wichtige Bildteile, besonders Schriftzeichen, dürfen nicht in Nähe des
Bildfeldrandes angeordnet sein, wenn eine unbeabsichtigte Beschnei-
dung ausgeschlossen sein soll. Diese Gefahr besteht z. B. beim Unter-
titeln eines fremdsprachigen Originaltons oder beim Einblenden des
Namens eines/einer im Bild sichtbar Sprechenden (so genannte „Bauch-
binde"). Die bildwichtigen Teile müssen sich deshalb im aktionssicheren
Bereich (engl. *safe area*) und Texte im titelsicheren Bereich („Titelfeld")
befinden. Bezogen auf das analoge Bildfeld besitzt der aktionssichere
Bereich nur 90 Prozent der Breite und Höhe des Bildfelds, weil allseitig
eine jeweils fünfprozentige Sicherheitszone einzuhalten ist. Das Titelfeld besitzt nur 80 Prozent der Breite und Höhe des Bildfelds, weil allseitig eine jeweils zehnprozentige Sicherheitszone beachtet wird (siehe
Abbildung 6-14).

### 6.3.8 Vor- und Abspann

#### 6.3.8.1 Filmischer Vor- und Abspann

Im Vorspann eines Spielfilms werden in der Regel bei Musikuntermalung
der Titel des Spielfilms und meistens die Namen der wichtigsten an der
Produktion beteiligten Personen genannt. Der Vorspann hat im Verlauf
der Filmhistorie verschiedenste gestalterische Ausprägungen erfahren.
So können Texteinblendungen wie schon zu Stummfilmzeiten in weißer

**Abbildung 6-13:**
Titelerzeugung-Fenster
mit angezeigtem titel-
sicheren Bereich
(innerer Rahmen)

nichtanimierter Schrift auf dunklem Hintergrund erfolgen. Ein Spielfilm
wie z. B. „Manche mögen's heiß" (Regie: Billy Wilder, 1959) eröffnet in
dieser schlichten Weise. Eine andere Variante liegt vor, wenn thematisch
passende Grafiken als statische Hintergrundbilder Verwendung finden,
wie z. B. im Spielfilm „Zimmer mit Aussicht" (Regie: James Ivory, 1986).
Texte und Grafiken können natürlich auch animiert werden, wie z. B. bei
„Psycho" (Regie: Alfred Hitchcock, 1960). Eine aufwändigere Variante
dieser Animationen stellt die Verwendung von Trickfilm dar, wie z. B.
beim Spielfilm „Der rosarote Panther" (Regie: Blake Edwards, 1964).
Häufiger bildet beim modernen Spielfilm allerdings eine Orientierung
gebende Bildsequenz den Hintergrund für den Titel. Dies gilt z. B. auch
für einen Fernsehdokumentationsvorspann, in dem neben dem Titel nur
der Name der Autorin genannt wird.

Bei allen Vorspannvarianten, die nicht die Stummfilmvariante mit hellen Texten vor schwarzem oder farbigen Hintergrund verwenden, gilt es
zu beachten, dass das Erkennen und Verarbeiten der gezeigten Hintergrundbilder vom Lesen der Texte ablenkt. Wenn den gezeigten Texten
noch eine gewisse Bedeutung zukommen soll, ist es aufgrund der
begrenzten menschlichen Verarbeitungskapazität sinnvoll, Zuschauer
nach dem Beginn einer neuen Einstellung genügend Zeit für das Erfassen des gezeigten Bildinhalts zu geben und erst dann den Text darüber zu
blenden. Für den Ton gilt entsprechend, dass während der Einblendung
von Text nur Atmo und Hintergrundmusik, aber keine für das Verständnis der folgenden Handlung wichtigen Dialoge zu hören sein sollten.

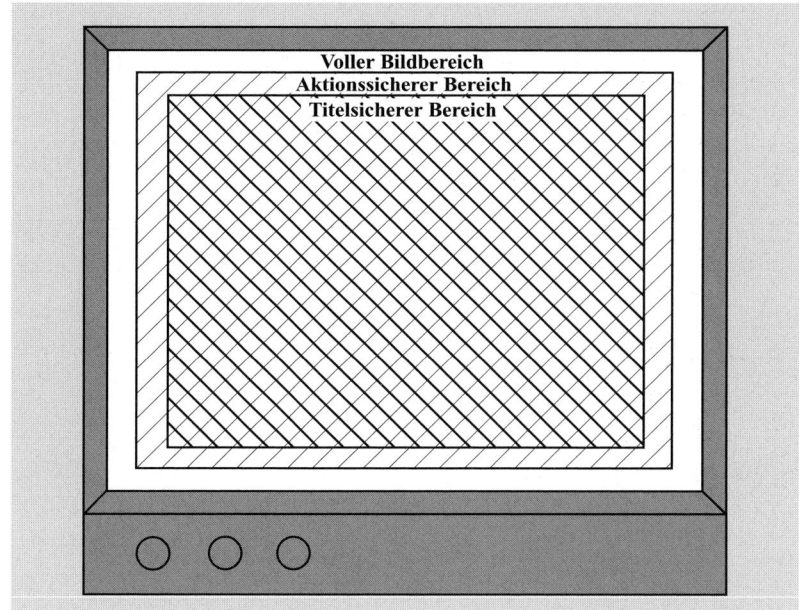

**Abbildung 6-14:**
Bildbereiche

Voller Bildbereich
Aktionssicherer Bereich
Titelsicherer Bereich

Texteinblendungen kommen häufig am Filmende zum Einsatz, wenn z. B. ein bestimmter Lebensabschnitt einer bedeutenden Persönlichkeit verfilmt wurde. Um eine geschlossene dramaturgische Form zu schaffen, werden die Zuschauer über den Fortgang der jeweiligen Lebensgeschichte mit Hilfe des eingeblendeten Textes informiert (Spielfilmbeispiel: „Die Stunde des Siegers").

Auch der Abspann eines Spielfilms erfährt verschiedenartige Ausprägungen. Die klassische Variante nennt in weißer Schrift auf schwarzem Hintergrund vertikal von unten nach oben abrollend sämtliche Namen der an der Produktion beteiligten Personen, Institutionen und Firmen. Alternativ dazu werden bei neueren Spielfilmen im Abspann die Namen der wichtigsten an der Produktion beteiligten Personen statisch vor einer den Hintergrund formenden Bildsequenz eingeblendet.

Während der Abspann eines Spielfilms meist detailliert über alle Beteiligten bis hin zum Helfer informiert, werden im Abspann z. B. einer Fernsehdokumentation nur die Namen der Personen erwähnt, die in folgenden Bereichen ihren Teil zur Produktion beitrugen: Kamera, Ton, Licht, Schnitt, Bildtechnik, Off-Kommentar (Sprecher), Tonmischung, Produktionsleitung und Redaktionsleitung. Abschließend wird das Logo des produzierenden Fernsehsenders eingeblendet. Alternativ zum Titel-Rollmodus kann beim Abspann einer Fernsehsendung der Titel-Kriechmodus Einsatz finden, bei dem der Text horizontal, meist von rechts nach links, abläuft.

### 6.3.8.2 Technischer Vor- und Nachspann

Um ein reibungsloses Übertragen, Kopieren, Bearbeiten und Einspielen eines Sendebeitrags sicherzustellen, werden von den öffentlich-rechtlichen Sendeanstalten bei Einsatz von MAZ-Kassetten folgende Merkmale verlangt:

1) Mindestens 10 Sekunden Sicherheitsvorspann, der bei Kassetten durch alleiniges Vorspulen ohne Bild- und Tonaufzeichnung erzeugt wird.

2) Mindestens 60 Sekunden Einstellvorspann mit dem genormten 100/0/75/0-EBU-Farbbalken und einem 1-Kilohertz-Referenzsinuston.

3) Mindestens 15 Sekunden Identifikationsvorspann mit Bildformat-Kennzeichnung 4:3 bzw. 16:9.

4) 8 Sekunden Cue-Up-Vorspann (engl. *cue* = Zeichen zum Aufnahmebeginn) als Zeitangabe mit den sekundenweise rückwärts laufenden Zahlen 9 bis 2 auf schwarzem Hintergrund.

5) 2 Sekunden Cue-Up-Vorspann mit Schwarzblende.

6) Der mit Timecode 10:00:00:00 beginnende eigentliche Programmbeitrag.

7) Mindestens 30 Sekunden Nachspann mit Schwarzblende.

## 6.4   Videoschnittgestaltung

„Im Schnitt und der Montage der Szenen, Bilder und Geräusche bekommt der Film sein Gesicht. [...] Hier bekommt der Film seinen Rhythmus, sein Tempo, hier entsteht die Zeit, in der die Zuschauer einer Geschichte folgen und sie verstehen können – oder eben auch nicht" (Blaes 1997, S. 365). „Für die Zuschauer schafft der Schnitt und die daraus entstehende Dramaturgie eine Ordnung und einen Verlauf, in dem sie die Geschichte *erleben* können. Eine gute Schnittdramaturgie schafft das selbst in sehr kurzen Filmen mit nur wenigen Einstellungen" (Blaes 1997, S. 377).

Schon während des Videoschnitts zeigt es sich, ob eine Geschichte den Vorstellungen eines Regisseurs oder einer Autorin entsprechend funktioniert, denn Cutterinnen sind nicht nur berufsmäßig unterstützend tätig, sondern auch die ersten Zuschauerinnen, die das Bildmaterial zu sehen bekommen.

„Was schon visuell gegeben ist, braucht nicht mehr visualisiert zu werden. [...] Nur was nicht sichtbar oder nicht gut genug sichtbar ist, muß visualisiert, muß ‚ausgedrückt' werden. Und das tut und tat die

Montage. In der Terminologie des russischen Formalismus, und damit auch für Pudowkin und Eisenstein, ist die Montage das wichtigste ‚Verfremdungsmittel'. Durch die Montage bekommt die Welt vor der Kamera ein anderes Gesicht, eine andere Bedeutung, wird das Abgebildete ‚expressiv'. Nicht nur Zeitbezüge, sondern auch Beziehungen, Assoziationen gefühlsmäßiger oder intellektueller Art, die im aufgenommenen Material nicht vorhanden sind, können von der Montage visualisiert werden" (Beller 1999, S. 38 f.). Ein Film soll Emotionen bei den Zuschauern wecken. Dies versuchte Eisenstein mit Hilfe der Assoziations- und Kontrastmontage zu erreichen. Schon zu Beginn des Spielfilms „Panzerkreuzer Potemkin" (1925) wird über das Zeigen der Maden im Fleisch eine Assoziation mit dem faulenden zaristischen System hervorgerufen. Eine kontrastierende Montage räumlich und/oder zeitlich disparater Einstellungen erfolgt im ganzen Film. In der Odessa-Treppensequenz sind die Kontraste zwischen den zaristischen Soldaten (Männer mit weißen Uniformjacken und Mützen) und der Zivilbevölkerung (vorwiegend Frauen, die dunkel gekleidet sind) durch gegensätzliche Bewegungsrichtungen und -formen deutlich erkennbar.

Auch Alfred Hitchcock wies der Montage enorme Bedeutung zu: „Manche Leute behaupten, das Kino sei Action, aber dies ist ein Irrglaube. Die Bewegung ist nur ein Teil des Films. Und das Bild macht auch noch nicht einen Film aus, ebensowenig, wie die Schauspieler bei ihrer Darstellung zu filmen. Seinen Film allein auf die Schauspieler aufzubauen, ist nichts als ein Abklatsch der Bühne. Ich glaube, daß erst die Montage den Film zum Film macht. Man dreht eine Aufnahme mit Jimmy Stewart zum Beispiel, der irgendwohin guckt, dann eine Einstellung von dem, was er sieht, dann seine Reaktion. [...] Nur die Montage besitzt die Fähigkeit, dem Publikum Gefühle zu suggerieren. Und eben diese Methode des Geschichtenerzählens hat es mir besonders angetan" (Bogdanovich 2000, S. 577). Für die Detailaufnahmen der Duschsequenz in Hitchcocks Spielfilm „Psycho" wurde eine ganze Woche benötigt: „Das Messer auf der Leinwand hat den Körper nicht ein einziges Mal berührt. Wir vermittelten den Eindruck, daß dies geschieht, aber es ist tatsächlich nicht der Fall. Der Effekt wird durch die Montage erzielt, wissen Sie. Auch wird kein einziger Teil des weiblichen Körpers gezeigt, der vielleicht tabu gewesen wäre. Die Illusion der Nacktheit wird ebenfalls mit Hilfe der Montage bewerkstelligt. Wir haben siebzig verschiedene Aufbauten in 45 Sekunden untergebracht" (Bogdanovich 2000, S. 578). Obwohl niemand eine derartige Szene je real erlebt hat, verstehen die Zuschauer durch das Zeigen von Details, die an sich neutral sein könnten (entblößte Schulter, ein Messer, dunkelgefärbtes Wasser) den ablaufenden Vorgang (vgl. Beller 1999, S. 56). Hitchcock war sich darüber bewusst, dass die emotionale Beeinflussung beim Film im Unterbewusstsein der

Zuschauer erfolgt. Ihm gelang es meisterhaft, die gezielte Auswahl einer bestimmten Einstellungsgröße oder das Setzen eines Schnitts an einer bestimmten Stelle nicht bewusst werden zu lassen.

### 6.4.1   Fiktiver filmischer Raum

Der Russe Lew Kuleschow (1899-1970) arbeitete in den Jahren 1918 und 1919 als Kameramann bei der Roten Armee. Er lehrte ab dem Jahr 1920 an der Moskauer Filmhochschule, die erst ein Jahr zuvor als die erste Filmhochschule der Welt gegründet worden war. Dort führte er die ersten systematischen Versuche zur Thematik „Montage" durch. So verknüpfte er in einer fortlaufenden filmischen Handlung vier verschiedene, räumlich getrennte Punkte Moskaus mit einer Aufnahme des Weißen Hauses in Washington. Durch geschickte Montage gelang ihm die Herstellung eines fiktiven „filmischen Raums". Kuleschow nannte diesen Vorgang „schöpferische Geographie".

### 6.4.2   Macht der Montage

In einem anderen Experiment erzeugte er aus Großaufnahmen verschiedener Körperteile unterschiedlicher Frauen die „ideale Frau".

Beim bekanntesten Kuleschow-Experiment wurde die Großaufnahme des Gesichts eines Schauspielers in drei verschiedene Filme montiert. Im ersten dieser Filme war die Großaufnahme zusammen mit der Aufnahme eines Tellers Suppe (siehe Abbildung 6-15A), im zweiten Film zusammen mit der Aufnahme eines toten Mannes (siehe Abbildung 6-15B) und im dritten Film zusammen mit der Aufnahme einer lasziven Frau (siehe Abbildung 6-15C) zu sehen. Obwohl der Schauspieler einen bewusst ausdruckslosen Blick gezeigt hatte, glaubten die jeweiligen Filmzuschauer auf dem Gesicht des Schauspielers im ersten Film Hunger, im zweiten Film Trauer und im dritten Film sexuelle Begierde erkannt zu haben. Dieses Kuleschow-Experiment legte offen, dass die Deutung einer einzelnen Einstellung vom jeweiligen filmischen Kontext abhängt. Das Resultat dieses Montageexperiments ging unter dem Begriff „Kuleschow-Effekt" in die Filmgeschichte ein, denn kein anderes Filmexperiment konnte die Macht der Montage so verdeutlichen wie dieses.

Ein diesbezüglich interessantes Montagebeispiel aus dem Jahr 1981 stellt der Spielfilm „Tote tragen keine Karos" (Regie: Carl Reiner) dar, der im Stil des „film noir" produziert wurde. Er enthält zahlreiche Originalsequenzen aus Spielfilmen der vierziger Jahre des 20. Jahrhunderts, die perfekt mit den neu gedrehten Einstellungen verschmelzen.

Andere Experimente, wie z. B. die von Gregory im Jahr 1961, wiesen nach, dass eine Änderung der Einstellungsreihenfolge sowohl die

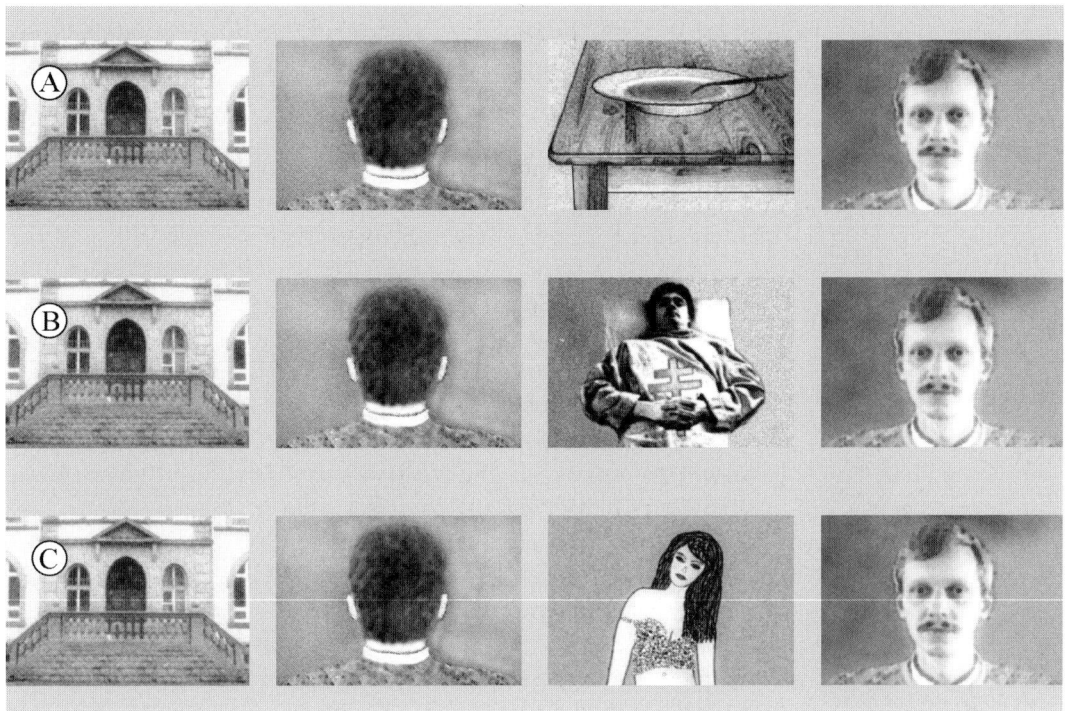

Deutung der einzelnen Einstellungen als auch die der Gesamtsequenz verändern kann (vgl. Beller 1999, S. 178 ff.).

**Abbildung 6-15:** Kuleschow-Effekt

Aufgrund der Experimente seines Kollegen Kuleschow und aus eigener Erfahrung erkannte auch Pudowkin, dass die Aneinanderreihung bestimmter Einstellungen eine filmische Aussage ergeben kann, die in den einzelnen Einstellungen nicht zu finden ist. Er kam zu dem Ergebnis, dass der Prozess der Filmmontage mehr sei als nur die Methode, eine Geschichte kontinuierlich zu erzählen. Während Griffith Totalen benutzte und diese, um die Dramatik zu erhöhen, mit Naheinstellungen einzelner Details unterschnitt, behauptete Pudowkin in seiner „Theorie der konstruktiven Montage", dass ein überzeugenderer Erzählablauf auf andere Weise zu erreichen sei. Er beharrte darauf, dass sich eine entsprechende Sequenz ausschließlich aus charakteristischen Details zusammensetzen müsse. Filmkunst war für Pudowkin demnach die Kunst der Assemblage, also die Kunst der konstruktiven Zusammenfügung separater Aufnahmen.

Die in den Pudowkin-Spielfilmen gezeigten Handlungen sind, gemessen an dem, was passiert, stets einfacher als die Handlungen, die in den Griffith-Spielfilmen zu sehen sind. Pudowkin benötigte mehr Zeit, um auf der Leinwand den tieferen Sinn der gezeigten Handlungen darzulegen. Eine für Pudowkin typische Erzählfolge ist im Spielfilm „Die Mutter" (1926) zu sehen, als der Sohn gerade aus dem Gefängnis entlassen werden soll. „Statt die Szene durch das Gesicht des Schauspielers zu verdeutlichen, verwendet Pudowkin eine ganze Montagesequenz, um eine emotionale Wirkung zu erzielen. Pudowkins Filme sind voll von Sequenzen, in denen die Verbindung zwischen den Einstellungen nur auf einer Idee oder einem Gefühl beruht" (Reisz 1988, S. 26).

### 6.4.3　Montage-Einheiten

Technisch betrachtet ist das einzelne Vollbild (engl. *frame*) die kleinste Montage-Einheit. Die von einer Kamera ohne Aufnahmeunterbrechung erzeugte kontinuierliche Folge von Vollbildern bildet die nächstgrößere technische Montage-Einheit, die „Einstellung" (engl. „*shot*" oder „*take*").

Während Méliès' Filme vor einem einzigen Hintergrund spielten und die Einheit von Zeit und Ort bewahrten, fertigte Edwin S. Porter (1870–1941), einer der ersten Kameraleute Edisons, im Jahr 1902 den Film „*The Life of an American Fireman*" an. Er schnitt dabei Dokumentaraufnahmen von Feuerwehrleuten im Einsatz mit im Studio gedrehten Aufnahmen zusammen. Es gelang ihm dabei als Erstem, ein räumlich und zeitlich kompliziertes Ereignis (Rettung von Mutter und Kind aus einem brennenden Gebäude) ohne Unterbrechung des Handlungsablaufs darzustellen. Ein Vorgang von beachtlicher zeitlicher Ausdehnung wurde von Porter ohne offensichtliche Unterbrechung des Erzählflusses auf die Länge einer Filmrolle verkürzt. Nur die wesentlichen Teile der Geschichte wurden von ihm ausgewählt und miteinander verbunden, um eine befriedigende, sich logisch entwickelnde filmische Kontinuität zu erreichen. Er bewies damit, dass eine einzelne Einstellung die dramaturgisch kleinste Einheit ist, aus der ein Film besteht. Durch sein Aneinanderreihen von Bruchteilen eines Vorgangs zu einem sinnvollen vollständigen Handlungsablauf hatte Porter das wesentliche Prinzip der Filmmontage gefunden.

„Schwerer tun sich die Theoretiker mit der Bezeichnung für die nächstgrößere Filmeinheit, die aus den montierten Einstellungen besteht. Hierfür gibt es die unterschiedlichsten Termini, die Szene, die Sequenz, das Syntagma oder das Segment, aus dem sich dann das Filmganze zusammensetzt. [...] Aus der Theatertradition ist die Szene durch die Einheit von Ort und Zeit definiert. Beim Film kann diese Einheit der Szene durch die Auflösung von Einstellungen innerhalb einer Sequenz aufgehoben werden. Beim Drehen ist man dabei nicht an die raumzeitliche Kontinuität gebunden, da man die einzelnen Einstellungen achronologisch und mit Unterbrechungen aufnehmen kann. Später muß die Szene eines Filmes innerhalb der montierten Sequenz wieder eine organische, formal und gedanklich sinnvolle Einheit ergeben. Daher ist die durch Montage zusammengesetzte Szene filmterminologisch eine Sequenz, wie auch der Begriff ‚séquence' im Französischen bzw. ‚sequence' im Angelsächsischen mit ‚Folge' (von Einstellungen) assoziiert ist" (Beller 1999, S. 10 f.). Die Sequenz ist die kleinste Einheit, die einen Spannungsverlauf steuert.

### 6.4.4   Montageformen

#### 6.4.4.1  Kontinuitätsmontage

„Der Begriff ‚continuity', mit der Bedeutung einer visuell ungebrochenen, filmisch kohärenten Erzählweise, tauchte in der Sprache der angelsächsischen Filmemacher etwa ab 1910 auf" (Beller 1999, S. 18). Mit dem Aufkommen des Tonfilms musste eine Kontinuitätsmontage auch für die Vermeidung von Tonsprüngen sorgen. Ähnliche Probleme entstanden bei der Einführung des Farbfilms, weil Farbsprünge zu vermeiden waren, die die Bildkontinuität gestört hätten.

Eine sorgfältig durchgeführte Kontinuitätsmontage sorgt immer für passende Bild- und Tonanschlüsse. Irritierende Schnittverbindungen werden strikt vermieden. Während die meisten Filmschaffenden seit Jahrzehnten die Regeln der Kontinuitätsmontage befolgen, werden sie zwar von den Zuschauern rezipiert, aber kaum jemals bewusst wahrgenommen, geschweige systematisch reflektiert.

Frames, die den Zuschauern nichts Neues vermitteln, werden als „tote" Filmzeit bezeichnet. Diese „tote" Filmzeit sollte möglichst konsequent schon während der Aufnahme vermieden werden. Weil dies in der Praxis nicht vollständig gelingt, sind aussagelose, langweilige und redundante Frames während des Schnitts zu entfernen.

#### 6.4.4.2  Diskontinuitätsmontage

Regisseure und Cutterinnen sehen sich genau wie die Zeichner von Comic-Strips zwei grundsätzlichen Problemen gegenüber, wenn bei der Montage Einstellungen aneinander zu reihen sind, die sich auf verschiedene Zeitpunkte und/oder verschiedene Orte beziehen. Sie müssen über die Schnitte hinweg zum einen die Identitäten der gezeigten Subjekte/Objekte erhalten, wenn diese Bestand haben sollen, und zum anderen sicherstellen, dass unterschiedliche Subjekte/Objekte auch als verschieden wahrgenommen werden.

Ist im letzten Frame einer vorausgehenden Einstellung ein Subjekt/Objekt an einer bestimmten Stelle innerhalb des Kaders zu sehen und erscheint im ersten Frame der nachfolgenden Einstellung genau an dieser Stelle ein anderes Subjekt/Objekt gleicher Größe, so hat eine überraschende, rätselhafte Verwandlung im Stile eines Méliès-Stopptricks stattgefunden (siehe Abbildung 6-16). Obwohl bei dieser Art des Übergangs von einem idealen weichen Schnitt gesprochen werden könnte, liegt eine Diskontinuität vor, weil die beiden Subjekte/Objekte in unerwünschter Weise miteinander korrespondieren. Da keine Sprünge in Raum und Zeit geschehen, sind derartige Subjekt/Objekt-Veränderungen, die in Sekundenbruchteilen ablaufen, für die Zuschauer verwirrend.

Gleiches gilt, wenn im letzten Frame einer vorausgehenden Einstellung ein Subjekt/Objekt an einer bestimmten Stelle innerhalb des Kaders zu sehen war und diese im ersten Frame der nachfolgenden Einstellung an anderer Stelle mit unverändertem Aussehen erscheint. Ein solcher Sprungschnitt (engl. *jump-cut*) ist aus der Sicht der Kontinuitätsmontage als ein fehlerhafter Schnitt (engl. *mis-match*) anzusehen, weil er die Zuschauer aus der filmisch kohärenten Filmwahrnehmung herausreißt.

Sprungschnitte können nicht nur durch die im Vordergrund platzierten, sondern auch durch die im Hintergrund angeordneten Subjekte/Objekte entstehen. Befindet sich beispielsweise in einer ersten Einstellung eine im Hintergrund platzierte Sache rechts von einer im Vordergrund stehenden Person und wird dann die Kamera für die folgende Einstellung halblinks positioniert, so ist in der zweiten Einstellung die im Hintergrund platzierte Sache auf der linken Seite der Person zu sehen. Bei der Betrachtung der beiden Einstellungen zeigt sich ein „Springen" des Hintergrundobjekts. Beim Wechsel der Aufnahmeblickwinkel ist deshalb im Sinne einer Kontinuitätsmontage darauf zu achten, dass die Kameraposition innerhalb des 180-Grad-Kameraarbeitsbereichs so stark verändert wird, dass ein irritationsfreies Kader entsteht (vgl. Reisz 1988, S. 151).

War das holprige „Springen" innerhalb einer Sequenz in den Anfangszeiten des Films das Resultat von gezielt eingesetzten Effekten oder ungenügender Erfahrung, wurde dies später immer wieder als Zäsur zwischen zwei Sequenzen gewollt gesucht. Laut Eisenstein ist eine wirkungsvolle Filmerzählung durch eine Reihe von Schocks voranzutreiben. Seiner Meinung nach hat jeder Schnitt die Aufgabe, den Widerspruch zwischen zwei Einstellungen zu erhöhen und diese nicht zu einer flüssigen Sequenz zusammenzufügen. Eisensteins Methode, die er „intellektuelle Montage" nannte, zeichnete sich durch eine permanente Vieldeutigkeit aus. Diese intellektuelle Montage verlangte „ein Maß an Aufmerksamkeit und Analyse, das die meisten Filmzuschauer überfordert" (Reisz 1988, S. 34). Eisenstein vertrat die Ansicht, dass die intellektuelle Montage den gesamten gedanklichen Prozess lenken könne,

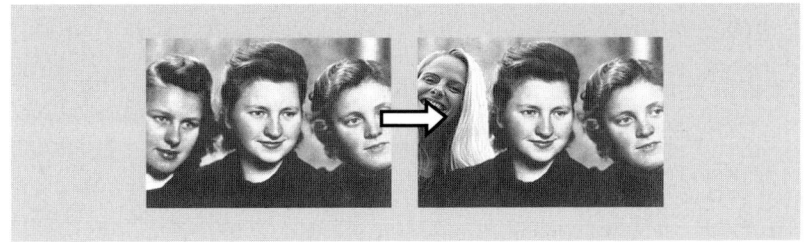

**Abbildung 6-16:**
Diskontinuität aufgrund
eines Méliès-Stopptricks

während der konventionelle Film die Gefühle des Zuschauers steuere. „Eisenstein brach mit den Montagemethoden des Erzählkinos seiner Vorgänger. Sein Ziel war, die Möglichkeiten des Mediums Film über die Grenzen des einfachen Geschichtenerzählens hinaus zu erweitern" (Reisz 1988, S. 31). Am Beispiel des Eisenstein-Spielfilms „Oktober" (1927) lässt sich zeigen, dass Eisenstein kein Interesse am einfachen Mechanismus des Geschichtenerzählens hatte. Selbst die einfachste Regel des Spielfilms, die Illusion einer Geschichte durch sich logisch entwickelnde Sequenzen zu schaffen, wurde beim Schnitt dieses Films mehrfach missachtet.

Ähnlich wie Eisenstein sahen vor allem die französischen Filmregisseure der „*nouvelle vague*", insbesondere Godard, die Montage nicht primär durch die Logik von Raum und Zeit, sondern durch die Logik der Gedankengänge bestimmt. Die Montage war für sie ein strukturierendes, eingreifendes Moment des Erzählens und Darstellens. Sie setzten mit sichtbar gemachten Schnitten bewusst solche Montageformen ein, die im Hollywood-Kino als Regelverstöße galten.

Auch die Bildfolgen von Musikvideoclips besitzen relativ häufig eine schwache Bildkohärenz (lat. *cohaerentia* = das Zusammenhängen). Sie werden „eher als Illustrationen zur gehörten Musik wahrgenommen und weniger als narrativ organisierte Szenen einer Filmhandlung" (Kirschenmann 1998, S. 141). Eine Diskontinuitätsmontage ist deshalb innerhalb der durch MTV geprägten Videoclip-Ästhetik eher die Regel als die Ausnahme.

### 6.4.4.3 Alternierende Montage

Die Montageform des Kreuzschnitts (engl. *cross-cutting*) ist die abstrahierte Grundstruktur eines kreuzweisen Hin- und Herschneidens und kann mit der Einstellungsfolge $A_1/B_1/A_2/B_2 \dots A_n/B_n$ beschrieben werden. In solchen Einstellungsfolgen werden Vorgänge gezeigt, die sich zwar zeitgleich ereignen, die aber räumlich voneinander getrennt sind. Diese Montageform wurde in Porters Film „*The Great Train Robbery*" aus dem Jahr 1903 erstmals eingesetzt. Der Kreuzschnitt wurde wenige Jahre später von Griffith vervollkommnet (Filmbeispiele: „*The Lonely Villa*" [1909] und

„*The Londale Operator*" [1911]). Griffith wandte das dramaturgische Prinzip „Rettung in letzter Minute" auch in späteren Spielfilmen immer wieder an, indem er die beiden Haupthandlungsstränge erst während des Filmhöhepunktes zusammenführte.

„Doch mit dieser chronologischen und simultanen Erzählweise ist das cross-cutting-Muster nicht erschöpft. Parallelmontage wird das alternierende Schneiden zwischen vergleichbaren Ereignissen genannt, die nicht simultan und nicht chronologisch sein müssen. Technisch gesehen liegt zwar auch hier cross-cutting vor, aufgrund ihrer Bedeutung wird die Parallelmontage jedoch oft nicht als Untergattung des cross-cutting, sondern als eigenes Montagemuster gesehen. Bei Griffith' Film A Corner  in Wheat (1909) rückt er die Ursache für die Armut der Leute in einem Bäckerladen, den Luxus des reichen Weizenkönigs durch cross-cutting ins Bild. Dabei stehen der Kontrast und die Symbolik im Vordergrund, Simultaneität und Chronologie dagegen sind nicht zwingend durch die Handlung miteinander verbunden" (Beller 1999, S. 23).

### 6.4.4.4  Schachtelmontage

Bei der Schachtelmontage (engl. *involuted montage*) ist die Filmerzählung nicht chronologisch, sondern verschachtelt angelegt. Dabei liegt häufig die Rahmenhandlung auf der ersten und die Haupthandlung auf der zweiten Zeitebene. In den meisten Fällen ist die Haupthandlung als Rückblende gegenüber der Rahmenhandlung angelegt. Ein solches Spielfilmbeispiel ist „Die Stunde des Siegers" (Regie: Hugh Hudson, 1981).

Es sind auch mehrere Rahmungen und Zeitebenen möglich. Der Spielfilm „*Rashomon*" (Regie: Akira Kurosawa, 1950) besitzt beispielsweise doppelte Schachtelung auf drei Zeitebenen.

### 6.4.4.5  Anpassungsschnitt

Der Anpassungsschnitt (engl. *match-cut*) ist eine Sonderform der kontinuierlichen Bewegungsmontage. Dabei bewegt sich ein Subjekt/Objekt kontinuierlich über einen Schnitt hinweg, „während hinsichtlich der Räume und damit auch der Zeit große ‚Sprünge' stattfinden" (Beller 1999, S. 26). Die Kontinuität wird durch gleichartige Bewegungsrichtung und -geschwindigkeit erzeugt.

Der wohl anspruchsvollste Anpassungsschnitt der Filmgeschichte ist im Spielfilm „2001 – Odyssee im Weltraum" (Regie: Stanley Kubrick, 1968) zu finden. Die Sequenz, in der der vom Primaten in die Luft geworfene Schenkelknochen in der Abwärtsbewegung in das formgleiche Raumschiff übergeht, verbindet nicht nur die menschliche Prähistorie mit dem 21. Jahrhundert, sondern gibt dem Gezeigten gleichzeitig eine besondere Bedeutung dadurch, dass die Funktion von Knochen wie auch Raumstation als menschliches Werkzeug betont wird (vgl. Monaco 2000, S. 221 f.). Mit einem Anpassungsschnitt endet auch Hitchcocks Spielfilm „Der unsichtbare Dritte" (1959). In der letzten Sequenz zieht Roger Thornhill am Mount Rushmore die dort über dem Abgrund baumelnde Eve Kendall aus einer lebensgefährlichen Situation in den oberen Teil eines Schlafwagen-Coupés.

### 6.4.4.6 Um- und Zwischenschnitt

Beim Umschnitt (engl. *cutaway*) erfolgt ein Wechsel auf eine Einstellung, die nicht zum inneren Kontext einer Szene gehört. Der bisherige filmische Raum wird erweitert, um die Ursache für den Blick einer handelnden Person oder für ein Geräusch, das vorher im Off zu hören war, zu verdeutlichen.

Ein Zwischenschnitt, der eine Zeitungsüberschrift, einen Brief, eine Landkarte o. Ä. im Bild zeigt, wird als „Insert" bezeichnet. Diese Form des Zwischenschnitts bringt die Zuschauer genau wie ein Umschnitt auf den Kenntnisstand der gezeigten Personen.

Das Dazwischen- oder Unterschneiden mit einer eigentlich überflüssigen Einstellung hat als Zwischenschnitt die Funktion, eine Filmhandlung ‚als-ob-kontinuierlich' zu zeigen (engl. *continuity-shot*). Auf diese Weise gelingt es häufig, einen Achsensprung oder fehlende Anschlussaufnahmen als Folge von Aufnahmepausen, Auslassungen bzw. ungewollten Veränderungen am Drehort zu kaschieren.

Soll im EB-Bereich verdeutlicht werden, dass an einer bestimmten Stelle ein Zeitsprung stattgefunden hat, erfolgt ein Weiß-Zwischenschnitt (siehe Abbildung 6-17). Dies ist z. B. der Fall, wenn vorliegendes Interviewmaterial durch Herausschneiden gekürzt wurde. Die weiße Bildfläche blitzt dabei kurz auf, weil sie nur über eine Dauer von ca. drei Frames zu sehen ist (engl. *white flash frames*).

### 6.4.5 Bildübergänge

### 6.4.5.1 Harte Schnitte

Häufig ist ein „harter" Schnitt (engl. *cut*) die einfachste und effektivste Art, um zwei Einstellungen miteinander zu verbinden. „Eine Überladung mit unterschiedlichen Blenden- oder Effekttypen lenkt die Aufmerksamkeit vom Inhalt zur Form und kann für die Aussage des Films bzw. die Wahrnehmung durch die Zuschauer kontraproduktiv sein" (Braun 2002, S. 105). Beim harten Schnitt schließt sich an den letzten Frame einer Einstellung der erste Frame der nächsten Einstellung ohne

**Abbildung 6-17:**
Weiß-Zwischenschnitt

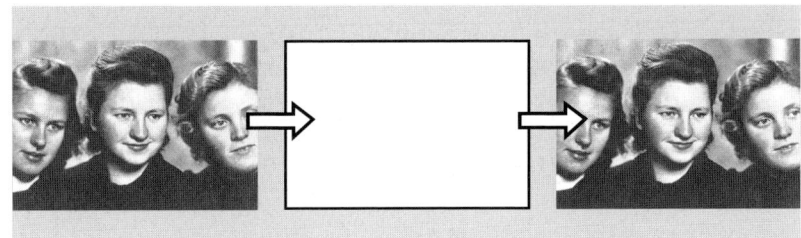

irgendwelche Übergangseffekte an (siehe Abbildung 6-18). Ein solcher Schnitt wird nur dann als hart bezeichnet, wenn das letzte Frame einer vorausgehenden Einstellung mit dem ersten Frame der folgenden Einstellung im Bildinhalt und -aufbau nichts gemeinsam hat, wenn deren Blickzentren andere Bildpositionen einnehmen und beim Vergleich der Bilder gar nichts zueinander zu passen scheint. Solche Einstellungen werden zwar von den Zuschauern als hart aneinander stoßend empfunden, aber von ihnen ohne jede Irritation verarbeitet.

Auch wenn harte Schnitte den Zuschauern kaum bewusst werden, wurden im Laufe der Filmgeschichte große Anstrengungen unternommen, um harte Schnitte abzumildern bzw. quasi „unsichtbar" zu machen. Die Anfänge dieser Entwicklung finden sich in deutschen Spielfilmen der zwanziger Jahre des 20. Jahrhunderts.

### 6.4.5.2 Weiche Schnitte

Im Gegensatz zu den Griffith-Spielfilmen waren in Murnaus Spielfilm „Der letzte Mann" (1924) flüssig ineinander übergehende Bildfolgen zu sehen, die durch fließende Kamerabewegungen während der Aufnahme möglich wurden.

**Georg Wilhelm Pabst:**
österreichischer
Filmregisseur
* 27.8.1885 in Raudnitz
† 29.5.1967 in Wien

Pabst ließ Ende der zwanziger Jahre des 20. Jahrhunderts, z. B. in seinem Spielfilm „Tagebuch einer Verlorenen" (1929), Schnitte in die Bewegungen von Personen legen, um die Schnitte dadurch „weich" zu machen. „Diese Art, die Bilder miteinander zu verbinden, suggeriert ein Gefühl, als würden die Ereignisse ineinander übergehen und ständig aufeinander einwirken" (Toeplitz 1975, S. 436). Schnitte in der Bewegung von Subjekten/Objekten werden von den Zuschauern als organisch aufgefasst und daher übersehen. Eine Person/Sache, die sich z. B. nach rechts aus dem Kader bewegt, kann schon im letzten Frame vor dem Schnitt durch den rechten Bildrand angeschnitten sein. Im ersten Frame nach dem Schnitt kann beispielsweise eine sich von links in das Kader hineinbewegende Person/Sache durch den linken Bildrand angeschnitten sein. Dadurch wirken der Schnitt weicher und die Handlung flüssiger.

Soll in die Bewegung einer Person/Sache, die sich nicht am Bildrand befindet, hineingeschnitten werden, so ist eine imaginäre vertikale Linie

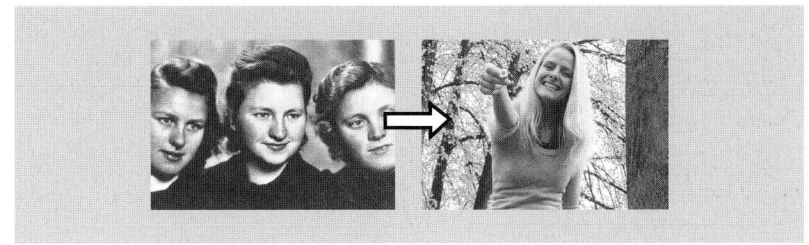

**Abbildung 6-18:**
Harter Schnitt

im Bild festzulegen, an der das Kader im letzten Frame vor dem Schnitt von der Person/Sache verlassen und im ersten Frame nach dem Schnitt in einer neuen veränderten Einstellungsgröße wieder betreten wird. Auf diese Weise wird die fließende Bewegung fortgesetzt.

Wird bei einem Einstellungsgrößenwechsel die optische Achse beibehalten, so müssen sich die beiden aufeinanderfolgenden Einstellungsgrößen deutlich voneinander unterscheiden. Ein weiches „Ranspringen" erfolgt z. B. beim Wechsel aus einer Totale in eine Naheinstellung.

Als die erforderlichen Schnitt-Technologien (z. B. Filmschneidetische) zur Verfügung standen, wurde ab den dreißiger Jahren des 20. Jahrhunderts auch in Hollywood „weich" geschnitten (vgl. Beller 1999, S. 19). Nachdem sich dort die Regeln des „unsichtbaren Schnitts" herausgebildet hatten, wurden weiche Schnitte zu einem Markenzeichen des „*classical Hollywood*": Eine Sequenz konnte dank logischer sowie räumlich und zeitlich glatter Übergänge ohne spürbare Brüche als Einheit wahrgenommen werden, obwohl sie aus vielen separaten Einstellungen bestand. Um „harte" Schnitte montagetechnisch abzumildern, stehen mehrere Möglichkeiten offen:

a) Nutzung von Übergangseffekten
Übergangseffekte (engl. *transition effects*) können Überblendungen, Wischblenden oder digitale Videoeffekte (DVE) sein. Ein Übergangseffekt kann an der Schnittstelle zwischen zwei Segmenten, die sich auf derselben Videospur und Videoebene befinden, erstellt werden. Beispielsweise ist bei „Adobe Premiere®" der Effekt „Weiche Blende" als Standard-Übergangseffekt voreingestellt, weil er relativ häufig Verwendung findet. Viele der Überblendungsvarianten von „Adobe Premiere®" entsprechen weitgehend den Blendenmustern, die ein Video-Switcher in einem linearen Videoschnittsystem erzeugen kann.

Um einen Übergangseffekt realisieren zu können, müssen aneinander gefügte Segmente vor und nach der Übergangsstelle genügend Originalbildmaterial (so genanntes „Blendenfleisch") enthalten.

Sowohl Übergangs- als auch Bewegungseffekte sind bei nonlinearen Videoschnittsystemen wie „Avid Xpress DV®" oder „Adobe Premiere®" meist nicht echtzeitfähig und müssen deshalb vor der Wiedergabe in einer PAL-Wiedergabegeschwindigkeit von 25 Frames/Sekunde gerendert (engl. *to render* = wiedergeben, vortragen), also Frame für Frame durch die Software neu berechnet werden. Ob die notwendigen Berechnungen für eine Effektvorschau in Echtzeit erfolgen können oder nicht, hängt von der Komplexität der Effekte in der Sequenz und von Videoschnittsystemfaktoren wie der Prozessorleistung, Taktfrequenz und dem verfügbaren Arbeitsspeicher ab. „Avid Xpress DV®" berechnet beim Rendern eines Effekts die Änderungen für jeden Frame innerhalb des Effekts und speichert das Ergebnis in einer eigenen Datei. Wenn eine Sequenz, die Effekte enthält, auf DV-Band ausgegeben werden soll, müssen die meisten der vorhandenen Effekte gerendert sein. Im Gegensatz dazu können echtzeitfähige Videoschnittsysteme mindestens zwei Videoströme gleichzeitig verarbeiten und ermöglichen damit z. B. Überblendungen ohne vorhergehendes Rendering.

Bei einer Überblendung (engl. *dissolve*) wird eine Einstellung nach und nach ausgeblendet, während die nächste Einstellung langsam eingeblendet wird (siehe Abbildung 6-19A). Durch diese Einstellungsübergangsmethode wird ein weicher Einstellungswechsel erzeugt. Bei der Überblendung muss stets eine Blendendauer festgelegt werden. Als ein Beispiel für den Einsatz von Überblendungen kann das Dokudrama „Die Manns - Ein Jahrhundertroman" angeführt werden, in dem mehrfach von Aufnahmen der Schauspieler auf Aufnahmen alter Originalfotografien der Mann-Familie überblendet wird. Die jeweiligen überblendeten Einstellungen ähneln sich in ihrem Bildaufbau, sodass dadurch die Weichheit des Einstellungswechsels verstärkt wird.

Bei einer Abblende (engl. *fade* bzw. *fade out*) ins Schwarze wird die zunächst voll sichtbare Einstellung so lange immer mehr verdunkelt, bis außer einem Schwarzbild nichts mehr zu sehen ist. Bei einer Aufblende (engl. *fade in*) aus dem Schwarzen wird das zunächst sichtbare Schwarzbild nach und nach durch die eigentlich zu zeigende Einstellung ersetzt. Sowohl eine Abblende ins Schwarze als auch eine Aufblende aus dem Schwarzen werden als Schwarzblende bezeichnet.

Während eine Überblendung zwei Einstellungen miteinander verbindet, trennt das Ab- und Aufblenden zwei Einstellungen voneinander. Mit Ab- und Aufblenden wird verdeutlicht, dass das Raum-Zeit-Kontinuum unterbrochen wurde. Ab- und Aufblenden können in jede und aus jeder Farbe erfolgen (engl. *fade to color* bzw. *fade from color*), auch ins Weiße und aus dem Weißen. In diesem Fall wird eine solche Ab- oder Aufblende als Weißblende bezeichnet. Auch die Kombination einer Abblende mit einer direkt anschließenden Aufblende (engl. *dip to color blend*) steht als Überblendungsvariante zur Verfügung.

Als Trickblenden können unterschiedliche Arten von Wischblenden (z. B. Kante, Rechteck, Sägezahn, Matrix, Form; siehe Abbildung 6-19B),

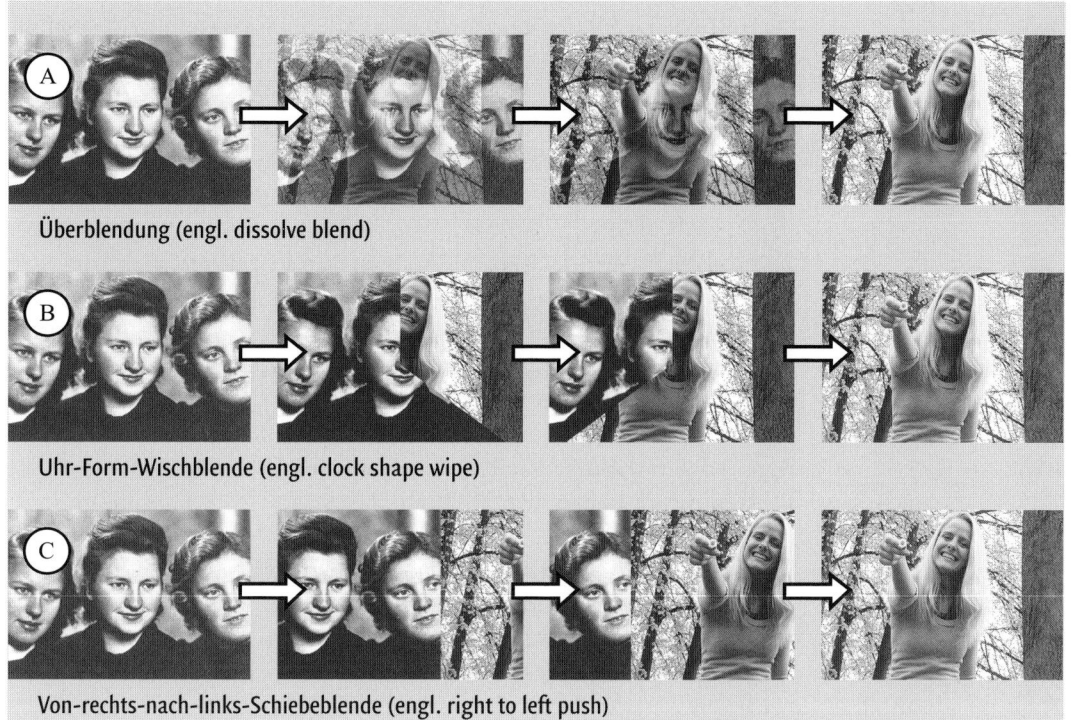

Überblendung (engl. dissolve blend)

Uhr-Form-Wischblende (engl. clock shape wipe)

Von-rechts-nach-links-Schiebeblende (engl. right to left push)

Irisblenden (z. B. kreis- oder pluszeichenförmig), Schiebeblenden (z. B. Band, Kästchen; siehe Abbildung 6-19C) oder Diagonalblenden (z. B. Seite aufrollen, Seite umblättern) genannt werden. Als Parameter für Trickblenden sind neben deren Dauer auch Muster und die Eigenschaften der Kante (Farbton, Sättigung, Luminanz, Breite, Softness) sowie deren Transparenz festzulegen. Trickblenden waren im Kinofilm der dreißiger und vierziger Jahren des 20. Jahrhunderts besonders beliebt, werden aber in der heutigen Zeit von professionellen Cutterinnen im EB-Bereich nur selten eingesetzt. In der „Tagesschau" kommen z. B. hin und wieder Schiebeblenden im Einsatz. Videofilm-Amateure lassen sich dagegen leider beim Schneiden ihrer Videofilme viel zu häufig durch die hohe Zahl der in den Videoschnittprogrammen angebotenen Trickblenden zu deren Einsatz verleiten.

**Abbildung 6-19:**
Effektblenden

Als digitale Videoeffekte (DVE) werden Einzelebenen-Segmenteffekte und Mehrebenen-Segmenteffekte verstanden. Ein Einzelebenen-Segmenteffekt wird auf ein Segment einer einzelnen Videospur angewendet. Einzelebenen-Segmenteffekt sind bei „Avid Xpress DV®" z. B. Ausmaskierung (Effekt „Mask"), Bildverschiebung und -skalierung (Effekt „Resize"), Bildspiegelung (Effekte „Flip" und „Flop") oder Bildrotation (Effekt „Flip-Flop").

Erkennt beispielsweise eine Cutterin beim zu bearbeitenden Videofilm-material einen Achsensprung, so kann dieser Fehler unter bestimmten Umständen durch eine Spiegelung des Bildmaterials behoben werden. Eine Voraussetzung für diesen Bildtrick ist, dass keine Schriftzüge im Bild zu erkennen sind. Außerdem dürfen keine Protagonisten gespiegelt werden, die die Zuschauer in anderen Einstellungen ungespiegelt sehen. Es würde sofort auffallen, wenn sich beispielsweise ein Rechtshänder durch Anwendung des Flop-Effekts zum Linkshänder wandelt.

Effekte mit mehreren Ebenen bestehen aus mindestens zwei vertikal in der Timeline erstellten Videoebenen, die simultan mit den auf den Videospuren angewendeten Effekten abgespielt werden. So kann bei-spielsweise mit Hilfe eines Bild-im-Bild-Effekts (engl. *picture-in-picture*) nicht nur die Einblendung eines zweiten verkleinerten Bildes (siehe Abbildung 6-20) erfolgen, sondern im Bedarfsfall auch eine partielle Bildkorrektur durchgeführt werden.

Beim Überlagerungseffekt (engl. *superimpose*) werden eine bestimmte Zeit lang Frames aus der oberen Videospur, wo der Effekt wirksam ist, mit Frames aus der unteren Videospur überlagert. Dabei wird der Grad der Transparenz eines Segments durch dessen Deckkraft (Opazität) bestimmt. Segmente mit einer Deckkraft von 0 Prozent sind vollständig transparent, sodass das Segment der unteren Videospur durchscheinen kann. Segmente mit einer Deckkraft von 100 Prozent besitzen überhaupt keine Transparenz.

b) Nutzung gemeinsamer Blickzentren

Um „weiche" Schnitte zu erzeugen, suchen Cutterinnen nach Blickzen-tren in den einzelnen Einstellungen. Solche Blickzentren können zwar auch zufällig entstehen, sollten aber eigentlich durch bewusste Bild-komposition bei der Aufnahme erzeugt worden sein. Wenn Blickzentren existieren und sie von der bearbeitenden Cutterin gefunden wurden, muss für die Erzeugung eines weichen Übergangs durch eine geschickte Schnittplatzierung die Bildposition des Blickzentrums des letzten Frames einer vorangehenden Einstellung mit der Bildposition des Blickzentrums des ersten Frames der nachfolgenden Einstellung zur Deckung gebracht werden. Eine solche Montagepraxis ist z. B. in der ersten Sequenz des Spielfilms „Citizen Kane" (Regie: Orson Welles, 1941) zu finden, wo in auf-einander folgenden Einstellungen des Schlosses Xanadu das leuchtende Turmfenster als Blickzentrum dient.

Ist in einer Einstellung ein Blickzentrum nicht bzw. nicht eindeutig ermittelbar, so liegt ein diffuses Kader vor. Übergänge zwischen einer Einstellung mit Blickzentrum und einem diffusen Kader bzw. zwischen zwei diffusen Kadern sind in der Regel weiche Schnitte (vgl. Beller 1999, S. 226 ff.).

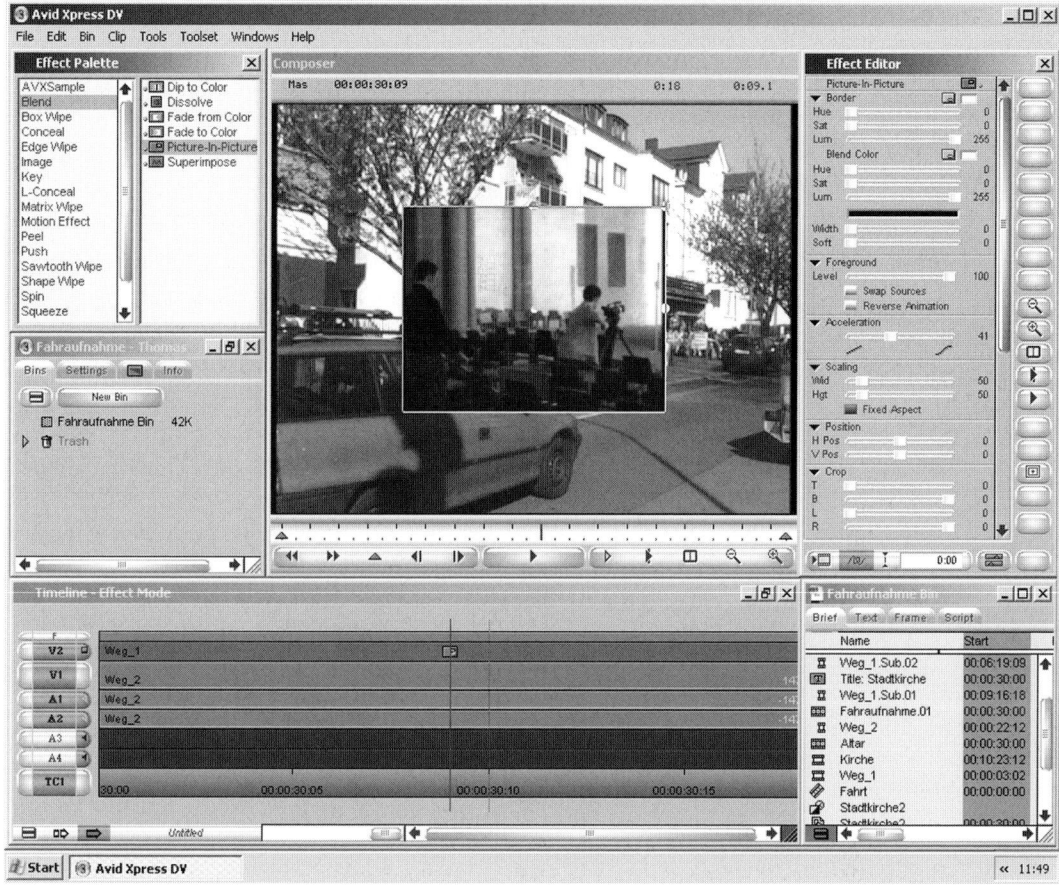

### 6.4.6 Schnittrhythmus

Ein weicher Schnittrhythmus basiert auf lang andauernden Einstellungen, die pro Filmminute nur wenige Schnitte erforderlich machen. Dagegen zeichnet sich ein harter Schnittrhythmus durch kurze Einstellungen aus, sodass sich pro Filmminute eine hohe Schnittzahl ergibt.

Richard Lesters Musikfilme „A Hard Day's Night" (1964), „Help!" (1965) und „A Funny Thing Happened on the Way to the Forum" (1966) machten schnelle und „ungrammatische" Schnitte populär. „Mit der Zeit wurde sein zerstückelnder Schnittstil zu einer Norm, heutzutage weltweit jeden Abend in Hunderten von Musik-Videos auf MTV zelebriert. Weil diese Video-Bildwelt mittlerweile unser Leben im Griff hat, ist es nur schwer zu begreifen, wie frisch und innovativ diese Techniken in den sechziger Jahren erschienen" (Monaco 2000, S. 220).

Das stetige Verkürzen der Einstellungslängen aufeinander folgender Einstellungen vermittelt einen Eindruck von Handlungsbeschleunigung

**Abbildung 6-20:**
Videoeffekt-Fenster

und Dynamik. Folge davon ist ein Anstieg der Spannung. Schon Griffith machte sich bei seinen berühmten filmischen Verfolgungsjagden die Wirkung eines sich ändernden Schnittrhythmus zunutze. Die Schnittfrequenz nahm bei diesen Sequenzen bis zum Handlungshöhepunkt stetig zu. Diese also schon vor Jahrzehnten praktizierte Schnittmethode lässt aber nicht die generelle Folgerung zu, dass nur eine Unzahl von kurzen Einzeleinstellungen das Tempo steigern kann. „Die Kunst ist vielmehr, mit einem Mindestmaß an Schnitten und Einstellungen zu Tempo und Intensität zu kommen" (Anfang 1994, S. 14).

Wird eine fortlaufend schnelle Handlung gewünscht, ist es oft besser, diesen Eindruck durch eine Variation des Tempos als durch eine hohe Schnittzahl zu erreichen. Werden schnelle Passagen gezielt von langsameren abgelöst, erzeugt gerade dieser Wechsel ein Gefühl von Tempo. Die wiederkehrende, kontinuierliche Beschleunigung des Tempos erzeugt im Vergleich zu einem konstanten maximalen Tempo einen stärkeren Eindruck von Aktivität.

### 6.4.7    Optimale Einstellungslängen

Es liegt am Geschick der Cutterin, durch „rhetorische Ellipsen, Raffungen und notwendige Kürzungen der Handlung, dem Film den notwendigen drive zu geben. Langeweile und Redundanz, aber auch Hektik und Kurzatmigkeit eines Films hängen davon ab" (Beller 1999, S. 83).

Cutterinnen können sich bei der Entscheidung über die beste Einstellungslänge auf ihr Gefühl verlassen. „Allerdings unterliegen sie einer Gefahr: Die intuitive Entscheidung kann nur beim allerersten Ansehen der Bilder auf dem Schneidetisch funktionieren" (Kramarek 1986, S. 86). Weil jede Montage ein sehr häufiges Betrachten der vorliegenden Aufnahmen nötig macht, benötigen Cutterinnen aufgrund der Kenntnis des vorliegenden Bildmaterials im Gegensatz zu den Zuschauern keine Orientierungs- und Begriffsbildungsphasen mehr. Infolge dessen können einzelne Einstellungen beim Schnitt zu kurz geraten.

Hitchcock ließ im Spielfilm „Cocktail für eine Leiche" (1948) minutenlange schnittfreie Einstellungen aufnehmen. Dieses von Hitchcock nicht mehr wiederholte Experiment hatte einen stockenden Handlungsverlauf zur Folge, sodass der Meister des *Suspense* in diesem Spielfilm kaum dramatische Spannung aufbauen konnte. „Cocktail für eine Leiche" zeigt als Negativbeispiel, wie Effekte infolge des Verzichts auf Schnitte durch überlange Einstellungen und schlechtes Timing verpuffen (vgl. Reisz 1988, S. 157 ff.).

### 6.4.8 Filmzeit und Realzeit

#### 6.4.8.1 Zeitsprung

Die Kontinuität im Schnitt darf nicht mit dem zeitlichen Kontinuum des gezeigten Geschehens verwechselt werden, denn aus dramaturgischen Gründen können Rückblenden, also das Zeigen zurückliegender Ereignisse, sinnvoll sein. Schon Griffith setzte in seinen Spielfilmen, wie z. B. „Zwei Waisen im Sturm" (1922), Rückblenden ein. Er hatte erkannt, dass die Handlungsmotive einer Person deutlicher werden, wenn die Zuschauer Gedanken oder Erinnerungen dieser Person gezeigt bekommen.

Im Spielfilm „*Citizen Kane*" (Regie: Orson Welles, 1941) wird die Kane'sche Lebensgeschichte episodenhaft aus der Sicht von verschiedenen Personen in Form von Rückblenden erzählt. Wird das zeitliche Kontinuum der Handlung zerrissen, darf dieser Zeitsprung bei den Zuschauern keine Verwirrung stiften.

Dass es sich bei einer Einstellung um eine aus der Erinnerung oder aus der Erzählung einer Person erwachsene Rückblende handelt, kann auf vielfältige Weise verdeutlicht werden. Diesbezüglich praktizierte Methoden sind beispielsweise Gedankenversunkenheit ausdrückende Mimik von Personen in Großaufnahme, sprachliche Äußerungen vor dem Zeitsprung durch die Protagonisten oder in Form eines Off-Kommentars, auffällige Abblenden bzw. Unschärfe-Effekte, markante Wechsel der Kostüme und Frisuren oder der Wechsel von Farbbildern auf Schwarz-Weiß-Bilder. Filmische Zeitsprünge über mehrere Jahre können auch mit der Angabe eines Ortes und einer Jahreszahl, wie beispielsweise im Spielfilm „Die Stunde des Siegers" (Regie: Hugh Hudson, 1981), oder eines Textes wie z. B. „20 Jahre später" als Untertitel verdeutlicht werden.

#### 6.4.8.2 Zeitraffung

Zeitraffung geschieht filmisch vor allem durch plausible Auslassung der für das Verständnis der Handlung unwichtigen Aktionen bzw. Zeiträume (Ellipsen). Durch Zeitraffung entsteht eine mehr oder weniger große Abweichung zwischen Filmzeit (erzählte Zeit) und Realzeit (Erzählzeit). Zahlreiche Zeitraffungen finden sich beispielsweise im Spielfilm „*Citizen Kane*" (Regie: Orson Welles, 1941).

Zeitraffungseffekte lassen sich nicht nur in der Produktionsphase durch kameratechnische Zeitbeschleunigung, sondern auch in der Postproduktionsphase während des Videoschnitts realisieren. Dabei werden einzelne Frames eines vorliegenden Videosegments durch einen Softwarebefehl in konstanten Zeitabständen ausgewählt und zu einem neuen Segment zusammengefasst. Auf diese Weise können z. B. Kamera- oder Zoomfahrten schnitttechnisch beschleunigt werden.

### 6.4.8.3 Zeitdehnung

Bei Spielfilmen wird unter Zeitdehnung die Verlängerung der Zeitdauer einer Handlung über den realen Zeitablauf hinaus verstanden. Durch geschickte Montage lässt sich die menschliche Zeitwahrnehmung bis zu einem bestimmten Grad irreführen. Obwohl die einzelnen Einstellungen in Realzeit aufgenommen wurden, kommt es durch zahlreiche Zwischenschnitte mit Nah-, Halbnah- oder gar Großaufnahmen zu einer Verlängerung der Filmzeit gegenüber der Realzeit. Mit diesem Montagemittel kann die Spannung des gezeigten Geschehens gesteigert werden.

Zeitdehnungen betonen einzelne Aktionen. So werden in Spielfilmen Sportwettkampf- und Kampfszenen in Zeitdehnung gezeigt, um die jeweiligen entscheidenden Aktionen dramatischer wirken zu lassen. Beispielsweise erfolgt im Spielfilm „Die Stunde des Siegers" (Regie: Hugh Hudson, 1981) die Wiedergabe der Wettläufe teilweise in Zeitdehnung.

Zeitdehnungseffekte sind nicht nur in der Produktionsphase durch kameratechnische Zeitverlangsamung, sondern auch in der Postproduktionsphase realisierbar. Einzelne Frames eines vorliegenden Videosegments werden dazu durch einen Softwarebefehl dupliziert, mehrfach hintereinander angeordnet und zu einem neuen Segment zusammengefasst. Diese Methode erzeugt schon bei niedrigen Wiederholfaktoren bei der Wiedergabe ein Ruckeln des Bildes. Deshalb sollten die fehlenden Zwischenbilder (Zwischenphasen) durch die Software errechnet werden. Beispielsweise erzeugt die Videoschnittsoftware „Adobe Premiere®" mit Hilfe der Funktion „Frames angleichen" durch Interpolation Zwischenframes, sodass der Eindruck gleichmäßigerer Bewegungen entsteht. Bewegungseffekte wie z. B. Standbild, variierte Wiedergabegeschwindigkeit oder Strobe-Effekt werden bei „Avid Xpress DV®" durch das Verändern der Wiedergabeparameter eines Segments erzeugt (siehe Abbildung 6-21).

## 6.5    Postproduktion

Die Frage, ob der Videoschnitt schon zur Postproduktion zu zählen ist, wird in Fachkreisen unterschiedlich beantwortet. Während der eine Teil der Fachleute die Meinung vertritt, dass der Arbeitsbereich „Editing" als Produktionsprozess unerlässlich sei und deshalb zum

Produktionsbereich gehöre, stellt der Schnitt von Bild und Ton für den anderen Teil der Experten die Basis einer jeden Postproduktion dar. Für diesen Personenkreis besteht die digitale nonlineare Postproduktion aus den drei Hauptarbeitsfeldern Editing, Compositing und Computeranimation. Während das Arbeitsfeld „Editing" in den vorausgegangenen Abschnitten dieses Kapitels schon ausführlich behandelt wurde, soll abschließend kurz auf „Compositing" und „Computeranimation" eingegangen werden.

### 6.5.1　Compositing

Während das Schneiden in seiner ursprünglichen Bedeutung (gemeint ist dabei das Aneinanderfügen von Einstellungen) als horizontales Editing bezeichnet wird, kann Compositing als vertikales Editing angesehen werden. Die Begrifflichkeit vom horizontalen und vertikalen Editing bezieht sich auf die horizontal gedachte Zeitachse. Während beim horizontalen Editing die Übergänge zeitlich aufeinander folgender Bilder bearbeitet werden, findet beim vertikalen Editing die Bearbeitung einzelner Bilder statt.

Der Begriff „Compositing" (engl. *to compose* = zusammensetzen) charakterisiert das Zusammenfügen verschiedener Bildelemente zu einem neuen Bild mit Hilfe von Misch- oder Key-Funktionen. Die Bildelemente befinden sich dabei auf verschiedenen Schichten (engl. *layer*) und können einzeln bearbeitet, animiert und positioniert werden. Die eingefügten und bearbeiteten Effekte müssen Frame für Frame gerendert werden. Dies bedeutet, dass jedes der zu manipulierender Bilder durch Software neu berechnet werden muss.

#### 6.5.1.1　Compositing-Funktionen

a) Text-, Grafik- und Zeichenfunktionen

b) Animation der Layer
„Die Bearbeitung eines Layers bezüglich der Zeitachse nennt man Key-Frame-Editing. Bei den meisten Systemen können nahezu alle Effekteinstellungen und Parameter über die Zeit verändert und anhand von Key-Frames animiert werden. Mit Key-Frames werden die Zeitpunkte bezeichnet, an denen man konkrete Einstellungen für einen Layer definiert" (Jauernig 2000, S. 176 f.).

„Adobe Premiere®" beispielsweise erstellt automatisch einen Anfangs- und einen End-Key-Frame mit jeweils identischen Werten, sobald ein Effekt auf ein Segment angewendet wird. Weitere Key-Frames können in das jeweilige Segment eingefügt werden. Durch die Zuweisung

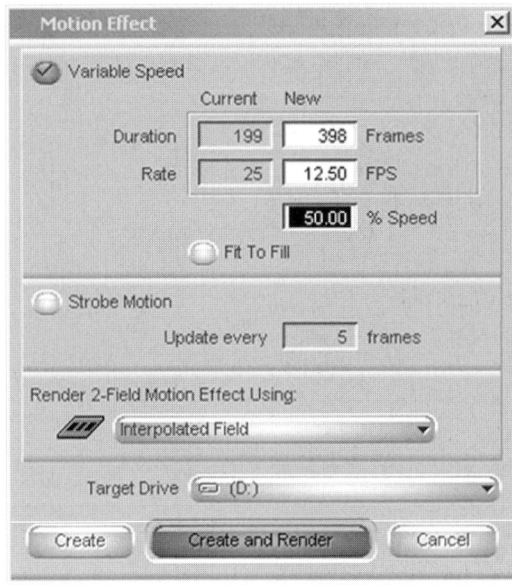

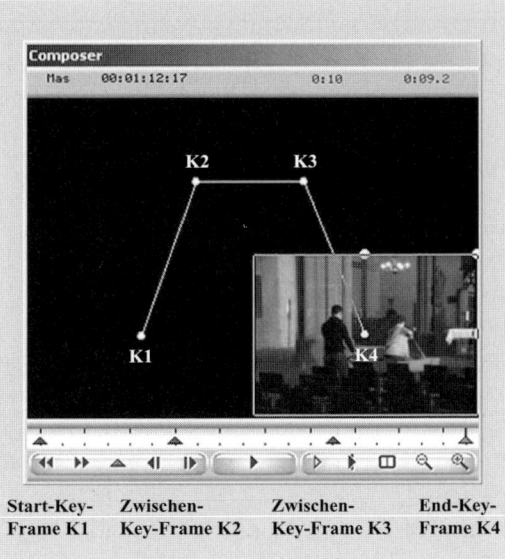

|  | Start-Key-Frame K1 | Zwischen-Key-Frame K2 | Zwischen-Key-Frame K3 | End-Key-Frame K4 |
|---|---|---|---|---|

**Abbildung 6-21:**
Bewegungseffekt-Fenster

**Abbildung 6-22:**
Key-Frame-Steuerungs-
fenster für einen „Picture-
in-picture"-Effekt mit
schwarzer Videospur 2

unterschiedlicher Key-Frame-Werte kann das Aussehen und Ver-
halten eines Effekts in seinem zeitlichen Verlauf verändert werden.
Die jeweils gültigen Parameter für die Effekt-Steuerung werden von
„Adobe Premiere®" automatisch für jeden einzelnen der zwischen den
Key-Frames existierenden Frames durch lineare Interpolation ermittelt.

Beispielsweise können Key-Frames in einem Bild-in-Bild-Effekt mit
unterschiedlichen Positionsparametern hinzugefügt werden, um mit
Hilfe eines Bewegungspfads das Vordergrundbild über das Hintergrundbild zu bewegen. Gleichzeitig kann bei einem solchen Effekt auch die
Größe des Vordergrundbilds verändert werden (siehe Abbildung 6-22).

c) Maskierung

„Maskensignale sind Graustufenbilder, die die Transparenz des Bildes
anhand ihres Grauwertes definieren" (Jauernig 2000, S. 161). In schwarzen Bereichen der Maske scheint das Hintergrundbild voll durch und das
Vordergrundbild wird dadurch vollständig ersetzt. In weißen Masken-
bereichen ist dagegen nur das Vordergrundbild zu sehen. Graubereiche
definieren die Transparenz des Vordergrundsignals, wobei dunkelgrau
einer hohen und hellgrau einer geringen Transparenz entspricht.

„Es gibt zwei prinzipielle Möglichkeiten, um Masken zu erstellen.
Zum einen kann man sie manuell mit Hilfe von Paint- oder Grafik-
werkzeugen zeichnen und auch animieren. [...] Dies ist vor allem bei
bewegten Objekten sehr aufwendig, da für jedes Frame eine extra Maske
benötigt wird" (Jauernig 2000, S. 161). Um diese aufwändige Einzelbild-
bearbeitung zu umgehen, kommen Verfahren zum Einsatz, mit denen

Masken automatisch generiert werden können. Ein solches Verfahren zum Erstellen von Transparenzen wird als „Key" bezeichnet. Es existieren verschiedene Keys wie Chroma-Key, Luma-Key und Matte-Key:

Der Chroma-Key kommt beim Blue- oder Green-Screen-Verfahren zum Einsatz. Bei diesen Verfahren müssen diejenigen Sequenzen, die manipuliert werden sollen, vor einem einheitlichen blauen oder grünen Hintergrund aufgenommen werden. Weil in menschlichen Hauttönen die Farbe Rot zu stark vorkommt, wäre das präzise „Freistellen" von Personen, die vor einem roten Hintergrund aufgenommen würden, kaum möglich. Das Blue-Screen-Verfahren findet beispielsweise während der Studioproduktion der „Tagesschau" Verwendung. Die im Bild sichtbare Kleidung der Sprecherin bzw. des Sprechers darf keine Farbanteile enthalten, die dem Hintergrundblau entsprechen. Beim Stanzen wird der Kopfbereich zur Problemzone, wenn Haarlocken oder -spitzen der Sprecherin bzw. des Sprechers im Bild erkennbar abstehen.

Beim Videoschnitt mit „Avid Xpress DV®" liegt das Hintergrundmaterial bei Anwendung des Chroma-Key-Effekts auf Videospur 1. Die speziell erzeugten Blue/Green-Screen-Sequenzen befinden sich als Vordergrundbilder auf Videospur 2. Durch das Einfügen eines Chroma-Key-Effekts im ausgewählten Segment der Videospur 2 wird dort für jeden Frame eine Stanzmaske automatisch generiert. Eine Stanzmaske ist eine Schwarz-Weiß-Maske, bei der die schwarzen Bereiche die präzise Form der blauen bzw. grünen Farbbereiche der jeweiligen Vordergrundbilder besitzen. Auf diese Weise werden die entsprechenden Bildbereiche der Vordergrundbilder vollständig transparent und die Hintergrundbilder sichtbar.

Beim Chroma-Key-Effekt stehen neben den eigentlichen Key-Parametern zahlreiche Standard-DVE-Parameter wie beispielsweise Skalieren, Positionieren und Randbeschneiden (engl. to crop = stutzen) zur Verfügung. Für das einwandfreie Funktionieren des Chroma-Key-Effekts ist eine exakte Farbermittlung des blauen oder grünen Hintergrunds mit Hilfe der Farbpipette wichtig. Die Farbpipette findet sich bei „Avid Xpress DV®" nach dem Öffnen des Effect-Editors unter dem Parameter „Key". Die Stanzergebnisse lassen sich mit Hilfe der Effekt-Parameter „Secondary Key" und „Spill Suppression" weiter verbessern.

Ein Luminanz-Key (Kurzform: Luma-Key) orientiert sich nicht an einer bestimmten Farbe, sondern erzeugt in Abhängigkeit eines wählbaren Helligkeitspegels eine Schwarz-Weiß-Maske.

Beim Matte-Key werden bestimmte Teile der Videofilmbilder mit Hilfe einer Hochkontrastgrafik (einer so genannten „Matte") ausgewählt. Nach erfolgter Auswahl dieser Bildbereiche werden sie durch Teile anderer Videofilmbilder ersetzt. Zum Erzeugen eines Matte-Key-Effekts werden drei Videoebenen auf drei Videospuren verwendet. Die unterste Ebene enthält das Hintergrundbild, die mittlere Ebene umfasst das Vordergrundbild und die oberste Ebene stellt die Graustufen-Matte bzw. den Alpha-Kanal dar.

d) Einfügung von Subjekten/Objekten
Liegt Bildmaterial z. B. einer kleinen Personengruppe vor, so kann durch Kopierung und geschickte Mehrfacheinfügung das Vorhandensein einer riesigen Menschenmenge vorgespiegelt werden.

e) Einfügung von Lichtquellen
„Durch die Anordnung der Layer im dreidimensionalen Raum kann mit eigentlich »flachen« Elementen ein räumlicher Eindruck geschaffen werden. Durch die Möglichkeit, Lichtquellen zu setzen und zu animieren, wird dieser Eindruck noch weiter unterstützt. So können bei vielen Compositingsystemen verschiedenartige Lichtquellen in Position, Richtung und Intensität definiert und animiert werden" (Jauernig 2000, S. 183).

f) Rotoskopie
Die einzelbildweise Bearbeitung von einzelnen Einstellungen, z. B. in „Adobe Photoshop®", nennt man Rotoskopie. Sie wird sowohl für Bildbearbeitungen und -korrekturen als auch für die Maskenerstellung eingesetzt. Rotoskopie kann abhängig von der Länge einer Einstellung und des Umfangs des Korrekturaufwands sehr zeit- und arbeitsintensiv sein. Dies gilt z. B., wenn bei Retuscheaufgaben zunächst noch sichtbare Drähte, Drehgerüste, Stative oder andere Hilfsmittel aus jedem Frame entfernt werden müssen.

g) Nichtlineare dreidimensionale Effekte
Zur Gruppe der nichtlinearen dreidimensionalen Effekte gehören „Warping" und „Morphing". Unter Warping (engl. to warp = sich wellen, sich verziehen) wird die geometrische Verzerrung eines Bildes verstanden. Dazu wird ein Gitternetz über das Ausgangsbild gelegt und durch Verschiebung der Gitterknotenpunkte die Position der Ausgangsbildpixel verändert. Die Warping-Funktion wird u. a. bei der Modellierung von Lippenbewegungen eingesetzt.

Beim Morphing (gr. morphe = Gestalt) wird ein Warp mit einem zweiten Bild überblendet. Auf diese Weise sind fließende Gestaltänderungen möglich. Diese Art der Überblendung ist z. B. in der letzten Sequenz des Spielfilms „Der Soldat James Ryan" (Regie: Steven Spielberg, 1998) zu sehen, wenn vom Oberkörper des jungen Soldaten auf den Kriegsveteranen überblendet wird.

## 6.5.1.2 Compositingsoftware

Auch die preiswerten Videoschnittprogramme umfassen inzwischen Compositing-Funktionen bzw. arbeiten mit Compositing-Programmen wie „Adobe After Effects®" oder BorisFX® zusammen. Professionelle und damit sehr teure Compositing-Systeme werden von Firmen wie z. B. Discreet (Teil der Firma Autodesk) und Quantel angeboten.

**Internetadressen:**
www.adobe.de
www.borisfx.com
www.discreet.com
www.quantel.com
www.ultimatte.com

## 6.5.2 Computeranimation

Im Bereich der Computeranimation werden dreidimensionale Objekte neu erstellt und animiert, Räume sowie Hintergründe modelliert und Bewegtbildszenen produziert. Trotz des Produktionscharakters der Computeranimation gibt es „zwei Aspekte, die eine Zuordnung zur Postproduktion sinnvoll machen: zum einen werden die Ergebnisse der Computeranimation meist direkt in die Postproduktion eingebunden. [...] Zum anderen erfolgt die Arbeit oft zeitgleich mit der Postproduktion und nicht als Vorproduktion, um eine genaue Abstimmung auf vorhandenes Material zu ermöglichen" (Jauernig 2000, S. 119).

Durch die Verfügbarkeit immer höherer Rechnerleistung werden die Ergebnisse der in Filmen zu sehenden Computeranimationen immer beeindruckender. Auch die Personendarstellungen werden zunehmend realistischer, wie der Spielfilm „*Final Fantasy – Die Mächte in dir*" (Regie: Hironobu Sakaguchi, 2001) zeigte. Schon bald könnte sich die Vision erfüllen, dass keine Unterschiede zwischen einem vollständig durch Computeranimation und einem auf traditionelle Weise produzierten Spielfilm erkennbar sind. Die im Filmproduktionsbereich beschäftigten Computeranimationsdesigner entwickeln interessanterweise keine neue Filmsyntax, sondern orientieren sich an den klassischen Regeln der Bild- und Bewegtbildgestaltung.

# 7 Tonbearbeitung

## 7.1 Berufsbild Toningenieur

Der Begriff „Ton" wird umgangssprachlich als Sammel- bzw. Oberbegriff für alle Schallereignisse verwendet. Der akustische Fachbegriff versteht unter „Ton" jedoch einen sinusförmiger Grundton, der zusammen mit seinen Obertönen einen „Klang" bilden kann. Die Überlagerung von verschiedenartigen Tönen unterschiedlichster Frequenz ergibt ein Geräusch (siehe Tabelle 7-1).

**Internetadressen:**
www.hdk-berlin.de
www.hfm-detmold.de

Toningenieure bzw. Tonmeister führen in speziellen Tonstudios die für die Tonbearbeitung notwendigen Arbeitsgänge durch. Neben einem besonders guten und geschulten Gehör muss er theoretische Kenntnisse sowohl im Bereich der Akustik als auch auf dem Gebiet der Musik besitzen. Weil Audiosignale digitalisiert vorliegen und bearbeitet werden, sind Kenntnisse im Hardware- und Softwarebereich inzwischen für Toningenieure unabdingbar.

Weil EB-Cutterinnen nach Abschluss des Videoschnitts meist nur eine Tonvormischung vorgenommen haben, findet die Fertigstellung der Tonspuren im professionellen Bereich erst während der Tonbearbeitungsphase statt. „Der Begriff Tonbearbeitung schließt das Auswählen, Schneiden und Anlegen von Tönen zum Bild, die Klanggestaltung (z. B. mit Equalizern oder Effekten wie Hall) und die Tonmischung ein" (SRT 2000c, S. 451).

Für die Tonbearbeitungsphase einer 45-minütigen Sendung aus der ARD-Sendereihe „Bilderbuch Deutschland" sind zwei Arbeitstage eines Toningenieurs zu veranschlagen.

**Internetadressen:**
www.digidesign.com
www.sadie.de

In professionellen Audio-Produktionssystemen finden digitale Audio-Workstations, wie z. B. Pro Tools der Firma Digidesign, Einsatz. Die

| Begriff | Erklärung | Zeitdiagramm |
|---------|-----------|--------------|
| Ton | sinusförmiger Grundton | |
| Klang | Grundton mit Obertönen | |
| Geräusch | breitbandiges Frequenzspektrum | |

**Tabelle 7-1:**
Ton, Klang, Geräusch

Fähigkeiten solcher Systeme bei Tonbearbeitung, -mischung und -berechnung übersteigen bei weitem die der Videoschnittsysteme.

Sollten während einer Fernsehfilm- oder Spielfilmproduktion aufgrund diverser Tonaufnahmeprobleme Schauspieler-Dialoge nicht klar verständlich aufgezeichnet worden sein, müssen diese im Tonstudio von den beteiligten Schauspielern nachsynchronisiert werden. Mit Hilfe von ADR (*Automated Dialogue Replacement*) werden die jeweiligen Filmaufnahmen in kurze Abschnitte zerlegt und so lange schleifenförmig wiederholt, bis die Dialogaufnahmen lippensynchron in einer zufrieden stellenden Qualität vorliegen.

## 7.2    Tontechnische Arbeitsvorgänge

### 7.2.1    Tonerzeugung und -auswahl

#### 7.2.1.1    Off-Kommentar

**Abbildung 7-1:**
Voice-over-Funktion

Falls das verwendete Videoschnittsystem eine Voice-over-Funktion zur Verfügung stellt, ist eine Tonaufnahme mit einem angeschlossenen Mikrofon, CD-Player oder Keyboard (über Line-In-Kanal) während des Abspielens einer Videosequenz möglich. Bei dieser Vorgehensweise wird im Timeline-Fenster eine neue Audiospur erzeugt bzw. eine schon bestehende modifiziert. Bei „Avid Xpress DV®" wird die Voice-over-Funktion über das „Audio Punch-In Tool" (siehe Abbildung 7-1) aktiviert. Die Voice-over-Funktion erleichtert zwar das Kommentieren von Videosequenzen, entbindet aber nicht von der Berücksichtigung der in Abschnitt 7.3.1 erwähnten Gestaltungsaspekte eines Off-Kommentars.

### 7.2.1.2  Geräusche und Atmo

In öffentlich-rechtlichen Rundfunkanstalten stehen Geräusche-Archive in digitalisierter Form zur Verfügung. Durch den Aufbau von Computer-Netzwerken ist der Zugriff von den einzelnen Videoschnitt-Arbeitsplatz-rechnern auf den jeweiligen Geräusche-Server möglich. Der freie Zugriff auf solche Datenbanken erleichtert die Tongestaltung ungemein.

Für besonders ambitionierte Videofilm-Amateure ist die Schaffung einer eigenen Geräusche-Sammlung sinnvoll. Mit Hilfe einer solchen Geräu-sche-Sammlung kann auch ein Videofilm-Amateur im Bedarfsfall den Bildeindruck durch die Beimischung von Geräuschen verstärken.

Anstatt Geräusche mühevoll selbst aufzunehmen, können auch relativ preiswert professionell aufgenommene und bearbeitete Geräusche aus Geräusche-Archiven kommerzieller Anbieter erworben werden. Werden Geräusche-CDs zu niedrigen Preisen angeboten, sind diese häufig US-amerikanischen Ursprungs. Sie enthalten deshalb auch teilweise nicht verwendbare landesspezifische Geräusche (z. B. US-amerikanische Polizeisirenen). Generell sind stets vor dem Einsatz solcher Geräusche-CDs in Videofilmproduktionen die Nutzungs-, Aufführungs-, Vervielfäl-tigungs-, Bearbeitungs- und Senderechte zu klären.

**Internetadresse:**
www.masterbits.de

Markante charakteristische Geräusche, die auf Anhieb von allen zuhö-renden Personen erkannt werden, sind häufig synthetisch hergestellt. Die Erzeugung synthetischer Geräusche ist das Arbeitsgebiet der Sound-Designer. In US-amerikanischen Filmproduktionen wird ein Sound-Designer zu Ehren des Begründers moderner Sounddesigntech-niken, Jack Foley, als *„Foley Artist"* bezeichnet. Er war der Erste, der syn-thetische Geräusche im Filmstudio während der Betrachtung des fertig geschnittenen Films erzeugte.

Synthetisch geschaffene Geräusche wirken allerdings nur dann überzeugend und sogar besser als Aufnahmen von realen Geräusch-ereignissen, wenn ihre Künstlichkeit nicht hörbar ist. Um diese Bedingung zu erfüllen, bedarf es viel praktischer Erfahrung. Jeder Sound-Designer hat seine eigenen Methoden, um Geräusche zu erzeugen. Mit meist einfachen Hilfsmitteln wie Kokosnussschalen, Reis, trockenen Erbsen, diversen Folien, Essbestecken etc. werden auf-grund der hohen Verstärkung des künstlich erzeugten einzelnen Schall-ereignisses Höreindrücke geschaffen, die die Zuschauer bzw. Zuhörer als real gegeben akzeptieren. Aufgrund der großen Anzahl der zur Verfügung stehenden Geräusche aus Geräusche-Archiven werden Sound-Designer auch in öffentlich-rechtlichen Rundfunkanstalten nur für aufwändige Fernsehfilmproduktionen engagiert.

### 7.2.1.3 Musik

Aus Kostengründen ist das Engagieren eines Filmmusikkomponisten, der nach Abschluss des Bildfeinschnitts eine bildgenaue Filmmusik komponiert, nur für finanziell gut ausgestattete Filmproduktionen möglich. „Trotz der unbestrittenen Vorteile des Komponierens einer Musik (Verwendung einer einheitlichen Stilistik und Instrumentalfarbe in der gesamten Filmmusik, Kommunizieren der Musik mit den visuellen Rhythmen, punktsynchrones Anpassen von Klängen und Rhythmen) arbeiten viele Filmemacher aus legitimen Gründen nur mit dokumentarischer (vor Ort gefundener) Musik oder mit Archivaufnahmen" (Schneider 1989, S. 162).

Für Filmemacher, die für öffentlich-rechtliche Rundfunkanstalten (Sektor Fernsehen) tätig sind, liegt das Verwenden von bereits auf Tonträgern existierender Musik besonders nahe, „weil durch den Generalvertrag der öffentlich-rechtlichen Fernsehanstalten mit der GEMA bereits alle Rechtsfragen geklärt sind: jeder Tonträger darf als Musik zu Filmen eingesetzt werden, ohne daß erst mit den Verlagen verhandelt und die Rechte eingekauft werden müssen. Dem Filmemacher steht damit in der Tat ein Repertoire an Musiken aller Schattierungen in hochqualifizierter Aufnahmetechnik zur Verfügung, mit dem eine selbständig produzierte Originalfilmmusik bei den kleinen Budgets dokumentarischer Filme kaum konkurrieren kann" (Schneider 1989, S. 163).

Redakteure der öffentlich-rechtlichen Rundfunkanstalten können bei der Auswahl der Musikstücke auf die hervorragend bestückten anstaltseigenen Musikarchive zurückgreifen. Die Suche nach den gewünschten Musikstücken oder Geräuschen verläuft dank des Einsatzes von Datenbanken über Stichworteingabe reibungslos und zügig. Durch Nutzung des anstaltseigenen Musikarchivs stellen Redakteure sicher, dass nur Audio-CDs Einsatz finden, die einen *Label Code* (LC) besitzen. Über die LC-Nummer kann durch GVL-Daten (siehe Abschnitt 2.4) ermittelt werden, ob eventuell für bestimmte Länder Sendebeschränkungen bestehen. Für die öffentlich-rechtlichen Fernsehanstalten ist dies von besonderem Interesse, weil 3sat-Sendungen länderübergreifend erfolgen.

Firmen wie „Sonoton" oder „Selected Sound" bemustern Rundfunkanstalten und -unternehmen kostenfrei mit Audio-CDs, die das komplette firmeneigene Musik- und Geräuschprogramm umfassen. Instrumentaltitel sind dabei vorherrschend, weil sie sich im Vergleich zu Vokaltiteln besser als Hintergrundmusik eignen. Finanziert werden die Produktion und der Vertrieb dieser Musik- und Geräuschstücke durch GEMA-Zahlungen, die erfolgen, wenn in einer ausgestrahlten Fernsehsendung ein solches Stück zu hören ist.

**Internetadressen:**
www.selectedsound.de
www.sonoton.com

Für Videofilmproduktionen außerhalb von Rundfunkanstalten und -unternehmen stellt sich die Lage anders dar. Lediglich in Videofilmproduktionen für offene Kanäle kann aufgrund eines bestehenden Rahmenvertrags zu geringen GEMA-Gebühren GEMA-pflichtige Musik eingesetzt werden. Generell ist vor Musikeinsatz zu warnen, wenn nicht im Voraus Nutzungs-, Aufführungs-, Vervielfältigungs-, Bearbeitungs- und Senderechte geklärt wurden. Nachforderungen der Produzenten oder der Verleger des komponierten Werkes können schnell enorme Beträge erreichen. Von verschiedenen ausländischen Musikverlagen wurden aufgrund einer unerlaubten Verwendung bekannter Hits schon Nachforderungen von mehreren zehntausend Euro gestellt.

Ebenfalls zu warnen ist vor GEMA-freier Musik, die als besondere Form von Archivmusik erhältlich ist. GEMA-frei bedeutet zunächst nur, dass der Musikurheber nicht Mitglied der GEMA ist. Demzufolge wird die GEMA für Nicht-GEMA-Mitglieder kein Inkasso betreiben, jedoch bleibt die Nutzung GEMA-freier Musik in Videofilmproduktionen so lange im rechtsfreien Raum, bis mit den jeweiligen Nicht-GEMA-Komponisten detaillierte schriftliche Vertragsfestlegungen bezüglich Nutzungs-, Aufführungs-, Vervielfältigungs-, Bearbeitungs- und Senderechten erfolgten. Weil die GEMA seitens des Videofilmproduzenten stets den Nachweis verlangen kann, dass GEMA-freie Musik zum Einsatz kam, muss beim Erwerb dieser Musik vom jeweiligen Nicht-GEMA-Komponisten ein diesbezüglicher Nachweis mitgeliefert werden.

**Internetadressen:**
www.bluevalley-filmmusik.de
www.mediavox.de
www.musicalia.de

Eine Möglichkeit zur Vermeidung solcher rechtlichen Schwierigkeiten ist die Musikerzeugung mit Hilfe der Software SmartSound® bzw. deren „Adobe Premiere®"-Variante Quicktracks™. Dank dieser Software können im Stile der Hollywood-Spielfilme schnell und einfach orchestrierte Musik- und Soundeffektdateien durch musikalische Laien bearbeitet und auf vorliegende Videofilme angepasst werden. Für die Verwendung der von der Software bereitgestellten Soundtracks sind keine Lizenzabgaben zu zahlen.

Eine andere Variante der Musikerzeugung ohne spezielle musikalische Kenntnisse ist z. B. die Verwendung der Software „Magix music maker®". Eine solche Software ermöglicht durch die Generierung von synthetischen Klängen die Erzeugung eines Klangteppichs, der Videofilmbildern unterlegt werden kann.

**Internetadressen:**
www.magix.com
www.smartsound.com

Soll die GEMA-Problematik umgangen werden, so besteht für talentierte Keyboard-Spieler natürlich die Möglichkeit, eigenen Musiksound zu komponieren. Das eigenhändige Einspielen eines urheberrechtlich

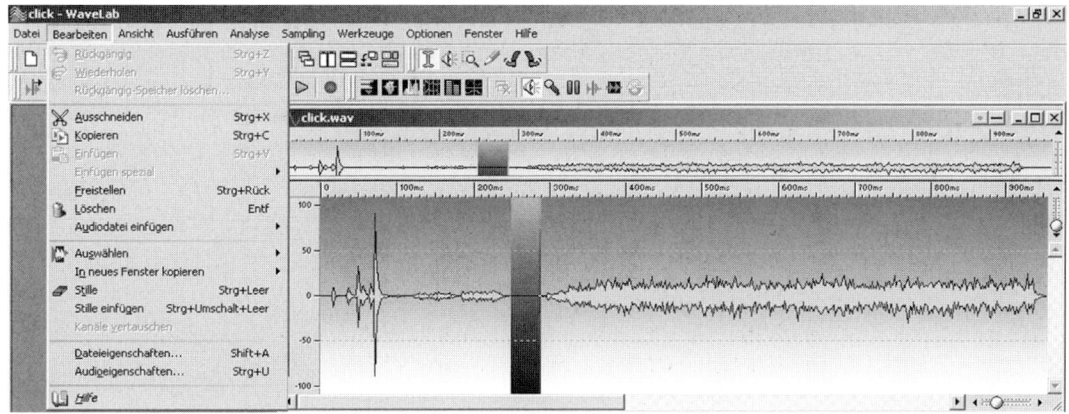

geschützten Musikwerks vom Notenblatt entbindet allerdings nicht von der GEMA-Pflichtigkeit.

**Abbildung 7-2:**
Audioeditiersoftware

### 7.2.2 Tonschnitt

Der Tonschnitt wird auf Grundlage eines detaillierten Schnittplans vorgenommen. Damit beim Beschneiden eines Schallsignals dessen Manipulation nicht hörbar wird, ist möglichst in einer Schallsignalpause zu schneiden. Bei Sprachaufnahmen ist eine solche Signalstelle aufgrund zu kurzer Sprechpausen unter Umständen schwierig zu finden. Auch ein Schnitt innerhalb eines kontinuierlichen Schallereignisses ist schwierig zu kaschieren, wenn der Schnitt nicht im Nulldurchgang des Schallsignals positioniert wird.

Tonprobleme entstehen, wenn ein falsch positionierter Schnitt zu einem Pegelsprung oder zur Änderung der Signalform führt. Ein solcher Fehler wird von den Zuschauern meist als ein deutlich hörbares Störgeräusch („Knacken") wahrgenommen.

**Internetadressen:**
www.goldwave.com
www.steinberg.net
www.syntrillium.com

### 7.2.3 Klanggestaltung

Bei der Klanggestaltung kann entweder die Beschränkung auf Originaltöne und -geräusche erfolgen oder es werden durch gezieltes Hinzufügen fremder Töne und Geräusche bzw. durch Ausblenden von Originaltönen und -geräuschen besondere akustische Stimmungen erzeugt. „Es muß nicht immer eine aufwendige Musik mit Melodie, Begleitung, Baß und Effektklängen sein, um einen Film akustisch zu gestalten. Sparsamkeit und Transparenz der Mittel sind im dokumentarischen Film angesagt. Oft genügt ein periodisch wiederkehrender Ton, eine fragmentarische Melodie oder ein Geräusch" (Schneider 1989, S. 150), um mit den audiotechnischen Möglichkeiten einer Audiosoftware einprägsame

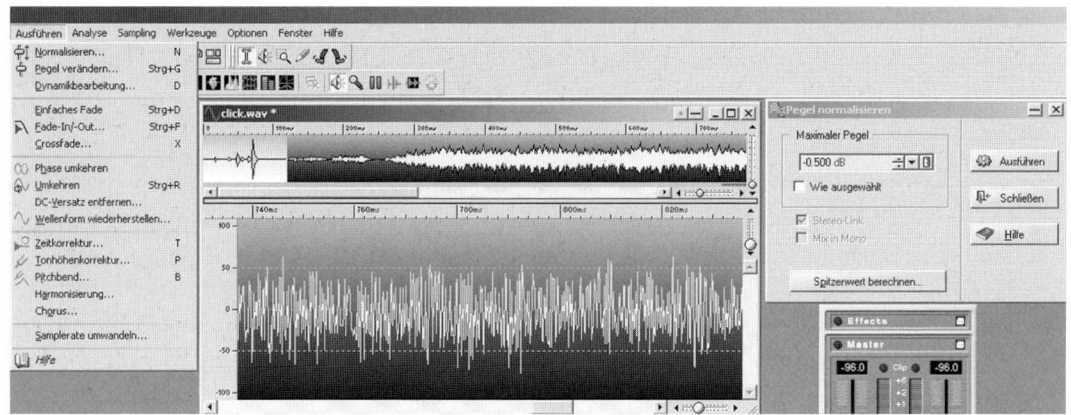

**Abbildung 7-3:**
Audiosignalmanipulation

klangliche Konturen zu erzeugen. In einer solchen Audiosoftware lassen sich digital vorliegende Schallsignale mühelos verändern. Es stehen u. a. die Befehle „Ausschneiden", „Kopieren" und „Einfügen" für das Editieren von Schallsignalen zur Verfügung (siehe Abbildung 7-2).

Wurde beispielsweise zur Verstärkung des visuellen Eindrucks eines Lagerfeuers ein Feuergeräusch aufgezeichnet, werden im Originalton-material nur sporadisch Knackgeräusche zu hören sein. Diese wenigen markanten Knackgeräusche können mit Hilfe einer Audiosoftware gezielt ausgewählt, verstärkt, kopiert und mehrfach eingefügt werden.

Die in Tabelle 7-2 aufgelisteten Audioeffekte stehen in einer profes-sionellen Audiosoftware (siehe Abbildung 7-3) zur Verfügung.

### 7.2.4 Tonmischung

**Abbildung 7-4:**
Audio-Equalizer-Tool

„In der aktuellen Berichterstattung ist es oft so, daß an den verschie-densten Orten und unter sehr unterschiedlichen Aufnahmebedingungen gedreht wird. Die Position des Kamerateams kann meistens nicht nach Belieben ausgesucht werden. Das ist insbesondere für die Tonaufnahme oft sehr ungünstig. Daher ist, selbst bei sorgfältiger Aussteuerung, der Tonpegel nur selten vollkommen gleichmäßig. Er muß beim Schnitt nachgesteuert werden" (Müller 1992, S. 31).

Bei dieser Originalton-Vormischung, auch Sprachausgleich genannt, werden die Tonpegelsprünge zwischen einzelnen O-Ton-Passagen aus-geglichen und, falls nötig, klanglich mit Equalizern (siehe Abbildung 7-4) angepasst.

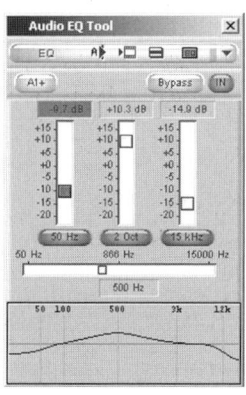

Tonpegelanpassungen sind auch vorzunehmen, wenn Originalgeräusche mit im Studio gesprochenen Off-Kommentaren oder mit Musikstücken gemischt werden sollen (siehe Abbildung 7-5). Dabei dienen Blenden

| Effekt | Wirkung |
|---|---|
| CHORUS | Wird das Originalsignal (eine Einzelstimme) kopiert und verschieden verzögert dem Originalsignal beigemischt, kann ein ganzes Stimmenensemble geschaffen werden. |
| DE-ESSER | Im Hochtonbereich (ab 4.000 Hertz) werden störende Originalsignale, bei Sprachaufnahmen vor allem Zischlaute, unterdrückt. |
| DELAY | Verzögerung eines Signals. |
| ECHO | Im Unterschied zum Hall mit seiner Vielzahl partieller Reflexionen besteht das Echo aus einer unbegrenzten Anzahl von Signalwiederholungen und gibt dem Originalsignal eine zusätzliche Dimension. |
| EQUALIZER | Frequenzfilter, bei dem durch eine bestimmte Anzahl von Frequenzbändern über den ganzen hörbaren Frequenzbereich von 20 bis 20.000 Hertz Manipulationen vorgenommen werden können. Es lassen sich bei einem Klang z. B. die mittleren Frequenzen anheben, tiefe Frequenzen absenken und Spitzen verstärken. Jedes Geräusch oder jede Sprechstimme kann in der Klangfarbe moduliert und bisweilen stark verfremdet erklingen. |
| EXCITER | Durch Obertonerzeugung werden Klänge brillanter und transparenter gemacht. Damit lässt sich die Textverständlichkeit enorm erhöhen, wenn dem Originalsignal ein phasenverschobenes „Klangverbesserungssignal" nachgeschickt wird, das um etwa 20 Dezibel leiser ist. |
| FLANGER | Das Originalsignal wird kopiert und die Kopie sowohl um 2 bis 15 Millisekunden verschoben als auch in der Tonhöhe leicht verstimmt dem Originalsignal beigemischt. Dadurch kommt es je nach Verzögerungszeit zur Verstärkung oder Auslöschung der Teilschwingungen, wodurch sich die Klangfarbe des Originalsignals interessant modulieren lässt. |
| FREEZE | Festhalten oder auch ständiges Wiederholen eines Klangs oder Geräuschs. |
| HALL oder REVERB | Im Unterschied zum Echo besteht der Hall aus vielen unterschiedlich langen Rückwürfen, sodass keine isolierte Reflexion des Originalsignals festgestellt werden kann. |
| HARMONIZER | Tonhöhenverschiebung eines Signals bis zu einer Oktave nach unten oder nach oben. Wird das transponierte Signal gleichzeitig mit dem Originalsignal wiedergegeben, so lässt sich eine förmliche Zweistimmigkeit (manchmal auch Dreistimmigkeit) erzeugen. |
| KOMPRESSOR | Klangintensivierung durch Anhebung der leisen und Absenkung der lauten Anteile des Originalsignals. |
| LIMITER | Begrenzung eines Signals auf einen wählbaren Pegelwert. |
| NOISEGATE | Unterdrückung leiser Signale wie z. B. störendes Rauschen. |
| NORMALIZING | Anpassung eines aufgezeichneten Schallsignals auf Vollaussteuerung. Die größte im Schallsignal vorliegende Amplitude wird auf 100 Prozent verstärkt. |
| PHASER | Dem Originalsignal folgt mit minimaler Zeitverschiebung ein Verzögerungssignal. Durch die Phasenverschiebung der beiden Schwingungen kommt es je nach Verzögerungszeit zu einer Schwebung, die sich als Tonhöhenvibrato bemerkbar macht. |

(engl. *fades*) zum kontinuierlichen Ein- oder Ausblenden, sodass abrupte Tonpegelsprünge vermieden werden (siehe Abbildung 7-6). Für Übergänge zwischen Off-Kommentar und Musik oder Geräuschen werden so genannte „Kreuzblenden" (engl. *crossfades*) eingesetzt. Bei solchen Kreuzblenden wird gleichzeitig der Tonpegel einer Audiospur angehoben und der Tonpegel einer anderen Audiospur abgesenkt.

**Tabelle 7-2:**
Audioeffekte

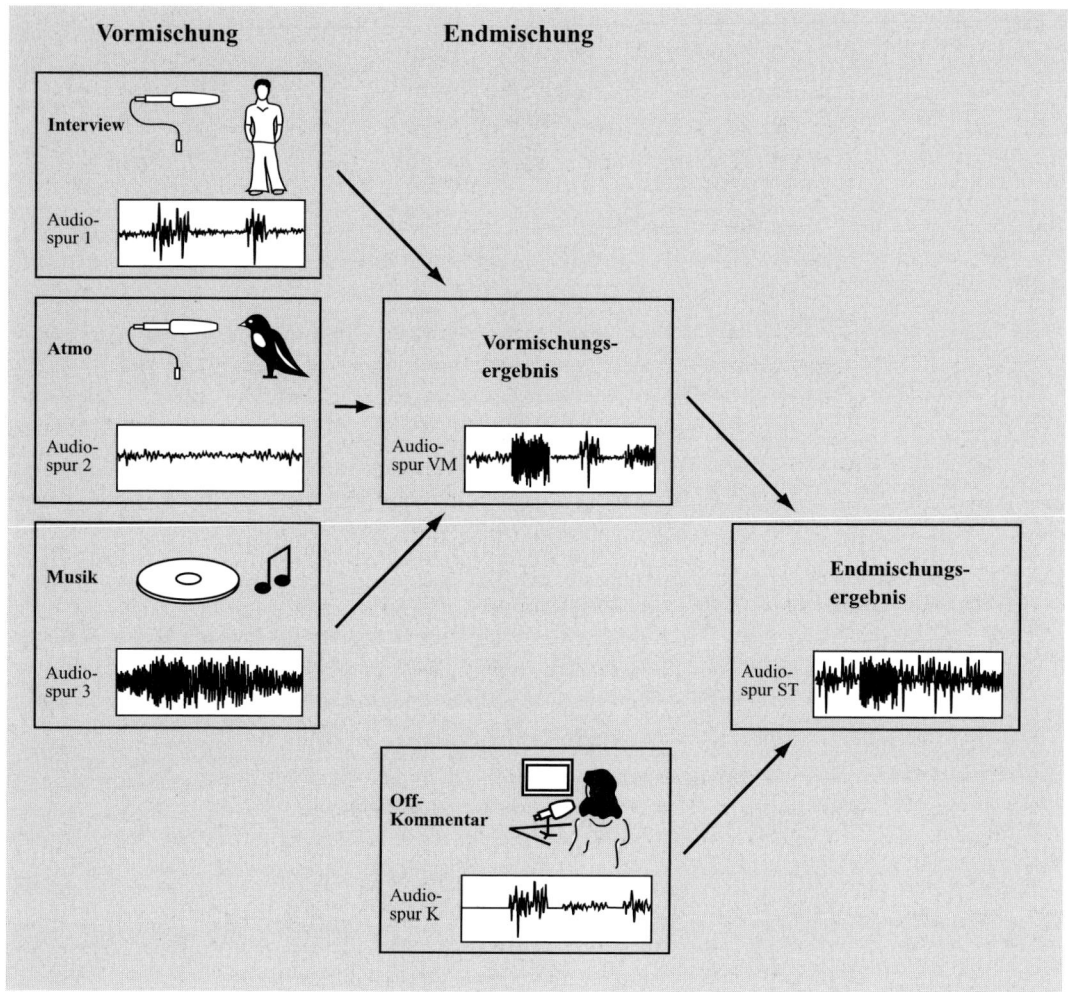

**Abbildung 7-5:**
Belegung der Audio-
spuren während einer
Tonmischung

Ziel der Tonmischung ist die Konstanthaltung des Tonsummenpegels aller Audiospuren. Weil sich der Sprecher bzw. die Sprecherin eines Off-Kommentars immer deutlich von Geräuschen oder der Hintergrundmusik abheben soll, ist während der Off-Kommentareinblendung der Geräusch- und/oder Musikpegel abzusenken (siehe Abbildung 7-7). Wenn der Atmo die Aufgabe der Kontinuitätsvermittlung zugedacht ist, darf der Atmopegel dabei nicht unter die Wahrnehmbarkeitsschwelle gedrückt werden.

Weil bei der Tonmischung alle Angaben in logarithmierter Form erfolgen, soll Tabelle 7-3 den Zusammenhang zwischen den linearen Spannungsverhältnissen und den entsprechenden Dezibel-Werten herstellen. Für den relativen Spannungspegel $V$ gilt die Formel:

$$V = 20 \lg \frac{U_\mathrm{A}}{U_\mathrm{E}}$$

**Formel 7-1:**
Relativer Spannungspegel

$U_\mathrm{A}$ stellt die Tonsignal-Ausgangsspannung und $U_\mathrm{E}$ die Tonsignal-Eingangsspannung dar. Negative Werte von $V$ zeigen eine Dämpfung, positive Werte eine Verstärkung an.

### 7.2.4.1 Tonvormischung

In Videoschnittprogrammen können die Tonpegel entweder im Schnittfenster/Timeline-Fenster oder im „Audio-Mix"-Fenster verändert werden. Bei Nutzung des Schnittfensters/Timeline-Fensters bietet sich die Aktivierung der Gummiband-Darstellung (engl. *rubberbanding*) an, sodass nach dem Setzen von Audio-Key-Frames die Audiospur-Lautstärkenlinien (siehe Abbildung 7-8) verschiebbar sind. Ein Audio-Mischer (siehe Abbildung 7-9) besitzt genau wie ein Hardware-Tonmischpult für jede Audiospur Steuerungselemente wie Lautstärkeschieberegler und Pan-Regler. Mit Hilfe eines Pan-Reglers (Pan: Abkürzung für Panorama) kann Mono-Ton bei der Erzeugung von Stereo-Ton auf zwei Tonspuren verteilt werden. Durch dieses „Schwenken" erfolgt eine gezielte Wiedergabe auf dem rechten und/oder linken Stereokanal.

Zur Beurteilung einer Audiospur kann die Aktivierung der Waveform-Anzeige hilfreich sein, denn durch die Darstellung der Audiosignalkurven werden Signalspitzen klar erkennbar (siehe Abbildung 7-10).

| $U_\mathrm{A}/U_\mathrm{E}$ | Berechnung | Relativer Spannungs- pegel $V$ | $U_\mathrm{A}/U_\mathrm{E}$ | Berechnung | Relativer Spannungs- pegel $V$ |
|---|---|---|---|---|---|
| 0,001 | 20 lg 0,001 | -60 dB | 1,000 | 20 lg 1,000 | 0 dB |
| 0,010 | 20 lg 0,010 | -40 dB | 1,122 | 20 lg 1,122 | 1 dB |
| 0,032 | 20 lg 0,032 | -30 dB | 1,259 | 20 lg 1,259 | 2 dB |
| 0,063 | 20 lg 0,063 | -24 dB | 1,413 | 20 lg 1,413 | 3 dB |
| 0,100 | 20 lg 0,100 | -20 dB | 1,585 | 20 lg 1,585 | 4 dB |
| 0,126 | 20 lg 0,126 | -18 dB | 1,995 | 20 lg 1,995 | 6 dB |
| 0,251 | 20 lg 0,251 | -12 dB | 3,162 | 20 lg 3,162 | 10 dB |
| 0,316 | 20 lg 0,316 | -10 dB | 3,981 | 20 lg 3,981 | 12 dB |
| 0,501 | 20 lg 0,501 | -6 dB | 7,943 | 20 lg 7,943 | 18 dB |
| 0,631 | 20 lg 0,631 | -4 dB | 10,000 | 20 lg 10,000 | 20 dB |
| 0,708 | 20 lg 0,708 | -3 dB | 15,849 | 20 lg 15,849 | 24 dB |
| 0,794 | 20 lg 0,794 | -2 dB | 31,623 | 20 lg 31,623 | 30 dB |
| 0,891 | 20 lg 0,891 | -1 dB | 100,000 | 20 lg 100 | 40 dB |
| 1,000 | 20 lg 1,000 | 0 dB | 1000,000 | 20 lg 1000 | 60 dB |

**Tabelle 7-3:**
Relative Dämpfungs- und Verstärkungspegel

**Abbildung 7-6:**
Tonblenden

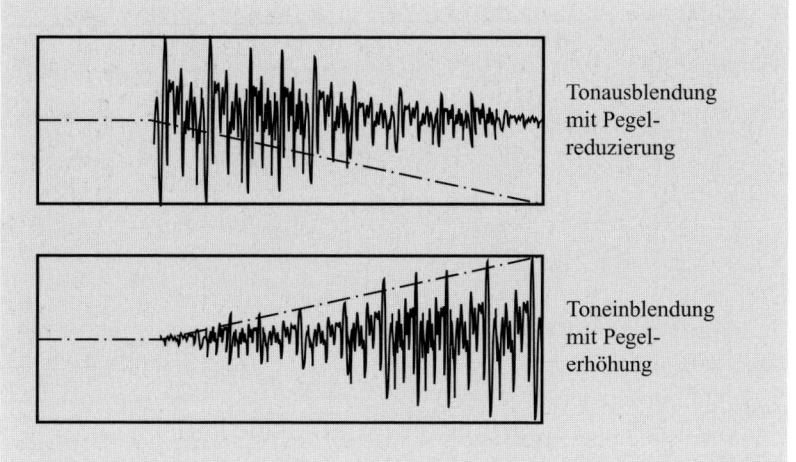

Tonausblendung
mit Pegel-
reduzierung

Toneinblendung
mit Pegel-
erhöhung

**Abbildung 7-7:**
Summenpegel

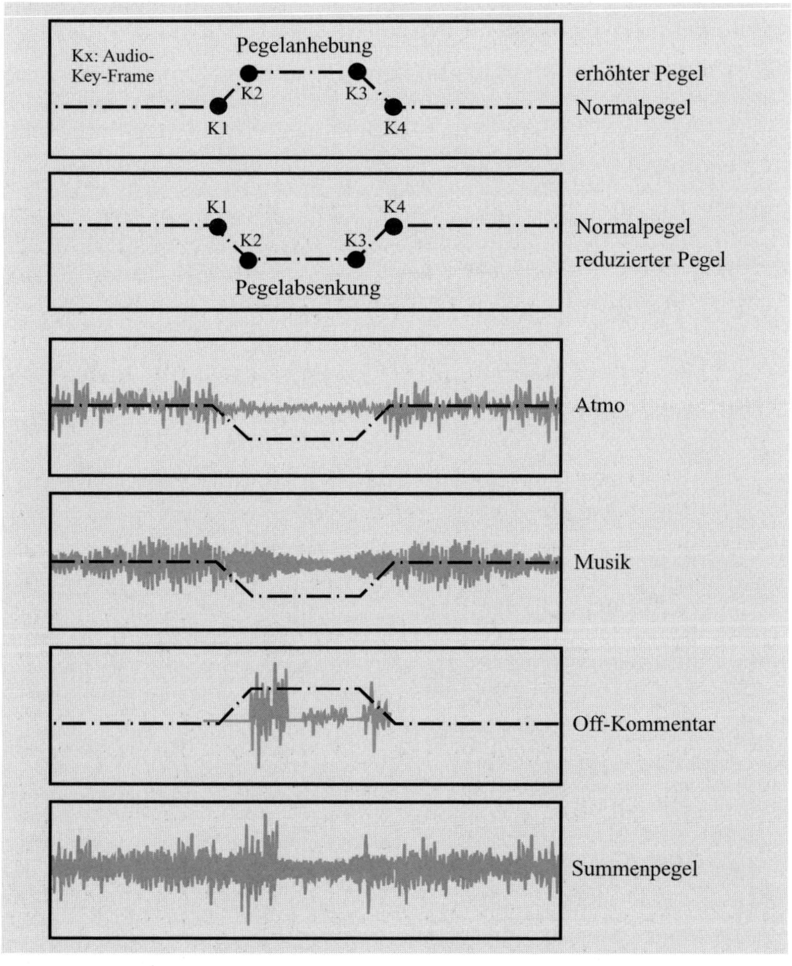

Kx: Audio-Key-Frame

Pegelanhebung

erhöhter Pegel

Normalpegel

K1  K2  K3  K4

Normalpegel

reduzierter Pegel

Pegelabsenkung

Atmo

Musik

Off-Kommentar

Summenpegel

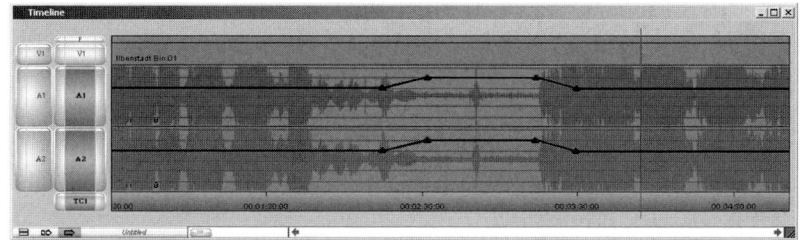

**Abbildung 7-8:**
Gummiband-Darstellung

Bei „Avid Xpress DV®" kann während des Abspielens einer Audiospur der momentane Tonpegel und der bisherige Spitzentonpegel im „Audio Tool"-Fenster angezeigt werden (siehe Abbildung 7-11).

Während einer Tonvormischung werden entweder von der Cutterin oder vom Toningenieur/Tonmeister drei Tonspuren vorgemischt (siehe Abbildung 7-5). Audiospur 1 umfasst den im „On" gesprochenen Originalton, z. B. eine Interviewaufnahme. Audiospur 2 enthält Atmo-Aufnahmen und aus dem „Off" hörbare Sprache. Audiospur 3 ist für Musik reserviert.

### 7.2.4.2  Tonendmischung

Das Ergebnis einer Tonvormischung wird vom Toningenieur/Tonmeister mit einer weiteren Tonspur K, die die Off-Kommentare enthält, gemischt. Nach Abschluss einer Tonendmischung liegen die Sendetonspuren vor (siehe Abbildung 7-5). Bei einem Stereo-Sendeton dient ST1 als linker Audiokanal und ST2 als rechter Audiokanal. Diese Zuteilung folgt der Konvention, dass Audiospuren mit ungerader Zahl als Linkskanäle und Audiospuren mit gerader Zahl als Rechtskanäle einzuordnen sind.

In Tonstudios und an professionellen Cutterplätzen findet sich als technisches Hilfsmittel für die Tonmischung ein separater Hardware-Aussteuerungsmesser. Dieses Messgerät ist ein Quasispitzenspannungsmesser, der den Rundfunknormpegel (entsprechend 1,55 Volt) als 0 dB bzw. 100 % anzeigt. Diese 0 dB entsprechen einer Vollaussteuerung, die zwar häufig erreicht werden soll, aber nur unwesentlich und nicht zu oft überschritten werden darf.

**Abbildung 7-9:**
Audio-Mixerfenster

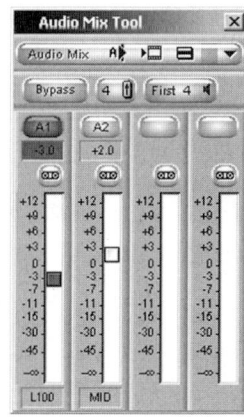

Ein solcher Aussteuerungsmesser kann die übertragungstechnisch richtige Aussteuerung gewährleisten. Er zeigt jedoch die Lautstärke nicht richtig an, weil er weder die Frequenzabhängigkeit noch die Zeitabhängigkeit des menschlichen Höreindrucks berücksichtigen kann. Basis für eine ausgewogene und sinnvolle Tonmischung kann demnach nur der Höreindruck derjenigen Person sein, die die Tonmischung vornimmt. Obwohl grundsätzlich die Forderung nach möglichst hoher Aussteuerung besteht, sind die stets auftretenden Tonpegelspitzen zu

**Abbildung 7-10:**
Waveform-Anzeige

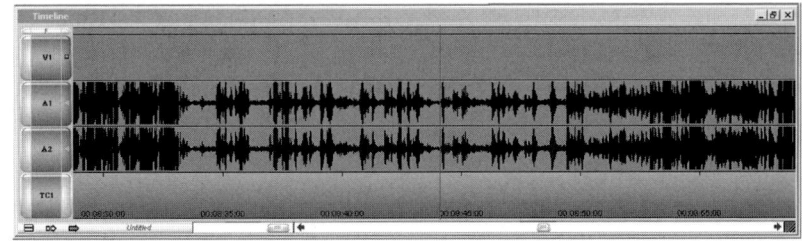

**Abbildung 7-10:**
Waveform-Anzeige

berücksichtigen. Die Pegelanzeige des Aussteuerungsmessers wird durch die Pegelspitzen bestimmt. Die Lautstärkeempfindung eines Hörers wird dagegen in erster Näherung durch den Durchschnittspegel beschrieben. Spitzen- und Durchschnittspegel unterscheiden sich umso mehr, je impulsartiger ein Tonsignal ist. Während Sprache einen impulsartigen Pegelverlauf besitzt, zeichnet sich Musik durch einen relativ gleichartigen Pegelverlauf aus. Statistischen Untersuchungsergebnissen zufolge liegen die Durchschnittspegel bei Unterhaltungsmusik um 6 dB, bei Sprache um 12 dB und bei klassischer Musik um 18 dB unterhalb der Vollaussteuerung von 0 dB. Die Aussteuerrichtlinien der öffentlich-rechtlichen Rundfunkanstalten (Sektor Fernsehen) legen bei Wortsendungen ohne künstlerischen Charakter 0 dB, bei Off-Kommentaren –3 dB und bei musikalischen Einleitungsmotiven –10 dB als Aussteuerungspegel-Richtwert zugrunde (vgl. Dickreiter 1987, S. 261 ff.).

Nicht nur im visuellen, sondern auch im akustischen Bereich liegt eine räumliche Tiefenstaffelung in Vorder-, Mittel- und Hintergrund vor. Während in einer Dialogszene normalerweise die Sprache den akustischen Vordergrund bildet, stellen Geräusche den akustischen Mittelgrund und Atmo sowie Musik den akustischen Hintergrund dar. Abweichungen von dieser räumlichen Zuweisung kommt meist eine handlungstragende Bedeutung zu.

**Abbildung 7-11:**
Audiopegel

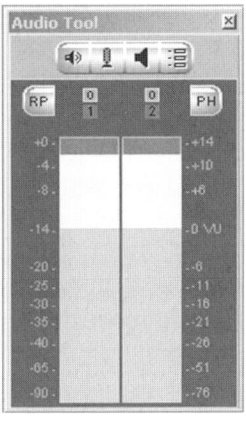

Wenn einer im Bild sichtbaren Schallquelle eine eindeutige räumliche Position zugewiesen werden kann, müssen akustische und visuelle Zuschauerwahrnehmung übereinstimmen. Einer solchen Schallquelle ist deren korrekte räumliche Bildposition innerhalb eines Achsenkreuzes, das von einer Rechts-Links-Achse und einer Vorne-Hinten-Achse gebildet wird, zuzuweisen. Wurde nur ein Mono-Schallsignal aufgezeichnet, ist während der Tonmischung darauf zu achten, dass mit Hilfe des Pan-Reglers eine korrekte Rechts-Links-Richtungszuweisung vorgenommen wird. Ein Vorne-Hinten-Effekt kann mit Hilfe der Schalllautstärke über Schallpegelanpassung erzeugt bzw. verstärkt werden. Etwas aufwändiger, weil zeitabhängig, werden diese Tonmischungsarbeiten bei Schallsignalen, die von einem im Kader sichtbar bewegten Objekt stammen. Wird z. B. ein vorbeifahrendes Kraftfahrzeug im Bild gezeigt, muss der akustische Raumeindruck dynamisch mit Hilfe des Pan-Reglers und Schallpegels verändert werden.

## 7.3 Tongestaltung

Obwohl Kinosaalpianisten und -orchestermusiker durch die Umstellung auf Tonfilm arbeitslos wurden und auch Stummfilmschauspieler und -regisseure von dieser Entwicklung nicht einhellig begeistert waren, wie das Beispiel von Chaplins berühmtem dialogfreien Spielfilm „Moderne Zeiten" (1936!) beweist, hatte sich dieser Wandel in der Filmindustrie unaufhaltsam vollzogen. Die klare Beantwortung der Frage, ob der Tonfilm überhaupt vom Kinopublikum angenommen werden würde, war an den Kinokassen erfolgt, da die Kinobesucherzahlen in den USA infolge der Einführung des Tonfilms von 60 Millionen im Jahr 1927 auf 110 Millionen im Jahr 1929 anstiegen. Nachdem die Filmschaffenden in ihrem Originalton-Enthusiasmus in den ersten Tonfilmproduktionen versucht hatten, jegliche dramatische Wirkung allein über den Ton zu erzeugen, mussten sie schnell erkennen, dass eine ununterbrochene Flut von Originaltönen ein Geschehen nicht realistisch vermitteln kann. Erst im Verlauf der darauf folgenden Jahre sollte sich ein sinnvolles Zusammenspiel zwischen Bildern und Sprach-, Geräusch-, Atmo- bzw. Musikaufnahmen entwickeln. Nach Abschluss dieses Lernprozesses wurde deutlich, dass sich der Tonfilm im Vergleich zum Stummfilm durch eine höhere erzählerische Komplexität und einen größeren Realismus auszeichnet (vgl. Reisz 1988, S. 37).

Der Vorrang des Bildes, durch den sich Film und Fernsehsendungen eigentlich auszeichnen sollten, ist in vielen Fernsehsendungen „nur schwer, manchmal überhaupt nicht zu erkennen" (Schult 2000, S. 105). Verursacht wird die Ebenbürtigkeit, ja sogar Überlegenheit des gesprochenen Wortes gegenüber dem Bild durch die Problematik, dass eigentlich Hintergründe und Zusammenhänge bildlich darzustellen wären, die sich aber in ihrer Abstraktheit einer Bebilderung entziehen. Infolgedessen werden Fernsehsendungen oft zu wenig informativen, schlecht gemachten Hörfunksendungen.

### 7.3.1 Sprache im Off

„Sprache im On" meint, dass der Sprecher/die Sprecherin im Bild zu sehen ist (engl. *on the screen* = auf dem Bildschirm); „Sprache im Off" bedeutet, dass die sprechende Person nicht im Bild zu sehen ist (engl. *off the screen* = außerhalb des Bildschirms). Ein ausgewogenes Mischungsverhältnis zwischen Sprache im „On" und „Off" ist durch einen durchdachten Videoschnitt herzustellen. Dabei gilt, dass interviewte Personen nicht zu lange im „Off" reden sollten.

Auch Gedanken eines Protagonisten können rein akustisch durch Sprache im Off vermittelt werden. Zuschauer fassen diese als „innere" bzw. fiktive Stimme auf, falls eine solche Off-Information durch einen akustischen Effekt wie z. B. Hall leicht verfremdet wird. Ein Beispiel findet sich in der Autofahrtsequenz des Spielfilms „Psycho" (Regie: Alfred Hitchcock, 1960). Dort sind die Gedanken Marion Cranes über vermeintliche Aussagen anderer Personen als fiktive Stimmen zu hören. Ebenso kann die Stimme eines Briefschreibers im Off zu hören sein, wenn dessen Brief im Bild sichtbar von einer anderen Person gelesen wird.

### 7.3.1.1 Inhalt von Off-Kommentaren

„Texten kann man vernünftigerweise erst dann, wenn Bild und Geräusch im Schnitt schon ein Ganzes bilden und wenn der Rhythmus des Films feststeht" (Blaes 1997, S. 366). Das Texten erfolgt also am besten nach dem Beenden des Videoschnitts. Nur dann kann auf die Bildfolge reagiert und zeitlich angepasster Text entworfen werden. „Auch der Text benötigt eine Form: das Textmanuskript. [...] Üblicherweise haben gute Textmanuskripte zwei Spalten: links auf der Seite stehen Angaben zu Zeit und Bild, auch die Inserts und Unterblender, rechts stehen die Angaben zu den Geräuschen und Musiken und der Text" (Blaes 1997, S. 366 f.).

Jeder Off-Kommentar benötigt einen bildlichen Vorlauf. Er darf also prinzipiell nicht zeitgleich mit dem ersten Bild beginnen. Die Zuschauer müssen die Gelegenheit erhalten, sich auf den Beitrag einzustellen, bevor der Text einsetzt. Gute Off-Kommentare knüpfen inhaltlich an einen Begriff an, der am Beginn der Bildsequenz für die Zuschauer leicht zu erkennen ist, und ergänzen dadurch die Informationen aussagekräftig montierter Bildeinstellungen. Danach kann die zu vermittelnde Information über detaillierte textliche Erläuterungen, die bildlich nicht zu sehen sein müssen, vertieft werden.

Nach dem Ende des Off-Kommentars sollten mindestens noch eine Sekunde lang zugehörige Bilder zu sehen sein, damit eine Sequenz nicht zu abrupt endet und ungestörte Über- bzw. Ausblendungen möglich sind. Ein Off-Kommentar darf also prinzipiell nicht zeitgleich mit dem letzten Bild enden.

Videofilme sollen keinen unverbindlichen Bilderteppich zeigen, sondern eine Story erzählen, die die Zuschauer verstehen. Ein Off-Kommentar muss immer wieder inhaltlich an die jeweils gezeigten Bilder anknüpfen. Der gesprochene Text soll dabei die Bilder jedoch nicht platt beschreiben. Es dürfen demnach keine detaillierten Off-Kommentare über Dinge zu hören sein, die die Zuschauer im Detail sehen können. Ein Off-Kommentar soll die Bildinformation nicht wiederholen, sondern sinnvoll ergänzen. Videofilme vermitteln nur dann fundierte Informationen, wenn zu hörende textliche und zu sehende bildliche Elemente übereinstimmen. Fehlende Beziehungen oder Widersprüche zwischen Off-Kommentar und Bild, die so genannten „Text-Bild-Scheren", verwirren die Zuschauer und erschweren das Verständnis des Gehörten und Gesehenen.

### 7.3.1.2 Gestaltung von Off-Kommentaren

Off-Kommentare „müssen leicht sprechbar und für das einmalige Hören geeignet sein. Der Text muß deshalb in sich schlüssig sein und einen einfachen Satzbau haben" (Ordolff 1997, S. 19). Im Off gesprochene Texte werden hörverständlicher bei Beachtung folgender Punkte (vgl. Ordolff 1997, S. 19 ff.):

a) Stets einfache, unverschachtelte und kurze Sätze bilden. Möglichst nur eine neue Information pro Satz. Vorwegnahmen, Rückbezüge und Einschiebungen sind in den einzelnen Sätzen zu vermeiden.
Falsche Formulierung: Der Bundespräsident, der vorgestern seinen Staatsbesuch in Israel begonnen hatte, besuchte gestern die Gedenkstätte Yad Vashem und hielt anschließend in der Knesset eine Rede.
Korrekte Formulierung: Der Bundespräsident begann vorgestern seinen Staatsbesuch in Israel. Er besuchte gestern die Gedenkstätte Yad Vashem. Anschließend hielt er im israelischen Parlament eine Rede.

b) Hauptaussage nach hinten stellen.
Falsche Formulierung: Häufig ist Übermüdung Ursache von schweren Verkehrsunfällen.
Korrekte Formulierung: Ursache von schweren Verkehrsunfällen ist häufig Übermüdung.

c) Hilfsverb und Partizip gehören zusammen.
Falsche Formulierung: Die Finanzierung der Krankenkassenbeiträge ist auch nach den neuen Plänen, die das Gesundheitsministerium gestern vorstellte, weiter umstritten.
Korrekte Formulierung: Die Finanzierung der Krankenkassenbeiträge ist weiter umstritten. Daran ändern auch die neuen Pläne nichts, die das Gesundheitsministerium gestern vorstellte.

d) Infinitivkonstruktionen vermeiden.
Falsche Formulierung: Der Abgeordnete warf der Ministerin vor, von Problemen im Regierungslager auf Kosten der CDU ablenken zu wollen.

Korrekte Formulierung: Der Abgeordnete machte der Ministerin schwere Vorwürfe. Er äußerte, dass sie von Problemen im Regierungslager auf Kosten der CDU ablenken wolle.

e) Nominalstil vermeiden.
Falsche Formulierung: Die Schaffung von neuen Arbeitsplätzen, die Sicherung der Renten und die Minderung der Umweltbelastung seien die zentralen Herausforderungen an die Politik der Bundesregierung.
Korrekte Formulierung: Neue Arbeitsplätze schaffen, die Renten sichern und die Umweltbelastung mindern: Dies seien die zentralen Herausforderungen an die Politik der Bundesregierung.

f) Adjektive sparsam einsetzen.
Falsche Formulierung: Der Wirbelsturm „David" verursachte schwere verheerende Verwüstungen im südlichen Teil Floridas.
Korrekte Formulierung: Der Wirbelsturm „David" verwüstete den südlichen Teil Floridas.

g) Partizipien vermeiden.
Falsche Formulierung: Der gestern vom Parlament verabschiedete Gesetzentwurf zur Reform der Rentenversicherung wurde von der Opposition nachdrücklich unterstützt.
Korrekte Formulierung: Das Parlament verabschiedete gestern den Gesetzentwurf zur Reform der Rentenversicherung. Der Gesetzentwurf wurde von der Opposition nachdrücklich unterstützt.

h) Fremd- und Fachwörter vorsichtig einsetzen bzw. durch deutsche Bezeichnungen ersetzen.
Falsche Formulierung: Die Meningitis trat infolge einer Infektion mit Micrococcus-intracellularis-Erregern auf.
Korrekte Formulierung: Die Gehirnhautentzündung trat infolge einer bakteriellen Infektion auf.

i) Zahlenangaben möglichst veranschaulichen und ab- oder aufrunden.
Falsche Formulierung: Die mit Schwermetallen verseuchte Fläche beträgt 14280 Quadratmeter.
Korrekte Formulierung: Die mit Schwermetallen verseuchte Fläche entspricht der Größe von zwei Fußballfeldern.

j) Abkürzungen auflösen.
Falsche Formulierung: Die UNICEF beklagte die immer noch zu hohe Kindersterblichkeit in großen Teilen Afrikas, insbesondere in der Sahel-Zone.

Korrekte Formulierung: Das Kinderhilfswerk der Vereinten Nationen beklagte die immer noch zu hohe Kindersterblichkeit in großen Teilen Afrikas, insbesondere in der Sahel-Zone.

Allgemeine Verständlichkeitsregeln beim Hören von Off-Kommentaren sind:
- Aktive Verbformen sind besser als passive.
- Konkrete inhaltliche Formulierung ist besser als abstrakte.
- Bejahte Sätze sind verständlicher als verneinte. Doppelte Verneinung ist völlig zu vermeiden.

„Jemand, der etwas erzählt oder mitteilt, [...] tut das in der Regel sehr viel anschaulicher und spannender, als wenn er etwas vorliest. Und zwar auch dann, wenn er den Text, den er vorliest, selbst geschrieben hat. [...] Es sieht so aus, als ginge uns auf dem Weg über das geschriebene Wort etwas verloren" (Rossié 2000, S. 7). Texte sollten demnach so gelesen werden, als seien sie frei gesprochen. Dies ist allerdings leichter gesagt als getan, denn diese Art des Vorlesens erfordert sprachtechnische Routine. So ist beim lauten Lesen eines Off-Kommentar-Manuskripts eine natürliche Sprechstimmlage und eine angepasste Sprechgeschwindigkeit zu wählen. Nicht nur deutliches Artikulieren und die richtige Atemtechnik, sondern auch sinnvolle Betonungen und das Pausieren an den richtigen Stellen sind dabei entscheidende Kriterien.

Hilfreich sind so genannte „Sprechzeichen" im Manuskript, die beim Durcharbeiten eines zu sprechenden Textes mit Bleistift in den Text einzutragen sind. Notwendige Atem- und Staupausen, Betonungen sowie das Auf und Ab der Stimme sind durch solche Sprechzeichen sofort wieder erkennbar. Erfahrene Sprecher nutzen möglichst viele der folgenden Gestaltungselemente, wenn nicht nur reine Informationen, sondern auch Gefühle sprachlich vermittelt werden sollen: Betonungen, Pausen, Tempo, Lautstärke, Melodie, Stimmlage, Rhythmus und Stimmfarbe (vgl. Rossié 2000, S. 143).

## 7.3.2  Verwendung von Geräuschen

Schlechter oder fehlender Originalton verführt Videofilm-Amateure beim Videoschnitt häufig dazu, Videofilmbilder einfach mit Musik zu unterlegen. Der entstehende „Musikteppich" kaschiert die vorhandenen Tonmängel jedoch nicht.

Leider nimmt ein schlecht gestalteter Ton nicht nur Videofilm-Amateurproduktionen, sondern auch vielen professionellen Dokumentarfilmen ihre Spannung und Wirkung. Nur bei Videofilmaufnahmen mit einem realistischen Klangbild werden die visuellen Eindrücke durch die hörbaren Geräusche verifiziert, d. h. die bereits grundsätzlich vorhandene Glaubwürdigkeit der visuellen Aufnahme durch das Geräusch verstärkt oder bestätigt (vgl. Kramarek 1986, S. 107).

Werden in einem Dokumentarfilm zusammenhanglose Bilder zu einer Sequenz zusammengefügt, ergibt aber selbst die Verwendung guter Originaltöne keinen rechten Sinn. Diese prinzipielle Problematik aller Dokumentarfilme animierte britische Dokumentarfilmregisseure schon in den dreißiger Jahren des 20. Jahrhunderts zum intensiven Experimentieren mit kommentierenden Geräuschen. Sie schenkten dem Ton große Aufmerksamkeit, um den Gesamteindruck ihrer Dokumentarfilme zu bereichern.

Geräusche werden im Film generell übertrieben, d. h. sie werden während der Tonmischung mit unnatürlich hohen Tonpegeln beigemischt. Weil auf der Tonebene das wichtigste Geräusch der gerade ablaufenden Handlung akustisch hervorgehoben werden soll, sind Geräusche selektiv einzusetzen. Es gilt die Devise: „Weniger ist mehr!". Genau wie in der Bildgestaltung „liegt das Geheimnis auch beim Ton in der Ausschließlichkeit der Anwendung, also in einem rein zweckgebundenen und deshalb möglichst sparsamen Einsatz der Mittel. Jede Geräuschüberlastung führt nur zu einem höheren Grundpegel, der durch einen geringer werdenden Störabstand die differenzierte Wirkung des Einzelgeräusches mindert" (Kramarek 1986, S. 107 f.). Zuschauer nehmen bei der Rezeption nicht bewusst wahr, dass gezielt beim Tonschnitt Geräuschselektionen und während der Tonmischung Pegelanpassungen vorgenommen wurden.

Auch Stille kann akustisch verdeutlicht werden. „Stille ist eine aktive Wahrnehmung und stets bedeutungsvoll. In Tonmischungen findet sie deshalb nicht einfach statt, weil es gerade keinen Dialog gibt oder keine Geräusche, sondern grundsätzlich nur als bewusst eingesetztes Gestaltungsmittel mit starker Wirkung. Stille ist nicht gleichbedeutend mit ‚kein Ton‘, mit einem völligen Fehlen von Geräuschen. Denn vollständige Stille leitet die Aufmerksamkeit auf die eigenen Körpergeräusche, was nicht erwünscht sein kann. Deshalb muss Stille immer einen Rest an Geräuschen oder auch Musik enthalten" (SRT 2000c, S. 476 f.). Aus diesem Grund wird für Stille entweder die Atmo verwendet oder es werden Geräusche akustisch herausgearbeitet, die nur bei Stille zu hören sind, wie z. B. das Ticken einer Uhr, das Tropfen eines Wasserhahns oder das Zirpen eine Grille.

Wie bedeutungsvoll Geräusche sein können, lässt sich am Beispiel des Spielfilms „Die Ferien des Monsieur Hulot" (Regie: Jacques Tati, 1953) belegen. Tati verstand es perfekt, Geräusche als dramaturgisches

Mittel pointiert einzusetzen, ohne dass dabei unnatürliche Wirkungen entstanden.

### 7.3.3 Verwendung von Atmo

Die Atmo charakterisiert akustisch ein bestimmtes räumliches Umfeld und verbessert als unterlegter Ton nicht nur die akustische Ebene, sondern vermittelt auch einen realitätsnäheren visuellen Eindruck.

Liegen nur Naheinstellungen, die keine überlappenden Bildinhalte aufweisen, als Bildmaterial vor, so kann mit Hilfe der Atmo die Kontinuität der aufeinander folgenden Naheinstellungen sichergestellt werden. Die Atmo muss keinen direkten Bezug zur einzelnen Einstellung haben, sondern ist inhaltlich an die gesamte Sequenz gebunden. Die Atmo kann auch einen Raum- und Zeitwechsel ausdrücken, ohne dass die Bildgestaltung mit diesem Problem belastet wird.

Ein mustergültiges Beispiel für den Atmo-Einsatz findet sich im Spielfilm „Die Ferien des Monsieur Hulot" (Regie: Jacques Tati, 1953). Die dort zu hörende Strand-Atmo vermittelt mit dem Stimmengewirr der Strandbesucher, mit Kindergeschrei und mit Wellenrauschen einen überzeugenden Eindruck vom Ort des Geschehens.

### 7.3.4 Verwendung von Musik

Ein Fernseh- oder Spielfilm stellt ähnlich wie eine Oper ein Auge und Ohr ansprechendes Medium dar, das aus der künstlerischen Perspektive als Gesamtkunstwerk, aus der technischen Perspektive als multimedial bezeichnet werden kann. Bild und Ton sind also beim Film auf das Engste verknüpft:

- Bei einer parallelen oder paraphrasierenden Bild-/Ton-Beziehung erzählt der Ton das, was auch schon sichtbar ist, nochmals nach. So enthält nach diesem Muster beispielsweise eine Verfolgungsszene hektische Musik, eine Liebesszene erotisch sinnliche Musik. Der Sound bestätigt auf diese Weise die Handlung (Stichwort: Stimmungszauber). Gelegentlich bekräftigt auch die Handlung den Sound (Stichwort: „Mickey-mousing"). Der Hollywood-Tonstil in den dreißiger Jahren das 20. Jahrhunderts war ausgesprochen parallel. Die Musik der Hollywood-Filme dieser Zeit charakterisierte und beeinflusste emotional sämtliche Filmszenen.
- Bei einer kontrapunktierenden Bild-/Ton-Beziehung widerspricht der Ton scheinbar dem Bild. Er kann dadurch Interesse erwecken und ein begleitendes Nachdenken stimulieren. „In den experimentierfreudigen sechziger und siebziger Jahren gab der

kontrapunktische Ton dem zeitgenössischen Stil der Filmmusik eine ironische Note. Oft wurde der Soundtrack als dem Bild gleichwertig, aber andersartig angesehen. [...] In den achtziger Jahren kehrte Hollywood zu programmatischer Musik zurück" (Monaco 2000, S. 217).

„Diegetisch sind alle Töne oder sonstigen Elemente, die zum realistischen Kosmos der Fiktion gehören – also zum Beispiel Musik, die von den Protagonisten selbst gespielt oder gesungen wird; nicht-diegetisch sind kommentierende Zusätze oder Einschübe – also zum Beispiel die im Film übliche Hintergrundmusik, die außerhalb des fiktionalen Kosmos steht und von den fiktionalen Charakteren nicht gehört wird" (Beller 1999, S. 219).

„Die atmosphärische Wirkung von Filmmusik ist äußerst vielschichtig. Denn durch sie lassen sich nicht nur Aussagen über das Handlungsklima, das Milieu sowie Raum-Zeit-Konstituenten treffen" (Keller 2000, S. 48), sondern auch über das Filmgenre (Komödie, Thriller, Liebesromanze etc.) an sich. Musik ersetzt im Film nicht nur einfach eine fehlende Geräuschkulisse, sondern vermittelt atmosphärische Stimmungen und Emotionen. Neben der Verstärkung bestimmter Bildaussagen sind es vor allem das Anzeigen von Spannung oder Entspannung sowie das Deutlichmachen von Gefühlen wie Angst, Stress, Sympathie, Freude oder Trauer, die den Einsatz von Musik sinnvoll machen. Gerade weil „die Musik eine solche emotionale Kraft besitzt, erhält die Beziehung zwischen Bild und Filmmusik eine außerordentlich große Bedeutung" (Armer 2000, S. 427).

Im Spielfilm „Der weiße Hai" (Regie: Steven Spielberg; Musik: John Williams; 1975) werden die Hai-Attacken durch Kontrabass-Musik angekündigt bzw. begleitet. Diese Filmmusik ist in Kombination mit geschickter Bildführung (z. B. Einsatz von Naheinstellungen) derart nervenaufreibend, dass bei den Zuschauern unweigerlich Anspannung bzw. Angst erzeugt wird, obwohl in den ersten dieser Szenen überhaupt noch kein Hai zu sehen ist. Damit erfolgt eine regelrechte Konditionierung der Zuschauer. Der Schreck im weiteren Verlauf des Films ist umso größer, weil der Hai plötzlich ohne Musikvorankündigung auftaucht. Die gelungene filmische Kombination von Bild und Musik hatte einen bedeutenden Anteil am Erfolg dieses Spielfilms.

Die emotionale Kraft der Musik kann biologisch erklärt werden, denn das Ohr „ist weniger mit dem (für intelligente Leistungen zuständigen) Großhirn, sondern mit dem für das Emotionale und Affektive zuständige Stammhirn (z. B. Thalamus und limbischem System) verknüpft. [...] Das emotional-unbewußte Erfassen der Umwelt und das

Fühlen sind die Aufgaben des auditiven Sinnes" (Schneider 1990, S. 64).
Filmmusik „wirkt häufig besonders dort, wo sie in ihrer Eigenständig-
keit nicht bemerkt wird, sondern sich in das filmische Geschehen ein-
schmiegt und ihm dadurch zugleich einen besonderen Akzent gibt"
(Hickethier 1996, S. 95). „Die unter- und unbewußte Wahrnehmung von
Filmmusik besagt nichts über einen untergeordneten Stellenwert innerhalb der Filmdramaturgie. Je unbewußter Musik wirkt, desto mehr kann
sie den Bildbetrachter in einem vom Filmemacher gewünschten Sinne
konditionieren und seine Rezeption des Bildes stimulierend lenken"
(Schneider 1990, S. 72).

„Auffällig ist, daß Filmmusik – in deutlicher Anlehnung ans Opern-
metier – in der überwiegenden Zahl aller Handlungen als akustische Vor-
botin geschickt wird" (Keller 2000, S. 48). Was Richard Wagner in seinen
Opern praktiziert hatte, machte auch in Hollywood Schule. So war beispielsweise der opulente Sound in „Vom Winde verweht" (Regie: Victor
Fleming; Originalmusik: Max Steiner; 1939) „mit seinen leitmotivischen
Verweisen und seiner Klanglichkeit allgemein an der Oper des 19. Jahrhunderts orientiert" (Keller 2000, S. 119). Diese Art von Filmmusik, die so
genannte „Mood-Technik", erzeugte beim Publikum u. a. mit populären
volkstümlichen Melodien (z. B. „Swanee River" und „Yankee Doodle") starke
emotionale Empfindungen. Auch Jahrzehnte später setzte z. B. der Spielfilm „Jenseits von Afrika" (Regie: Sydney Pollack; Originalmusik: John
Barry; 1985) diese Mood-Technik erfolgreich ein.

Dass Filmmusik aber auch unaufdringlich wirkungsvoll eingesetzt
werden kann, hatte schon 1941 der Spielfilm „Citizen Kane" (Musik:
Bernard Herrmann) bewiesen. In der Frühstück-Sequenz wird in sechs
kurzen Episoden innerhalb von 120 Sekunden Dauer die Geschichte
von Kanes erster Ehe erzählt. „Die Dialoge, das Tempo der Schnitte, die
Musik und das Spiel der Schauspieler (und nebenbei auch die Kleidung)
signalisieren in jeder Episode den genauen Stand der Beziehung" (Reisz
1988, S. 84). Die sechs Varianten der Filmmusik unterstützen dezent die
Deutlichmachung des Zerfalls dieser Ehe.

„Wenn auf Musik geschnitten wird, dann nur in seltenen Fällen so exakt,
daß die ‚Eins' eines Taktes mit dem Bildschnitt zusammenfällt" (Schneider 1990, S. 118). „Je synchroner Bild und Musik geschnitten sind, desto
mehr ergibt sich das mechanistische Mickey-mousing" (Schneider 1990,
S. 119). Problematisch wird die Synchronität bei Hollywood-Dokumen-
tarfilmen wie „Die Wüste lebt" (Regie: James Algar, 1953). In dieser oscar-
prämierten Walt-Disney-Produktion sind realistische Tieraufnahmen
derart geschnitten, dass, „entgegen aller Wahrscheinlichkeit, die sich
ergebenden Szenen den von der vertrauten Begleitmusik erweckten

Erwartungen entsprechen. Wie Sportler tanzen oder gleiten Tiere einen Abhang hinunter, in völliger Übereinstimmung mit Melodien, die genau diese Tätigkeiten suggerieren. Es ist Ulk – mit musikalischen Klischees und Filmtricks fabrizierter Ulk" (Kracauer 1985, S. 195).

Vorsicht ist bei der Wahl von Liedern geboten, die anstelle eines Off-Kommentars stehen. Diese Lieder vermitteln eigene Botschaften, die im Detail möglicherweise so nicht gewünscht sind. Viele Lieder wirken häufig auch einfach platt bzw. verbraucht, weil sie schon zu häufig im Fernsehen zu hören waren. Wenn zu Klischee erstarrte „Melodien mit den entsprechenden Bildern synchronisiert werden, rufen sie automatisch stereotype Reaktionen hervor. Ein paar Takte aus dem Hochzeitsmarsch von Mendelssohn genügen, um den Zuschauer davon in Kenntnis zu setzen, daß er einer Hochzeit beiwohnt, und alle Bilder aus seinem Bewußtsein zu verdrängen, die sich nicht direkt auf diese Zeremonie beziehen oder seinen vorgefaßten Begriffen von ihr widersprechen" (Kracauer 1985, S. 195).

Bei der Zusammenstellung der Musikstücke zu einer Musikdramaturgie ist stets zu überprüfen, ob die Klangfarbe, das Grundtempo bzw. die Grundstimmung, die Länge der Phrasen zu den Filmbildern passen. Auch das mögliche Assoziationsfeld um die ausgewählten Musiktitel ist zu überdenken. Dies gilt besonders für aktuelle Hits, die häufig eng mit den Bildern der speziell dafür produzierten Videoclips verkoppelt sind. Ein ähnlicher Effekt tritt auf, wenn Musikstücke aus bekannten Spielfilmen Verwendung finden. So assoziiert z. B. das Klarinettenkonzert von Mozart bei vielen Zuschauern Bilder aus dem Spielfilm „Jenseits von Afrika" (Regie: Sydney Pollack, 1985). Von der Verwendung bekannter Melodien als Filmmusik ist deshalb abzuraten.

# Glossar

**Akt** (lat. *actus* = Handlung): größte, die Handlung des Dramas gliedernde Einheit. Die deutsche Bezeichnung „Aufzug" weist auf die ursprüngliche „Bedeutung des Worts, nämlich die bühnentechnische Unterbrechung des Handlungsablaufs zum Kulissenwechsel und das darauffolgende Aufziehen des Vorhangs, hin. Ein A. war somit ein rein räumliches Gliederungselement. Mit der Einführung des Zwischenvorhangs 1770 erlangte der A. eine mehr dramatische Funktion" (Brauneck 1986, S. 46).

**Allegorie** (gr. *allegorein* = anders reden, bildlich reden): bildliche Darstellung eines Gedankens oder Begriffs. Eine Allegorie tritt z. B. in Form der Personifikation auf (Liebe als Amor).

**Antagonist** (gr. *anti* = gegen und gr. *agonistes* = Kämpfer): Gegner, Gegenspieler, Widersacher.

**Arrangement** (frz. *arrangement* = Anordnung, Einrichtung): heute gebräuchlicher Fachterminus für die Gruppierung der Schauspieler und die Bewegungsabläufe auf der Bühne, die sich zusammen mit der Ausstattung und dem Bühnenbild zum vollen szenischen Bild verbinden.

**Auftritt:** „Gliederungseinheit der dramatischen Handlung, die den Personenwechsel auf der Bühne bezeichnet. Die seit dem 18. Jahrhundert im deutschen Drama zur Regel gewordene Zählung dieser kleinsten Handlungsabschnitte nach jedem Auftreten oder Abgehen eines Schauspielers wurde im modernen Drama aufgegeben" (Sucher 1996, S. 38).

**Darsteller:** Verkörperer einer prägnanten Figur, der in der Regel nicht aus der Schauspielzunft stammt. Das unverfälschte Gesicht sollte im Film nicht durch einen Menschen gegeben werden, der sich in eine Rolle hineinversetzt, sondern der diese Figur selbst lebt. Zwischen den Bezeichnungen „Schauspieler" und „Darsteller" sollte deshalb klar unterschieden werden.

**Denotation** (lat. *denotare* = bezeichnen, kenntlich machen, hinweisen): Grundbedeutung; der begriffliche Bedeutungskern eines Wortes oder einer filmischen Einstellung.

**Drama** (gr. *drama* = Handlung): Je nach Ausgang des Stücks werden die drei Hauptrichtungen Tragödie, Komödie und Schauspiel unterschieden.

**Dramaturgie:** Theorie der Wirkungsgesetze, Regeln und Bauformen des Dramas. Der Begriff Dramaturgie wurde in diesem Sinn von Lessing in seiner „Hamburgischen Dramaturgie" (1767/69) verwendet.

**Ellipse** (gr. *elleipein* = unterlassen, auslassen): Auslassung eines Handlungsteils, der für das Handlungsverständnis nicht zwingend erforderlich ist. Die durch die Ellipse entstehenden Raum- und Zeitsprünge fallen meist nicht auf, da die Handlungslücken von den Zuschauern aufgrund persönlicher Erfahrung gefüllt werden.

**Exposition** (lat. *expositio* = Darstellung, Darlegung): Einführung in die Dramenhandlung.

**Ikon** (gr. *eikon* = Bild, Abbild): Gemäß Peirce (1839-1914) gibt es die Zeichentypen Ikon (z. B. Fotografie, Diagramm, geometrische Figur), Index (z. B. Landkarte, Wegweiser) und Symbol (z. B. wissenschaftliche Formel, Christuskreuz).

**Inszenierung**: Das moderne Regietheater versucht beim In-Szene-setzen (frz. *mise en scène*) die Handlungsschauplätze möglichst authentisch wiederzugeben.

**Katharsis** (gr. *katharsis* = Reinigung): gemäß Aristoteles die Läuterung des Zuschauers.

**Katastrophe** (gr. *katastrephein* = umkehren, umwenden): entscheidende Wendung, die den Untergang des Protagonisten und die Lösung des Konflikts herbeiführt.

**Klimax** (gr. *klimax* = Treppe, Leiter): Stilmittel der Steigerung.

**Komödie** (gr. *komoidia* = das Singen eines komos; gr. *komos* = fröhlicher Umzug, lärmende Schar, festlicher Gesang): dramaturgische Gestaltung einer Verwicklung, die auf ironisch-satirische oder humorvolle Art (Lustspiel) durch Aufdeckung menschlicher Schwächen positiv gelöst wird. Als Lustspiel werden in Deutschland die Stücke bezeichnet, in denen Heiterkeit und Humor, nicht aber Komik, scharfer Witz oder Satire vorherrschen.

Schon in der Antike fand innerhalb des Theaters sowohl Belehrung als auch Unterhaltung der Zuschauer statt. Griechische Dramen belehrten und belustigten in Form der Tragödien und Komödien. Im Jahre 486 v. Chr. – etwa fünfzig Jahre später als die Tragödie – wurde die Komödie Teil des offiziellen Festprogramms von Athen. In der „alten" (archaia) und „mittleren Phase" (mese) der klassischen griechischen Komödie „kann man von einem vitalen, derben Spiel voll Wortwitz und – im übertragenen und wörtlichen Sinn – voll Schlagfertigkeit ausgehen" (Sucher 1996, S. 383).

Im Spätmittelalter und in der frühen Neuzeit bezogen französische Theaterstücke aus dem Spektakulären und Außergewöhnlichen die stärksten Effekte. Besonders beliebt war die Farce, eine komische Gattung des profanen Dramas. Themenkreise der Farce waren insbesondere verwickelte Ehesituationen (Dreieckskonstellationen) und Spott über bestimmte Berufsgruppen (Kaufleute, Geistliche, Juristen etc.). Eine Variante war dabei der betrogene Betrüger.

Starken Einfluss übten Farcen auf die Handlungsverläufe der italienischen *Commedia dell' Arte* aus. Diese entstand Mitte des 16. Jahrhunderts in Venedig und feierte durch die Tätigkeit italienischer Berufsschauspieler in ganz Europa Erfolge. Der Erfolg der *Commedia dell' Arte* ruhte vor allem auf den typischen Wirkungsmitteln des Stegreifspiels, sodass eine durchgehende Handlung, meist eine Liebesintrige, als Vorwand für die Aneinanderreihung möglichst vieler komischer Nummern dienen konnte. Während die Auswahl und Ausgestaltung der komischen Effekte von der spontanen Erfindungskraft der Akteure abhingen, wurde immer wieder auf erprobte Grundmuster menschlicher Schwächen bestimmter Figurentypen zurückgegriffen.

Der „Hanswurst" tauchte bei englischen Komödianten als Wursthänsel auf und wurde in den Hanswurstiaden der deutschen Wandertruppen des 18. Jahrhunderts zur stehenden Figur. Der Begriff „Posse" fand ab Ende des 17. Jahrhunderts im Zusammenhang mit dem deutschen Wandertheater Verwendung und bezeichnete eine grobkomische Komödienform, die mit zahlreichen Unflätigkeiten und Obszönitäten aufwartete. Infolge der im 17. Jahrhundert in Frankreich eingeführten Regeln der „*Doctrine classique*" wurden an französischen Theatern Unanständigkeiten und Grobheiten untersagt. Da das absolutistische Frankreich als Vorbild für andere europäische Staaten diente, verloren Possen auch in Deutschland an Bedeutung. Nur die im 19. Jahrhundert in verschiedenen deutschen Städten entstandenen Lokalpossen (z. B. Niebergalls „Datterich" in Darmstadt) konnten die Tradition der Posse in begrenzter Form fortsetzen.

**Konflikt** (lat. *conflictus* = Zusammenstoß, Kampf): Streit, Zwiespalt.

**Konnotation** (lat. *con* = mit und lat. *notare* = bezeichnen, kennzeichnen): Nebenbedeutung; der über den begrifflichen Bedeutungskern hinausgehende emotionale, subjektive und assoziative Vorstellungsgehalt eines Wortes oder einer filmischen Einstellung. Die konnotative Bedeutung einer filmischen Einstellung kann nur erfasst werden, wenn sozusagen hinter die dargestellten Dinge geschaut und dabei gefragt wird, was sie im jeweiligen Zusammenhang sonst noch besagen könnten. Der Film ist „ein Medium, das mit Erweiterungen und Indizes arbeitet. Ein großer Teil seiner Bedeutung entspringt nicht dem, was wir sehen oder hören, sondern dem, was wir nicht sehen, oder, genauer gesagt, einem fortlaufenden Prozeß des Vergleichs zwischen dem, was wir sehen, und dem, was wir nicht sehen. Dies entbehrt nicht der Ironie, wenn man bedenkt, daß der Film auf den ersten Blick eine Kunst ist, die viel zu augenscheinlich ist, eine Kunst, die oft dafür kritisiert wird, «daß sie nichts der Phantasie überläßt». Genau das Gegenteil ist der Fall. In einem Film strenger Denotation werden die Bilder und der Ton leicht und direkt verstanden.

Aber es gibt nur wenige Filme, die streng denotativ sind; die meisten sind zwangsläufig konnotativ" (Monaco 2000, S. 168 f.). Weil Fritz Lang das Sterben eines Kindes nicht direkt zeigen wollte, wählte er in seinem Spielfilm „M – Eine Stadt sucht einen Mörder" (1931) eine konnotative Darstellungsweise. „Als das Kind in M getötet wird, rollt ein Ball aus einem Strauch hervor und bleibt liegen. Die Kamera fährt hoch, und im selben Moment steigt der Ballon, den der Mörder dem Kind gekauft hat, in den Himmel auf, streift eine Stromleitung, bleibt einen Augenblick hängen und verschwindet dann" (Bogdanovich 2000, S. 225).

**Krise** (gr. *krisis* = Entscheidung, entscheidende Wendung): Phase eines Prozesses, in der sich nach einer Zuspitzung der Situation die weitere Entwicklung entscheidet.

**Linguistik** (lat. *lingua* = Zunge, Sprache): Sprachwissenschaft.

**Melodrama**: Rührstück.

**Metapher** (gr. *metaphérein* = anderswohin tragen): Die Metapher dient dank ihrer Bildhaftigkeit besonders der Veranschaulichung von Geistigem. Es findet eine Ersetzung des „eigentlichen" durch einen „uneigentlichen" ähnlichen Begriff statt. Werden solche Ersetzungen über das Einzelwort hinausgeführt, entstehen Allegorien.

**Metonymie** (gr. *meta* = mit; inmitten, zwischen; nach, hinter; gemäß und gr. *onoma* = Name): Umbenennung, d. h. es liegt eine Vertauschung der Benennung bei angrenzenden Begriffsbereichen vor (Bsp.: Stahl statt Schwert). Viele der alten Hollywood-Klischees sind metonymisch (die fallenden Kalenderblätter, die rollenden Räder einer Lokomotive etc.).

**Mythos** (gr. *mythos* = Wort, Rede, Erzählung, Fabel, Sage): Überlieferung, Sage.

**Parabel** (gr. *parabole* = Vergleichung): lehrhafte Erzählung, die eine allgemeine sittliche Wahrheit durch eine als Gleichnis zu deutende erdichtete Begebenheit veranschaulicht.

**Peripetie** (gr. *peripeteia* = plötzlicher Umschwung des Schicksals): Wendepunkt.

**Plot** (engl. *plot* = geheimer Plan): Ablauf der dramatischen Handlung (Entstehung und Lösung des Konflikts).

**Protagonist** (gr. *protos* = erster, vorderster und gr. *agonistes* = Kämpfer): Vorkämpfer, Bahnbrecher, Hauptdarsteller.

**Schauspiel**: dramaturgische Gestaltung eines Konflikts, der in ernster Grundstimmung positiv gelöst wird.

**Schauspieler**: zumeist vom Theater kommender professioneller Verkörperer verschiedenster Rollen.

**Semantik** (gr. *semantikos* = bezeichnend, bedeutend): Lehre von den Wortbedeutungen und Sachbezeichnungen.

**Semiotik** (gr. *semeion* = Zeichen): Lehre von den Zeichensystemen.

**Signifikant/Signifikat** (lat. *significare* = ein Zeichen geben, etwas anzeigen): Für den Sprachwissenschaftler Ferdinand de Saussure (1857–1913) bestand ein Zeichen aus der Zeichenbedeutung, dem Signifikat (Bezeichnetes), und dem Zeichenkörper, dem Signifikanten (Bezeichnendes). So bildet beispielsweise beim deutschen Wort „Pferd" die Folge der fünf Buchstaben P-f-e-r-d den Signifikanten; das Tier selbst ist das Signifikat. „Die Stärke der Sprachsysteme liegt darin, daß es einen großen Unterschied zwischen dem Signifikant und dem Signifikat gibt; die Stärke des Films ist es, daß es diesen Unterschied nicht gibt" (Monaco 2000, S. 160).

**Subplot** (lat. *sub* = unter, von unten und engl. *plot* = geheimer Plan): untergeordnete dramatische Handlung.

**Symbol** (gr. *symballein* = zusammenwerfen): ursprünglich ein Erkennungszeichen, das sich aus dem Zusammenfügen zweier Bruchstücke einer Schale ergibt. Später ein Sinnbild, das in seiner Ausdruckskraft den Inhalt eines vorgestellten Gegenstandes zur Anschauung bringt. Bsp.: das Kreuz als Symbol für das Christentum.

**Synekdoche** (gr. *synekdechesthai* = mit verstehen): Ein bestimmter Begriff wird durch einen enger („*Pars pro toto*", z. B. „Dach" für „Haus") oder weiter gefassten Begriff („*Totum pro parte*", z. B. „Katze" für „Löwe") ersetzt. Ein z. B. in Propagandafilmen oft genutzte Synekdoche waren Naheinstellungen marschierender Füße, um eine Armee zu repräsentieren.

**Syntax** (gr. *syntaxis* = Anordnung): Lehre vom Bau und der Verbindung von Sätzen.

**Szene** (gr. *skene* = Schattenraum, Zelt hinter der Bühne, Bühnengerüst): Handlungsabschnitt, der bei Shakespeare und im deutschen Drama seit dem 18. Jahrhundert das Geschehen zwischen zwei Schauplatzwechseln umfasst. So besteht beispielsweise Shakespeares „Romeo und Julia" aus vierundzwanzig Szenen innerhalb der fünf Akte.

**Tragödie** (gr. *tragos* = Bock und gr. *ode* = Gesang; Bocksgesang, Lied beim Opfer eines Bockes am Dionysosfest): auch Trauerspiel genannt. Dramaturgische Gestaltung eines unvermeidlichen und unausgleichbaren Konflikts, der zum Untergang des Helden führt.

**Trope/Tropus** (gr. *tropos* = Drehung, Wendung): Fachausdruck, der aus der Rhetorik stammt. Man versteht unter diesem Begriff Formen „uneigentlichen" Sprechens, bei denen es zur Vertauschung des eigentlichen Ausdrucks mit einem bildlichen Begriff kommt. Der gewählte „uneigentliche" Begriff drückt dadurch etwas anderes aus als sein „eigentlicher" Inhalt. Zu den Tropen zählen Metapher, Metonymie und Synekdoche.

# Literaturverzeichnis

**Ahnert 1993**   Ahnert, Wolfgang; Steffen, Frank : Beschallungstechnik: Grundlagen und Praxis. Stuttgart; Leipzig: Hirzel, 1993.

**Anfang 1994**   Anfang, Günther; Bloech, Michael; Hültner , Robert : Vom Plot zur Premiere. München: KoPäd, 1994.

**Appeldorn 1997**   Appeldorn, Werner van : Handbuch der Film- und Fernsehproduktion. 4., überarb. Aufl. – München: TR-Verlagsunion, 1997.

**Arijon 2000**   Arijon, Daniel : Grammatik der Filmsprache. Frankfurt a. M: Zweitausendeins, 2000.

**Aristoteles 1982**   Aristoteles  : Poetik. Stuttgart: Reclam, 1982.

**Armer 2000**   Armer, Alan A.: Lehrbuch der Film- und Fernsehregie. 3. Aufl. – Frankfurt a. M.: Zweitausendeins, 2000.

**Arnheim 1979**   Arnheim, Rudolf : Film als Kunst. Frankfurt a. M.: Fischer Taschenbuchverlag, 1979.

**Arnheim 1996**   Arnheim, Rudolf : Die Macht der Mitte: eine Kompositionslehre für die bildenden Künste. Köln: DuMont Buchverlag, 1996.

**Arnheim 2000**   Arnheim, Rudolf : Kunst und Sehen: eine Psychologie des schöpferischen Auges. 3., unveränd. Aufl. – Berlin; New York: de Gruyter, 2000.

**Arnheim 2001**   Arnheim, Rudolf : Anschauliches Denken. 8. Aufl. – Köln: DuMont Buchverlag, 2001.

**Bahr 1991**   Bahr , Heinz: Alles über Video: Anwendung – Systeme – Technik. Heidelberg: Hüthig, 1991.

**Beller 1999**   Beller , Hans (Hrsg.): Handbuch der Filmmontage. Praxis und Prinzipien des Filmschnitts. 3., durchges. Aufl. – München: TR-Verlagsunion, 1999.

**Bernath 1982**   Bernath, Konrad W.: Grundlagen der Fernseh-System- und Schaltungstechnik. Berlin, Heidelberg, New York: Springer, 1982.

**Bernert 2001**   Bernert, Brigitte; Wawrzyn, Lienhard : Beruf: Drehbuchautor. O. O.: 2001 (Online im Internet: URL: „http://www.drehbuchautoren.de/autor.htm". Abrufdatum: 21.4.2001).

**BMJ 2002**   BMJ: Gesetz über Urheberrecht und verwandte Schutzrechte. O. O.: 2002 (Online im Internet: URL: „http://jurcom5.juris.de/bundesrecht/urhg/index.html". Abrufdatum: 18.7.2002).

**Blaes 1997**   Blaes, Ruth; Heussen, Gregor Alexander (Hrsg.): ABC des Fernsehens. Konstanz: UVK Medien, 1997.

**Bogdanovich 2000**    Bogdanovich,  Peter : Wer hat denn den gedreht? Zürich: Haffmans Verlag, 2000.

**Borstnar 2002**    Borstnar , Nils; Pabst, Eckhard; Wulff, Hans Jürgen : Einführung in die Film- und Fernsehwissenschaft. Konstanz: UVK-Verlagsgesellschaft, 2002.

**Braun 1987**    Braun, Gerhard:  Grundlagen der visuellen Kommunikation. München: Bruckmann, 1987.

**Braun 2002**    Braun, Axel: Adobe Premiere 6: Ein Praxis-Workshop in Modulen. Gau-Heppenheim: Mediabook-Verlag, 2002.

**Brauneck 1986**    Br auneck, Manfr ed; Schneil in, Ger ar d: Theaterlexikon. Reinbek: Rowohlt, 1986.

**Brockhaus 1986**    Brockhaus Enzyklopädie in 24 Bänden. 19., völlig neubearb. Aufl. – Mannheim: Brockhaus, 1986–1996.

**Canon 1999**    Canon : DIGITAL-VIDEO-CAMCORDER Bedienungsanleitung Canon XM1 (PAL). Canon Inc., 1999.

**Dickreiter 1987**    Dickreiter , Michael : Handbuch der Tonstudiotechnik (Band 1). 5., völlig neubearb. u. erg. Aufl. – München; New York; London: Saur, 1987.

**Dickreiter 1995**    Dickreiter , Michael : Mikrofon-Aufnahmetechnik. 2., neubearb. u. erg. Aufl. – Stuttgart; Leipzig: Hirzel, 1995.

**Doelker 1999**    Doelker , Christian : Ein Bild ist mehr als ein Bild. 2., durchges. Aufl. - Stuttgart: Klett-Cotta, 1999.

**dtv-Brockhaus-Lexikon 1988**    dtv-Brockhaus-Lexikon in 20 Bänden. München: Deutscher Taschenbuch Verlag, 1988.

**Dunker 1993**    Dunker , Achim: Licht- und Schattengestaltung im Film. München: TR-Verlagsunion, 1993.

**Ettedgui 2000**    Ettedgui,  Peter : Filmkünste: Kamera. Rowohlt Taschenbuch Verlag: Reinbek bei Hamburg, 2000.

**Faulstich 1998**    Faulstich, Werner  (Hrsg.): Grundwissen Medien. 3., vollst. und stark erw. Aufl. – München: Fink, 1998.

**Field 2000**    Field, Syd: Das Handbuch zum Drehbuch. 12. Aufl. - Frankfurt a. M: Zweitausendeins, 2000.

**Freytag 1983**    Freyt ag, Gust av: Die Technik des Dramas. Stuttgart: Reclam, 1983.

**Fries 2002**    Fries, Christian : Mediengestaltung. München, Wien: Fachbuchverlag Leipzig im Carl Hanser Verlag, 2002.

**Ganslandt 1992**    Ganslandt, Rüdiger; Hofmann, Harald : Handbuch der Lichtplanung. Braunschweig/Wiesbaden: Vieweg, 1992.

**GEMA 2001**    GEMA: Musik für alle. O. O.: 2001 (Online im Internet: URL: http:// www.gema.de/information/musik_f_alle/verguetung.shtml". Abrufdatum: 30.4.2001).

**Goldstein 1997**    Goldstein, E. Bruce : Wahrnehmungspsychologie. Heidelberg; Berlin; Oxford: Spektrum, Akademischer Verlag 1997.

**Gombrich 1996**  Gombrich, Ernst H.: Die Geschichte der Kunst. Erweiterte, überarb. und neu gestaltete 16. Ausgabe – Berlin: Phaidon, 1996.

**Götz-Meyn 1998**  Götz-Meyn, Elmar; Neumann, Walter : Grundlagen der Video- und Videoaufzeichnungstechnik. Heidelberg: Hüthig, 1998.

**Gruber 1982**    Gruber, Bettina : DuMonts Handbuch der Video-Praxis. Köln: DuMont, 1982.

**Gumprecht 1999**    Gumprecht, Hans-Peter : Ruhe Bitte!: Aufnahmeleitung bei Film und Fernsehen. Konstanz: UVK Medien, 1999.

**Hant 2000**    Hant, C. P.: Das Drehbuch. 2. Aufl. – Frankfurt a. M: Zweitausendeins, 2000.

**Hentschel 1982**    Hentschel, Hans-Jürgen : Licht und Beleuchtung. 2., vollkommen überarb. Aufl. – Heidelberg: Hüthig, 1982.

**Herrmann 1983**    Herrmann, Urbi F.: Handbuch der Elektroakustik. 2., überarb. Aufl. – Heidelberg: Hüthig, 1983.

**Hedgecoe 1990**    Hedgecoe, John: Video kreativ. Hamburg: Interbook Verlagsgesellschaft, 1990.

**Hickethier 1996**  Hickethier , Knut : Film- und Fernsehanalyse. 2., überarb. Aufl. – Stuttgart; Weimar: Metzler, 1996.

**Hochmeister 1991**  Hochmeister , Günter von: Handbuch für den Filmvorführer. 3. Aufl. – München: Wirtschaftsverband der Filmtheater e. V. Bayern, 1991.

**Hüther 1997**    Hüther, Jürgen; Schorb, Bernd; Brehm-Klotz, Christiane (Hrsg.): Grundbegriffe Medienpädagogik. München: KoPäd Verlag, 1997.

**IRT 1996a**    Institut für Rundfunktechnik : Technische Richtlinien zur Herstellung von Fernsehproduktionen für ARD, ZDF und ORF. München: IRT, 1996.

**IRT 1996b**    Institut für Rundfunktechnik : Technische Pflichtenhefte der öffentlich-rechtlichen Rundfunkanstalten in der Bundesrepublik Deutschland – Anforderungen an Fernsehbild-Monitore (Pflichtenheft Nr. 8/10). München: IRT, 1996.

**ITU 1995**  ITU: Recommendation ITU-R BT.601.5. Genf: ITU, 1995.

**Jauernig 2000**    Jauernig, Isolde : Digitale nonlineare Postproduktion. Essen: edition filmwerkstatt, 2000.

**Kämmer 1994**    Kämmer, Bernhard : Das große 1x1 des Video-Filmens. München: Humboldt-Taschenbuchverlag, 1994.

**Kandorfer 1984**    Kandorfer , Pierre : DuMont's Lehrbuch der Filmgestaltung. Köln: DuMont, 1984.

**Katz 2000**  Katz, Steven D.: Die richtige Einstellung. 3. Aufl. – Frankfurt a. M: Zweitausendeins, 2000.

**Keller 2000**    Keller , Matthias : Stars and Sounds. 2. Aufl. – Kassel: Bärenreiter-Verlag, 2000.

**Kerstan 2000**    Kerst an, Peter : Der journalistische Film. Jetzt aber richtig. Frankfurt a. M.: Zweitausendeins, 2000.

**Kirschenmann 1998**  Kirschenmann, Johannes; Peez, Georg (Hrsg.): Chancen und Grenzen der Neuen Medien im Kunstunterricht. Hannover: BDK-Verlag, 1998.

**Kracauer 1985**  Kracauer , Siegfried : Theorie des Films. Frankfurt a. M.: Suhrkamp, 1985.

**Kramarek 1986**  Kramarek, Johannes; Pockrandt, Rainer; Kerst an, Peter : DuMont's Handbuch für praktische Filmgestaltung. Köln: DuMont, 1986.

**La Roche 2000**  La Roche, Walter von; Buchholz, Axel (Hrsg.): Radio-Journalismus. 7., völlig neu bearb. Aufl. – München: List Verlag, 2000.

**Making of 1999**    Making of … – Wie ein Film entsteht, Bd. 1. 2. Aufl. - Reinbek: Rowohlt Taschenbuchverlag, 1999.

**Making of 2000**    Making of … – Wie ein Film entsteht, Bd. 2. 2. Aufl. - Reinbek: Rowohlt Taschenbuchverlag, 2000.

**Mante 2000**  Mante, Harald : Das Foto. Gilching: Verlag Photographie, 2000.

**Mäusl 1991**  Mäusl, Rudolf : Fernsehtechnik. Heidelberg: Hüthig, 1991.

**Mehnert 1986**  Mehnert, Hilmar : Das Bild in Film und Fernsehen. Leipzig: VEB Fotokinoverlag, 1986.

**Millerson 1999**  Millerson, Gerald : Handbuch der Beleuchtungstechnik für Film- und Fernsehproduktionen Übersetzung der 3. Aufl. – Wesseling: Fachbuchverlag Andreas A. Reil, 1999.

**Möllering 1993**  Möllering, Detlef; Slansky, Peter C.: Handbuch der professionellen Videoaufnahme. Essen: edition filmwerkstatt, 1993.

**Monaco 2000**  Monaco, James: Film verstehen. Hamburg: Europa Verlag, 2000.

**Müller 1992**    Müller , Arnold  Heinrich : Der elektronische Schnitt. Hamburg: H. S. Hausemann Verlags- und Filmproduktionen, 1992.

**Neukirchen 2000**  Neukirchen, Dorothea : Vor der Kamera. Frankfurt a. M: Zweitausendeins, 2000.

**Oehrens 1994**  Oehrens, Eva-Maria et al.: Videogeschichten – Drehbuchschreiben mit Jugendlichen. Remscheid: Rolland, 1994.

**Ordolff 1997**  Ordolff, Martin, Wachtel, Stefan : Texten für TV: Leitfaden zu verständlichen Fernsehbeiträgen. München: TR-Verl.-Union, 1997.

**Rabiger 2000**  Rabiger, Michael : Dokumentarfilme drehen. Frankfurt a. M: Zweitausendeins, 2000.

**Raffaseder 2002**  Raffaseder , Hannes : Audiodesign. München, Wien: Fachbuchverlag Leipzig im Carl Hanser Verlag, 2002.

**Rehbinder 1996**  Rehbinder, Manfred : Urheberrecht. 9., völlig neubearb. Aufl. – München: Beck, 1996.

**Reil 2002**  Reil, Andreas A.: Das DV-System – DV, DVCAM und DVCPro im praktischen Einsatz. Gau-Heppenheim: Mediabook-Verlag, 2002.

**Reisz 1988**  Reisz, Karel;  Millar , Gavin : Geschichte und Technik der Filmmontage. München: Filmlandpresse, 1988.

**Ribbeck 1990**  Ribbeck, Dietrich  von : Filmproduktion verstehen. München: TR-Verlagsunion 1990.

**Röll 1998**  Röll,  Franz Josef: Mythen und Symbole in populären Medien. Frankfurt a. M: Gemeinschaftswerk der Evang. Publizistik, 1998.

**Rossié 2000**  Rossié, Michael : Sprechertraining. München: List, 2000.

**Sachtler 2002**  Sachtler : R21D MicroSun. Mehr Licht … für weniger Strom. O. O.: 2002 (Online im Internet: URL: „http://www.sachtler.de/deutsch/products/lighting/r21d.htm". Abrufdatum: 1.2.2002).

**Sakowski 2001**  Sakowski, Klaus : Recht am eigenen Bild. O. O.: 2001 (Online im Internet: URL: „http://www.sakowski.de/skripte/eig_bild.html". Abrufdatum: 12.4.2001).

**Schmidt 2000**  Schmidt, Ulrich : Professionelle Videotechnik. 2., akt. u. erw. Aufl. – Berlin; Heidelberg, New York: Springer, 2000.

**Schneider 1990**  Schneider , Norbert  Jürgen : Handbuch Filmmusik I – Musikdramaturgie im Neuen Deutschen Film. 2. Aufl. – München: Verlag Ölschläger, 1990.

**Schneider 1989**  Schneider , Norbert  Jürgen : Handbuch Filmmusik II – Musikdramaturgie im Neuen Deutschen Film. München: Verlag Ölschläger, 1989.

**Schult 2000**  Schult, Gerhard; Buchholz, Axel (Hrsg.): Fernsehjournalismus. 6., akt. Aufl. – München: List Verlag, 2000.

**Schümchen 1999**  Schümchen, Andreas : Karriere in den Medien: TV und Video. 6., neu bearb. Aufl. – Berlin; Heidelberg; New York: Springer, 1999.

**Sennheiser 2000**  Sennheiser : Katalog Mikrofone Teil 1, Ausgabe 11/00.

**SRT 2000a**  SRT (Hrsg.): Ausbildungshandbuch audiovisuelle Medienberufe, Bd. 1. Ausbildungsunterlage für das erste Lehrjahr für die Berufe AV-Mediengestalter/Mediengestalterin Bild und Ton, Film- und Videoeditor/Film- und Videoeditorin. 3., überarb. Aufl. – Heidelberg: Hüthig, 2000.

**SRT 2000b**  SRT (Hrsg.): Ausbildungshandbuch audiovisuelle Medienberufe, Bd. 2. Ausbildungsunterlage für das zweite Lehrjahr für die

Berufe AV-Mediengestalter/Mediengestalterin Bild und Ton, Film- und Videoeditor/Film- und Videoeditorin. 2., überarb. Aufl. – Heidelberg: Hüthig, 2000.

**SRT 2000c**   SRT (Hrsg.): Ausbildungshandbuch audiovisuelle Medienberufe, Bd. 3. Ausbildungsunterlage für das dritte Lehrjahr für die Berufe AV-Mediengestalter/Mediengestalterin Bild und Ton, Film- und Videoeditor/Film- und Videoeditorin. Heidelberg: Hüthig, 2000.

**Stader 1996**   Stader, Josef: Fernsehen. Von der Idee bis zur Sendung. 2. Aufl. – Frankfurt a. M.: Eichborn, 1996.

**Sucher 1996**   Sucher, C. Bernd (Hrsg.): Theaterlexikon. München: Deutscher Taschenbuch Verlag, 1996.

**Time-Life 1997**   Time-Life: Die Videokamera. Amsterdam: Time-Life Bücher, 1997.

**Toeplitz 1975**   Toeplitz, Jerzy: Geschichte des Films. Band 1 (1895–1928). Berlin: Henschelverlag, 1975.

**Transpatent 2001**   Transpatent : Kunsturheberrechtsgesetz. O. O.: 2001 (Online im Internet: URL: „http://transpatent.com/gesetze/kunstg.html". Abrufdatum: 30.4.2001).

**Truffaut 1982**   Truffaut, François : Mr. HITCHCOCK, wie haben Sie das gemacht? 6. Aufl. – München: Heyne, 1982.

**Vielmuth 1993**   Vielmuth, Ulrich : DuMont's Ratgeber für Videofilmer. Köln: DuMont, 1993.

**Webers 1998**   Webers, Johannes : Handbuch der Film- und Videotechnik. 5., neubearb. u. erw. Aufl. – Poing: Franzis, 1998.

**Wendland 1991**   Wendland, Broder; Schröder, Hartmut : Fernsehtechnik. Band 2: Systeme und Komponenten zur Farbbildübertragung. Heidelberg: Hüthig, 1991.

**Zieseniß 1985**   Zieseniß, Carl-Heinz : Beleuchtungstechnik für den Elektrofachmann. Heidelberg: Hüthig, 1985.

**Zweitausendeins 2002**   Zweitausendeins : Bin ich schön? O. O.: 2002 (Online im Internet: URL: „http://www.zweitausendeins.de/Filminfo/D_Schoen.htm". Abrufdatum: 18.4.2002).

# Index